U0809260

21世纪普通高等学校（本科）法学精品教材

商法学

Commercial Law

主　编　彭　虹　孙光焰

暨南大学出版社
JINAN UNIVERSITY PRESS
中国·广州

图书在版编目（CIP）数据

商法学 / 彭虹，孙光焰主编. —广州：暨南大学出版社，2009. 4
（21 世纪普通高等学校（本科）法学精品教材）
ISBN 978-7-81135-196-5

Ⅰ. 商…　Ⅱ. ①彭…　②孙…　Ⅲ. 商法—法的理论—中国—高等学校—教材
Ⅳ. D923.991

中国版本图书馆 CIP 数据核字（2009）第 025036 号

出版发行：暨南大学出版社

地　址：中国广州暨南大学
电　话：总编室（8620）85221601
营销部（8620）85225284　85228291　85220693（邮购）
传　真：（8620）85221583（办公室）　85223774（营销部）
邮　编：510630
网　址：http：//www.jnupress.com　　http：//press.jnu.edu.cn

排　版：广州市星辰文化发展部照排中心
印　刷：广州市官侨彩印有限公司

开　本：787mm × 1092mm　1/16
印　张：22.25
字　数：528 千
版　次：2009 年 4 月第 1 版
印　次：2009 年 4 月第 1 次
印　数：1—3000 册

定　价：43.00 元

（暨大版图书如有印装质量问题，请与出版社总编室联系调换）

商法学编委会

主　　任　彭　虹　孙光焰

编委会成员　（以编写章节先后为序）

彭　虹　杨　悦　董占军　孙光焰

赵　玲　肖　敏　曹新华　黄善文

符　琪　龚小川　段小红

总 序

胡锦涛总书记在中国共产党第十七次全国代表大会上的报告中指出："最广泛地动员和组织人民依法管理国家事务和社会事务，管理经济和文化事业；坚持依法治国基本方略，树立社会主义法治理念，实现国家各项工作法治化，保障公民合法权益；坚持社会主义政治制度的特点和优势，推进社会主义民主政治制度化、规范化、程序化，为党和国家长治久安提供政治和法律制度保障。"依法治国是社会主义民主政治的基本要求，要全面落实依法治国的基本方略，建设社会主义法治国家，必备的法律知识应当成为人们尤其是普通高等学校学生知识结构的重要组成部分；熟悉和掌握法律法规，对于弘扬法治精神，形成自觉学法、守法、用法的社会氛围具有重大意义。

当前，党和国家致力于完善中国特色社会主义法律体系，建设公正、高效、权威的社会主义司法制度。这对培养法律高级专门人才的高等学校法学教育提出了更新、更高的期望和要求。我国法学专业的教材建设正处在一个高速发展的过程中，这为普通高等学校法学教育的具体实施提供了一定程度的保障。但从严格意义上来说，制约普通高等学校法学教育发展的教材问题依然存在，主要表现为法学教材理论与实际结合的程度不够，尤其表现在高职高专法学教材中。

为了适应法学教育发展的新形势，积极探索和总结高等法学教育教学改革的方法和经验，针对当前绝大多数法学教材理论脱离实际的倾向，暨南大学出版社组织了全国几十所大学共同编写了"21世纪普通高等学校法学精品教材"。这套教材分为本科和高职高专两个系列，内容涵盖了法学的全部学科，系统性强；囊括了最新立法成果、相关领域的理论研究成果和前沿热点问题，贴近时代发展，做到了理论性与实用性的较好结合。这两套系列教材堪称系统工程，其规模之大、覆盖面之广，在法学教材建设中首屈一指；在知识系统的完整性、理论观点的稳妥性、引用资料和法规的准确性以及文字表达的规范性和可读性等方面都达到了较高的水平。

教材是教学之本，好的教材对提高教学质量、提升科研水平有着重要的作用。组织编写和出版一套高质量的教材，殊非易事，由全国相关院校的专家学者认真编写的这套系列教材必将对全国法学高等教育起到积极的推动作用。衷心希望更多的高校学者和教师为建设适应新世纪法学教学和实践需要的教材继续贡献力量。是为序。

中华人民共和国司法部原部长 邹瑜

2008年3月3日

前 言

作为编写人员，我们衷心感谢大家选用这本教材。

中国的经济体制改革和经济建设推动着中国商法的建立与发展，同时，商事立法的发展也极大地促进了商法学科的建立、成熟与完善。中国商法作为新兴的法律部门，虽然创设较晚，但其发展速度是其他法律部门难以比拟的。在现代市场经济国家，商法是维系市场经济秩序的主要法律手段，也是重要的法律部门之一。

商法学是法学体系中基本的、独立的学科，也是高等教育法学专业的14门主干课程之一，这门课程的重要性，是由商法学科的地位和作用决定的。课程设置的任务是便于学生了解和掌握商法学的基本概念、基本理论、基本知识，熟悉有关商事立法，提高应用所学的专业理论知识分析和解决商事法律问题的能力，为建立和完善社会主义市场经济体制、发展国民经济提供法律服务。

本教材是根据教育部高等教育法学专业课程教学的基本要求，结合法学教育的需要和现状而编写的。在编写体系结构上试图超越法典式教材模式，在借鉴大陆法系和英美法系商法内容的基础上重新整合，形成特有的篇章结构；在内容上力求反映中国商事立法和司法的现有经验成果并提炼出商法的一般性规则，充分阐释现代商法的基本原理和发展趋势。

全书共分16章，包括商法的概念、特征和基本原则，商法的演进，商法的地位和体系，商事合同，商事代理，商号，商事登记，公司法，商合伙法，证券法，商业银行法，信托法，票据法，保险法，破产法和担保法等内容。

与其他同类教材相比，本教材在编写上有以下主要特点：

第一，语言简洁。教材不同于专著，教材以通说为主，涵盖最基础的内容而不作过多的扩展，因此，在本教材编写中，参编者用简洁的语言，着力压缩教材的内容，将繁杂的商法内容浓缩为50多万字。

第二，涵盖全面。基于法学教育一贯强调基本知识、基本理论、基本立法的特点，参编者本着理论与实践、法理与法条、法律与法案相结合的原则，通过提炼学者观点、跟踪学科前沿，在追求教材内容满足知识表达系统性与结构安排完整性的同时，又力求及时对最新的商事立法作精确阐释，反映立法动态。

第三，实践应用。在本教材编写中，参编者根据法学教育的特点，在相关章节后面增加了案例分析的内容，提出司法实践中所遇到的疑难问题，阐述应用法律规定解决问题的思路和方法，以适应学生对司法应用的训练需求。

本教材的编写体例，包括导学（含重点、难点、学术热点）——正文——案例分析等项内容。首先应仔细阅读导学部分，它是本章的内容提要和重点提示，以便读者对本章内容有一个简略的了解。正文后的案例分析部分主要解决两个问题：一是帮助学生分析和解决本章在司法实践中可能遇到的实际问题，从而提高其分析和解决实际问题的能力；二是帮助学生正确区分容易混淆的一些法律制度和法律概念，以便更好地理解本章的基本内容。

本教材由彭虹教授和孙光焰副教授任主编、全国普通高校具有丰富教学实践经验的教师参加编写，具体撰写分工如下（按编写顺序排列）：

第一章，广东商学院彭虹；第二章、第三章，广东商学院杨悦；第四章，内蒙古财经学院董占军；第五章、第六章、第七章，中南民族大学孙光焰；第八章，对外经济贸易大学赵玲；第九章，南昌航空大学肖敏；第十章，河南大学曹新华；第十一章、第十四章、第十六章，广东金融学院黄善文；第十二章，中国计量学院符琪；第十三章，武汉理工大学龚小川；第十五章，中南民族大学段小红。

全书由彭虹教授统一修改定稿。我们期待本书能够给商法的学习者带来有益的帮助。由于商法内容繁杂，错漏之处在所难免，敬请读者批评指正。

编者

2009 年 1 月

目　录

总　序 / 1
前　言 / 1

第一章　商法的概念、特征和基本原则 / 1
　第一节　商法的概念 / 1
　第二节　商法的特征 / 10
　第三节　商法的基本原则 / 12

第二章　商法的演进 / 21
　第一节　欧洲早期的商事立法 / 21
　第二节　现代商法 / 26
　第三节　中国商事立法 / 32

第三章　商法的地位和体系 / 40
　第一节　私法体系中的商法 / 40
　第二节　商法与相关法律部门的关系 / 46
　第三节　商法的体系 / 50

第四章　商事合同 / 57
　第一节　商事合同的概念和特征 / 57
　第二节　商事合同的立法体例 / 59
　第三节　商事合同类型 / 60

第五章　商事代理 / 71
第一节　商事代理概述 / 71
第二节　商事代理的类型 / 76
第三节　商业辅助人 / 79
第四节　代理商 / 81
第五节　居间商 / 85
第六节　行纪商 / 87
第七节　特许经营商 / 90

第六章　商号 / 94
第一节　商号的概念与意义 / 94
第二节　商号的选用与取得 / 96
第三节　商号权 / 100
第四节　商号权与相关权利的冲突与解决 / 102

第七章　商事登记 / 113
第一节　商事登记概述 / 113
第二节　商事登记立法原则 / 116
第三节　商事登记对象与登记管理机关 / 118
第四节　商事登记的种类和程序 / 119
第五节　商事登记的效力 / 124
第六节　商事登记的监管 / 128

第八章　公司法 / 131
第一节　公司和公司法概述 / 131
第二节　公司内部组织机构 / 136
第三节　公司股票和债券 / 142
第四节　公司合并、分立和终止 / 145
第五节　外国公司分支机构 / 148

第九章　商合伙法 / 154
第一节　商合伙概述 / 154
第二节　合伙企业 / 156

第十章　证券法 / 167
第一节　证券与证券法 / 167

第二节　证券发行 / 170
第三节　证券交易 / 174
第四节　上市公司收购 / 180
第五节　证券交易所及其交易规则 / 183
第六节　证券公司及其业务 / 184
第七节　证券登记结算与服务机构 / 187
第八节　证券监督管理 / 189

第十一章　商业银行法 / 192
第一节　商业银行概述 / 192
第二节　商业银行业务概述 / 198

第十二章　信托法 / 211
第一节　信托基本原理 / 211
第二节　信托法概述 / 218
第三节　信托的设立、变更与终止 / 219
第四节　信托财产 / 224
第五节　信托当事人 / 226
第六节　公益信托 / 232

第十三章　票据法 / 237
第一节　票据概述 / 237
第二节　票据法概述 / 240
第三节　票据关系及其基础关系 / 241
第四节　票据行为 / 243
第五节　票据权利 / 246
第六节　票据抗辩 / 248
第七节　失票救济 / 250
第八节　汇票 / 252
第九节　本票 / 261
第十节　支票 / 261

第十四章　保险法 / 264
第一节　保险法概述 / 264
第二节　保险合同 / 269
第三节　财产保险 / 275
第四节　人身保险 / 278

第五节　保险业及其监督管理 / 281

第十五章　破产法 / 289
第一节　破产法概述 / 289
第二节　破产程序的开始 / 293
第三节　破产宣告 / 296
第四节　破产法上的机构 / 298
第五节　破产债权 / 302
第六节　破产费用与共益债务 / 303
第七节　债务人财产和破产财产 / 304
第八节　破产程序中的别除权、抵消权、取回权与撤销权 / 306
第九节　破产财产的管理与分配 / 309
第十节　破产程序的终结及法律后果 / 310
第十一节　和解制度 / 311
第十二节　重整程序 / 312

第十六章　担保法 / 316
第一节　担保法概述 / 316
第二节　保证 / 323
第三节　抵押 / 329
第四节　质押 / 336
第五节　留置与定金 / 339

参考文献 / 342

第一章　商法的概念、特征和基本原则

本章重点是对商法概念的准确把握和基本理解。商法的概念有广义与狭义之别，又有形式意义上的商法和实质意义上的商法之分。通过对商法的概念、特征、基本原则等基础知识的阐述，加深学生对商法的调整对象、商法的私法性质以及商法的学科地位的理解。本章是学习商法理论的基础。

本章难点是对于商法内涵与外延的准确定位。既然民法与商法构成了私法的基本架构，那么，民法所调整的民事关系与商法所调整的商事关系究竟具有何种关联性呢？应从历史发展的视角理解中国商法概念的形成及特点，同时，从商事活动的特点理解商法基本原则的内涵。

本章的学术热点是关于商法概念及性质的探讨。有学者认为商法在形成之初就带有国际性特征，后来又发展成为带有国际性的国内法，而现代商法又表现出明显的国际统一性趋势，商法的发展呈现出国际性回归。有学者从商法历史的演变、商法理念以及商法产生和发展的社会经济条件的变化中考察商法的性质，认为现代商法应从民法特别法的固有理念中摆脱出来，成为独立的法律部门。还有学者认为，应当从商法作为独立法律部门的基础出发，即从商法的适用对象出发来探讨商法的概念。

第一节　商法的概念

一、商法的概念

（一）商法概念的一般表述

对于“商法”的概念，目前并没有一个统一的表述。一般意义上，商法又称商事法，是指调整商事关系的法律规范的总称。商事关系包括商事组织关系和商事行为关系。故商法的内容通常包括两大部分：一是关于商主体的规定；二是关于商行为的规定。

商法的概念有广义与狭义之别。所谓广义的商法是指调整各种商事关系的国际商法规范、国内商法规范、商公法规范和商私法规范的总称。而狭义的商法则仅指调整国内商事关系的商事私法，即国内商法中的商事私法。从现代各国商法的内容来看，商法日益表现出国际性规范与国内规范相融合、公法规范与私法规范相融合的趋向。要严格区分国际商法与国内商法、商事公法与商事私法已十分困难。

商法的概念又有形式意义上的商法和实质意义上的商法之分。形式意义上的商法是指以商法为名称制定的商法典，是民商分立国家在民法典之外制定的以“商法”命名的法典，内容通常包括商法一般规则、公司、保险、破产、票据、海商等基本制度。在大陆法系国家中，德国、法国、日本、比利时、意大利、西班牙、葡萄牙等国均制定有专门的商法典。实质意义上的商法，则是指一切调整商事关系的法律规范的总称。其形式包括各种有关商事的专门法规，散见于民法、行政法和其他法律中有关商事的规定，以及有关的判例规则等。由此，无论是大陆法系国家还是英美法系国家，无论是采取民商分立体例的国家还是采取民商合一体例的国家，均存在有实质意义上的商法。

在大陆法系国家，商法还可分为商事普通法、商事特别法和商事习惯法。商事普通法是指调整商事基本关系的一般规则的总称，其内容包括有关商法的原则、商主体、商行为、商业登记、商业名称、商业账簿、对商行为的一般控制制度等。商事普通法在民商合一国家中表现为统一的商法典，而在民商分立国家中则多表现为民法中的特别规则或单行法，但无论采取何种形式，它们均对各种类型的商事法律关系具有普遍适用性。商事特别法又称商部门法，它是指调整某一特定范围的商事关系的商法规范的总称。如大陆法系各国存在的公司法、保险法、商事破产法、票据法、海商法、仲裁法等均属该范畴。商事特别法是对特定商事关系的专门调整，一定的商事特别法仅适用于特定范围的商事法律关系，对其他的商事关系不具有普遍适用性。按照大陆法系国家民商法的一般原则，商事特别法对于特定的商事关系应优先于商事普通法而适用，只有在商事特别法未加规定的情况下，方适用商事普通法的普遍性规定。商事习惯法则是指在社会商事实践中自发形成并经国家认可的调整商事关系的习惯规则，它通常具有非成文性和行业性规则的形式。按照各国司法实践，商事习惯法对于成文法仅具有补充适用意义。

英美法系国家在“商法”概念上有不同理解，虽然商法学者将《美国统一商法典》视为现代商法的典范，但《美国统一商法典》话语下的商法与在大陆法系框架下探讨的商法概念大相径庭。有学者指出：“事实表明，概念如不统一，各说各话，就难以开展讨论，或者说讨论的意义就要大打折扣。”[①] 还有学者认为：“统一商法典规定的是以买卖为中心的商业规范，与欧洲大陆国家的商法典的概念是截然不同的。”[②] 由此，应注意到两大法系在商法这一概念上的语境的差别。然而，对商法概念的探讨不能因此而仅局限在大陆法系的单一语境中。民商的分立与合一固然是大陆法系所特有的现象，但由于两大法系在商法领域的互渗，英美法系的商法不应排除在研究的视野之外。

（二）我国商法的概念及内容

我国虽然没有形式意义上的商法，但随着市场经济体制的建立，我国立法机关采取

① 史际春，陈岳琴. 论商法. 中国法学，2001. 4

② 郭锋. 商法演进及其在中国的命运. 中国民商法律网. http://www.civillaw.com.cn/2008-07-29

了非常务实的立法态度，实质意义上的商法已经大量颁行，主要表现为数目众多的商事单行立法。我国先后颁布了海商法（1992年颁布）、公司法（1993年颁布，2005年修订）、票据法（1995年颁布，2004年修正）、保险法（1995年颁布，2002年修正）、商业银行法（1995年颁布，2003年修正）、担保法（1995年颁布）、证券法（1998年颁布，2004年修正，2005年修订）、信托法（2001年颁布）和证券投资基金法（2003年颁布）等。同时，我国还存在着大量对商事主体和商事活动实施特别调控的行政法规，所涉遍及工商登记、商业税收、公司企业结算管理、证券票据、商业账簿、经济合同、海商保险、不正当竞争、消费者保护等各个领域。应当说，我国不仅存在着实质意义上的商事法，而且其中的某些商事特别法还相当具体。但由于对商法缺乏法理准备和合理的界定，我国颁行的各种单行商事立法具有一定的应急性，而在系统性、科学性、前瞻性和国际性方面存在不足，而且单行商事立法之间缺乏相应的协调性和统一性。

无论是从历史根源还是从制度根源，我国商法都有着不同于大陆法系国家传统商法的独立的形成发展过程，它是伴随我国市场经济体制建设及法制建设过程呈现的法律现象。这一独特路径决定了我国商法与传统商法本质与功能上的一定区别与细微差异。由此，对我国商法概念的把握，应从商法历史的演变、商法理念以及商法产生和发展的社会经济条件的变化中考察。

1. 我国商法产生于我国私法制度始创的过程

自我国改革开放开始建立私法制度时起，民法和商法的界限就不甚清楚。我国自1980年就开始了有关商事交易规则的创制，但当时尚未真正认识到商法在我国的存在。1980年我国颁布的经济合同法规定了买卖、仓储、保险等多种交易制度，特别是该法所规定的“买卖”、“保险”，本质上属于传统意义上的“商行为”。1985年我国颁布涉外经济合同法，其所规定的内容也是“商行为法”。但立法者将原本应当属于商法规范的交易制度，诸如货物买卖、保险等，通过以民法通则为核心的民事立法来调整，促使民法的影响力几乎包容着所有的民商法制度。自1990年后，随着有中国特色的社会主义市场经济体制的建立，我国加快了商事领域的立法步伐，《中华人民共和国海商法》（以下简称《海商法》）、《中华人民共和国公司法》（以下简称《公司法》）、《中华人民共和国票据法》（以下简称《票据法》）、《中华人民共和国保险法》（以下简称《保险法》）、《中华人民共和国商业银行法》（以下简称《商业银行法》）、《中华人民共和国担保法》（以下简称《担保法》）、《中华人民共和国证券法》（以下简称《证券法》）、《中华人民共和国信托法》（以下简称《信托法》）和《中华人民共和国证券投资基金法》（以下简称《证券投资基金法》）等法律在这一时期相继出台。随着我国颁布的有关商事活动的法律增多，人们习惯性地将海商法、公司法、票据法、保险法、证券法、信托法等称为“商法”，并开始重新审视商法有别于民法的调整对象、内在本质特征和外部清晰边界等基本理念以及商法独特的调整机制、法律属性、价值取向、基本原则、构成体系等问题。

然而，即使我国沿用大陆法系国家的商法概念，商事立法内容也似乎等同于大陆法系国家所称的“商法”，二者仍然不具等同的含义。大陆法系的商法是由于历史的原因而形成的，而我国欠缺商法的传统和历史，更缺乏商法的理论准备。我国虽然颁行了海商、公司、票据、保险、证券、银行、信托和证券投资基金等单行商事立法，但有关商法的内涵与外延以及商法与民法的界限仍不是十分清晰。

2. 我国商法脱胎于我国市场经济的法律调整的过程

我国商法脱胎于我国市场经济体制的构建过程。这个时期的最大特点是我国的经济环境处于由计划经济向市场经济转轨的过程中，使得我国的商事立法或多或少存在或者遗留着计划经济的痕迹。

我国商事立法包含了许多不规则的国家公权力积极干预商事活动的公法内容。就大陆法系国家而言，商法的公法化是商法能够脱离民法发展的一个理由，甚至被学者誉为现代商法发展的趋势。在很大程度上，私法公法化表现在商法领域，使商事立法越来越多地体现政府经济职权色彩和干预意志，越来越多地体现调节个人、政府和社会间的经济关系，越来越多地体现维护社会公共利益的内容。商法借助国家公法规范，对商主体资格施加更严格的控制，形成了商主体类型法定、商主体内容法定以及商主体公示法定的原则，有效地维护了商事交易的安全。

然而，应当注意到的是，虽然商法公法化根源于它所调整的社会关系的自身属性，但我国商法包含的公法内容有着与大陆法系国家商法公法化全然不同的历史路径。我国商法是通过商事单行法的方式获得发展的，这些单行法并不仅仅限于对商事主体、商事交易和商事秩序的调整，有些法律更是关注国家公权力对商事活动的干预，规定了政府监管商事活动的大量内容。当然，有关商事主体和商事交易、商事秩序的单行法规定国家公权力积极干预商事活动的内容，若法律的结构、内容、体系和逻辑安排较为合理与科学，在立法技术上说并非不妥。但国家公权力对商事活动的积极干预，本不属于传统的大陆法系商法的固有内容，因为国家公权力的积极干预改变了商法作为私法的属性，而不仅仅是商法的公法化。

国家公权力对商事活动积极介入的规定，混淆了我国商事立法的性质。我国在建立市场经济法律的过程中，在构建商法的结构和内容方面并没有足够的法理准备，商事立法普遍规定国家公权力积极干预商事活动的“公法”内容，导致商法内容的泛公法化，其内涵和外延与经济法的界限模糊不清。

由此，我国商法概念需要不断地修正与锤炼，一方面，应从民法、经济法的固有理念中摆脱出来，使商法成为独立的法律部门，另一方面，应从商法调整的社会关系的独特性出发探讨商法自身的内容和体系。

二、商法以商事关系为调整对象

商法就其一般意义而言是关于商事的法律，因而商法中一系列概念、规则和制度的建立均不能脱离对于商事的特定理解。然而，从现实法制状况来看，当代各国的商法均未对商事加以明确而统一的法律概括，许多国家的商法往往避免对商事作一般性抽象定义，有些国家的法律则仅仅试图采用列举的方式明确商事的外延。

（一）商与商事的概念

汉语中的“商”一词，英语为“commerce”，德语为“handels”，拉丁语为“commerium”，日语为“商”。

在古代汉语中，“商”是一种计时单位，一刻称为一商。我国古代对于“商”或“商事”的认识近于各国古代社会对于简单商品变换活动的理解。例如《汉书》中称：“通财鬻货曰商”；《白虎通》中谓：“商其远近，度其有无，通四方之物故谓商”；《书经》中则称“懋迁有无化居”，即互通有无、交易居积之意。我国古代这些对“商”的最初解释，反映了当时社会对于商品交易和流通活动的基本认识，“商”一词被引入经济生活，最初是与贸易活动联系在一起的。

随着人类社会经济和文化的演进、发展，人们对“商”的认识也随之拓展。在现代社会，人们常常在不同层次上使用“商”一词，“商”的概念已逐渐发展成社会学、经济学、法学等多学科、多层次的概念。

社会观念中所称的“商”或“商事”是一个极为含混的用语。它依不同的社会条件和历史条件而有不同的内容。英文中对于商事的解释也反映了近代以前的社会对于商品直接交易活动的一般认识。例如，按照《韦氏新国际辞典》的解释：商事系指“商品交换行为或买卖行为”；《布赖克法律辞典》也认定：商是指“货物、生产品或任何种类的财物之交换”；《拉威尼当代商法》则认为：“商事一词是对各种物品的交易或交换之总括”。[①]不同国家语源中对于商和商事的上述解释实际上反映了以往时代对于商事活动的一般社会认识，而这些认识仍然影响着现今时代甚至被作为现代经济学理论和商法理论中分析商事概念的基础，由此反映了社会观念滞后于社会经济生活并对社会运动具有制约作用的一般规律。[②]值得提及的是，现代许多商法学者均注意到了不同层次的观念形态中对于商事概念不同理解的问题，并且主张将一般社会观念中的商与经济学意义上的商以及法律学中的商加以区别，认为它们应当具有不同的含义。[③]

经济学意义的商实际上是对现代社会生产过程中某一部分经济活动（即商品流通活动）的理论概括。按照学者们的解释：经济学上所理解的商事是指“以营利为目的的各种商品交换行为”。“经济学上所谓商，乃指以营利为目的，直接媒介财货交易之行为，换言之，商即介于农业工业等生产者与消费者之间，直接媒介财货交易，调剂供需，而从中获取利润之行为。”[④]这些认识显然与古典经济学中将经济活动区分为“生产活动”与“非生产活动”、现代经济学中将社会生产区分为“直接生产过程”与“商品流通过程”的观念影响有着内在的联系。按照马克思主义的经济学理论，生产以及由生产决定的交换和流通，不过是统一社会生产过程中的不同环节，“只要产品交换是用来制造供直接消费的成品的手段，在这限度内，交换本身是包含在生产之中的行为。”不仅如此，正是此种统一的社会生产过程以及由其引起的社会生产关系才构成“整个历史的基础”。

① 张国键. 商事法论. 台北：三民书局，1980. 7

② 董安生. 中国商法总论. 长春：吉林人民出版社，1994. 24

③ 梁慧星，王利明. 经济法的理论问题. 北京：中国政法大学出版社，1986. 9

④ 张国键. 商事法论. 台北：三民书局，1980. 4

随着现代社会中商品经济关系的长足发展，传统意义上的商品概念日益得到扩展，以营利为目的的经济活动的范围日益得到扩大，制造业、金融业、服务业、信息贸易、技术贸易与传统商业的实质性差别越来越趋于模糊，这就要求经济学理论对于商事的概念作出更富于弹性和现实性的概括。

法学上的商事概念实质上是在对商事习惯和不同时期商事实践的法律概括的基础上逐步形成的。随着古典商业时代的结束，传统的商人交易行为逐渐丧失了其概括性含义，而成为所谓“主观意义上的商”；随着早期资本主义贸易范围的扩大，传统的直接商品交换行为也丧失了其概括性含义，而成为所谓“固有商”；随着现代社会经济的发达、交通工具的进步，商事的范围和种类正愈衍愈广，愈衍愈繁，形成所谓“无业不商”之局面。概括地说，现代商法上所称的商事是指营利性主体所从事的一切营利性营业活动和事业。这就是说，商事是对营利性主体从事的各种活动的概括；商事是对各种持续性营利行为的概括；商事是对各种营利性营业的概括。正是基于商事的这些概念，对于社会生活具有决定性作用的社会生产经营活动及由其引起的社会生产关系被独立出来。在我国法学理论与实践中，尽管对于商事的概念缺乏统一的认识和集中的研究，但是与商事概念类同或具有共同性质的范畴其实是颇受关注的。例如，我国经济合同法中关于“经济活动”的概括，我国民事法中关于“营业行为”和“企业活动”的表述，我国工商管理法中关于“经营活动”和“经营范围”的规定，等等。这些概括的共同意义在于使营利性主体的营利性活动与非营利性主体的非营业性活动区别开，从而实际上起到了对商事概念的法律界定作用。[①]

（二）商法中商事的概念

显然，法学上的“商”范围非常广泛，而且随着社会经济的发达越来越宽泛。一些国家或地区的商法正是基于这种理念而界定其“商”的范围的，但不同国家对于这一概念的理解是颇有差异的。多数大陆法系国家更趋向于以法律列举方式概括商事活动或商业的基本范围，并以营利性营业标准或商业登记制度确定具体主体的商事营业性质。例如，《法国商法典》采用列举主义规定：法律上认为买卖之业，为任何出售商品，或制造出售商品，或因租赁而买入商品之事，或制造、保险、水路运输之业，物品的供给、行纪、居间、竞买之业，金银汇兑、银行之业，一切营造船舶和船具及其买卖之业，海上保险，海上贸易等。又如，《瑞士债务法》采用概括主义规定：凡经营商业、工厂或其他依商人之方法作为营业而进行登记的，都视其为商业。1998 年以前的《德国商法典》采用列举主义规定：商人从事的动产或有价证券的购置和转让，为他人承担加工、处理，保险业，银行和货币兑换业，从事货物或旅客海上、陆上、水内运输业，行纪仓储业，居间代理业，出版、图书及艺术品交易业。再如，《日本商法典》采用概括和列举相结合的原则，规定对动产、不动产及有价证券的转让，在交易所的交易、出租、为他人进行的加工制造、供应电气煤气、出版、印刷、保险寄托、居间代理等行为皆属于商事经营。[②]可见，“商”的具体范围，只能依各国民商法的规定而定。我国有

① 董安生. 中国商法总论. 长春：吉林人民出版社，1994. 7～8

② 叶林，黎建飞. 商法学原理与案例教程. 北京：中国人民大学出版社，2007. 9

关的工商管理法规中也将“农、林、牧、渔”等经营明确列为商营业之范畴。我国的《企业法人登记管理条例实施细则》第2条、第3条中也以强行法规定：农、林、牧、渔、水利业及其服务业，工业，地质普查和勘探业，建筑业，交通运输业，商业，公共饮食业，物资供销业，仓储业，房地产经营业，居民服务业，咨询服务业，金融、保险业等均属于商事营业，凡法人欲以营业目的执此业务者必须履行企业法人登记程序。该细则中甚至还规定：欲从事某些公用事业或非营利事业的法人，如果“实行企业化经营”，也视之为从事商事营业，须履行“企业法人登记”程序，并适用有关的商事管理法规。

按照商法学者的归纳，现代商法中商事的范围可大体分为以下四类：①直接媒介财货交易以及传统上被纳入基本商事活动的“固有商”，如交易所交易、买卖商交易、证券票据交易、海商活动等。学者又称之为“第一种商”。②间接以媒介货物交易为目的的营业活动，它实际上是某种辅助固有商营业得以实现的“辅助商”，如货物运送、仓储、居间、代理、行纪、包装等。学者又称之为“第二种商”。③虽不具有直接或间接媒介货物交易之行为目的，但其行为性质与固有商和辅助商有密切联系或者为其提供有商业条件的营业活动，如银行、融资、信托、承揽、运送、制造、加工、出版、印刷、摄影营业等。学者又称之为“第三种商”。④仅与辅助商或第三种商有牵连关系的营业，如广告宣传、人身与财产保险、旅馆营业、饭店酒楼、戏院舞厅、旅游服务、娱乐营业、信息咨询等，此种商事营业与固有商的联系已极为间接，学者多称之为“第四种商”。总而言之，固有商与各国商法后来逐渐确认的其他商事营业具有确定的区别，传统商法中许多基本规则主要是为规定固有商而设置的。

（三）商事关系与民事关系

商法所调整的社会关系是指由营利性主体从事营业行为所引起的社会经济关系以及与此相联系的社会关系的总和。按照不同国家商法理论的概括，此种由营利性营业行为引起的社会关系又称为“商事关系”、“生产经营关系”、“经济关系”等。依照各国早期商法的理论，此种商事关系最初仅局限于直接生产领域和交换领域内的经济关系，然而随着社会经济活动范围和含义的扩展，由营利性营业行为引起的商事关系之内涵正日益扩大。

法律应如何调整这种具有经营性质的生产关系？是否应采用特别法加以调整？民商法学者对此有不同认识。

一些学者认为，民商法所调整的商品关系是一个统一的范畴，它本身都是商品经济社会中的生产关系，因而对之不能加以分割；而另一些学者则主张，商品关系仅仅是不同社会生产关系得以存在的形式，在同样的商品关系形式下可能存在着不同本质的社会生产关系，而在各种不同的商品交换条件下，由经营性主体的生产经营活动所引起的生产经营关系应当是法律调控的首要对象；有学者从主体类型化的角度对商事关系进行分类，并将商事关系界定为主体双方或一方基于营利目的而形成的社会关系；有学者认为，商人身份是一个客观的存在，且处于商事关系确认的核心与基础地位，新商人主义作为商事关系的确认标准，可合理地解决对商事关系的把握和商法的适用问题；还有学者认为，无论是强调商主体还是商行为，最终都是以实施了商行为而形成的商事法律关系作为商法的调整对象，等等，各家观点纷纭，众说不一。

一般来说，现代社会关系错综复杂，商法的调整对象与民法的调整对象之间既有内在联系，又有明显区别。民商法对于商品交换一般规律的普遍性概括仅仅为商品经济关系的法律调整提供某种基础，为了反映不同社会生产关系的特殊本质，商法仍有必要对经营性生产关系给以专门的法律反映。商法的调整对象本质上是某种生产经营关系，这种社会关系是由经营性主体所从事的营利性营业行为所形成的，其范围包括了一定社会中生产、交换和分配各阶段中形成的基础经济关系。鉴于这一生产经营关系在社会关系中的特殊地位，各国法律有必要在民法基本调整机制外对其加以特别法调控。从各国的法律发展过程来看，几乎所有的国家在运用民法基本规则和调控手段之外，均采取了有别于民法基本原则的特别法调整手段。

尽管从理论上说，商事关系与一般民事关系具有相容性和类同的社会性质，并且商事关系不可能脱离一般民事关系而存在，但是两者仍然具有一定的差别。概括地说，两者的差别表现在以下几个方面：①民事关系是平等主体的公民之间、法人之间基于各种民事活动而形成的一定范围的社会关系之总称，其中不仅包括财产关系，而且包括人身关系（如婚姻关系，家庭关系等）；不仅包括等价有偿的经济关系，而且包括不具有有偿性质的社会关系。其范围和内容较为广泛。而商事关系则是经营性主体基于营业活动而引起的经营性社会关系。其主体为抽象的经营性单位，不含有民法上自然人的身份特征；其内容为生产经营性关系，体现着社会经济活动的等价有偿的基本要求。②民事关系中的财产关系本质上是对商品交换的一般条件的概括，其内容具有一般社会性和抽象性，而不反映不同社会条件下具体生产关系的特有内容，也不反映具体的生产经营关系对于社会生产目的规律的要求，因而不同国家民法对此部分社会关系的法律反映大体相同。而商事关系本质上是对特定社会中具体的生产经营关系的概括，它体现着特定社会中经济关系的具体性质和深层次特征，体现着特定社会生产关系中所含有的基本生产目的，因而具有营利性本质、经济效益本质或其他生产目的本质。由此意义言之，商事关系的营利性、迅捷性、国际性乃至公法性实际上仅仅是对高度发达的市场经济关系的描述，它只具有历史性的意义。③民事关系是公民之间、法人之间、公民与法人之间因民事活动而形成的社会关系，它主要体现了私的关系性质，此部分社会关系较少引起国家的宏观经济管理，因而各国法更多地对其采取私法调整手段。而严格意义上的商事关系则基于其生产经营本质以及基于其对整个社会生活的决定性作用，不可避免地与税收管理关系、结算管理关系、工商管理关系、金融管理关系、财政管理关系以及其他体现国家社会经济职能的管理性关系牵连在一起，不可避免地要引起国家不同形式和不同程度的干预和控制，因而现代各国普遍对其采取某些公法性调整手段。可以说，商法所具有的公法性根源于它所调整的社会关系自身的属性。

总的来说，商事关系是普遍意义上的民事关系中具有特殊本质和极端重要性的一部分，正是由于这一社会关系具有其自身的特征，以及它对于整个社会的基础性作用，目前多数国家的法律在民法的一般调整之外，又以特别法对其加以专门调整，以解决法律调整中共性与个性的矛盾，以实现法律对社会生产关系的特殊保护作用。因为不同法律规范在形式上的统一或许根本无法取代相互间存在的实质差异，所以传统民法关注人格、身份和财产归属，而商事规范则更关注交易的效率、便捷。在此意义上，传统民法规范难以为推进商事活动提供适宜的法律空间，片面强调民法的支配地位，会在客观上束缚商业发展和繁荣。

三、商法是调整商事关系的法律规范体系

商法的独立不仅体现在其有别于民法调整对象的商事交易关系，更体现在其需要调整商事交易的独立规则加以支撑。商事规则经历了从商事习惯到商事习惯法，最后到国内法的演变过程，并随着商事实践的丰富而不断发展，构成了商事法律制度的商事制定法与商事自律规则并行的规范体系。

（一）商事制定法体系

依照对商事活动主体和行为的不同调整，商事法律制度可分为两个方面，即规范商事主体的商事组织法律制度和规范商事行为的商事行为法律制度。规范的商事主体是市场经济健康发展的必要条件，因此，有关商事主体的法律规范是现行商事法律制度的基本内容之一。而商事主体法律规范除规定个人从事商事活动外，无一例外地表现为商事组织法，即各种企业法律制度。商事行为法律制度是商法中的重要分支，它是规范和引导商事行为的规则。商事行为法律制度主要由企业直接融资的法律规则、间接融资的法律规则、预防和分散商业风险的法律规则、票据与票据交换的法律规则以及海上运输法律规则构成。

依照对一般商事活动和特殊商事活动的不同调整，商事法律制度可分为四个部分：其一为规范一般商行为的基础法律制度，包括商事合同、商事代理、商号和商事登记；其二为规范一般商事主体的法律制度，包括公司企业法律制度、商事合伙法律制度；其三为规范特殊商事主体的法律制度，包括证券法律制度、商业银行法律制度、保险法律制度、商事信托法律制度；其四为规范特殊商行为的法律制度，包括票据法律制度、担保法律制度、破产法律制度、海商法律制度。

（二）商事自律规则体系

商法从产生伊始即具有明显的自治性，商法源于商事习惯和商事惯例，并通过商事法院的裁判和商事交易的拓展而获得普遍认同，商事习惯和商事惯例成为商法的重要渊源。

首先，商事习惯和商事惯例是商法自治性的最原始的、最有生命力的表现形式。现代商法虽将大多数成熟且不背离法律和社会公共利益的习惯和惯例纳入国内法，从而使商事习惯的数量大大减少，但商事活动对灵活性和便捷性的要求仍为各种商事习惯和商事惯例的存在和发展留下了巨大空间，地区习惯、行业习惯、特定当事人之间的习惯等随着商事交易的开展而日益丰富，在法制化之前仍然在商事主体间发挥准法律的作用。由于商事习惯和商事惯例是商业实践的结果，而非立法或司法实践的产物，因此具有明显的自治性。

其次，行业自治规范是商事自律规则体系的重要内容。法律是规范社会生活的准绳，但并非唯一准绳，面对复杂多样的商事实践，商事关系需要借助多种规范手段共同

调整，发挥行业自治性规范的效力，已成为一条有益的经验。现代商业行会通过行会规约形式加强对本行业商事活动的管理，这些行业自治规范具有较强的针对性和技术性，不仅对行业内成员具有普遍约束力，也是解释和适用法律的辅助工具。充分发挥行业自治功效，不仅有利于减少不必要的行政干预，还有利于及时协调、处理商事纠纷，提高经济效益。

最后，商事主体章程是商事自律规则体系的重要部分。商事主体章程是商事主体事先拟定的、旨在约束内部成员的团体性自治规章，且因其具有不同的公示效力，亦能形成对外部成员的相对约束。商事章程由商事主体依法自行制定，是商事主体成员内部自愿协商确立起来的，并在事实上发挥着调整成员内部关系及商事主体行为的作用，商事主体章程也因此体现出鲜明的自治性。

第二节　商法的特征

商事规则循着历史轨迹而发展，并不断地从商事习惯向习惯法、国内法规范向国际统一性的趋势发展，形成商事规则的具体脉络和基本框架。而商事活动的复杂性、技术性和高风险性以及商事活动所崇尚的效率、营利等独特价值理念，使得商事规则难以被民法从精神到规则层面所完全吸纳或包容，基于市场交易的技术需要而产生的商法的强制性与私法自治形成内在的统一。随着商事活动的进化和发展，日积月累的商事习惯和惯例为商法的发展提供着资源和动力。商事规则源于商事实践，孕育着商法价值理念，这既反映出民法的局限性以及商法的客观与理性，同时也奠定了商法兼容性的独立特征。

一、商法是私法规范与公法规范的兼容

总体来看，商法与民法均为私法，实行意思自治原则，商法也是最大限度地为人们从事社会经济活动的自由提供法律的空间。然而随着市场经济的发展，商人基于意思自治、契约自由等原则而实施的行为极有可能侵害他人利益及社会公共利益，如不正当竞争、垄断、侵害消费者利益等。因此，需要国家对商事活动进行控制和调节，以维护经济秩序的正常运行，由此带来了“私法公法化”的倾向。

第一，作为私法的商法兼有公法的性质。在大陆法系国家，商法作为调整商事交易主体关系的法律，作为民法的特别法，属于私法的范畴。商法中关于商号、商业账簿、商代理、商行为等的规定，以及关于商业交易、商主体间的权利义务等的规定，无疑都属于私法性质。但是，广义商法包括商事公法和商事私法。这就是说，以私法规范为核心法的商法，同时包含有大量的公法条款，即国家通过立法形式而干预商事交易活动的规范。例如，各国公司法中关于公司登记的规定，破产法、公司法以及保险法中的罚则，海商法中对于船长的处罚规定以及票据法中对违反票据法的制裁规定等，均属于公

法性质的规定。特别是近年来，为了消除和遏制自由竞争所带来的无政府状态，欧洲各国不仅加强了对经济的直接干预，而且不断地对商法进行公法干预，商法的理念也由权利至上向权利互惠转变。而我国商法从一开始就渗透着公法的因素。因此，有学者指出：现代各国的商事法，“虽然以私法的规定为其中心，但为保障其私法规定的实现，颇多属于公法性质的条款，几乎与行政法、刑法等有不可分离的关系，却已形成商事法之公法化”。①

第二，商法是私法的任意性规范与公法的强制性规范兼容。私法是市民社会的基本法，强调国家应严格限制自己的权力范围和权力界限，强调应充分关注个体利益和最大限度发挥个体的主观能动性和积极性，以实现社会效益的最大化和社会的公平正义。商法作为私法规范，其中必然有大量的任意性规范，尤其体现在商事行为法方面。然而，商法中的意思自治则有一定的受限性。其主要表现是：在商事交易关系中，行为人对财产交易的方式陌生，以此要求当事人实现完全的意思自治显然有些苛刻；商事交易中比较注重效率、强调交易的迅捷性，出现了交易的定型化、权利的证券化等手段。商法对意思自治进行限制的目的在于追求社会公平与效益的统一，激发行为人自主自力进行交易和平衡各方利益，是人权精神在商法领域的具体体现。因此，商法中也有不少强制性规范，例如商业登记、公司的机关、票据的种类及票据的行为的方式、企业破产的清偿秩序以及保险中的某些法定保险等，都不能依当事人的意思而定。德国商法学家德恩（Dahn）曾说：商法是一切法律中最为自由的，同时又是最为严格的。②这可谓至理名言。

到目前为止，在商法规范体系中，国家通过立法形式干预商事交易活动，以私法规范为核心，同时包含有大量的公法性规范。然而，这些公法性规范并不能从根本上改变商法的私法属性。

二、商法是国内法规范与国际法规范的兼容

从历史渊源来看，早期商法在西欧中世纪商人习惯法时代就具有一定的国际性。商法本属于国内法，它所调整的对象主要是国内商事关系。但是随着科技的进步、国际交往的加强和国际贸易的发展，许多商事关系中都涉及国外主体或其他涉外因素，不仅商法所调整的市场经济本身具有显著的跨地域性，而且一国市场经济的发展更不可能离开国际市场而独立发展。因此，国内商法就不能再局限于本国的领域内，而要兼容国际公约和国际惯例。

与其他法律制度相比，商法之所以能够实现国内法规范与国际法规范的兼容，是因为它具有现实的客观基础。其一是商法大多为技术规范，既不像刑法有着强烈的政治色彩，也不像民法有着浓厚的伦理色彩，实为实现商法国内法规范与国际法规范兼容的技术基础。其二是商法的内容大多源于中世纪商人自治法所形成的各种商事惯例，而这些

① 李宜琛. 民法总则. 台北：中正书局，1997. 3～4

② 张国健. 商事法论. 台北：三民书局，1980. 24

惯例为各国制定成文的商事法所借鉴，使各国商法就其主要内容而言具有同源性。因此，从各国目前法制现状来看，商法中有关票据、海商、国际货物买卖和商事仲裁的国际一体化是无法逆转的趋势。

商法的国内法规范与国际法规范的兼容具体表现在：一方面，国际商事立法得到加强，制定和缔结了大量的国际商事法律、国际条约、国际惯例；另一方面，各国不断修改本国商法规则，使其相互之间以及与国际商事法律、惯例之间更为协调。

三、商法是技术规范与伦理规范的兼容

民法、刑法等法律，为其所调整的社会关系及功能作用所决定，其条款绝大多数偏重于伦理性规范。一方面，伦理性规范一般较为稳定，是对整个市民社会及其经济基础的抽象和概括，是人们理性思维的结果。另一方面，伦理性规范可根据社会主体简单的伦理观念进行判断，不需要当事人丰富的法律专业知识和专业判断能力。

商法则不同，商法规范具有较强的技术性特点。商法最早起源于“商人法”，它从产生伊始就具有专门性及职业性，而后虽经多次进化，“商人法”发展成为“商行为法”，但商法的基本特质并没有变化，商法始终是对市场经济的直接调整。市场经济的基本内容、基本规则及基本运作方式翻译成法律语言就构成了商法规则。商法技术性规范的设计大多是出于对主体营利性行为的保护，并且对这些技术性规范并不能简单地凭伦理道德意识就能判断其行为效果。

商法的技术性既体现在其组织法上，也体现在其行为法中。例如，票据法中关于票据之文义性、要式性、无因性、出票行为、背书行为、承兑行为、票据抗辩的限制、追索权之行使；保险法中关于保险费用、保险金额、保险标的、损害赔偿的规定；公司法中关于公司机关、公司股份、公司债券、公司财务会计以及关于董事及监事的选举等方面的规定；海商法中关于共同海损的理算规则等，都具有明显的技术性规范。商法的技术性特征不仅体现于其规范的内容，而且表现于其不同系统规则之间的协调，离开了大量的技术规范的间接调整作用，商法的具体立法目的就难以实现。[①]

第三节　商法的基本原则

商法的基本原则，是指集中体现着商事立法的宗旨和价值追求，对各种商事关系具有普遍的适用意义，在商法具体规则不甚完善的国家对于司法实践亦起到重要的司法指导作用，对统一的商法规则体系具有统领作用的商事法律原则。[②]现代各国商法理论均对商法的基本原则予以特别的关注，并将其作为构建商事法规范体系的基础。商法的基

① 董安生. 中国商法总论. 长春：吉林人民出版社，1994. 10

② 覃有土. 商法学. 北京：中国政法大学出版社，2002. 6

本原则是商事法律规范的出发点和归宿，准确定位商法的基本原则关系到商法体系与基本内容的确定。

对商法的基本原则的定位应遵循商法历史发展的客观选择，在内容上尊重商事交易迅捷、安全、公平和国际化的特性，在功能上服从于商事活动弹性调整的需求。有学者认为我国商法的基本原则应从各国商法的共性原则中确立，包括当事人意思自治原则、诚信原则、公平原则、确定性原则、承认商事习惯和惯例原则；也有学者认为商法的基本原则应包括规制商主体因素的基本原则和规制商行为因素的基本原则两大类[①]，由强化商事组织原则、维持交易安全原则、促进交易迅捷原则、实现交易公平原则构成；还有学者从商法的基本原则对商事交易的规制出发，认为商法的基本原则包括促进交易自由、维护交易公平、提高交易效率以及确保交易安全等原则[②]。

（一）商法的基本原则的意义

商法的基本原则是在其发展演变过程中逐步形成的独特的价值目标体系。商法的基本原则尽管是主观抽象的结果，但在本质上仍然是商品经济规律乃至人类自身发展规律的客观反映。

根据唯物史观，物质资料的生产是任何社会得以存在的基础。经营性主体所从事的谋取超出资本的剩余价值的经济活动正是社会积累和进步的源泉。以商品交换为核心的商事行为是人类社会生产活动的重要组成部分。普通私法对于商品交换的一般规律的普遍性调整，为商品经济关系的法律调整提供了一般性基础，作为特殊私法的商法有必要对经营性生产关系给予专门性调整。显然，商法对营利性商事活动的调整不仅必要而且意义重大。

商法所调整的营利性生产关系，不仅是商品经济发展的基本内容，也是人类社会不断向前发展的社会物质基础。因此，营利性的价值追求首先应当是商法的基本精神之所在，营利性原则应为商法的首要原则。当然，商法的营利性原则并不表现为指导人们如何营利，而在于以法律制度构建自身营利的有机统一体或者说在于以法律制度来规范主体的营利行为。商法作为关于营利性主体从事营利性经营行为的基本法律，其制度繁杂、规定颇多，但以维护商事主体的营利为其重要宗旨。其内容或是与营利性主体的设立、变更有关，或是与营利性主体从事的各类营利性营业行为有关。如公司法规定的股份有限公司、有限责任公司，海商法规定的船舶，以及其他商事基本法的规定，都允许自然人和企业作为商事主体自由经营，并可充分利用票据、股票、债券、保险等手段以达到营利目的。商法的营利追求目标并不在于保证每一个商事主体都获利，而只向所有依法经营的商事主体提供公平获利并将其合理地分配于投资者的一般性条件。

商法在彰显营利性原则的同时，不得不对营利原则可能导致的极端利己行为的负面效应予以制约，以维护商事交易的共同秩序。当个体对自己私人利益的追求，而且仅仅是私人利益的追求，都将可能妨碍他人个体利益的实现，结果不是普遍的肯定，而是普遍的否定，最终不利于商事交易秩序的形成和经济的发展。因此，必须把个体发自内心

① 覃有土. 商法学. 北京：中国政法大学出版社，2002. 7

② 施天涛. 商法学. 北京：法律出版社，2003. 18～33

的追求私利的自由限制在一个适当的范围内，把自身行为约束在特定的界限内，使个体的行为具有某种共同性。在这种有限自由范围内发生的每一个行为的目的既是利己的，又是利他的，从而使个人的行为目的成为他人行为目的的一部分，和他人的行为价值趋向相吻合。把个人行为规范在有限的自由内，事实上就是为创造正常的社会秩序而努力，有利于他人实现自己的利益，就此形成一个社会的共同利益。由此，产生了商法另一基本原则，即互惠性原则。

从某种意义上来讲，商法的两大原则是相互制约、相互促进的，营利性与互惠性作为商品经济的基本要求，是关系到人类社会不断发展（可持续发展）乃至人类自身价值的实现的重大问题，作为调整营利性商事关系的商事法的两大基本原则意义重大而深远。商品经济本身并非为营利而营利，它是人类实现自身充分发展和全面解放的工具和手段。商事交换即意味着双方主体以和平的方式通过交换来实现互相的利益，其本质要求是利己亦利他，即互惠。互惠性原则在于恢复被利己动机扭曲的人性，与营利性原则相比，互惠性原则更是一种弹性原则、一种伦理规范的法制化，可见互惠性原则就其本质来讲也是商品经济行为的重要要求和根本目的。[①] 从另一种意义而言，营利性原则与互惠性原则对于商事法体系的构建也有指导意义。营利性和互惠性是商法的根本价值追求所在。商法讲求营利性，营利性的价值追求集中体现了商法的基本精神。但商法也注重主体间的互惠取向，讲求主体在交换中实现各自的利益。显然，商法在追求经济利益的同时又以互惠要求在一定程度上限制了个人私欲的膨胀，力图营造公正、有效的社会经济秩序。营利性决定了商法调整社会关系的特殊性，互惠性则在很大程度上是作为普通私法对一般商品经济关系调整的基本要求。从一定意义上讲，广义的互惠包括了营利性取向，但二者又有所区别，它们是共性与个性的关系。以普通私法确立的互惠性原则和以商事特别法确立的营利性原则覆盖了商法基本内容，这样商事法体系则不仅包括了商事特别法，也包含了普通私法中的有关规范，进一步确立了商法作为私法的内容体系。

（二）营利性原则

商法上的许多制度均以商事活动的营利性为出发点。从这个意义上讲，商法有关技术性规定、维护商事交易确定、商事交易安全原则及保证交易简易迅捷的规定，实质上都是商法营利性原则的反映，都从不同角度反映了商法强调经济效益的价值取向。

1. 商法的技术性规范反映营利性原则的本质要求

商法以经济上的实用为目标，以独特的形式反映了商品经济内在规律，其内容中包含着大量的技术性规范，渗透着科技理性精神，深受自然科学发展的影响。其外在表现是规范不仅有定性规定，更有定量规定。例如，票据法中关于票据之文义性、要式性、无因性的规定，关于出票行为、背书行为、承兑行为、票据抗辩、追索权之行使等均为技术性色彩强烈的规范；例如，保险法中有关保险费用、保险金额、保险标的等规则广泛涉及数学、统计学的原理，使社会性和客观性达到统一；又如，海商法中关于船舶、拖带、船舶碰撞、共同海损、理算规则等也涉及技术性规范；再如，公司法中关于股东

① 张振亮. 论现代商法的基本原则. 南京邮电学院学报（社会科学版），2002（4）

会议召集、议事程序、股份、公司会计、公司股票和债券等规则更具有技术性特点。商法的技术性原则不仅体现于其规范的具体方面，还表现在整体上的不同规则之间的协调，若没有大量的技术性规范的间接调整作用，不仅商法的营利性难以实现，而且也违背了商事立法的宗旨和目的。

2. 商法确认交易简易迅捷原则是商法营利性原则的又一体现

商事交易以营利为目的，在现代商事实践中，交易速度或商品流转速度对于营利性实现的程度，具有至关重要的意义。因此，商法中的保障交易迅捷原则主要表现为交易简便性原则、短期时效原则和定型化交易原则。

首先，从商事交易的简便性原则来看，按照各国商事法的规定，相当一部分商事法律行为采取文义行为方式和要式行为方式，使得此类法律行为中的大部分内容通过强行法或推定法预先加以确定，将少部分特殊内容留待交易当事人约定，由此形成法律行为文件的标准化和证券化，也是商事交易简便性的要求。如现代各国商法实践中广泛采用的票据、提单、保险单、流通证券等均是此种法律行为文件标准化的典型。在实践活动中，对于许多非证券化的商事合同而言，其大部分内容也已由商法中的推定条款和交易习惯所预先确定，从而形成商事合同的简便性特征。

其次，从商事交易的短期时效原则来看，商法对于各类商事请求权普遍采取不同于普通私法时效期限的短期时效。如各国商法对于商事合同的违约求偿权大多适用2年以内的短期消灭时效，对于票据请求权大多适用6个月、4个月，甚至60日的短期消灭时效，海商法上对于船舶债权人的先取得权多适用1年以内的短期消灭时效，保险法上对于保留补偿请求权通常也适用短于普通私法时效期限的短期时效。商法上的短期时效原则旨在推动商事交易纠纷的迅速解决，以牺牲债权人的时效利益为代价换取交易迅捷的社会效益，体现现代商事法的价值取向。

再次，从商事交易的定型化原则来看，商事交易定型化包含了交易形态与交易客体的定型化两方面的具体内容。前者是指商法通过强行法规则预先规定若干类型的典型交易方式，使商事交易的方式定型化。它使得任何个人或组织，无论何时从事商事交易均可获得同样的法律效果。如销售商陈列货物标明其价格，使买受人得以迅速决定承诺与否，促进了交易的迅捷完成。后者则是指交易对象的证券化。当交易客体为无形财产或权利财产时，商法通过权利证券化简化了权利转让程序。如公司法上的股票、票据法上的票据、保险法上的保险单。

3. 维护交易安全是商法营利性原则的基本内容

法律多种价值追求的矛盾集中表现为安全与效率的矛盾。商事活动虽要求灵活、迅捷，但如果离开了交易的安全性，营利仍无法实现，灵活与迅捷即丧失意义。商法上对于交易安全之维护集中表现在商事交易条件的强制主义、公示主义、外观主义及严格责任诸方面。

第一，表现在强制主义或要式主义方面。即国家通过商法公法化手段对商事关系施以强行法规制，使商事交易形式依照法律的严格规定，任何交易当事人均不得任意加以改变。强制主义表明：一方面充分尊重商事主体的自主权，经营自由、契约缔结自由、契约方式自由、契约内容自由，对于交易事项允许当事人自由约定，另一方面促进当事人之间建立起巩固的交易基础，确保交易安全，实行某些合同与文书规定事项的法定化、强制化。具体来讲，要式主义的实现主要表现在三个方面：①现代各国商法多通过公法性规范直接调控商事关系。如各国商法中有关商业税收、商业登记、消费者保护、禁止不正当竞争、限制商业垄断等一系列规则和制度直接体现了国家的干预与管理职能。②现代各国商法日益偏重于使用强行法规则对商事活动加以控制。如各国法中对公司设立条件的强制性规定，对于公司章程内容的强行法和任意法推定，对于票据、提单、保函、证券越来越广泛的文义性要求和要式性规定等。此类强行法规范是传统民商法固有的内容，现代商法的发展使得这部分规范的作用日益重要，体现了商法营利性追求所要求的社会交易安全保护。③现代商法除传统私法责任制度外，确立起多种法律现任制并存的调整机制。如各国票据法、公司法、保险法等规定，若违反法律规定，可能导致经济赔偿责任乃至行政责任，严重的可导致刑事责任。

第二，表现在公示主义方面。这是指交易当事人对于有关利害关系人利益的营业上的事实，负有公示告知义务的法律要求。这类规定目的在于保护社会交易人或不特定的第三人。许多国家法律规定商主体的登记内容必须进行强制性公示。多数国家商法还规定，商主体依法登记注册的事项以及文件不仅应备置于登记机关，还应备置于商主体注册营业所，以备交易当事人查阅。[①]公司法上关于设立登记、变更登记、注销登记等的规定都是为了达到公示目的。票据法上的票据作为一种文义证券，其权利义务以票据所载内容为准。在票据上签名者，即应对票据上的文义负责。

第三，表现在外观主义方面。这是指交易行为的效果以交易当事人的外观为准。法律现象中经常存在本质与外观不一致的情形，而依外观主义，法律行为完成之后，出于对交易安全的保护，原则上不得撤销。如各国商法中关于不实登记的责任、字号借用的责任、表见经理人、表见代表董事、自称股东或类似股东代表的责任等。外观主义在票据法上表现为对票据行为的解释应遵循外观解释原则。票据作为一种文义证券，一切票据行为的意思表示都是通过证券上的记载反映出来的，因此，通过票据证券解释票据行为人的意思表示的内容时，只能就票据上记载的文字解释。即票据行为如果具备法律要求的形式要件，就不问其记载事项是否与事实相符，即使不符也只能遵循票据上的文义，而不影响票据行为的效力。

第四，严格责任是保障交易安全的一个方面。商法为从事商事交易的主体规定了更为严格的责任。例如，公司法规定，股份公司发起人在公司不能成立时，对设立行为所产生的债权债务负连带责任。再如，票据法规定，汇票的出票人、承兑人、背书人及其他票据债务人，对持票人负连带责任。我国台湾地区《保险法》规定：保险人对于由不可预料或不可抗力事故所致的损害，对于因履行道德上义务所致的损害，或对于投保人，被保险人之雇佣人，或其所有动物，或动物所致损害，均应负赔偿责任。

（三）互惠性原则

商法上的互惠性原则体现了商事交易的平等、公平、诚信、给付性特点的要求。而

① 叶林，黎建飞. 商法学原理与案例教程. 北京：中国人民大学出版社，2007. 17

平等、公平、诚信等基本思想均源于最初的市场经济行为，又为现代市场经济发展的动因和思想基础。《中华人民共和国民法通则》（以下简称《民法通则》）第3条、第4条分别规定："当事人在民事活动中的地位平等"、"民事活动应当遵循自愿、公平、等价有偿、诚实信用的原则"，从而确立了我国商法中的互惠原则。

1. 交易平等、自愿是商法互惠原则的基本要求

商事交易主体间的法律地位平等。这一特性的法律要求在于，商事主体具有法律上的独立人格，都是独立的商事主体，能够在平等的基础上从事商事活动。在商事交易中，互相对应的是权利平等的商品所有者，占有别人的商品的手段是让渡自己的商品。因此，地位平等是互惠性的首要前提和基础，体现着商品交换的客观要求，是市场化商品经济所必不可少的基本规则。如各国公司法中关于股权平等、按股表决，商业登记法中的准则主义和财产责任的规定等都体现了平等原则。

自愿原则即指商事主体在商法规范之下依其自由意志进行其所愿之商事活动的原则。由于社会分工及不同所有者的存在，商品生产者必须借助于市场完成自己的经济活动。为达到经济行为的合理化，商事主体必须选择最有利的价格成交以最大限度地实现自己的经济利益，只有在排除了对商事主体意志自由限制的前提下，他们才能以相当于或低于社会必要劳动时间的价格获取利润，以及意志自由的合理化选择。不适当地限制商事主体的意志自由，会导致限制竞争，扭曲交换关系，破坏互惠性。因此，商品交换是自愿交易，任何一方都不得强制另一方的意愿。商品所有者通过商品交换相互发生关系，一方必须取得他方同意，从而才能依对方意志，让渡自己的商品、占有他方的商品。传统私法理论有"私法自治"原则，即当事人依照自己的理性判断，在设计自己经济利益实现的方式和模式后，自主参与相应的商事活动，并自己对该活动的后果承担责任。自愿性强调商事活动是主体生存利益实现的过程，自愿便以意思自治贯穿整个商事活动。商事行为之前的准备是主体依其意思进行参与商事活动的机会选择。

2. 信用原则是商法互惠原则运行的前提条件

商事活动中信用的宗旨在于以可供依赖的道德规则的基础形成一定的均衡利益秩序。一切法律关系都应根据其具体情况按正义衡平的原则进行调整，从而达到具体的社会公正。法律关系的内容及其实现方式依当事人之间的具体情况而有差异。在许多情况下，依据法律的具体规定无法实现充分公正的，就需要有弹性的法律原则加以补充。信用原则的宗旨在于实现当事人之间、当事人与社会之间利益关系的均衡。在当事人之间的利益关系中，信用原则要求尊重他人利益，以对待自己事务的注意来对待他人利益，保证法律当事人都能得到自己应得的利益。在当事人与社会之间的利益关系中，信用原则要求当事人不得通过自己的活动损害第三人和社会的利益，而必须在法定范围内以符合其社会经济目的的方式行使权利。信用原则调整后一种利益关系时集中体现在禁止权利滥用方面。禁止权利滥用原则的要旨在于要求商事主体在实现自身利益、满足个人利益需求过程中实现个人利益与社会利益的均衡。

我国《民法通则》规定，民事活动应当尊重社会公德，不得损害社会利益。从社会角度观察，某一特定商事主体的权益只是整个社会利益的一部分。如以社会利益为参照系，某一特定主体的权益则是独立存在的一个整体，由此导致两类利益在商事活动中

必然出现冲突。禁止权利滥用的适用范围主要在对绝对权利的行使方面，将绝对权利的行使限制在社会利益所允许的范围内。而依理性经济人的假定，禁止权利滥用也意味着现实社会中许多获利机会未被开发。之所以出现这种情况是由于开发这类机会存在着巨大的成本，而即使人们遵守禁止权利滥用原则，实质上也是他们追求最大化理性行为的一种表现形式。总之，禁止权利滥用原则强调个人利益与社会利益的协调增长和发展，对于当前人类面临的社会的可持续发展具有重大的实践意义。

商法信用原则还具体体现于规定商事主体有事实告知义务和禁止商事欺诈两方面。

一是，商事交易人的事实告知义务。依照现代各国商法的普遍规定，商事交易人在从事商行为时负有主动揭示交易客体瑕疵和主动告知对方有关事实的义务，这是保障交易正常履行和实现所必需的条件。因为在交易过程中，商事交易人各方或一般社会公众都要在了解对方的能力、资力等情况后方决定是否实施该交易行为。事实上如果排除了商事交易人的这一义务，则不仅会使相对人处于不利地位，而且会影响正常的社会交易秩序。如《日内瓦统一票据法公约》规定，持票人在被拒绝兑付时，如未申请做成拒绝证书，亦不妨碍进行追索，但应对怠于申请和告知而造成的损害负损害赔偿责任。商法中对于商事交易人告知义务、揭示义务的规定，目的在于避免交易相对人蒙受意外损害，以达到交易确定的要求，实质上反映了商事交易活动营利性对于交易行为确实性、安全性的要求。

二是，与商事交易人的事实揭示义务密切相联系的是商法上关于禁止商事欺诈的规定。商事欺诈较之民事欺诈有更严格的含义。一般情况下，民事欺诈须有行为人故意从事虚假事实陈述的行为，并且须有受欺诈人因信其欺诈而从事了错误意见表示的行为。而商事欺诈则不仅包含了以上民事欺诈，而且行为人因未尽告知义务，隐瞒交易事实而使对方从事错误意思表示也构成商事欺诈。如多数大陆法系国家商法规定，投保人在保险合同中对投保危险未加申报或作不实申报，在保险设立后于保险危险发生变化而未加通知，或者于保险金额超过保险标的而未告知承保人的，承保人有权解除保险合同或依法主张免责。

从现代各国商法的发展趋势来看，商法上的意思推定制度有可能取代商事交易人事实告知义务。所谓意思推定规范，是指旨在推定行为人的意思，并可为行为人相异的意思表示所排除适用的法律规范。意思推定规范就性质来讲，属于商事任意法，为“弹性条款”，在本质上是某种法定的或拟制的具有法律效力的定型意义表示行为，其效力基于推定。在交易人有意思表示的前提下，其具体表意内容与法律拟制可分别发生效力，甚至不妨在交易人本无此种意思而被当作意思表示处理。意思推定规范充分考虑了具体商事交易中通常应有的内容，是指引交易人选择最受欢迎的方案的模式，否则难以起到为交易人广泛接受并减省具体意思表示的作用。意思推定规定通过对商事交易实施内容加以控制，目的在于使每一合法成立的商事交易均具有明确完整的法律意义，以灵活的方式克服了商法交易人事实告知义务这种法定调整的不足。

3. 给付原则是商法互惠原则的具体表现

商事主体从事商事交易活动的目的在于获取一定的经济利益。因此商事活动要依照价值规律这个基本的经济规律进行，以实现各自的经济利益。这一原则主要指商事主体互惠利益的实现必须以对待给付为手段，当事人在民事权利和义务方面采取对等的态度，一方不得无偿占有、剥夺他方的财产，侵犯他方的财产利益，否则，应以同等的价值来补偿。商法上的给付性原则强调商事主体在商事交易过程中，要以已为给付、应为给付或即为给付等理由，请求双方当事人为相应的给付行为。这种商事主体间的互酬性或给付双方对应性便成为商事活动的给付性。

4. 公平原则是商法互惠原则的实施保障

商事活动的公正性原则要求商事财产利益的衡平性与协调性，即商事主体应以公正为宗，对财产利益的获得与失去，应以对待给付为手段，使商事活动表现出利益互惠性。公平是以利益均衡作为价值判断标准来规范商事主体之间的物质利益关系的法律要求。它意味着商事主体之间的利益均衡或互惠利益的实现，必须放弃一些理性的营利追求。这不仅是市场经济伦理规范的要求，更是关系人类社会稳定、协调、持续发展的重大问题。

商法上的公平性要求主要表现在情事变更原则的应用方面。情事变更即作为商事法律关系存在前提的情事，因不可归责于当事人的事由、发生事先不可预料的变更，从而导致原来的商事法律关系显失公平，应当变更原商事法律关系的原则。情事变更原则是商品交换经济互惠性一般要求的法律反映。而从经济的角度看，商事法律关系是在社会分工的前提下，各社会成员相互利用彼此的劳动成果，相互依存，以求共同发展的关系的反映。因而商事法律关系主体以一个既保障自己利益，同时也保障对方利益的共同体从事商事活动。主体之间并非完全对立，而是一方当事人利益的满足，必须以满足对方利益为前提。由于生产的分工性，商品生产者必须依赖于交换与协作才能生存和发展，他方生存的丧失也就意味着自身的生存危机，遑论发展。因此，情事变更原则要求在商事法律关系存续期间，如发生特殊情况使对方当事人的利益严重失衡时，处于优越地位的一方不得利用对自己有利的客观情况强迫对方，而应当通过协商对商事法律关系的内容进行调整，以求得双方利益的重新均衡。为维护社会经济秩序的稳定，根据普通私法和特别商法的一般规定，如有不公平可在维持原有商事法律关系的基础上调整当事人之间的利益配置使之趋于均衡；若以上措施仍不足以消除因情事变更造成的不公平后果，则可依法解除商事法律关系。例如，许多国家保险法规定，保险合同成立后，如危险减少，被保险人可以请求保险人重新核定保险费，旨在防止交易中的情事变更。

案例分析

【案情】

2004 年 8 月 9 日，金某上班时将已向某保险公司投保的美日牌汽车停放在其自动化技术公司主楼西侧的围墙边。当日 12 时至 13 时突下暴雨，因该围墙建立在半山腰上，山上大量雨水下泻将围墙冲塌，倒塌墙体将金某停放在围墙边的汽车砸坏。当日保险公司到现场勘察，之后按保险理赔流程对车辆损失情况进行定损，确定为全损，理赔金额为 29 500 元。8 月 19 日投保人金某获得赔款 29 500 元，并向保险公司出具了理赔权利转让协议书。保险公司依据《保险法》的有关规定，将某自动化技术公司诉至法院，请求法院判令该公司给付保险公司已赔付金某的款项 29 500 元，并承担本案诉讼费用。

某自动化技术公司辩称：第一，公司对自己所有的建筑物经过历年的年度检验，并未发现该墙体存在事故隐患，证明其对维护建筑物的安全和防止危险已尽相当努力，足以达到“无过错”的程度。第二，当时该地区普降暴雨，瞬间风力达到九级，已构成“不能抗拒”的自然灾害，应属于不可抗力的事故。第三，车主在事发当日并未将车停放至指定车位，而是停在了围墙边，故其自己对事故的发生亦有一定责任。综上，自动化技术公司对该事故的发生没有过错，不应该承担任何赔偿责任，不同意保险公司的诉讼请求。

一审法院经审理认为，保险公司有义务依据保险合同约定对被保险人进行理赔，根据《保险法》的相应规定，其理赔后取得代位追偿的权利，享有向侵权方要求赔偿的权利，故保险公司有权要求自动化技术公司予以赔偿。庭审中自动化技术公司提供证据证明其对倒塌围墙已尽到维修之义务，主观上无过错，且围墙倒塌的主要原因是当日突降暴雨，并伴有短时大风的自然灾害所造成的，故不应承担相应民事侵权责任。但自动化技术公司围墙倒塌确实造成了他人财产损失，而该损失全部由他人承担，有失公允，因此自动化技术公司应给予保险公司适当补偿，减少其受损程度，符合法律所追求公平之目的。自动化技术公司承担补偿损失的具体数额，法院根据双方当事人具体情况予以酌定。综上，依据《保险法》第 45 条、《民法通则》第 4 条规定，判决：一、被告某自动化技术公司于本判决生效后 7 日内补偿原告保险公司经济损失 5 900 元。二、驳回原告保险公司其他诉讼请求。案件经二审并维持原判。

问题：公平原则如何在商事审判中适用？

【解析】

本案争议的焦点是该案应适用建筑物致人损害时的过错推定原则还是适用公平原则，这是一个对法律适用的判断问题。在本案中，两审法院都用到了公平原则而不是用建筑物致损的过错推定原则来处理此案，主要是基于存在着不可抗力的诱因导致围墙倒塌，而某自动化技术公司对该墙体的倒塌在主客观上无过错，因此不宜以建筑物致损的过错推定原则令其承担民事赔偿责任。但由于某自动化技术公司所属院墙的倒塌确实将投保汽车砸毁，进而导致保险公司的利益受到损害，而该利益的损害并非由任何一方当事人的过错行为所致，故无论令哪一方当事人单独承担责任都有失公允。此种情形正符合适用公平原则的条件，因此人民法院依据公平原则酌情判令某自动化技术公司给予保险公司适当补偿以减少保险公司的财产损失的判决是公平合理的。

第二章　商法的演进

商事法律制度是伴随着社会商事实践活动而产生与发展的。从商法的演进过程看，其历经了古代、中世纪再到近代与现代的过程，由商事习惯、商人法发展到以国内法为主体的法典法和普通法，后在多数国家形成了较为完备的或采取民商分立模式或采取民商合一模式或以买卖法为中心构建的现代商法体系。本章的重点有中世纪商人法的特点及其影响因素、西方各主要国家商事法的形成与发展、我国在市场经济条件下商事立法的状况。本章的难点是正确理解伴随 19 世纪法典化热而产生的三大商法法系的差异及现代商法发展的新趋势。

第一节　欧洲早期的商事立法

一、西亚及地中海沿岸古代商事法

商事法律制度是为适应商品经济发展的需要而逐渐产生和发展起来的。在远古时代的东西方，随着商事活动的频繁，与此相适应的商事规则、惯例逐渐被各国认可，被纳入其国内诸法合体的法典或与其他规范混杂在一起出现。

公元前 18 世纪，古巴比伦第六代国王汉谟拉比在位期间制定的《汉谟拉比法典》就有关于商人、买卖、租赁、借贷、寄存、雇工、建筑工程、运输等的规定。公元前 15 世纪左右施行于亚洲西南部美索不达米亚地区的《赫梯法典》有很多关于商品交易方面的规定，其中从第 176 条到第 186 条都是对手工业者、耕牛、绵羊、拉车的马与骡、衣物、土地、葡萄园、牛皮、牛肉等的买卖价格所作的规定。公元前 3 世纪至公元 3 世纪的《摩奴法典》除对商品交易作出规定外，还对不正当竞争行为作出调整。比如，"凡是掺假的、变质的、分量不足的、不在手头的和封着的东西，一律不得出卖"。[①]在古代希腊，由于地理环境的优势对发展海商贸易极为有利，雅典、科林斯等地中海沿岸的城邦国家海上贸易十分繁荣，贸易的发展促成了大量海事习惯的产生，这些海事习惯

① 印度教伦理规范：摩奴法论（第二版）. 蒋忠新译. 北京：中国社会科学出版社，1987. 155

经汇集和编纂而成为著名的法典《罗德法》（Lex Rhodia）。该法被认为是古代商法的最初形式，其中有许多关于商事方面，特别是海商方面的规定，为以后的海损和海上保险及海商信用制度奠定了基础，并且这些制度为后来的海商法所吸收。古代罗马法中关于商事性质的规定则更多。罗马法尤其是适用于非罗马公民的外邦人的万民法，已经包含着众多的商业习惯法，支配着罗马帝国范围内绝大多数类型的商业交易，尤其是涉及远距离货物运输的商业交易。[①]虽然罗马法仍是一部诸法合体的法律，它并没有为专门调整商人和商行为而形成完整的法规体系，但分散在整个法规大全中的诸多商事规范业已确立了商法的一些重要原则。所以，人们认为，“无论从法律内容的发达情况，还是从法律技术的精细程度考虑，与以往的法律相比，罗马法中关于商品交换的法律规定已达到一个崭新的、较高的水平。这些法律被后来人所推崇和接受，对近代欧洲商法，以至这个世界的贸易法都产生较大的影响。”[②]基于此，有些学者认为，古代（公元10世纪以前）就已存在一些商业惯例和商事习惯法，应将此看作是商事法的起源。[③]

诚然，作为调整商事关系的古代商事惯例、习惯法，对商人的商品交易活动起到支配作用，但现代多数学者通常认为，近代商法实际形成于中世纪，严格地说，欧洲的古代法中并不存在独立的商法或与之相类似的完整制度。[④]究其原因，古代欧洲社会的民主文明虽然发展到一定的程度，但其并不拥有使商品经济得以存在和发展的社会因素，因此调整商品经济所需要的独立的商法没有产生的可能性和必要性。即使是古罗马社会，其文明高度发达，具备了商品经济发展的诸因素，古罗马法中亦有许多调整简单商品经济关系的规范，但这些有关商事的规则与其他的规范混杂在一起，而没有被自觉地概念化，也没有被按照一般的原则进行分析。因此古代罗马法缺乏后世商法赖以存在的各种观念、原则和制度，其从特质上说不属于严格意义上的商法。正如有些学者所言：在非自给自足的奴隶制商品经济条件下，整个罗马私法是为满足交易的需要而形成的，而且，通过罗马裁判官创设的法律权能，能够使简单商品交易的法律要求得到持续的满足，故在罗马范围内并不需要特别的商法。[⑤]

二、欧洲中世纪商事法

欧洲中世纪商事法主要是指公元11世纪至16世纪在欧洲，特别是在地中海沿岸和亚得里亚海沿岸、波罗的海和北海沿岸，由于商业的复兴，一些自治城邦中普遍发展起来的商人法。这种商法主要是由商人行会的规约、各地的商事习惯法、商人法庭和法院的商事判决、城市法以及国王、领主、教会颁布的单行法规所组成，它主要适用于商人团体，并成为后来欧洲商法的前身和主要渊源。中世纪商法的代表性成果主要有：意大

① [美] 哈罗德·J. 伯尔曼. 法律与革命. 贺卫方等译. 北京：中国大百科全书出版社，1993. 413

② [德] 海曼. 商法典评纂. 转引自：任先行，周林彬. 比较商法导论. 北京：北京大学出版社，2000. 146

③ 任先行，周林彬. 比较商法导论. 北京：北京大学出版社，2000. 142

④ 董安生等. 中国商法总论. 长春：吉林人民出版社，1999. 10

⑤ [德] 拉德布鲁赫. 法学导论. 米健，朱林译. 北京：中国大百科全书出版社，1997. 73

利的《阿玛尔菲法典》、《米兰条例》、《佛罗伦萨条例》，比萨的《海上习惯法》，威尼斯的《航海条例》，热那亚的《海上法汇编》，西班牙的《康索拉朵海法》，适用于法国和英国的《奥列隆海法》以及流行于北欧的《维斯比海法》等。

（一）影响欧洲中世纪商事法发展的主要因素

1. 城市的兴起

中世纪大量兴起的城市、频繁的商事贸易使得当时的商品经济得到了极大的发展，也使得近现代意义上的商法有了产生的社会经济条件。公元 11 世纪以来，随着陆上贸易与海上贸易的复兴，在西欧尤其是地中海、北海、波罗的海沿岸产生了为数众多的“集市”和“市场”。四方商贾云集于此，从事规模不等的商品交易活动，有些集市（如繁盛于 13—15 世纪的法国“香槟集市”）发展成为欧洲著名的国际市场。商业的复兴带来了城市的出现。这些城市主要是由专门从事商品交易的商人阶层构成，城市通过赎买或武装斗争等方式获得自治权。那些完全取得自治权的城市，有自己的法庭和武装，市议会是最高权力机构，负责制定政策、法令和铸造货币，由市民选举产生的市长、法官等管理人员行使行政、司法、财政等权力。城市的兴起又极大地推动了商品经济的发展。高度发展的商品经济使得无论是重新发现的罗马市民法，还是残存的罗马习惯法，包括万民法，都不足以应付在 11 世纪末 12 世纪初出现的各种国内和国际的商业问题。[①]日益繁荣昌盛的城市贸易活动必然要求有相应的体系化、逻辑化的交易规则予以规范。为了满足商人们调整彼此之间商事交易关系的客观需要，中世纪的商人依据各种交易活动不断建立新的交易规则，随后这些交易规则形成商事习惯，独立商法的出现也就成为可能。可以说，近现代意义上的商法诞生于中世纪，是欧洲社会经济条件发展到一定历史阶段的必然产物，同时也是商人们客观要求的产物。

2. 商人阶层的产生与商人法院的建立

中世纪海陆贸易的发展不仅促进了西欧城市的发展，也促使近代欧洲商人阶层的形成。商人阶层实力与群体意识不断地发展壮大，为商法的产生奠定了社会力量。由于公元 11 世纪以来欧洲大陆农业生产方式实现了历史性的突破，大量剩余劳动力从农村中分离出来并逐渐由生产领域转向交换领域，专门从事商品交易活动。经商所得的丰厚收益吸引了大批农民甚至上层贵族加入到经商者的行列，一个新兴的职业商人阶层逐渐开始出现。出于商业利益的共同需要，商人阶层纷纷自发组建起自己的自治团体——商人行会，即“商人基尔特”（Guilds Merchant）。通过商人行会的联合和不懈斗争，商人阶层最终从封建主、国王和教会那里获得了自治权和裁判权。商人行会发布调整商业活动的自治规则、行会规章，汇编商业惯例，选任商人作为法官裁决商人之间的纠纷，并由此汇编成商事裁判集。在此基础上，适用于商人的习惯法逐渐形成。初始，各地商人习惯法之间存在较大的差异。为了消除差异，以利于商业的发展，在西欧各城市的集市和口岸建立了混合法庭，由外地商人和本地商人会同审理商事纠纷，逐渐使各地的习惯得到统一，成为适用于各城市的共同商法，商法从一开始就具有国际性特征。

商人法院的建立对中世纪商法的发展起了重要作用。商人法院是商人阶层在争取到

---

① ［美］哈罗德·J. 伯尔曼. 法律与革命. 贺卫方等译. 北京：中国大百科全书出版社，1993. 414

对商人间贸易纠纷和争议进行处理的独立管辖权的基础上建立起来的，它在性质上属于非专业的社会共同体纠纷处理机构，包括市场法院和集市法院、商人法院和城市法院。法院的“法官”一般由集市或市场的商人们推选或由行会首脑选择几名行会成员来担任。一般而言，在处理“行商”间争议的商人法院里通常设有所谓的“半个能说话的陪审团”，陪审团成员中本地商人与外地商人各占一半。这些商人法院的审理程序十分迅速、简易，而且是非正式的，其时限幅度往往很窄，这是当时商品交易活动迅捷性的反映，也是商品交易活动的客观需要。商人法院的裁判是一种明显的“参与裁判制”，具有一定的公共特性。这有利于单个商事案件的公正解决，也有利于商人法体系与教会、王室的控制相隔离，维护商人阶层的特权。当然中世纪的商人法院并不能视为严格意义上的“法院”，它们更多体现出的是现代“调解”和“仲裁庭”的性质。[①]通过中世纪商人法院的实践与适用，商人习惯法这套独特的规则体系逐渐得到社会各界的普遍承认，并成为具有“准”法律约束力的社会行为规则。由商人法院众多裁判实践活动积累而成的商事判例，后来成为中世纪商法的重要渊源之一。

3. 宗教因素

中世纪王权与教权进行斗争，教会为获得斗争所需的物质后盾及市民阶层的支持，改变了与商法理念不相容的“来世”和“禁欲主义”的教义，转而倾向于在事实上承认（大多为默认）商人的经济活动就像其他世俗活动一样，不再视其为必定是“对拯救的一种威胁”。多数教会放弃一直坚持的反对交易获利的顽固政策，强调“入世”聚财致富对救赎的意义和作用，并坚信：建立在高尚信念上的合法贸易有别于建立在贪婪基础上的非法贸易；建立在满足合法需求基础上的贸易有别于建立在纯粹自私自利或欺诈的基础上的贸易；合法的收取利息有别于高利贷；公平的价格有别于不公平的价格。[②]教会宗教政策对商人阶层的宽容使得商人们与教会取得了某种类似于同盟的关系。一方面，教会将行商者作为朝圣者一类予以保护，另一方面，教会从宗教精神角度出发，认为商人们所从事的商业贸易合乎道德规范，为商法的产生提供了意识形态上的准备。而且教会动用大量的资金来研究包括商业习惯法在内的各种法律制度，在私法实践中采取法庭和诉讼程序体制，这使得商人习惯法最终为世俗国家所接受。[③]当然，教会对中世纪商法的影响主要体现在原则和精神方面，而不是制度方面。中世纪商法在发展过程中潜移默化地贯彻了教会对社会经济活动所提出的道德伦理要求，吸收了宗教教义中的合理成分，使得商法本身从诞生开始就蕴涵了深厚的伦理价值内核。比如，中世纪商法的许多原则都可以在公元11世纪以来的天主教教义中直接或间接地发现其宗教渊源。

（二）欧洲中世纪商事法的特点

基于当时社会条件发展起来的中世纪商法，具有以下三个特点：

（1）中世纪商法产生于商人阶层，以维护商人利益为中心，大部分规则仅适用于商

① 朱慈蕴，毛健铭. 商法探源——论中世纪的商人法. http://www.lunwentianxia.com/product.free.4644045.3，2008-06-10

② ［美］哈罗德·J. 伯尔曼. 法律与革命. 贺卫方等译. 北京：中国大百科全书出版社，1993. 412

③ 郑远民. 现代商人法研究. 北京：法律出版社，2001. 169

人，甚至有些规则只适用于商人行会内部商人之间，所以，中世纪商法具有很强的属人性、自治性特征，是典型的商人法。为充分保护商人阶层的利益，维持商品交易活动快捷、有序地进行，中世纪商人在商事实践活动中根据自己的意愿来安排发生在他们内部团体之间因为商品交易关系而产生的权利和义务关系，并且通过商人法院的“参与裁判制”及时、自主地处理商事纠纷和争议。而且，由于商事活动日益发展完善，具备了较强的技术性和专业性，当时的国家公权力尚不具备涉足这一复杂领域并将其纳入国内法的能力，因此，国家公权力对早期商人习惯法的发展影响不大，这就为商人法朝独立化方向发展留出了广阔的空间。

(2) 中世纪商法是以商业习惯为基础，从商人行会的内部规约中发展演变而来的，是典型的习惯法。它主要以城市法、海商法、商人行会规约、商人法院裁判、商事习惯、教会法等为法律的表现形式，其在内容上涉及广泛，现代商法中的一些重要原则、商法的特征、主要制度都不同程度地得到了体现。例如，中世纪商法中有关调整工商活动、商人资格的取得、商业合伙、商事代理、商品买卖、商业信用、商业票据、保险、商业账簿等的内容；商法中还建立了公式规则和诚信原则及营利性、敏捷性、安全性等原则。

(3) 中世纪商法分布于不同地域、不同商人团体之中，已经具有一定的国际性。中世纪商法的这种国际化特征的形成主要取决于四个方面：集市法的统一性、海事惯例的普遍性、处理商事纠纷的专业性和公证人的活动。到公元13世纪中叶，公证合同已经在意大利普遍出现。由此，公证人成为中世纪欧洲普遍存在的从事多种法律实务的工作者。由于他们积极而频繁的活动，商人习惯法的国际性和统一性终于在实践中得以实现。

三、欧洲近代商事法

近代商法是欧洲各国在中世纪商法的基础上把商法纳入国内法的直接结果。1618年至1648年，欧洲爆发了30年的战争，在结束战争的威斯特伐利亚和会之后，主权观念开始取代神权观念，以主权为基础的近代意义上的民族国家形成。各主权国家为谋求自身利益，不断扩大自己的影响，包括扩大本国法律的影响范围，基础脆弱的商人习惯法在这种背景下逐渐被各国的法律所吸收和取代而不复存在。由此，商法从中世纪以商事习惯和判例为主要渊源的商人法逐渐发展为具有主权意义的近代成文法。各国商法的内容差异极大，一个国家的商法有别于另一个国家的商法。近代商法与中世纪商法相比，发生了质的改变。正如有些学者所言，“商事法已丧失了自己的古老的统一性，各个国家均建立起自己的独立的、与众不同的商法，使国际商事关系遭受重大的损害”。①

近代欧洲代表性的商事立法主要有：法国路易十四时期颁布的《商事条例》(1673年) 和《海事条例》(1681年)。《商事条例》共14章，包括商人、票据、破产、商事审判的管辖等规定；《海事条例》共5编，包括海事法院、海员及船员、海

① Alfred Jauffert，Droit Commercial 1. lre volume. 2e édition, Dalloz. p.35，转引自：张民安，龚赛红. 商法总则. 广州：中山大学出版社，2004. 23

上契约、港湾警察和海上渔猎。1807年法国在这两个条例的基础上颁布了《法国商法典》，该法典采取客观主义原则，以商行为为立法基础，首创了大陆法系民商分立的体例，这对大陆法系各国后来的民商立法产生了重大影响。德国在尚未统一时于1861年制定了《普通德意志商法》，该法典共5编，包括商人、商事公司、合伙、商行为和海商。1871年德国统一后，该法典在几乎未加修订的情况下，在整个德意志帝国施行。英美法系国家的法律体系中尽管没有商法的概念，但商人法的规则也被纳入其判例法中。18世纪中叶，基于商事活动的需要，英美等国制定了一系列商事方面的单行法规，如英国1720年《泡沫公司条例》、1882年《票据法》、1893年《货物买卖法》和美国1906年《统一买卖法》等。

第二节 现代商法

一、西方主要国家商事法的形成

从19世纪末开始，近代商事法律制度在日益繁荣复杂的商事实践的基础上逐渐形成世界三大商法法系，即法国商法法系、德国商法法系和英美商法法系，这种商法法系的分流对后来各国的商事立法产生了深远的影响。第一次世界大战之后，人类社会进入了现代历史阶段，商事法也随即进入了一个新的发展时期。

1. 法国商法

法国大革命后，在拿破仑的推动下，法国于1804年制定了《法国民法典》，1807年制定了《法国商法典》。《法国商法典》共4编648条。第1编通则，包括商人、商业账簿、公司、商业交易所及票据经纪人、行纪、买卖、汇票、本票及时效；第2编海商，包括船舶、船舶抵押、船舶所有人、船长、船员、载货证券、租船契约、以船舶为抵押而设定的借贷、海上保险、海损、货物投弃、时效等；第3编破产，包括家资分散、破产、复权；第4编商事法院，包括商事法院的设立、管辖范围、诉讼方法及仲裁程序等内容。《法国商法典》是近代第一部商法典，标志着近代统一商法的形成，同时在大陆法系开创了民商分立体例的先河。法国商法典采取商行为主义（即客观主义）原则，以商行为为本位作为立法的基础，即凡商行为均受商法规范，从而突破了中世纪以来商法只适用于商人的传统观念。由于《法国商法典》制定过程较仓促，法典中存在诸多不足之处。为顺应社会经济的发展，法国对其进行了多次修订和补充，法典中许多条款被废止，取而代之的是单独制定的专门法律法规，商法典实际上只起着商法通则的作用。在单独制定的专门法律法规中比较重要的有：1867年的《商事公司法》、1909年的《商业财产买卖设质法》、1917年的《工人参加股份公司法》、1919年的《商业登记法》、1925年的《有限责任公司法》、1930年的《保险契约法》、1935年的《票据统一令及支票统一令》、1936年的《海上物资运输法》、1942年的《证券交易法》等。第二次世界大战以后，法国组织了商法修订委员会，对其商法典、公司法和破产法再次进行了系统的修正。迄今为止，《法国商法典》施行了两百多年，经过了多次的修改和补充，但它在调整现今法国的商事领域方面依然发挥着十分重要的作用。

在法国商法典的影响下，各国特别是欧洲国家纷纷仿效法国制定了自己的商法典，这主要有卢森堡 1811 年的商法典、西班牙 1829 年的商法典、葡萄牙 1833 年的商法典、希腊 1835 年的商法典、荷兰 1838 年的商法典、比利时 1850 年的商法典、意大利 1865 年的商法典。除此外，还有埃及、波兰、南斯拉夫、罗马尼亚、巴西、智利、阿根廷等国家的商法不同程度地受到法国商法典的影响。这些国家的商法都以法国商法为直接的或间接的渊源，从而构成了法国商法法系。

2. 德国商法

德国在 1871 年统一前，长期处于封建割据状态，各邦国各立其法，法律非常混乱。虽然德国于 1861 年制定了《普通德意志商法》，并曾一度施行于统一后的德意志帝国，但其不太适合德国的国情。为了与民法典的内容相协调，1897 年德国制定了新的商法典，并与德国民法典同时于 1900 年 1 月 1 日生效。新《德国商法典》共 4 编 905 条，第 1 编商人，包括商人、商业登记、商号、商业账簿、经理权及代理权、商业使用人、代理商、商业居间人；第 2 编商事公司及隐名合伙，包括无限公司、两合公司、股份公司、股份两合公司、隐名合伙；第 3 编商事行为，包括总则、商业买卖、行纪营业、承揽运送业、仓库营业、运送营业、铁路运送；第 4 编海商，包括总则、船舶所有人及船舶共有、船长、物品运送、旅客运送、风险借贷、共同海损、海难救助、船舶债权人、海上保险、时效。《德国商法典》虽然也采用民商分立的立法体制，但它不同于《法国商法典》，它采用主观主义（即商主体主义）的立法原则，以商人为本位来构造法典。商人是商法的核心，同一行为，商人为之，适用商法，非商人为之，则适用民法或其他法律。同时，德国新商法典的内容较法国商法典更为完备，是一部较为成熟的商法典。受德国商法典影响，奥地利、瑞典、挪威、丹麦、泰国、土耳其、日本以及清朝末期的中国等也采用该立法模式制定了本国商法典。于是，以德国商法为核心，以属人主义，即以主观主义原则为主要特征和立法基础的德国商法法系逐步形成。值得注意的是，在世界上率先采用民商合一立法体例的瑞士，将商事法归类于债务法，列入民法典之中，其内容仿效德国商法，规定了公司、有价证券及商号、票据、商业登记、商业账簿等商事法律制度。

德国新商法典颁布至今，其中大部分内容虽然依旧适用，但修改也很多。其中比较大的修改有：1937 年将股份公司法和股份两合公司法从商法中分离出来单独立法；1953 年将代理商和商事辅助人以及其他商事雇佣人员加以明确的区分，并重新规定了代理商的权利与义务；1976 年确立起农业、林业经营者的商人地位；1986 年根据欧共体的指令，将商事账簿从第一编中分离出来，另立一编为第三编，并扩充了原有条款内容；1988 年将法定商人与登记商人合二为一统称为企业主，将小商人并入任意商人之中，同时改革了商号制度，允许所有的商人可以任意选择人名、物名甚至虚构名作商号，要求所有商事公司必须在商号中表明公司法律形式，所有商人必须在商业信函上注明商号。此外，1988 年的修改内容中还规定，人合商事公司在承担无限责任的合伙人退伙时原则上继续存在。除了商法典，德国还颁布了一些与法典相关的商事单行法，这主要有《有限责任公司法》（1892年）、《内水航行法》（1895年）、《保险契约法》（1908年）、《反不正当竞争法》（1909年）、《票据法》（1933年）、《股份法》（1937年）、《破产法》（1994年）等。

3. 英国商法

英国是以判例法为主的国家，其在相当长的时间里没有统一的商法典，它的商事法主要是商事习惯法和商事判例。自19世纪以来，为适应商业经济发展的需要，英国相继颁发了一些单行商事法规，即制定法。英国商事法从渊源上来说有普通法、衡平法和制定法之分。普通法是与制定法相对的“法官创造的”一般法律，其强调行为符合严格的程序。衡平法则始于15世纪的英国，是根据公平、合理与正义的原则（即“衡平原则”），为弥补普通法的不足而形成的一种判例法。实际上，无论是普通法还是衡平法，都属于判例法范畴。因此，后来多数英美法系传统的国家，不再强调普通法和衡平法之分，法院在司法审判中把它们作为共同的法律通则予以遵循。

19世纪以来，英国制定的商事单行法主要体现在公司、破产、票据和保险等几个方面。在公司立法方面，英国于1844年制定了《合股公司法》，确认了设立公司自由的原则。1855年通过了《有限责任法案》，1856年制定了《有限公司法》，1862年又通过了新的《公司法》，1908年制定了《统一公司条例》，1929年颁布了《公司法》、《公司解散规则》。其后为适应资本主义经济的快速发展，英国对《公司法》进行大幅度的修订并重新颁布。在破产立法方面，为解决早期制定的破产法中的规定冲突，1914年英国在对原有破产立法进行全面清理的基础上，颁布了新《破产法》，并于1924年进行了修订。此外，英国还在1914年发布了《和解法》，于1976年发布了《无力偿还法》。在票据立法方面，英国于1882年在原有普通法、判例的基础上，制定了《汇票法》，规定了汇票、本票和支票。1959年又制定了《支票法》，对支票进行补充规定。在保险立法方面，英国于1906年颁布了《海上保险法》，对海上保险单的格式和制订、全部或部分损失、海损和救助费用的确定等都作了详细规定。这部《海上保险法》对后世各国的海上保险立法产生了巨大的影响，成为各国海上保险法的蓝本。随后，英国又制定了《保险公司法》（1909年制定，并于1974年、1981年、1982年进行了较大修改）、《简易保险法》（1923年）、《保单持有人保护法》（1966年）、《保险经纪人（登记）法》（1977年）等单行法律。在货物买卖等其他方面，英国也制定了相应的单行法律。

而今，英国在商事领域的制定法和判例法已经形成了一种互为补充的关系，它们共同成为英国商法的主要渊源。因此，要全面掌握英国商法，在了解制定法的同时，还必须了解大量的判例规定。

4. 美国商法

美国与英国同属普通法系国家，判例是其主要的法律渊源。美国法律总体上讲是承袭英国法而逐渐发展起来的，其商事法也以英国的普通法为基础。由于美国政治体制的特殊性，美国联邦和各州均拥有立法权，因而，最初美国各州的商事立法内容很不统一，这给商事活动带来极大的不便。为了解决这一问题，美国19世纪末掀起了统一州立法运动，成立了“统一州法委员会”，着手制定统一的商事法规。这主要有1896年的

《统一流通票据法》、1906年的《统一买卖法》和《统一仓库收据法》、1909年的《统一股份转让法》和《统一提单法》、1918年的《统一附条件销售法》、1926年的《统一商事公司法》（1984年经修订，改为《标准商事公司法》）、1933年的《统一信托收据法》等。

第二次世界大战后，美国在商事法律制度方面逐渐开辟了自己的发展道路。在美国统一州法委员会（NCCUSL）和美国法学会（ALI）的联合组织制定下，美国于1952年公布了《统一商法典》。该商法典是一部示范法，自公布后，经过多次修改，先后形成了1957年、1962年、1966年、1972年、1978年、1987年、1990年等几个正式文本，其内容和结构也日臻完善，现已为美国50个州所采纳。《统一商法典》内容庞杂，涉及买卖、商业票据、银行存款和收款、信用证、大宗转让、仓单提单等所有权凭证、投资证券、动产担保交易等多方面。它不同于大陆法系的商法典，其以商业交易为中心进行立法设计，集中反映了商事活动中商业交易的理念和要求，尤其是买卖的理念和要求，其他各项商事活动都是在此基础上派生出来的。可以说，美国《统一商法典》总结概括了几百年来西方资本主义商业交换的规则，适应了当代社会商业发展的新要求，它对世界各国的商事立法及国际商事公约产生了深远的影响，被誉为英美法系历史上最伟大的一部成文法典。除《统一商法典》外，美国还颁布了许多重要的商事法律、条例和规则，如《证券实施补充与股票改革法》（1990年）、《信托契约改革法》（1990年）、《市场改革法》（1990年）、《统一合伙法》（1994年）、《统一有限责任公司法》（1996年）、《全国性证券市场促进法》（1996年）、《金融服务现代化法案》（1999年）等。

以英国、美国商事法律为核心的英美商法法系有其自身的特点，它在法律渊源上，以判例法为主，以制定法和习惯法为辅；在商法内容上，以传统的买卖法为中心；在商法创制上，法官法发挥了独特的作用；而在商法体系上，不存在大陆商法中的总则性规定。澳大利亚、加拿大、印度、新加坡、马来西亚等国的商法就受到英美商法的影响。英美商法在世界商法体系中的历史地位本身就是不言而喻的。但它对世界的影响并没有仅限于英美法系的内部，尤其是随着英国与美国先后在世界贸易体系中长期居于主导地位，其本身商法的影响也超越了自身所属的法系。无论是对于两大法系之外的混合法域，还是对于正在兴起中的国际商法，英美商法较之大陆商法都产生了更为广泛与深远的影响。①

二、现代商法的发展趋势

1. 两大法系商法相互影响、相互渗透

由于历史传统、社会生活、文化习惯等因素的差异，两大法系在法律内容、形式、观念、适用等诸多方面存在差别。但随着现代社会经济生活的发展和全球化进程的加快，自20世纪以来，两大法系相互渗透的现象逐渐明显。

① 何勤华，魏琼. 西方商法史. 北京：北京大学出版社，2007. 465

一是在法律形式上，两大法系相互借鉴、相互影响。为弥补繁杂的判例导致的法律规则不确定性的缺陷，英美法系国家相继制定了许多商事单行法。这些制定法在社会经济生活中发挥着越来越大的作用，形成了制定法取代判例法的趋向。大陆法系商法虽有成文化、法典化、系统化的优点，但其灵活性不足。为适应不断发展的社会经济环境，大陆法系国家也逐渐重视判例和学说的作用，通过法院的判决来发展法律。法官审理案件注重先例，已经成为大陆法系普遍的现象。而有些国家和地区，如菲律宾、斯里兰卡、南非、苏格兰、加拿大的魁北克等的商事法律，原来都属于大陆法系，后来都采用了一些英美普通法的原则，从而成为混合型的法律制度。二是在法律内容上，两大法系相互渗透，逐步统一。这主要体现在公司法领域。1937 年的德国股份法率先突破了大陆法系公司制度所固守的资本确定原则（即法定资本制），吸收了英美法系公司制度的授权资本制的做法，即由公司章程规定公司资本总额，并允许在公司设立后 5 年内，在资本总额的半数内，不经股东会决议，而由董事会发行新股增加资本。同时，大陆法系国家仿效英美法系公司法中的董事会制度，加大了公司董事会的权限。英国公司法则吸收了大陆法系国家的经验，废弃了传统的越权原则规定，允许公司章程大纲笼统地规定公司的经营目的是作为一般的商业公司从事商业或贸易，公司章程大纲对公司经营目的的限制并不影响公司具体行为的有效性。这样，公司的具体行为并不因为超越公司章程记载的经营范围而归于无效，从而保护了越权交易相对人的利益。

两大法系商法虽然相互影响、相互渗透，但这并不意味着两大法系的统一。由于历史传统和发展背景上的差别，两大法系的基本法律原则和风格没有改变，其差别在今后仍然会继续存在。

2. 商法的技术化趋势

现代商法所调整的商事关系更为复杂化、专业化，使得商法规范较之民法规范在整体上呈现出伦理性逐渐弱化、技术性逐步加强的趋势。

现代商法的技术性主要体现在商行为法部分，法律对商行为中的行为方式、行为环节、行为规则都作了具体、翔实的规定，具有很强的可操作性和技术性。例如，公司法中关于公司的设立、公司财务报表的编制、公司利润的分配；证券法中有关证券的发行与交易、上市公司的收购、信息的披露；票据法中的出票行为、背书行为、承兑行为，票据抗辩权与追索权的行使；保险法中关于保险费用、保险金额、精算、理赔；海商法中关于船舶碰撞、海难救助、共同海损、理算规则，等等，都具有极强的技术性色彩。而且随着现在电子商务活动的迅猛发展，电子商务的立法更迫切需要适应商事交易技术化、现代化的趋势。

3. 商法的公法化趋势

商法的公法化现象几乎贯穿了商法的各个主干法律制度。例如，商事登记、商事能力、商业账簿、商业税收及商业使用人等制度；公司法中关于公司组织形态、公司机关构成、公司设立、发行新股、增减注册资本、变更、清算、信息披露等规定；票据法中关于票据种类及其行为方式、必要记载事项的规定；海商法中的船舶登记、运输单证、海事赔偿责任限制、船舶抵押权、对船长的处罚规定；保险法中的责任准备金、保险代理人与保险经纪人、保险业监督管理的规定；破产法中的债务清偿顺序以及破产法、公司法及保险法中的罚则等规定都是具有公法性质的商法规范。商法公法化并不意味着商法变成了公法，也不意味着在调整市场经济的法律中公法已比私法处于优势地位。根据市场经济的本质属性和国家干预的适度原则，商法的公法化理应被限定在一个适当和尽可能低的程度。虽然现代商法注入了越来越多的国家强制性规范，体现国家对商事活动一定程度的干预，出现了公法化的趋势，但商法本质上仍然属于私法范畴，受私法原则和精神所支配。

4. 商法的国际统一化趋势

由于现代社会经济的发展早已超越国界，呈全球化、一体化趋势，世界各国的经济联系程度和依赖程度日益加强，客观上使得各国调整商事交易关系的法律规范向趋同化方向发展。现代商法的国际统一化趋势主要表现在如下几个方面：

(1) 国际社会订立了大量有关商事活动的国际公约、示范法和国际惯例。例如，在海商法领域，有1910年《船舶碰撞及海难救助统一公约》、1924年《共同海损规则》与《统一提单的若干法律规则的国际公约》（即海牙规则）、1965年《国际便利海上运输公约》、1974年《约克—安特卫普共同海损理算规则》与《海运旅客及行李雅典公约》、1978年《联合国海上货物运输公约》（即汉堡规则）、1980年《联合国国际货物多式联运公约》；在票据法领域，有1930年《关于统一汇票和本票的日内瓦公约》与《关于解决汇票和本票的若干法律冲突的公约》、1931年《关于统一支票法的日内瓦公约》与《关于解决支票的若干法律冲突的公约》、1933年《商业跟单信用证统一规定》、1967年《商事票据托收统一规则》、1988年《联合国国际汇票和国际本票公约》；在国际贸易法领域，有1974年《国际货物销售时效期限公约》、1980年《联合国国际货物销售合同公约》、1983年《国际货物销售代理公约》、1988年《国际金融租赁公约》、1985年《商业仲裁示范法》、1990年《国际贸易术语解释通则》、1994年《国际商事合同通则》、1996年《电子商务示范法》、1997年《国际销售示范合同》等。

(2) 成立了一些旨在推动商事一体化的国际组织。如国际海事委员会、国际法协会、国际商会、国际商会仲裁院、国际商事仲裁委员会、联合国国际贸易委员会、世界贸易组织等。这些国际商事组织在促进贸易自由化、商法国际化方面作出了巨大的贡献。

(3) 各国不断根据现代经济的发展修改本国的商事规则，使商法的内容日益趋同化。一方面，国际商事公约、示范法和国际惯例对其成员国产生约束力，另一方面，受国际公约、示范法和国际惯例的影响，各国在制定本国商法时往往对其加以吸收。同时，一个国家商法的成功制度也会迅速为其他各国借鉴，导致各国商法日益趋同化。从目前多数国家的商事立法看，其中有关国际货物销售、票据、船舶碰撞、海难救助和共同海损等的规定几乎没有什么差别。

需要说明的是，商法的国际统一化趋势并没有改变商法的国内法属性，而且，商法的趋同化不是就商法的体系而言，而是就商法规范的具体构成而言的。三大商法法系在体系结构等基本问题上还将表现出很大的差异性。基于现代商法的国际化倾向更加显著，东西方法学家们提出应“重新发现商法的国际化的特征与价值”。受此观点影响，我国有部分学者将现代商法等同于新的商人习惯法，并认为国内商法正在向新的商人习惯法演进。[①]

第三节　中国商事立法

一、旧中国的商事立法

我国古代长期受重农抑商思想的影响，商品经济处于极度不发达的状况。当时的社会没有发达的城市商业，没有专门从事商业的独立的阶层，没有充分的商事惯例，国家一直奉行诸法合体、刑民不分，因而不存在独立而集中的商事法律制度。即使是封建法制中有不少散见于律令中的有关买卖、钱庄、银票、手工作坊、店铺牌匾等的规定，实际上也带有浓厚的行政和刑法色彩，很难称得上是具有现代私法意义的商事法律。

我国近现代意义上的商事立法肇始于清朝末期，是近代资本主义商品经济的产物。1840 年鸦片战争后，外国侵略者以武力打开了我国的门户，几千年来自给自足的封建社会的经济基础逐渐被破坏，我国进入半封建半殖民地社会，同时，商品经济也有了较快的发展。1900 年八国联军入侵北京，更引起朝野上下的震动，清统治者开始接受变革法制以求强国的方略，实行变法。1903 年，清政府指派大臣载振、吴廷芳等人负责起草商律。但由于商法内容广泛，不能在短期内完成，于是先拟订《公司律》，计 131 条，卷首冠以《商人通例》9 条，于 1904 年 1 月 24 日公布。其后于 1906 年公布了《破产律》，又起草了《公司注册试办章程》、《商标注册暂行办法》等。1907 年聘请曾任日本新商法草案委员会辅助委员的法学博士志田钾太郎起草《大清商律草案》，并于 1909 年完成。该草案内容包括总则、商行为、公司、海船、票据，共计 1008 条，成为我国近代第一部商事法典。《大清商律草案》在体例上仿照日本商法，在内容上基本承继了德国商法。但由于清政府很快被推翻，该法未及颁行。

辛亥革命后，北洋政府统治时期，商事立法有所发展。1914 年，北洋政府对《大清商律草案》进行修改后，以《中华民国商律》之名颁布施行。随后于同年又颁布了《公司保息条例》、《商人通例》、《公司条例》、《商业注册规则》、《证券交易所法》，1919 年颁布了《保险业法案》，1921 年颁布了《物品交易所条例》，1923 年颁布了《商标法》等商事法律。

1928 年国民政府迁都南京后，加快了商事立法的步伐。受民商合一立法思潮的影响，1929 年国民政府采用民商合一立法体例，制定了兼含商法章节的《民法典》。该法典将旧商法中的商法总则、商人、经理人、代办商、商行为、交互计算、行纪、仓库、运送等制度均并入民法债编，对不能并入民法典的商法制度，则分别制定单行法。1929 年国民政府公布了《公司法》、《票据法》、《海商法》、《保险法》、《交易所法》，

① 范健，王建文. 商法基础理论专题研究. 北京：高等教育出版社，2005. 44

1931年公布了《银行法》，1935年公布了《破产法》、《保险业法》、《简易人寿保险法》，1937年公布了《商业登记法》。其后国民政府根据战后所需，先后于1946年和1947年颁布了新的《公司法》和《银行法》。由此形成了旧中国民商法典合一与单行商事法相结合的立法新格局。国民政府时期商事立法的过程，也是近代中国移植西方法制、完成法制近代化的过程。这一时期虽然没有颁布独立的商法典，但商事立法却以单行法的方式获得了空前的繁荣，实现了商事立法的体系化，确立了具有中国特色的新的民商立法模式。

二、新中国的商事立法

（一）改革开放前的商事立法

新中国成立后，由于废除了国民党的六法全书，民国时期所颁布的法律在大陆完全废止。新中国开始在全新的基础上建设商事法律，并取得了一些成果。例如，建国初期，基于对民族资本主义工商业社会主义改造的需要，国家颁布了一些与商事相关的法规：在保险法领域，1951年政务院公布了《关于实行国家机关、国营企业、合作社财产强制保险及旅客强制保险的决定》及《铁路车辆强制保险条例》等6项强制保险条例，1957年财政部发布了《公民财产自愿保险办法》；在企业法领域，1954年政务院颁布了《公私合营工业企业暂行条例》，其后国务院先后发布了《关于目前私营工商业和手工业的社会主义改造中若干事项的决定》、《关于公私合营企业中推行定息办法的规定》、《关于私营企业实行公私合营的时候对财产清算估价几项主要问题的规定》、《关于对私营工商业、手工业、私营运输业的社会主义改造中若干问题的指示》等法规。20世纪60年代初，由于国家对国民经济进行调整，由中共中央和国务院制定出一些具有商事法律效力的政策和法规，如1960年的《工商企业管理登记试行办法》、1961年中共中央通过的《关于改进商业工作的若干规定》（即"商业四十条"）和《国营工业企业工作条例（草案）》（即"工业七十条"）。

由于建国之后，我国在经济体制上全面学习苏联，在全国范围内逐步建立起高度集中的计划经济体制，否定和排斥商品经济，商事法律也就失去了其存在的基础。而1958年以后，因受到极"左"思潮的严重干扰，尤其是"文革"期间，法律虚无主义盛行，我国的民主与法制遭受了极度的摧残与践踏。因此，直到1976年"文革"结束时，我国的商事法律制度几乎处于空白状态。

（二）改革开放初期的商事立法

1978年12月党的十一届三中全会后，我国走上改革开放之路。国家开始扩大工农企业自主权，重视市场调节对计划经济的辅助作用，商品经济在我国得到一定程度的发展。与此同时，我国商事立法工作也逐渐得到恢复，国家相继颁布了许多商事法律法规、规章。这主要表现在以下几个方面：

企业法律制度领域：国家颁布的商事法律法规有《关于扩大企业自主权的规定》（1979年）、《中华人民共和国中外合资经营企业法》（以下简称《中外合资经营企业法》，1979 年通过，1990 年修订）、《国营工业企业暂行条例》（1983 年）、《中外合资经营企业法实施条例》（1983 年颁布，1986 年、1987 年修订）、《中华人民共和国外资企业法》（以下简称《外资企业法》，1986 年）、《中华人民共和国中外合作经营企业法》（以下简称《中外合作经营企业法》，1988 年）、《私营企业暂行条例》（1988 年）、《乡村集体所有制企业条例》（1990 年）、《城镇集体所有制企业条例》（1991 年）、《全民所有制工业企业转换经营机制条例》（1992 年）等法律法规。至此，我国形成了包括全民所有制企业、集体企业、私营企业和外资企业在内的企业法体系。

保险法律制度领域：1981 年 12 月通过的《中华人民共和国经济合法同》（以下简称《经济合同法》）对财产保险合同作了原则性的规定，1983 年 9 月国务院发布的《财产保险合同条例》在总结我国保险工作经验的基础上，参照国际惯例，对《经济合同法》有关财产保险合同的规定进行了细化。1985 年 3 月国务院又发布了《保险企业管理暂行条例》，旨在运用法律手段加强国家对保险企业的监管，维护被保险人的利益。这些保险法律法规尽管并不完善，但它们的公布与实施为我国保险基本法的制定奠定了基础，对促进我国改革开放后保险事业的发展具有十分重要的意义。

破产法法律制度领域：1986 年 12 月通过了《中华人民共和国企业破产法（试行）》（以下简称《企业破产法（试行）》），其内容包括总则、破产申请的提出和受理、债权人会议、和解和整顿、破产宣告和破产清算、附则，共 6 章计 43 条。由于当时社会经济状况的局限，《企业破产法（试行）》仅仅适用于全民所有制企业法人。为弥补其不足，1991 年颁布的《中华人民共和国民事诉讼法》（以下简称《民事诉讼法》）第 19 章规定了适用于非全民所有制企业法人的破产还债程序。1991 年最高人民法院颁布了《最高人民法院关于贯彻执行〈中华人民共和国企业破产法（试行）〉若干问题的意见》，这对规范我国企业的破产行为，审理企业破产案件发挥了重要作用。

票据法律制度领域：1984 年中国人民银行发布了《商业汇票承兑、贴现暂行办法》，1987 年 1 月深圳经济特区颁布了《深圳市票据管理暂行办法》，同年 6 月中国人民银行、中国工商银行、中国银行和中国人民建设银行联合发布了《华东三省一市票汇结算试行办法》，1988 年 6 月上海市政府颁布了《上海市票据暂行规定》，同年 9 月国务院发布了《现金管理暂行条例》，允许银行发行本票和汇票，同年 12 月中国人民银行发布了《银行结算办法》，规定全面推行银行汇票、商业汇票、银行本票和支票结算制度。

除上述几个方面外，海商法领域的立法工作也备受人们关注。我国自 20 世纪 50 年代起就开始着手海商法的起草工作，并于 1963 年完成了《海商法》立法草案第九稿。但“文革”十年整个立法工作停顿下来。1981 年国家重新组织起草委员会，于 1985 年完成《海商法（送审稿）》。后在参考国际公约、国际惯例以及几个代表性国家的海商法的基础上，形成了 1989 年的《海商法（征求意见稿）》和 1991 年的《海商法（修改稿）》。考虑到海商法的专业性与复杂性，经过国务院法制局和交通部会同经贸部、最高人民法院共同主持召开的三次论证会，形成了 1991 年 8 月 8 日的《海商法（草案）》。

（三）市场经济体制下的商事立法

1992 年 10 月，党的十四大确立以建立社会主义市场经济体制作为我国经济体制改革的目标后，我国的商事法制建设迎来了新的发展契机。这一时期，国家所制定的商事法律法规规章无论在数量上还是质量上均较以往取得了巨大的进步。而以企业法、证券法、票据法、保险法、破产法、海商法为核心成分的我国商事法律体系也在该阶段最终形成，并随着社会主义市场经济体制改革的深化不断发展完善。具体而言，市场经济体制下我国的商事立法主要体现在以下几个领域：

1. 企业立法方面

1993年12月29日，八届全国人大常委会五次会议通过了《公司法》，规定了有限责任公司（包括国有独资公司）和股份有限公司两种基本的公司形式，规定了公司的设立、变更、终止以及公司的组织机构、公司股份和公司债券的发行与转让等内容。在我国建立现代企业制度及引入法人财产权的新理念下，《公司法》确立起了公司这样一种具有独立人格的市场主体的法律地位。《公司法》的颁布标志着我国关于企业的立法发生了从所有制标准向企业组织形式标准的根本转变。后来，《公司法》经过了1999年、2004年与2005年三次修改。尤其是2005年10月27日的修改幅度很大，内容由原来的共11章230条扩充至13章219条，其中剔除了原《公司法》中的政治目标，还原了公司法为私法的本来面目，在有限责任公司章节中更多地赋予股东和公司自治权，而在具体制度的构建中引入折中资本制、股权回购、一人公司、公司法人人格否认、中小股东权益保障、董事监事的忠实于诚信义务等许多新鲜的成分，在监事会制度中扩大了监事的职权，同时又在财务方面以立法的形式保证了监事会行使职权的独立性。这样使得公司法律制度内部组建更趋于科学化，也易于与国际接轨。《公司法》的修改标志着我国公司立法的逐步成熟与进步，说明了我国公司立法正以开放的、自由的心态迎接经济全球化的挑战，并最终为我国经济与社会的发展创造良好的条件。

继《公司法》之后，我国又先后颁布了《中华人民共和国合伙企业法》（以下简称《合伙企业法》，1997年2月）、《个人独资企业法》（1999年8月）。《合伙企业法》于2006年8月得到了较大幅度的修改，内容由原来的9章78条扩充到6章109条，其中增加了有限合伙企业、特殊普通合伙企业两种新的组织形式，并为之设立了相应的规则。此外，为适应变化了的经济形势，我国于2000年10月对《中外合作经营企业法》与《外资企业法》进行了修订，于2001年3月修改了《中外合资经营企业法》，同年7月修改了《中外合资经营企业法实施条例》。由此可见，我国已经形成了公司法、合伙企业法、独资企业法、外商投资企业法的新的企业法格局，这些法律所创设的市场主体构成了当代中国商主体的核心部分，为我国市场经济体制的建立与完善奠定了权利主体基础。

2. 证券立法方面

我国自上海证券交易所和深圳证券交易所成立后，证券市场得到了飞速发展。为强化对证券市场的立法和统一管理，20世纪90年代初，国家制定了一些证券管理法规。如《股票发行与交易管理暂行条例》（1993年）、《企业债券管理条例》（1993年）、《关于股份有限公司境外募集股份及上市的特别规定》（1994年）等。

在众多证券法规、规章实施的同时，我国证券法的起草工作也在紧锣密鼓地进行。后经五度审议，历时六载，十多次易稿，《证券法》终于在1998年12月29日九届全国人大常委会第六次会议上获得通过。这部证券基本法确定了我国证券市场活动的基本规则，明确了发行证券实行核准或审批的制度，界定了证券发行、证券交易的禁止行为，明确了法律责任，它的颁行对于规范证券发行和交易行为，保护投资者的合法权益，维护社会经济秩序和社会公共利益，促进社会主义市场经济的发展，起到了非常重要的作用。后来，为落实《中华人民共和国行政许可法》（以下简称《行政许可法》）关于行政许可制度改革的要求，2004 年 8 月，我国对证券法个别条款作了修改。而 2005 年 10 月 27 日，根据新时期证券市场规范发展的需要，在结合证券市场发展的实际情况和《证券法》实施六年来的实践的基础上，我国对《证券法》的内容作了大面积修订。修订后的《证券法》共 12 章 240 条，在原《证券法》214 条的基础上，新增 53 条，删除 27 条，还对一些条款作了文字修改，增加的部分包括从《公司法》中并入的有关证券发行方面的内容等，修改面涉及《证券法》40%的条款。在证券法的统领下，中国证监会发布了一系列有关证券监管的规章。主要有：《外国证券机构驻华代表机构管理办法》（1999 年 4 月）、《证券交易所管理办法》（2001 年 12 月）、《证券公司管理办法》（2001 年 12 月）、《证券公司内部控制指引》（2003 年 12 月）、《上市公司回购社会公众股份管理办法（试行）》（2005 年 6 月）、《上市公司章程指引》（2006 年 3 月）、《上市公司证券发行管理办法》（2006 年 5 月）、《证券市场禁入规定》（2006 年 6 月）、《上市公司收购管理办法》（2006 年 7 月）、《证券发行与承销管理办法》（2006 年 9 月）、《证券公司董事、监事和高级管理人员任职资格监管办法》（2006 年 11 月）、《上市公司信息披露管理办法》（2007 年 1 月）等。

此外，为规范期货交易行为，加强对期货市场的监督管理，国务院于 1999 年 6 月发布了《期货交易管理暂行条例》，中国证监会于同年 8 月发布了《期货交易所管理办法》、《期货经纪公司管理办法》、《期货从业人员资格管理办法》、《期货经纪公司高级管理人员任职资格管理办法》四个配套规章。2002 年 12 月，中国证监会发布并施行的《合格境外机构投资者境内证券投资管理暂行办法》标志着我国 QFII 制度正式启动。2003 年 10 月全国人大常委会通过的《证券投资基金法》，对于规范证券投资基金活动，发展证券市场机构投资者队伍，有效分散投资风险，保护投资人及相关当事人的合法权益，促进我国证券投资基金和证券市场的健康发展具有重大的意义。

证券领域一系列法律法规、规章的颁行，说明我国已经建立起以《证券法》为核心，以众多法规和部分规章为延伸的相对完备的证券法律体系。

3. 票据立法方面

为适应市场经济的发展和金融体制改革深化的要求，1995 年 5 月 10 日，八届全国人大常委会第十三次会议通过了《票据法》，规定了汇票、本票、支票、票据行为、涉外票据的法律适用、法律责任等内容。其后该法于 2004 年 8 月作了细小修改，删掉了原第 75 条的规定。此次修改仅是为落实《行政许可法》的要求而作出的，它并没有涉及票据法的基础性问题。《票据法》实施后，中国人民银行先后发布了《商业汇票承兑、贴现与再贴现管理暂行办法》（1997 年 5 月）、《票据管理实施办法》（1997 年 6 月）、《支付结算办法》（1997 年 9 月）、《支付结算业务代理办法》（2000 年 6 月），从而初步建立起我国票据法的配套法规、规章体系。此外，为正确适用《票据法》，公正、及时地审理票据纠纷案件，保护票据当事人的合法权益，维护金融秩序和金融安全，2000年11月14日，最高人民法院公布了《关于审理票据纠纷案件若干问题的规定》，就票据纠纷案件的受理和管辖、票据保全、举证责任、票据权利及抗辩、失票救济、票据效力、票据背书、票据保证、法律适用、法律责任等问题作出了司法解释。

我国目前施行的《票据法》在有关票据的适用范围、票据主体能力、票据的无因性、空白支票的规定、票据犯罪行为的处罚规定等方面，还存在很大的问题，这些都大大制约了我国票据的使用和流通，使其在市场经济中应有的作用不能充分发挥出来。因此，我们有必要根据经济发展的新情况及时修改和完善我国的《票据法》以及制定相配套的票据法规、规章。

4. 保险立法方面

1995年6月30日，八届全国人大常委会第十四次会议通过了《保险法》，就有关保险的概念及原则、保险合同、保险公司、保险经营规则、保险业的监督管理、保险代理人和保险经纪人、法律责任等作了明确规定。这是新中国成立以来第一部保险基本法，它采用了国际上大部分国家和地区集保险业法、保险合同法为一体的立法体例，形成了一部较为完整、系统的保险法律。《保险法》的颁布标志着我国保险业已进入法制化、规范化发展的新阶段。其后，为适应我国加入世界贸易组织（WTO）的新形势及履行有关承诺的需要，我国于2002年10月28日对《保险法》进行了大范围的修改。修改后的《保险法》涉及修改和新增加的内容共38条，并主要集中在保险业法方面。《保险法》的修改对规范保险市场建设、保护被保险人的利益、促进我国保险事业的健康发展有着深远的历史意义和现实意义。

为满足我国保险业内部结构和外部环境变化的要求，我国还制定了许多配套的保险法规、规章及其他规范性文件。这主要有：国务院发布的《外资保险公司管理条例》(2001年12月)、《机动车交通事故责任强制保险条例》(2006年3月)、《关于保险业改革发展的若干意见》(2006年6月)；中国保监会发布的《保险公估机构管理规定》(2001年11月)、《保险公司偿付能力额度及监管指标管理规定》(2003年3月)、《保险公司管理规定》(2004年5月)、《人身保险产品审批和备案管理办法》(2004年6月)、《保险代理机构管理规定》(2004年12月)、《保险经纪机构管理规定》(2004年12月)、《再保险业务管理规定》(2005年10月)、《保险公司董事和高级管理人员任职资格管理规定》(2006年7月)、《外国保险机构驻华代表机构管理办法》(2006年7月)、《保险公司设立境外保险类机构管理办法》(2006年7月)、《健康保险管理办法》(2006年8月)等。

迄今为止，我国已形成了一个以《保险法》为主体，保险法规及部门规章、规范性文件为补充的较为完备的保险法律体系。同时，这一保险法律体系必将随着我国保险业的进一步繁荣、保险国际化趋势的进一步加强而日臻完善。

5. 破产立法方面

随着我国社会主义市场经济体制的逐步确立和国有企业改革的进一步深化，企业重组、联合、并购渐多，破产案件也越来越多，原有的《企业破产法（试行）》及破产还债程序很难适应新时代的要求。2002年7月最高人民法院颁布了《关于审理企业破产案件若干问题的规定》来规范我国企业的破产行为，指导实践中破产案件的审理。2006

年8月27日，十届全国人大常委会第二十三次会议通过了新的《中华人民共和国企业破产法》（以下简称《企业破产法》），于2007年6月1日生效实施。该法从起草到最终出台历时十年之久，经多次审议和修改。

从结构上看，新《企业破产法》共分12章136条，包括总则、申请和审理、管理人、债务人财产、破产费用和共益债务、债权申报、债权人会议、重整、破产清算、法律责任和附则。从内容上看，新《企业破产法》在多个方面实现了重大突破[①]：①赋予非法人组织以破产能力；②设定了独立的破产清算、破产重整、破产和解程序；③确立了（破产）管理人在破产程序中的中心地位；④对银行、非银行金融机构、保险公司等采取分离立法的模式；⑤对破产企业所欠职工的工资及其他依照新《企业破产法》应当享有优先权的相关费用及补偿金，实行“新旧划段”的处理方法；⑥允许范围内的国有企业破产在一定期限内继续实行特殊的处理方法。由此可见，新《企业破产法》在秉承公平清理债权债务、保护债权人和债务人的合法权益、维护社会主义市场经济秩序的立法宗旨下，通过对破产实体法律规范和程序法律规范的规定，确立了我国企业有序退出市场的法律制度。从其所设置的清算、重整、和解程序来看，新《企业破产法》不仅是一个市场退出法、死亡法、淘汰法，还是一个企业再生法、恢复生机法和拯救法，标志着我国的破产法律制度正在逐步走向系统化、科学化和国际化。

6. 海商立法方面

1992年11月7日，七届全国人大常委会第二十八次会议表决通过了《海商法》. 这是我国立法史上耗时最长的一部法律，从起草到最终出台经过了漫长的40年岁月，可谓来之不易。《海商法》共计15章278条，具体内容包括总则、船舶、船员、海上货物运输合同、海上旅客运输合同、船舶租用合同、海上拖航合同、船舶碰撞、海难救助、共同海损、海事赔偿责任限制、海上保险合同、时效、涉外关系的法律适用和附则。它是我国建国后截至1992年条文最多的一部法律，也是迄今为止我国立法史上最为成功的基本法之一。与世界各个海运国家的法典式海商法相比，我国的《海商法》呈现出自身的特点：①较好地实现了与国际公约和国际惯例的接轨。《海商法》开创了我国将国际公约直接变为国内立法方式上的先例，也是我国大陆地区第一部系统引进英美法制度的法律。②充分考虑了本国国情。基于我国长期以来水路运输划分的习惯，《海商法》规定，海上货物运输合同的规则仅适用于国际海上货物运输，而不适用于沿海与内河货物运输。③充分体现了“意思自治原则”。在海上货物运输合同、海上旅客运输合同章节中，除了从合同公平角度原则限制当事人滥用“契约自由”的有关条款外，《海商法》的规定都是任意性条款，仅在双方当事人没有约定或没有相反约定时适用。

由于我国在《海商法》立法过程中，进行了大量的调查研究工作，又两次将修改稿译成英文，三次咨询国际知名的海商法专家，累计同50多位英国和美国的专家、教授、律师座谈或协助论证，吸收了大量国际先进经验与通行做法，因此，《海商法》在体系结构与内容上相对较为完善，该法自1992年出台至今尚没有进行修改。

---

① 范健. 商法（第三版）. 北京：高等教育出版社，北京大学出版社，2007. 325～326

案例分析

【案情】

阿西伯利铁路公司是根据 1862 年公司法成立的一家专营铁路设备制造及铁路工程承包业务的公司。该公司章程细则第 4 条规定：公司业务超越章程大纲中明示或默示的目的的，必须经过股东大会特别决议批准。后来，该公司董事会在未经公司股东会批准的情况下签署了一项在比利时购买的一宗铁路建设的特许权契约，然后把该公司的施工转包给瑞切所属公司。1875 年公司以特许权契约未经公司股东会批准，董事会行为无效为由，拒绝履行与瑞切公司的转包契约。因此，瑞切公司诉请违约赔偿。

问题：公司超越章程大纲而订立契约的行为是否有效？我国法律对此有何规定？

【解析】

(1) “阿西伯利铁路公司诉瑞切案” 是 1875 年英国上议院的一个著名的判例。该判例确定了越权原则。由于当时的公司必须以国会所颁布的特别法令为依据从事商业活动，因而公司获准设立后，必须遵守有关特许状的规定，不能超越法令所允许的经营范围。否则，对公司章程的违反即构成对法律尊严的挑战，其结果自然是契约无效。

(2) 越权原则影响了公司的赢利，也严重影响到交易相对方的利益，因而 1985 年和 1989 年修订的英国《公司法》废除了该原则，而改采用欧共体《公司法》的规定，即“若一个善意之人与公司交易，则该公司董事决定的交易应被认为是在公司权限范围内的，决定参加交易的一方……没有必要查对董事会的权限，因为我们推定这一交易是善意互信行为，除非事实可以证明相反”。因此，从善意交易相对方角度来看，公司超越章程大纲的行为是有效的。

(3) 我国立法基本否定了越权原则。1999 年《合同法》第 50 条规定：法人或者其他组织的法定代表人、负责人超越权限订立的合同，除相对人知道或应当知道其超越权限的以外，该代表行为有效。另外，我国司法解释中规定：当事人超越经营范围订立合同，人民法院不应因此认定合同无效。

第三章　商法的地位和体系

商法的地位与体系结构因各国立法理念、立法传统、立法技术的不同而呈现出较大的差异性。

一般来说，商法属于私法，其法律规范以任意性规范为主，即使现代商法呈现出一种“公法化”趋势，也不能改变其私法的本质。商法基于商事交易在更高的程度上所要求的灵活性、快捷性、简便性、安全性，创造出不同于其他私法的法律规则体系，并因其独特的调整对象成为一个实质上独立的法律部门。商法与民法、经济法、行政法等具有根本性的区别，但也存在密切的联系。商法的体系化是一个循序渐进的过程。我国目前正在建立并完善与社会主义市场经济相适应的商法体系。

本章的重点有商法的功能、商法与其他法律部门的关系、商法体系的结构。本章的难点是如何理清商法与民法、经济法的关系，从而正确理解商法的独立性；如何根据我国的立法实践构建我国的商法体系。而理解商法的独立性、构建我国商法体系又成为目前商法学研究及前瞻性立法中争论的焦点。

第一节　私法体系中的商法

一、商法的私法本质

在大陆法系国家，法律被划分为公法和私法。最早关于公私法的划分源于古代罗马法学家乌尔比安，他基于法律所保护的利益认为：“公法是关于罗马的国家制度的法，私法是关于个人利益的法。”①因此，他成为利益说的思想代表者。他的思想或独立地或与其他思想结合，由许多法学家传递至今。除利益说之外，后世法学界还形成了主体说、法律关系说、社会说等多种代表性的观点。时至今日，人们对公法和私法的区分标准、依据依然争论不一，但不可否认的是，这种起源于罗马法法律体系的划分方式成就了后世“法的秩序之基础”，成为“现代国法的基本原则”。②现代法学一般认为，凡涉

① ［日］美浓部达吉. 公法与私法. 黄冯明译. 北京：中国政法大学出版社，2003. 29

② ［日］美浓部达吉. 公法与私法. 黄冯明译. 北京：中国政法大学出版社，2003. 3

及公共权力、公共关系、公共利益和上下级服从关系、管理关系、强制关系的法即为公法；而凡属个人利益、个人权利、自由选择、平权关系的法即为私法。由此可见，私权神圣、人格平等和私法自治成为私法的基本理念。基于此理念，私法要求以私法自治为基本指导思想，尽量排斥国家力量、国家行为对私人活动的干预。而商法则一直被人们视为私法领域的一个必然而且重要的组成部分。正如德国法学家拉德布鲁赫所言，"商法是基于个人主义的私法本质，为那些精于识别自己利益并且毫无顾忌地追求自身利益的极端自私和聪明的人而设计的"①。

从历史的角度看，近现代商法产生于中世纪的欧洲地中海沿岸的商人习惯法，这种习惯法以维护商人利益为中心，大部分规则仅适用于商人，甚至有些规则只适用于商人行会内部的商人之间，因而其具有很强的属人性、自治性特征，是典型的商人自治性规范。现代商法虽不同于中世纪商人习惯法，但其商人自治性属性在本质上并没有改变。现代商法遵循私法自治原则，尊重商主体的自由意志，当事人完全可以依据自己的理性判断，自愿设立发生私法效果的商事法律行为，商法的作用就是承认并保障其效力。所以说，现代商人法最重要的一个特点是"自治性"，它并不要求现代商人在商事交往中必须适用特定法律制度法，而是将是否受本法调整交由交易主体自己去选择。②现代商法以财产性私权为本位，以私权神圣为理念，私权是人们行为的出发点与归宿点。为此，商法以私权为中心来设计制度规范，权利成为整个商法体系的核心，商法体系的许多组成部分都由权利派生出来，并受权利的决定和影响。商法权利本位的特点表现在规范形态上，就是商法中存在一系列授权性规范或任意性规范。这种规范有别于刑法规范、行政法规范以及其他的一些法律部门以限制或禁止性为主的规范内容，它允许商主体依据自己的意志为或不为一定行为、要求他人为或不为一定行为，商主体可以在一定范围内自行确定其权利和义务。所以说，现代商法的立足点在于确认和保护商主体的意思自治，赋予其营利行为以法律上的依据，为商主体创造并保护营利的法律环境，使其能够按照正常的社会经济关系实现自己的独立利益。在价值取向上，现代商法以效益为最高价值，在效益之外兼顾公平、平等、自愿等其他法律价值，这些价值贯穿于商事立法、执法、司法、守法等各个层面，成为规范商事行为、处理商事纠纷的基本准绳，这些法律价值完全体现了私法的基本精神。此外，现代商法确认了资本运作的法律机制，构建了财产运用的法律制度，并为实现大规模、连续、快速流转的交易设计了大量科学的交易工具，这些无一不体现了商法归属于私法的本质属性。

虽然现代商法中公法性质的条款增多，呈现出一种"商法公法化"的趋势，但商法的私法本质并没有因此改变。商法立法的立足点仍然是调整市民社会中以意思自治为主要原则的商事关系，保护和协调商主体的合法利益。那些公法性规范只是经济发展到现代，客观上需要各国政府发挥一定经济管理职能的结果。现代社会，基于经济生活的需要，商主体在某些领域的活动自由度必然要受到一定限制，其意思自治也需因社会公益而在一定范围内作出让步。现代商法中私权内容的这种变化说明了商法由传统的纯粹权

① [德] 拉德布鲁赫. 法学导论. 米健，朱林译. 北京：中国大百科全书出版社，1997. 72

② 赵万一. 商法基本问题研究. 北京：法律出版社，2002. 31

利本位转变为以权利本位为主，兼顾社会本位的状态，商法由以前的过分强调个人主义、自由精神和权利绝对化转变为对个人利益与社会利益的共同关注。而且，商法中的公法性条款始终处于为私法交易服务的地位，它们还不能从根本上改变商法的私法属性。

二、商法的功能

法的功能是指法内在所具有的、对社会有益的功用和效能。商法以商事关系作为调整对象，其功能在于为市场交易活动提供基本规则和行为规范。基于商事交易在更高的程度上所要求的灵活性、快速性、简便性和法律稳定性，商法创造了不同于民法等其他私法部门的法律规范体系。商法以营利调节机制作为其特有的法律调节手段，构造了一系列新型法律制度来保护商主体的营利性，使商主体的营利观和商业动力机制得到了法律上的承认。因而商法作为私法中的一个特殊组成部分，具有自己特殊的社会功能和价值取向。

1. 确认商主体的法律地位，保障其充分行使自己所享有的合法权益

商主体在传统商法中又称为商人，是能够以自己的名义直接从事商行为的人。各国立法关于商主体的规定不尽相同，有采取客观主义即以商行为确定商人资格的，有采取主观主义即以商人形式确定商人资格的，也有采取折中主义即以商人和商行为概念为商法基础的。如《法国商法典》采取客观主义，规定有公司、商品交易所、证券经纪人、居间商、行纪商等形式；《德国商法典》采取主观主义，规定有必然商人、应登记商人、自由登记商人、形式商人、其他商人等形式；《日本商法典》采取折中主义，规定有固有商人、形式商人、拟制商人、小商人、其他商人等形式。尽管各国划分商主体的标准并不统一，但若以商主体的组织机构特征及责任承担方式为标准区分，大体上可以将商主体的范围界定为商法人、商合伙和商个人。商法人是指基于营利性营业目的而依法设立的，独立享有商事权利、承担商事义务，并以其经营财产独立承担责任的社团组织。在现代社会，商法人的主要表现形式为商事公司，即有限责任公司和股份有限公司。商合伙一般表现为合伙企业，包括有限合伙企业、普通合伙企业等形式，它是指数个合伙人为实现营利目的而共同出资、共同经营、共享利润、共担责任所形成的人身信任和财产相结合的集合体。商个人又称个体商人、商自然人，是指依照法定程序取得商事资格，独立从事营业，享有商事权利、承担商事义务的个人或自然人。我国的商个体主要表现为个人独资企业、个体工商户和农村承包经营户等形式。

各国法律为顺应社会经济生活的需要，凭借不断发展完善的立法创制技术，确立商主体的法律人格，明确规定商主体的权利能力和行为能力。商主体法律地位的确定是商主体从事商事活动的前提条件，其因此享有法定的平等权利并承担相应的义务，这为调动其从事生产经营的积极性、主动性和创造性提供了法律空间。商法将商主体与一般的非营利性民事主体区别开来，其目的就是在保障商主体充分行使自己所享有的合法权益的基础上，实现国家对社会经济活动的调控和干预。在法律上区分商主体和非商主体具有现实意义。首先，构成商主体的法律条件并非总是等于非商主体的条件，某些人可以

成为民事主体，但不必然成为商主体。商主体资格的获得一般须经过国家的特别授权程序，如履行商业登记手续。商主体通过营业行为使其营利目的得以实现，因此，商主体能力的存在与其所实施的营业活动紧密相连。其次，某些特殊的法律规则仅适用于商主体，如商事活动的推定规则、公司财产的独立性规则、公司法人人格否认规则等。再次，商主体能适用一些特殊的法律程序，如破产、重整等程序。最后，法律对商主体及其内部成员赋予了某些特殊的义务，而非商主体则不承担这些义务，如商事登记义务、商事账簿保管义务、忠实义务、竞业禁止义务等。

2. 规范商行为，促进交易迅捷化，降低交易成本

商行为是商法中与商主体紧密相连的又一大支柱性制度。由于商事立法原则的差异，不同国家和地区对商行为的界定有所不同。以法国为代表的客观主义主张按法律行为的客观内容来认定其行为是否属于商业性质，而不问其是否由商人实施。以德国为代表的主观主义主张只有商人双方或一方参加的法律行为才属于商行为。以日本为代表的折中主义则对商行为概念的概括不同程度地采取了主观与客观双重标准，使得商行为既包括任何主体从事的营利性营业行为，也包括商主体从事的任何营业活动。我国学者一般将商行为表述为：商主体所实施的以营利为目的的经营行为。依据不同的标准，商行为一般可以划分为绝对商行为和相对商行为、单方商行为和双方商行为、基本商行为和辅助商行为、固有商行为和推定商行为、一般商行为和特殊商行为等几种类型。就性质而言，一般认为商行为主要是一种法律行为，是主体为了确立、变更或终止商事法律关系而实施的行为。它要求具备一般民事法律行为的构成要件，但它又有别于其他民事行为，主要表现为：①行为动机。商行为均是行为人为实施营利的目的而进行的行为，具有很强的营利性。它对外表现为一种职业性营利行为，即行为主体在一段时间内持续不间断地从事某种同一性质的营利活动。②行为能力。某些具有责任连带性的商事法律行为又具有独立性，其效力并不因其他商行为中的主体是否为完全行为能力人而产生影响。③意思表示。商事法律行为对行为意思表示的推定采取表示主义原则，以行为人外在表现出来的意思为准，而不再探究表意人内心真实的意图。当然除法律行为之外，商行为还包括事实行为，如商主体的过错行为、危险行为、无因管理行为、不当得利行为等。

商行为本质上是市场行为，商主体为之的最终目的是追求利益最大化。商法为顺应并满足商主体的这一要求，其所设计的制度都是尽可能减少市场运作过程中的交易成本和制度成本，促进交易活动的迅捷化与简便化。这主要表现在交易方式定型化、交易客体定型化、创设短期时效制度等方面。

3. 维护市场秩序，保障交易安全

商法不仅要追求交易的迅捷，而且还要兼顾交易的安全。因为交易迅捷是建立在交易安全的基础之上的。现代商法主要是通过一系列具体规则和制度来建立健全市场机制，例如，商法所奉行的强制主义、公示主义、外观主义及严格责任的原则，对于化解、减少和防范交易风险、保障交易安全、维护交易秩序具有重要作用。

三、商法的独立性

商法的独立性问题实质就是如何廓清商法与民法、经济法等相关法律部门的关系，确定商法在一国法律体系中的地位。对该问题，国内外法学界一直存在颇多争议，到目前为止，尚没有达成一致共识。究其原因是各国商法的基本理念与制度事实上差异极大，各国对商法独立性的理解也并不一致。

关于商法的独立性，我国法理学界历来主张不同，其中代表性的观点有：①商法是民法的特别法，但同时又具有独立性[①]；②商法在某种意义上可视为民法的特别法，但并不具有部门法的独立性[②]；③商法并非民法的特别法，应具有区别于民法的完全独立的地位[③]。主张第一种观点的学者认为，商法是专门适用于商人或商行为的特别法，尽管民法对商法具有一般适用或补充适用的作用，但商法具有不同于民法的独立的调整对象。而且在形式上，不少国家制定了与民法典相并列的商法典。所以商法具有明显的独立性。即使现代社会有些国家采取了民商合一体制，商法在形式上未能取得独立地位，但商法在实质意义上的独立性仍然不容忽视。事实上，在奉行民商合一的国家中，民法与商法也仅仅是一种形式上的合一，它并不能消除商法作为一个独立的法律部门的存在，不能否定商法在理论上的整体性。而且民法与商法的简单合并，在立法技术和法律适用上衍生了许多问题。就我国而言，鉴于目前已经存在大量的商事单行法律法规，因此不必再制定商法典，仅仅需要制定一部商法通则或商事通则，规定商法的一般规则即可。此种观点为赞同民商分立体制中的“温和派”学者所主张，也成为目前我国法学界的主流性观点。本教材即采纳该观点。赞同第二种观点的学者认为，商法发展到现代社会，其存在的基础——商人这个特殊的阶层已不复存在，即便是商行为也失去了其特殊性，而且原来采取民商法分立的国家后来改采用民商合一体制，将商法并入民法典，说明商法已经失去了存在的必要。而且现代社会中民事、商事关系的相互渗透、交融，使得民法与商法呈现出一种“互化”的趋势，即出现“民法商法化”和“商法民法化”现象，这样民法与商法的关系愈加密切，很难用一个标准划分开来。因而商法不再具有部门法上的独立性。此种观点忽视了现实中存在并发展得较为完善的民商分立立法模式的事实，而且也忽视了民法与商法之间以及现代商法与传统商法之间客观存在的异质性。事实上，商法的某些具有典型特征的规则不可能在民法中或者民法的财产法中普遍推行。所谓“民法商法化”，只是在市场经济条件下，民法的规范重心受到商法的影响而有所转移而已。第三种观点为“激进派”商法学者所主张。他们认为，其一，民法是“简单商品经济完善法”，最初它只能调整简单商品经济时代的商事关系，而现代商品交易关系已发展成为以企业为主要主体的市场交易关系，民法已经无法适应这种复杂形态交易关系的需求，因而必须依赖于商法调整。其二，从商法发展的历史渊源上看，商法

① 沈宗灵. 再论当代中国的法律体系. 法学研究，1994（1）

② 史尚宽. 民法总论. 北京：中国政法大学出版社，2000.63

③ 徐学鹿. 论我国商法的现代化. 山东法学，1999（2）

从一开始就完全独立于民法而存在与发展，与民法渊源无涉。此种观点完全否认了民法对于商法的一般指导性与补充适用性，将民法排除在市场经济的调整领域之外，其理论依据并不充分。

其实，不管是采取民商合一还是民商分立立法模式，商法能否独立于民法而存在，并不取决于商法是否已经取得了形式意义上的独立，而在于商法是否足以具备一个独立法律部门的必要特征以及是否有独立存在的必要。通常划分法律部门的标准有多种，其中最为关键的标准是看它有无自己独特的调整对象。凡调整特定社会关系的全部现行法律规范，就组成一个独立的法律部门。商法以商事关系作为调整对象，商事关系是商主体因实施商行为而产生的社会关系，它无论是在主体上还是行为上都具有明显的营利性，这与民事关系有本质的区别。首先，商事关系主要涉及的是财产关系而非人身关系，而且这些财产关系非一般状态下的财产所有关系和流转关系，它们往往集中发生在若干特殊的商事领域。其次，商事关系都是有偿的、营利的，商事领域往往突破了民法领域中调整财产关系的一些原则，如权利义务一致性、平等协商性等原则。再次，就商事关系中的主体和行为而言，现代商法以商事企业为主，企业的组织规范与行为规范都有异于一般自然人与民事组织。而商行为明显具有大规模、定型化、种类化和标准化的特点，往往表现为大量地、反复地、集团性地进行交易，而且形成了一个交易链条。[①]由此可见，商法调整的是一个追求简便、快捷、信用及交易安全的社会生活领域，它有着属于自己的立法价值取向、调整对象和方法、社会功能、性质与特征，因而，商法完全有资格成为一个独立的法律部门。正如有些学者所言，“商法主要针对的是那些需承担更多责任并较一般民事主体更少受保护的主体，这一点正是商法在过去被作为独立的法律部门，而将来仍将独立存在并起到重要作用的理论基础。事实上选择民商分立抑或民商合一仅仅是一个立法技术问题而已”[②]。

至于商法是否为民法的特别法，学界历来也有不同的认识。根据法的适用范围，一般法指针对一般人、一般事、一般时间，在全国范围普遍适用的法；特别法是指针对特定人、特定事或特定地区、特定时间内适用的法。一般法与特别法是相对而言的。在法律实践中，民法对商品经济关系的调整提供一般规则，商法则提供特殊规则；民法调整一般主体、一般行为，商法则调整特殊主体（商主体）、特殊行为（商行为）；商事关系首先适用商法，商法未能规范或未能完全规范的则以民法相应规范为补充。我们一方面承认商法的独立性，另一方面也不否认商法在基本原理、基本制度方面与民法有共通性。比如，民法中关于自然人能力、法人、法律行为、侵权责任等的规定，都适用于商法，商法无须另行规定。因此，民法是私法的普通法，商法是特别法，二者之间始终存在一种无法割裂的私法普通法与特别法之间结构上的关联，商法的具体适用还必须依赖于民法的一般性规定。

商法的独立性还受到后来发展起来的经济法的影响。第二次世界大战结束后，整个社会思潮发生了极大的变化，这表现在法学领域即为：人们确信法的价值已不在于抽象

① 范健，王建文. 商法基础理论专题研究. 北京：高等教育出版社，2005. 61

② 范健，王建文. 商法基础理论专题研究. 北京：高等教育出版社，2005. 50

的个人自由与权利观念，而在于社会整体的效益和整体利益。在此思潮的影响下，有人开始怀疑商法的实际社会意义和价值，极力宣扬商法在新时期经济活动中的局限性和弱点，提出要用一种新的法律部门，即经济法来取代商法。尽管人们对经济法的含义界定不一，但总体上，经济法学者们通常都将商法视为经济法的组成部分。以经济法取代商法的观点带有很大的迷惑性，尤其在我国特定的社会、经济和人文环境下，该观点对我国法学界的影响十分深远。实际上，第二次世界大战之后力主推行经济法的学者们的基本思想，只是希望在整个国家经济运行中，加强公法的调节手段，以抑制私法领域中个人经济自由权利无限膨胀所衍生的弊端。其主张的关键在于合理界定私权与公权的动作边界，并非取消作为私权的经济自由权所赖以存在的商品经济基础。①而市场经济是商品经济发展的更高阶段，其最根本的原则是经济活动的自由和秩序。商法则以其特有的规则和价值理念有机地将二者结合起来，并将这一原则真正落实到市场活动之中。从某种意义上说，市场经济的基本内容、基本规则及基本运作方式翻译成法律语言就构成了商法规则。所以，商法为市场经济主体的营利性活动提供的具体规则，是对市场经济活动及其实践方式的直接表现。只要市场经济这块土壤存在，作为调整商事交易关系、维护市场交易秩序的商法就不可能为其他法律所取代。

第二节　商法与相关法律部门的关系

一、商法与民法的关系

民法是调整平等主体之间的财产关系和人身关系，确认民事主体的自由和权利的法律规范。在民法与商法的关系上，大陆法系国家有民商分立、民商合一之分。采取民商分立体制的国家或地区，在民法典之外另立商法典，民法与商法在形式与实质上都成为独立的法律部门；采取民商合一体制的国家，在民法典之外不再另立商法典，有关商法的内容或者纳入民法典或者制定商事单行法作为民法的特别法。实质上，无论在立法体制上奉行民商分立还是民商合一，商法都应是一个相对独立的法律部门，它与民法既有密切联系又有根本区别。

1. 在法律属性方面

民法与商法均属于私法范畴，二者所调整的社会关系都以私人行为为核心内容，包含了社会经济因素。但民法是纯私法，调整的是平权关系。商法则以私法为主体，兼具公法性内容，调整的是平权与不平权兼有的关系，如商事登记、商事账簿、商事破产程序、证券发行与管理等都具有很强的公法色彩。因而，民法是私法规范体系，商法是以私法规范为主体，私法规范与公法规范相结合的法律规范体系。

---

① 范健. 商法（第三版）. 北京：高等教育出版社，北京大学出版社，2007. 21

2. 在立法价值取向方面

民法与商法在基本价值追求上具有重合性，比如公平、效益、平等、诚信、合法等成为它们共同的价值目标。但基于调整对象与成立基础的不同，民法与商法的价值取向又存在明显的差异，主要表现为：在民法的诸项价值目标中，最基本的是公平，即当公平原则与民法的其他基本原则发生冲突与矛盾时，民法首先会选择公平原则，在处理公平与其他民法原则的关系时采取的是公平至上兼顾效益及其他的原则。而在商法中最高的价值取向是效益，在处理效益与其他法律原则的关系时，其基本原则和要求是效益至上兼顾公平和其他。民法与商法价值取向上的差异，说明了二者具有不同的目的和追求，也说明了二者在调整市场经济关系时所具有的不同作用和各自独特的存在价值。

3. 在调整对象方面

民法调整平等主体之间的财产关系、人身关系。基于满足保障私人生活的基本需要，使人格受到尊重、财产得到保障，民法的关注点不在于民事主体的营利行为或额外价值的获得，而在于民事主体之间的法律地位的平等和利益的平衡，在于公平安宁的社会秩序的形成，因而公平是其首要原则。商法调整的主要是营利性主体在市场交易过程中所发生的商事关系，其目的是鼓励私人对财富增值的追求，使整个社会充满活力，因而商法关注的是商事主体价值增值，营利是其首要特征。正因为商法有着与民法不同的理念与调整对象，才使得商法有着不同于民法的规则，而这些规则是民法所不能或不便包容的。

4. 在适用范围方面

民法为私法普通法，适用于各类民事主体所实施的民事行为，在适用范围上具有广泛性特点。商法为私法的特别法，它主要适用于私主体中从事商事经营活动部分，或主要适用于私行为中与营利有关的部分，因而在适用范围上具有限定性特点。尽管商法在具体适用上很大程度依赖于民法的一般性规定，但商法的独特性规则还是难以为民法所包容，这也是商法生存至今的重要原因。

5. 在法律特征、责任制度等方面

民法一般属于国内法，具有较强的民族性和地域性，而不具备国际性；商法虽也属国内法，但其具有明显的国际性趋向。民法规范相对而言较为稳定；商法规范则因商事活动的活跃性呈现出不稳定、多变性的特点。民法一般实行过错责任原则；商法除实行过错责任原则外，还大量适用无过错责任原则，实行较严格的法律责任制度。

二、商法与经济法的关系

20 世纪以来经济法自适应社会经济、政治环境而异军突起后，关于商法与经济法的关系就成为各国法学者争论的一个焦点。经济法这一概念最初由法国空想社会主义者摩莱里（Morelly）在 1755 年的《自然法典》一书中提出，后随着各国政府对社会经济活动干预的加强而发展。至今，有关经济法的概念、调整对象和范围，学者们仍各持己见，没有定论。我国学理界对此也存在不同见解，主要存在广义和狭义两种观点。广义观点认为，经济法是调整全部经济关系的法律规范的总称，既调整平等主体之间的经济关系，也调整不平等主体之间的经济关系；既调整经济组织关系，也调整经济交易关系。狭义观点认为，所谓经济法，是调整在国家协调本国经济过程中发生的经济关系的法律规范的总称①，或是调整需要由国家干预的经济关系的法律规范的总称②。在狭义上，经济法主要包括反不正当竞争法、反垄断法、宏观调控法和国家参与法等内容。目前，狭义经济法观在我国立法中得到采纳，也成为学术界的主流观点。

基于狭义观点，商法与经济法的区别主要表现在以下几个方面：

1. 在调整对象上

二者虽然都对经济关系进行调整，但其中有质的区别。商法所调整的是商主体在商事活动中形成的社会经济关系（即商事关系），该关系主要具有主体平等性的特质，属于私法关系。经济法调整的则是以国家为一方在协调经济活动中发生的特定经济关系，包括市场主体组织管理关系、市场监督管理关系、宏观调控关系、社会保障关系等范围。该关系的主体之间不具有平等性，因而不属于私法关系。当然不可否认，在商事管理机关的商事管理行为方面，商法与经济法的调整又存在着交叉。

2. 在法律属性上

商法是以平等主体为本位的私法，其以任意性规范为主，强制性规范为辅。经济法则是以国家为本位的公法，以强制性规范为主。

3. 在调整方法上

商法注重维持私法上的传统的“意思自治原则”，确认私主体的私权性自我调节机制。经济法信守“国家统治原则”，确认国家以全社会的名义对经济活动进行宏观调控的机制，由此采取奖励与惩罚相结合的调整方法。

4. 在体系构成上

商法以商主体、商行为、公司法、保险法、票据法、证券法、海商法、破产法等为内容。经济法则以价格、金融、税收、投资、公平交易、反垄断、贸易管制等为内容。

与民法、商法相比，经济法出现得最晚。可以说经济法是国家出于克服市场调节机制本身的缺陷、弥补和矫正遭到破坏的市场条件和市场环境的目的，所进行的以经济性手段为其主要作用内容的强制性法律规范的总和。商法与经济法都是市场经济体制中的重要法律部门。商法通过对商主体与商行为的规范和保护，对经济活动提供基础性、前置性规则，由此，丰富并活跃了市场投资与市场交易活动。经济法的功能则主要在于防范并弥补市场机制的缺陷，纠正完全自由竞争所产生的垄断和不正当竞争行为以及资源的非理性消耗，它为经济活动提供了平衡性、后续性规则。在市场经济体制中，经济法与商法形成一种互补性关系，只有二者相互配合与共同作用，社会经济秩序才能井然有序，稳健发展。

三、商法与行政法的关系

行政法是关于国家行政组织及其行为，以及对行政组织及其行为进行监督的法律规

① 杨紫煊. 经济法. 北京：高等教育出版社，北京大学出版社，1999. 35

② 李昌麒. 经济法（修订版）. 北京：中国政法大学出版社，1997. 32

范的总称。现代行政法起源于对政府权力的控制，以保护国民不因权力滥用而遭受损害，并最终"纯化"为政府的组织人事和行政的救济法，其基本宗旨是依法行政和廉洁高效。而作为私法的商法兼有公法性规范，这些公法性规范主要体现为行政法律规范。因此，商法与行政法既有性质上的区别，又存在规范体系上的关联。商法与行政法的区别主要有：

1. 调整对象及其性质不同

商法的调整对象是商事关系，是基于商主体的自由意志产生的，属于私法关系，具有平等性；行政法的调整对象是行政关系，是根据国家意志产生的，属于公法关系，具有隶属性。

2. 主体不同

商事关系中的双方一般都是自然人、法人或其他经济组织，其权利可依凭自己的意志合法处置；行政关系中的法律主体，必然一方或双方为国家行政管理机关，其权力是国家授予的，不可任意放弃和转让。

3. 保护的利益不同

商法主要是保护商主体的个体利益；行政法则主要保护国家利益。

4. 规范的属性和调整方法不同

商法规范大多为任意性规范，其调整方法侧重于主体的意思自治；行政法规范以强制性规范为主，调整方法主要为强制性方法。

商法与行政法的关系又颇为密切。如商法中有关商事登记制度、商事账簿制度、股权转让登记制度、船舶登记制度等所涉及的规范主要为行政性规范，体现了行政法与商法的结合。从这个意义上说，商事关系中的行政法调整，是行政法对商法的补充。

四、商法与国际法的关系

国际法是国际社会中相互关系的行为规则，在国际法方面，有关商事的内容，除国际间的商事习惯外，还有国际间有关商事的条约，包括双边条约与多边条约。一般来说，各国政府对外缔结的条约只有经过批准才能在国内发生法律效力，而且一经批准，其效力强于国内法，应该优先得到适用。而商法原则上为国内法，而非国际法。商法所调整的是商事关系，规范的是商主体的行为，而何种关系为商事关系，何种主体为商主体，何种行为是商行为，只能依据一国的国内法确定。现代商法虽然具有国际性特征，但并不能改变其国内法的属性。正因为商事活动早已跨越国界，成为国际性的经济活动，所以不管是作为国内法的商法，还是纯粹意义上的国际法，二者必然在调整内容上存在着交叉性。

第三节　商法的体系

一、法律体系概述

所谓法律体系，一般来说，是指一个国家的全部法律规范，按照一定的原则和要求，根据法律规范的调整对象和调整方法的不同，划分为若干法律门类，并由这些法律门类及其所包括的不同法律规范形成相互有机联系的统一整体。[①]法律体系是一个国家制度的载体，同时也是该国价值观的载体。任何国家法律体系的形成，都经历了一个历史过程，都需要一定量的法律积累。可以说，法律体系实际上是法律在历史进程中不断分化，以及人们在以法学眼光认识法律现象的过程中不断丰富和发展自己理性认识的产物。由于各国的政治制度、经济制度、历史文化传统等不同，使得各国的法律体系呈现出各自的特点，尤其是不同社会制度国家的法律制度更有着本质的差别。

我国法制经过近 30 年的快速发展，已基本形成了一个内容齐备、结构完整、内部和谐、体例科学的，能够与全面建设小康社会和构建和谐社会要求相适应的具有中国特色的社会主义法律体系。该法律体系以宪法为核心，由法律、法规、规章三个层次法律规范组成，并被划分为宪法及宪法相关法、民法、商法、行政法、经济法、社会法、刑法、诉讼与非诉讼程序法等法律部门。因此，人们一般将法律体系称为部门法体系，将部门法视为构成法律体系的基本元素。当然，称法律体系为部门法体系，是近代以来的事。在近代以前，尽管没有严格意义上的部门法划分，但仍存在法律体系。通常，法律体系不包括完整意义上的国际法，而只包括一国国内法；不包括已经废止不再有效的法律以及尚未制定或者已经制定但尚未生效的法律，而只涉及一国全部现行法。但法律体系应该是实然性与应然性的统一。尤其在学理上研究法律体系，不仅要考虑一国现行法律规范，而且还应当充分考察正在制定或需要制定的法律规范。否则，只强调对现有的法律规范作整体客观描述的法律体系理论，对一国立法和司法实践并没有多少指导意义。从上文可知，法律体系事实上是一个由若干个部门子系统有机组成的法律母系统。商法部门与其他法律部门一样自成体系，又与其他法律部门协调发展，共同成为我国社会主义法律体系的有机组成部分。

与法律体系相关的概念有法制体系、法学体系。法制体系包括全部法律以及与法律的制定和实施有关的各项制度，包括立法制度、审判制度、检察制度、监狱制度、律师制度等。所以，法制体系远比法律体系的内容广泛，它应包括法律体系以及立法体系、司法体系、法律监督体系等。在整个法制体系中，法律体系是核心或基础，立法和司法等体系的原则和主要内容应当以现行法律为依据。法学体系是以理论法学为主导，以部

---

① 杨景宇. 我国的立法体制、法律体系和立法原则（十届全国人大常委会第一次法制讲座. 2003-04-25）. http://english1.peopledaily.com.cn/GB/14576/15097/2369638.html.2004-03-02/2008-07-18

门法学为基础而组成的一个有机联系的统一整体。法学体系和法律体系既有联系又有区别：法律体系的范围一般是本国的全部现行法，而法学体系的范围却可以包括国内外古今一切法律、法律思想以及国际法、比较法等；从整体上看，任何国家法学研究的内容尽管不限于本国现行法，却总是以本国现行法为主。因此，法律体系是法学体系赖以建立和发展的前提与基础，法学体系则是法律体系完善化的理论指导。

二、商法的体系结构

商法体系是指商法作为一个独立的法律部门，其内部具有逻辑联系的各项商事法律制度所组成的系统结构。在不同的国家和不同的法系以及不同的历史时期，商法的体系不尽相同。商法体系有广义与狭义之分。广义的商法体系包括商法法规体系即商法渊源意义上的商法体系与商法学体系即商法学说意义上的商法体系；狭义的商法体系则仅指商法法规体系。[①]本教材采纳狭义观点。商法法规体系由商事基本法、特别法、习惯法以及其他实质性商法所组成。这些法律规范具有内在的逻辑统一性和价值判断的一致性，因而能够形成一个有机的整体。在传统上，商法的体系主要包括商身份法和商行为法两大内容。而进入20世纪之后，尤其在20世纪下半叶，现代商法在体系上打破了传统商法的格局，不再局限于商身份和商行为两个方面，而是形成了商事身份法、商事组织法、商事管理法、商事行为法、商事秩序法这样一个商法体系。

现代商法虽独立于民法自成体系，但其体系化程度远远不如民法。其原因[②]在于：①各特别私法没有自成一体的规则，它们均以民法的存在为前提，而商法本身仅仅规定了一些补充性规范。②每个人均有可能成为商人或者雇员，从而进入商法的适用范围，故商法也并非仅适用于某个封闭的群体，所以，在民法与特别私法（商法）之间并不存在原则上的对立，二者之间的划分缺乏一种必要的体系上的理由。③虽然商事立法也遵循一定的脉络，有的以商人为主线，有的以商行为为主线，有的兼而有之；也有一些基本的概念，如商人、商行为、商事权利与义务等，但是，商行为、商事主体概念的不确定，使得难以抽象出“原则”来。就如德国学者所言：到现在为止，我们仍然没有成功地将各类商法规范归纳至一个共同的和一般的基本原则上去。

从世界范围看，不同国家的商法体系及表现形式存在着较大的差异，可以说商法从来没有一个统一的经典体系和公认的范围。世界范围的商法体系结构大体上可以归纳为三大基本模式：①民商分立体例下制定的商法典；②民商合一体例下制定的统一的民法典或民法典统领单行法；③商事单行法。采取民商分立体制的国家，在民法典之外制定商法典，形成两法典并存的私法二元化格局。在这一体例下，商事法律规范在商法典中体系化，商法典的结构基本反映了一国商法的体系结构。一般来说，商法典均规定了商身份法和商行为法。商身份法包括商人的概念和种类、商人资格的取得、商号、商事登记、经理权和代办权、商业辅助人（如代理商、居间商）等。商行为法主要涉及一般商

① 范健，王建文. 商法基础理论专题研究. 北京：高等教育出版社，2005. 125

② 李永军. 商法学（修订版）. 北京：中国政法大学出版社，2007. 15

行为和特殊商行为。一般商行为主要包括商事物权、商事债权、商事交互计算等内容；特殊商行为则包括商事买卖、商事代理、商事行纪、商事居间、商事信托、商事信用、商事期货交易、融资租赁、商事仓储、商事货运等内容。由于商法典只对商事基本问题作了规定，具有不完全性，为了弥补商法典的这一缺陷，各国往往还制定了公司法、票据法、保险法、海商法等单行法。因此，民商分立国家的商法体系是以商法典为核心，以商事单行法为补充的结构体系。采取民商合一体制的国家，由于形式商法的缺失，没有商人与商行为的特别界定，因而没有所谓商身份法和商行为法的区分。这些国家的商法被包含于民法之中，表现在外在形式上主要有两种：一是编纂形式与实质完全统一的民法典；二是将商事法律的一般性规范纳入民法典，并以民法典统领商事单行法。有学者认为，这一体例用民法中的基本原则和适用于商事组织和交易的一般性规范，如意思自治、诚实信用、公序良俗和禁止权利滥用原则去统率商事单行法，将民事法律规范的原则性、普适性及稳定性与商事法律规范的特殊性、灵活性及适时变革性紧密地结合在一起。[①] 在英美法系国家，其商法体系与大陆法系国家的相比，在内涵与外延上实际并不一致。英美法系国家的普通法适用于整个私法领域，而且不存在商事合同与民事合同的区别。尽管普通法是一种不成文的判例法，判例法之外根本不存在形式意义上的商法，但是却存在各个领域的商事单行法，如公司法、商业银行法、票据法、证券法、破产法、保险法等。一般来说，人们从学术上将英美法系国家的商法体系概括为包括商事买卖、商事合同、商事代理、公司法、合伙法、破产法、担保法、保险法、票据法等内容在内的市场交易法律体系。

在我国，商法是一个新兴的法律部门，国家的商事立法不尽完善，而且从现阶段立法状况看，我国部分商事基本规则包含在《民法通则》中，造成了一种事实上的民商合一状态。因此，学理界对商法体系的认识存在颇大差异。我国多数学者主张，商法体系主要包括商主体、商行为、商事营业、商号、公司法、证券法、保险法、破产法、海商法。也有学者主张，商法体系由商主体法、商行为法、商事权利救济法三部分构成。商主体法包括公司法、独资及合伙企业法、代理商法、破产法。商行为法包括商事合同法、期货法、融资租赁法、信托法、担保法、票据法、保险法、海商法。商事权利救济法包括商事法律责任、商事仲裁与商事诉讼。通过对我国各种教科书中商法体系的考察，不难发现中国的商法理论已经形成了这样的经典结构，即在商法的一般规定之后，设公司、票据、海商、保险、破产几个部分。近几年来，人们所作的就是在这个体系结构基础上的添加或减少。[②] 本教材认为，从我国现有的商事立法看，我国商法已经具备一定规模。除商法总则性内容欠缺或大体由《民法通则》规定相通性的基础制度外，我国业已形成以组织法、行为法为主要内容，以法律、法规、规章三个层次的规范为表现形式的商事法律体系框架。尽管这一体系并不完善，但它对建设并完善我国社会主义市场经济体制发挥着不可替代的重要作用。具体而言，我国的这一商法体系主要由下列商事法律制度构成：①商主体制度；②商行为制度；③公司制度；④破产制度；⑤票据

① 郭富青. 论我国商法体系的构建技术. 法律科学（西北政法大学学报），2008（2）

② 范健，王建文. 商法基础理论专题研究. 北京：高等教育出版社，2005.132

制度；⑥证券制度；⑦保险制度；⑧海商制度。

值得一提的是，任何国家的商法都是随着其本国经济的发展、商事交易方式的丰富而不断更新与完善的，世界各国没有统一的商法模式，也不存在完全相同的商法体系，一个僵化的商法体系是不可能适应社会发展的需要的。因此，我国商法部门的建立和商法体系的构建，应该从本国商事交易活动的实践需要出发，在借鉴他国成功经验、避免重蹈他人覆辙的基础上进行。今后，在完善我国商法体系的过程中，我们除了要看到商法与民法之间在调整对象、立法价值、主体范围等方面存在的差异性之外，更要关注二者的协调关系。一方面，不能一味地强调民法的统率作用，忽略商法的独立性，而导致忽视甚至抹杀商法自身所具有的特性；另一方面，也不能过多地强调商法的独立性，而忽视商法与民法的密切联系。因此，如何正确把握这个度，构建一个开放性的、有发展空间的商法体系，是我们在今后一段时间应该研究的重要课题。

三、有关制定《商法通则》的问题

我国商法体系的建立需要理论上的探索与创新。由于商法基础理论研究的滞后，以及立法界事实认可民商合一体制的态度倾向，造成目前商事领域缺乏纲领性的商事规范统帅、各单行法立法杂乱且重复矛盾的现象。因此，在国内也难以形成一个令人们所普遍接受的科学的商法体系。

有些学者坚持在立法上采取民商合一体制，否认制定《商法通则》的必要性，认为我国应制定一部在整个私法领域和交易市场都可适用的民法典，以民法典为基本法，以一系列单行商事法律为特别法。还有一些坚持民商合一体制的学者主张，我国应制定一部统一完备的民商法典，规定民商规则，调整民商关系。但是，若在理论与立法上一致坚持民商合一模式，以民法典统率商事法律规范，或将民事规则与商事规则混杂规定在一起，则不但会阻碍商法自身的发展，甚至会导致民法的变异。因为，商事制度毕竟不同于民事制度，民事活动的内容与形式一般都较简单、稳定，而商事活动趋于复杂，其有自己的特殊规则，对交易的便捷性、技术性、效率性、安全性有更高要求。而且现代商事活动内容更为复杂，新的交易形式不断出现，国家一般性法律规范往往因为自身的滞后性、稳定性特征跟不上经济的发展需求，在调整商事活动中显得力不从心。因此，商事活动很有必要借助商人自治规范加以约束，而商法以其内在的自治性特征满足了这一要求。由此可见，将商事规则融于民法之中，只能是一种理想。更何况，在一部法典中同时包含着不同价值取向的规则，将会使这部法典不伦不类。所以，商事领域中的特殊性总则性规范还是应由《商法通则》来完成。

有些学者则主张，我国立法上应采取民商分立体制，制定一部与民法典并列的完善的商法典。实践中，以商法典为中心，以其他商事特别法为补充，在商法典的统摄下全部商事法律规范无论是在内容上还是形式上都能形成一个有机联系、逻辑结构紧密的系统。有学者为我国商法典编纂时的体系安排了一个大体框架：这个体系由五个部分组成，第一部分为总则；第二部分为市场主体法；第三部分为市场行为法；第四部分为救济；第五部分为附则。总则一般应包括宗旨、原则、商事范围、适用等；市场主体法应包括市场主体的一般规定、公司、独资及合伙、代理商、破产等；市场行为法应包括市场行为的一般规定、商事合同、买卖期货、融资租赁、信托、担保、票据、保险、海商；救济包括一般规定、商事违约与商事侵权救济、体现自裁的形式与途径；附则包括生效时间、效力等内容。[①]该体系结构体现了以买卖法为中心的立法思想，使得商法规范形成一个完备且逻辑性较强的体系结构。但该体系结构没有考虑到与民法的协调关系，民法中的规范如有关合同、担保等内容将会大量重复规定于商法典之中。这样不仅造成立法资源的浪费，而且会导致法律适用上的冲突。

目前，很大一部分学者认为，现阶段，我国宜制定一部《商法通则》（或《商事通则》）来统一协调现行的单行商事法律法规，而且就现状来看，我国制定《商法通则》的时机与条件均已成熟。理由是：①中国已经颁行了大量单行的商事法律、法规和规章，为制定《商法通则》奠定了坚实的立法基础；②中国已经审理了大量商事案件，为制定《商法通则》提供了相应的司法经验；③中国已经加入了 WTO，为制定《商法通则》提供了可资遵循的国际准则；④中国的市场经济得到了迅速发展，为制定《商法通则》打下了一定的经济基础；⑤中国商法学界形成了不少卓有成效的科研成果，为制定《商法通则》奠定了一定的理论基础。[②]至于《商法通则》的体系结构，倡导制定《商法通则》的学者们也存在不同的看法。一种观点认为，《商法通则》的体系应确定为基本原则、商事主体、商事行为与代理、商号、商业登记、商事责任的一般规定、附则七章。[③]另一种观点认为，《商法通则》的框架与结构大体可由以下十章构成：第一章为总则，包括立法宗旨、商事范围、基本原则和法律适用等；第二章为商事主体；第三章为商事行为；第四章为商事权利；第五章为商事登记；第六章为商会；第七章为商事账簿；第八章为商事诉讼时效；第九章为商事责任；第十章为附则。[④]也有观点认为，《商法通则》可以规定商事活动原则、商事权利（包括商业名称、商业信用、商业秘密等）、商事主体以及商事企业的基本形式、关联企业、连锁企业、商业账簿、商事行为、商业代理（包括内部经理人代理以及外部各种销售代理，如独家代理等）等内容。[⑤]此外，还有观点认为，在我国，一些类型的商行为已经由单行法加以调整，因此《商法通则》中不再加以规定，《商法通则》体系主要明确界定商事主体与商行为这两个核心概念，具体在体系上可由三章组成：第一章为总则；第二章为经营商业企业（企业总则、商事能力、商业登记、商业账簿、商业名称）；第三章为商行为（商行为总则、商事代理）。[⑥]

尽管上述观点各有其立足的依据，但我们应该认识到，《商法通则》的制定只是完善商法体系的一个基础环节，是沟通民法典与商事单行法的桥梁，它并不是构建商法体系的全部。作为商事单行法的总则性规定，《商法通则》的结构体系必须根据需要解决的问题来确定。考虑到民商法适用上的关系、立法技术上的可行性、法律传统、人们的

① 徐学鹿. 商法总论. 北京：人民法院出版社，1999.185～186

② 苗延波. 中国商法体系研究. 北京：法律出版社，2007. 182

③ 任尔昕. 制定《商事通则》论纲——以总体思路、体系结构为研究内容. 甘肃政法学院学报，2004（6）

④ 雷兴虎. 商事通则：中国商事立法的基本形式. 湖南社会科学，2004（6）

⑤ 江平. 制订民法典的几点宏观思考. 政法论坛，1997（3）

⑥ 陈雪萍. 论商法通则的体系. 中国商法年刊，2004（4）. 哈尔滨：黑龙江人民出版社，2005.108

认知习惯、各商事单行法的共性、民法规范难以吸纳或包容特殊商事规则的事实以及立法资源的节约等问题，本教材认为，我国有必要制定一部《商法通则》，但该通则不必追求商法典式的卷帙浩繁、规模庞大，而只需要将那些总纲性的法律规范，以及那些不宜以商事单行法的形式加以规定或以商事单行法形式规定成本过高的内容包含进去。这样，《商法通则》将商事领域中具有共性的内容抽象出来加以规定，使之固定化、成文化，为商事单行法的统一贯彻奠定基础，使商事单行法有了可以依归的上位概念、原则和法律规范。具体而言，《商法通则》的内容应包括：总则，包括立法宗旨、基本原则和法律适用顺序等；商事主体的一般规定，包括商人概念、商人分类、商人名称与营业转让等（商事权利除有特殊规则外，仍属民事权利，不必单列商事权利一章，特殊规则可放在商主体中规定）；商业雇员；商事登记；商事账簿；商人团体，包括商会、行业协会等的性质、职权和职责等；商事代理；附则。而商事责任的一般规定、商事权利、商事行为、商事诉讼时效就不再在《商事通则》中规定。[①]

《商法通则》在形式上也是一部单行法，其目的是弥补民法与商事特别法之间所存在的大量立法空白。与其他商事单行法相比，它居于商法领域一般法的地位，即商事基本法，理应成为单行商事法的一般指导，并构成单行商事法律规范的一般规定与补充规定。在法律的适用上，我们应当坚持商法优先适用、民法补充适用的原则。其一般规则是：在商事关系的调整中，优先适用《商法通则》和商事单行法；《商法通则》和商事单行法未规定的事项，适用企业章程或合伙协议；企业章程或合伙协议未作规定的，适用民法。针对我国多数商事单行法早在《商法通则》制定之前已经生效实施多年的状况，在《商法通则》制定以后，我们有必要对商事单行法中与《商法通则》的理念、价值取向和基本原则不符的内容进行集中修改。此外，今后新制定的商事单行法也必须以《商法通则》为依据，不得与之相抵触。只有这样才能保持商法体系的协调统一性。

案例分析

【案情】

陈某为其10岁的儿子向甲保险公司投保了平安险。保险公司的格式条款中规定，被保险人人身体检合格是合同生效的条件之一。合同订立过程中，甲公司业务员对此条款进行了说明。陈某认为自己儿子的身体很健康，于是在未体检的情况下就在合同上签了字，并按照合同向甲公司交了保险费。一个月后陈某在带儿子去医院体检的路上发生了交通事故，儿子经抢救无效死亡。陈某遂向甲公司索赔，甲公司以合同没有生效为由拒绝赔偿。于是，陈某诉至法院。

问题：本案中合同是否生效？陈某是否可以依据民法中的“公平、正义原则”要求赔偿？从该案中可以看出商法在我国处于怎样的地位？

① 宁金成.《商事通则》的立法体系与基本原则. 国家检察官学院学报，2008（1）

【解析】

(1) 陈某与保险公司就合同的主要条款达成一致协议，合同就成立。但陈某的儿子没有按合同的要求体检，使合同的生效要件欠缺，不能生效。作为格式条款，保险公司对其予以了说明，投保人对此没有异议，该条款即对投保人生效。而且该格式条款内容并不违背法律禁止性规定，没有违背国家、社会、第三人利益，是合法性条款。因此，本案中合同虽成立但未生效。

(2) 本案中，被保险人的身体状况是保险合同订立中的重要事项，其直接影响到保险公司是否同意承保或提高保险费率。投保人、保险人对此进行约定并不违背法律禁止性规定，也不侵犯国家、社会、第三人利益，因此，以体检合格作为合同生效的要件是完全合理合法的，也符合国际惯例，当事人应当遵从其约定。保险公司以合同没有生效为由拒绝赔偿的行为，属于正当法律行为，保险公司并没有滥用其权利。陈某已在合同上签字并交付了保险费，只能说明合同成立，并不必然导致合同生效。因此，陈某不能以民法中的“公平、正义原则”为依据要求赔偿。

(3) 从上述案例可以看出，民法的很多价值理念在商事关系高度发达的今天并不能够完全适用。商事关系有它的特殊性，要求由特殊的规则进行调整。现代市场经济是商品经济发展的高级阶段，民法的基本理念与原则难以适应，必须要具有很强技术性、创新性、通用性的商法予以系统调整。民法只能分散地、个别地保障私法主体的利益，商法则以其独特的市场调节机制保证市场运行的整体性和协调性。因此，商法在我国法律体系中应当成为一个独立的法律部门。

第四章 商事合同

由于我国采取民商合一的立法体例，所以，商事合同的内涵与外延仍然需要进行界定。商事合同不是法定概念，商事合同具有合同的一般特征。商事合同法律规范也是调整平等民事主体之间财产流转关系的法律规范。商事合同也以维护合同当事人合法权益、维护社会经济秩序为目的，是实现资源优化配置的法律形式。与民事合同相比，商事合同更加强调交易效率和交易安全，更加强调营业性和营利性，强调合同主体的持续经营性，强调合同的有偿性和要式性。

第一节 商事合同的概念和特征

一、商事合同的概念

根据《中华人民共和国合同法》（以下简称《合同法》）第2条第1款的规定，合同是平等主体的自然人、法人及其他组织之间设立、变更、终止民事权利义务关系的意思表示一致的协议。由于我国采取民商合一的立法体例，在立法上没有关于民事合同与商事合同概念的界定，所以商事合同不是法定概念，而是学理上的概念。

商行为是商事合同的上位概念，商事合同是商主体的商事债权行为之一，商行为是商主体所从事的以营利为目的的经营行为。[①] 根据商行为的概念可以得出结论，商事合同是商主体签订的以营利为目的的合同。商事合同法在性质上仍然属于私法，在法律适用方面，商事合同首先要适用单行商事法律法规，在单行商事法律法规没有规定的情况下，适用合同法的规定。例如，保险合同首先要适用保险法的特别规定，海事运输合同首先要适用海商法的特别规定，在保险法与海商法没有特别规定的情况下，适用合同法的规定。在《合同法》分则中，也规定了商事合同的适用规则，例如，对于建设工程合同的法律适用。《合同法》第16章对建设工程合同没有规定的，适用承揽合同的有关规定。对于仓储合同的法律适用，《合同法》第20章没有规定的，适用保管合同的

① 范健. 商法（第二版）. 北京：高等教育出版社，北京大学出版社，2002. 49

有关规定。对于行纪合同的法律适用，《合同法》第 22 章没有规定的，适用委托合同的有关规定。

二、商事合同的特征

通过以上分析可知，商事合同首先具有合同的一般特征：

(1) 合同是平等主体的自然人、法人及其他组织实施的一种民事行为。合同属于约定之债，是债发生的原因之一。合同是平等主体实现特定目的的重要法律形式。

(2) 合同以意思表示为核心要素。合同是意思表示一致的民事行为。大陆法强调民事主体之间的合意，贯彻意思自治原则。英美法则主张合同是单方的一个或者一组允诺。

(3) 合同以设立、变更或终止民事权利义务关系为目的。设立、变更和终止民事权利义务是合同当事人意欲发生的法律效果，是意思自治的精髓。

商事合同除了具有合同的共同特征外，还具有自身的特征：

(1) 商行为与商主体相联系，商行为是商主体所从事的经营性行为，依此推论，商事合同是商主体签订的合同，商主体的营利行为具有连续性和不间断性。在现代社会，商主体更多地表现为具有组织形式的公司和企业。例如，《合同法》分则根据不同性质的主体对合同作了区分，借款合同区分了自然人之间的借款合同和银行与企业之间的借款合同。基于融资租赁合同的出租人是从事融资租赁业务的租赁公司，《合同法》专门规定了融资租赁合同，以区别于一般的租赁合同；基于建设工程合同主体的特殊性，专门规定了建设工程合同一章，以区别于一般的承揽合同；基于保管人属于从事仓储保管业务的人，专门规定了仓储合同一章，以区别于一般的保管合同；基于行纪人是经过批准或者许可从事行纪业务的人，专门规定了行纪合同一章，以区别于委托合同。可见，《合同法》分则根据有名合同的主体是否为商主体而作出了不同的规定，实质上对商事合同与民事合同进行了区分。

(2) 商行为与营利目的性相联系，商行为是以营利为目的的行为，区别于以非营利为目的或者以互助为目的的行为，依此推论，商事合同须以营利为目的，着眼于行为的目标，而非结果。例如，根据《合同法》第 211 条第 1 款的规定，自然人之间的借款合同对支付利息没有约定或者约定不明确的，视为不支付利息。可见，自然人之间的借款合同具有民事互助性质，不以营利为目的，而银行和企业之间的借款合同则属于以营利为目的而签订的商事合同。根据《合同法》第 243 条的规定，融资租赁合同的租金，除当事人另有约定的以外，应当根据购买租赁物的大部分或者全部成本以及出租人的合理利润确定。可见，出租人（融资租赁公司）与承租人签订的租赁合同以融物代替融资，是典型的以营利为目的的商事合同，融资租赁合同的租金包括合理利润。而一般的租赁合同的租金一般仅为租赁物的使用费。

(3) 商行为是体现商事交易特点的行为，商事交易更加注重效率，更加强调公示性，更加强调交易的安全性，依此推论，商事合同与一般的民事合同相比较，更加注重交易的迅捷和安全，一般在缔约的程序和形式方面要求相对严格，在内容方面体现技术性要求。例如，根据《合同法》第197条的规定，借款合同采用书面形式，但自然人之间借款另有约定的除外。可见，自然人之间的借款合同可以采取非书面形式，而银行和企业之间的借款合同应采取书面形式，强调交易的安全性。根据《合同法》第270条的规定，建设工程合同应当采用书面形式，这是缔约形式方面的特别要求。在内容方面，保险合同对当事人的告知义务作了特别规定，体现最大诚信原则。在商事交易过程中，格式条款大量使用，《合同法》在格式条款内容、格式条款的订立、格式条款的解释方面作出了特别规定，具有一定的技术性特征。

第二节　商事合同的立法体例

对于商事立法应采用何种模式，颇多争论，“早在民国之初，即有民商分立与民商合一之争”①。对于商法的立法体例，有如下观点：

学者对于商法是否为民法的特别法，是否具有独立性方面争论很大。少数学者主张，商法完全独立于民法，否认民法对商法的一般指导性和补充适用。民商合一论者主张商法是民法的特别法，但是否认其独立性。民商分立论者主张，商法是民法的特别法，而且具有独立性。②

在现代社会背景下，商法的独立性是客观存在的，不是主观臆想的结果。商法的独立不以形式上制定商法典为标志，也不以现有立法模式的存在为判断标准，而是根据商法自身的特点和价值而独立存在。一般认为，我国商法采取实质商法主义，以民法为基础，同时制定单行商事法律法规。

商法的立法体例决定了商事合同的立法体例，对于商事合同的立法体例，有学者认为，合同法的制定使民法与商法有机结合在一起，提供了民商分立的典范。合同法采用三种方法处理民法和商法的矛盾：第一种是将民事合同与商事合同都进行规定，法官根据案情自由裁量。第二种是只规定了一种商事合同，忽略民事委托合同。第三种是不区分民事规则与商事规则，统一规定，例外适用。③因此，商事合同的立法体例分三个层次：

(1) 以民法与《合同法》为一般指导性规范，制定单行商事合同法律规范。例如，我国《保险法》对保险合同进行了特别规定，主要包括：保险合同对于诚实信用程度的要求远大于其他民事合同；保险合同是要式合同，采取书面形式订立；保险合同效力可以中止与恢复等。我国《海商法》对海上货物运输合同、航次租船合同、海上旅客运输合同、船舶租用合同和海上保险合同进行了特别规定，主要包括：承运人的抗辩理由和赔偿责任限制；合同解除的法定情形；船舶租用合同的类型与当事人的权利和义务

① 石少侠. 我国应实行实质商法主义的民商分立. 商法论文选萃. 北京：中国法制出版社，2004. 5

② 范健. 商法的立法模式研究. 商事法律报告. 北京：中信出版社，2004. 6～8

③ 王利明. 中国民法典的体系. http：//www.civillaw.com.cn/law-fore/content.asp? 2001-06-13

等。其他如商业银行法、航空法和铁路法分别规范和调整银行储蓄合同、航运合同和铁路运输合同。[①]

(2) 《合同法》分则区分商事合同与民事合同，设立不同章节对商事合同进行规范。《合同法》总则对合同订立的程序、合同效力的规定对单行商事合同以及《合同法》分则中的商事合同均具有约束力，分则基于商事合同的特点和价值作出特别规定，具体内容前已论及，故不赘述。

(3) 在案件裁判层面，仍然要区分民事合同与商事合同的不同性质。由于我国商事合同立法采取民商合一的立法体例，法官在对某一具体案件进行裁判时，仍然要考虑合同的不同性质进行裁量。例如，对于自然人之间的买卖合同、企业与企业之间的买卖合同以及企业与消费者之间的买卖合同应当体现不同的裁判处理规则。

第三节 商事合同类型

由于学者对商法的范围和内容存有较大争议，所以商事合同的范围也不甚明确。一般认为，商事合同包括商事特别法中的商事合同，如《保险法》中的保险合同、《海商法》中的海事合同，还包括《合同法》中的商事合同，如行纪合同、融资租赁合同、仓储合同等。

一、保险合同

(一) 概念和特征

1. 保险合同的概念和特征

根据《保险法》第10条第1款的规定，保险合同是投保人与保险人约定保险权利义务关系的协议。

保险合同属于双务合同、有偿合同、诺成合同。保险合同同时具有自身特点。保险合同是射幸合同，因为保险事故发生具有偶然性，合同订立之时，合同的效果不确定。保险合同是非要式合同，是附合合同。根据《保险法》第13条的规定，投保人提出保险要求，经保险人同意承保，并就合同的条款达成协议，保险合同成立。保险人应当及时向投保人签发保险单或者其他保险凭证，并在保险单或者其他保险凭证中载明当事人双方约定的合同内容。经投保人和保险人协商同意，也可以采取前款规定以外的其他书面协议形式订立保险合同。关于保险合同的要式性，学者观点不一致。但是根据《合同法》第36条和第37条的规定，法律、行政法规规定或者当事人约定采用书面形式订立合同，当事人未采用书面形式但一方已经履行主要义务，对方接受的，该合同成立。采

① 赵旭东. 商法的困惑与思考. 商法论文选萃. 北京：中国法制出版社，2004. 17～28

用合同书形式订立合同，在签字或者盖章之前，当事人一方已经履行主要义务，对方接受的，该合同成立。从鼓励交易的原则出发，合同的要式性问题变得不再重要。[①]保险合同是最大诚信合同。在合同签订和履行过程中，合同当事人的告知义务和协作义务要高于其他合同。

2. 保险合同的主体

根据《保险法》第10条第2款、第3款的规定，投保人是指与保险人订立保险合同，并按照保险合同负有支付保险费义务的人。保险人是指与投保人订立保险合同，并承担赔偿或者给付保险金责任的保险公司。投保人和保险人是保险合同的当事人。

根据《保险法》第22条的规定，被保险人是指其财产或者人身受保险合同保障，享有保险金请求权的人，投保人可以为被保险人。受益人是指人身保险合同中由被保险人或者投保人指定的享有保险金请求权的人，投保人、被保险人可以为受益人。被保险人和受益人是保险合同的关系人。

综上可知，保险合同当事人分为保险合同当事人和保险合同关系人两类。一般合同的主体为合同当事人双方。

（二）保险合同的效力

1. 投保人的义务

投保人的义务包括：

(1) 交付保险费义务。根据《保险法》第14条规定，保险合同成立后，投保人按照约定交付保险费，保险人按照约定的时间开始承担保险责任。

(2) 合同订立时的重要事实的告知义务。根据《保险法》第17条第2～4款的规定，投保人故意隐瞒事实，不履行如实告知义务的，或者因过失未履行如实告知义务，足以影响保险人决定是否同意承保或者提高保险费率的，保险人有权解除保险合同。投保人故意不履行如实告知义务的，保险人对于保险合同解除前发生的保险事故，不承担赔偿或者给付保险金的责任，并不退还保险费。投保人因过失未履行如实告知义务，对保险事故的发生有严重影响的，保险人对于保险合同解除前发生的保险事故，不承担赔偿或者给付保险金的责任，但可以退还保险费。

(3) 防止或者避免出现保险事故义务。保险合同缔结后，投保人应尽最大努力防止保险事故的发生。例如，根据《保险法》第36条的规定，被保险人应当遵守国家有关消防、安全、生产操作、劳动保护等方面的规定，维护保险标的的安全。根据《保险法》第65条的规定，投保人、受益人故意造成被保险人死亡、伤残或者疾病的，保险人不承担给付保险金的责任。投保人已交足两年以上保险费的，保险人应当按照合同约定向其他享有权利的受益人退还保险单的现金价值。受益人故意造成被保险人死亡或者伤残的，或者故意杀害被保险人未遂的，丧失受益权。根据《保险法》第66条的规定，以死亡为给付保险金条件的合同，被保险人自杀的，除本条第2款规定外，保险人不承担给付保险金的责任，但对投保人已支付的保险费，保险人应按照保险单退还其现

① 范健. 商法（第二版）. 北京：高等教育出版社，北京大学出版社，2002. 478～480

金价值。以死亡为给付保险金条件的合同，自成立之日起满两年后，如果被保险人自杀的，保险人可以按照合同给付保险金。根据《保险法》第 67 条的规定，被保险人故意犯罪导致其自身伤残或者死亡的，保险人不承担给付保险金的责任。投保人已交足两年以上保险费的，保险人应当按照保险单退还其现金价值。

(4) 危险程度增加的通知义务。根据《保险法》第 37 条的规定，在合同有效期内，保险标的危险程度增加的，被保险人按照合同约定应当及时通知保险人，保险人有权要求增加保险费或者解除合同。被保险人未履行前款规定的通知义务的，因保险标的危险程度增加而发生的保险事故，保险人不承担赔偿责任。

(5) 保险事故发生的通知义务和出险施救义务。根据《保险法》第 22 条的规定，投保人、被保险人或者受益人知道保险事故发生后，应当及时通知保险人。根据《保险法》第 23 条的规定，保险事故发生后，依照保险合同请求保险人赔偿或者给付保险金时，投保人、被保险人或者受益人应当向保险人提供其所能提供的与确认保险事故的性质、原因、损失程度等有关的证明和资料。根据《保险法》第 42 条的规定，保险事故发生时，被保险人有责任尽力采取必要的措施，防止或者减少损失。保险事故发生后，被保险人为防止或者减少保险标的的损失所支付的必要的、合理的费用，由保险人承担；保险人所承担的数额在保险标的损失赔偿金额以外另行计算，最高不超过保险金额的数额。

2. 保险人的义务

保险人的义务一般包括：

(1) 条款说明义务。根据《保险法》第 17 条第 1 款的规定，订立保险合同，保险人应当向投保人说明保险合同的条款内容，并可以就保险标的或者被保险人的有关情况提出询问，投保人应当如实告知。根据《保险法》第 18 条的规定，保险合同中规定有关于保险人责任免除条款的，保险人在订立保险合同时应当向投保人明确说明，未明确说明的，该条款不产生效力。

(2) 补偿和支付保险金的义务。根据《保险法》第 24 条的规定，保险人收到被保险人或者受益人的赔偿或者给付保险金的请求后，应当及时作出核定，并将核定结果通知被保险人或者受益人；对属于保险责任的，在与被保险人或者受益人达成有关赔偿或者给付保险金额的协议后 10 日内，履行赔偿或者给付保险金义务。保险合同对保险金额及赔偿或者给付期限有约定的，保险人应当依照保险合同的约定，履行赔偿或者给付保险金义务。保险人未及时履行前款规定义务的，除支付保险金外，应当赔偿被保险人或者受益人因此受到的损失。任何单位或者个人都不得非法干预保险人履行赔偿或者给付保险金的义务，也不得限制被保险人或者受益人取得保险金的权利。

(3) 保密义务。根据《保险法》第 32 条的规定，保险人或者再保险接受人对在办理保险业务中知道的投保人、被保险人、受益人或者再保险分出人的业务和财产情况及个人隐私，负有保密的义务。

综上所述，保险合同要求投保人和保险人在履行合同过程中，要尽到更大的注意义务、通知义务和协作义务。

二、海事合同

（一）概念和特征

海事合同是海商法调整的平等主体之间基于海上运输关系和船舶关系而设立、变更和终止双方权利义务关系的协议。对于海事合同关系，《海商法》优于《合同法》适用。

1. 海上运输合同

根据《海商法》的规定，基于海上运输关系的合同包括海上货物运输合同和海上旅客运输合同。根据《海商法》第 41 条的规定，海上货物运输合同是指承运人收取运费，负责将托运人托运的货物经海路由一港运至另一港的合同。根据《海商法》第 107 条的规定，海上旅客运输合同是指承运人以适合运送旅客的船舶经海路将旅客及其行李从一港运送至另一港，由旅客支付票款的合同。

海上运输合同的特征如下：

(1) 海上运输合同的适用范围限于海上，包括海江之间、江海之间的直达运输。海上货物运输合同的规定不适用于中华人民共和国港口之间的海上货物运输。这是海上运输合同与《合同法》第 17 章规定的一般运输合同的主要区别。

(2) 海上运输合同为双务有偿诺成性合同。

(3) 海上运输合同的客体为运送行为。货物运输一般涉及配载和装卸规程等技术性法律规范。

2. 船舶租用合同

基于船舶关系的合同主要是船舶租用合同，船舶租用合同包括定期租船合同和光船租船合同。根据《海商法》第 129 条的规定，定期租船合同是指船舶出租人向承租人提供约定的由出租人配备船员的船舶，由承租人在约定的期间内按照约定的用途使用，并支付租金的合同。根据《海商法》第 144 条的规定，光船租船合同是指船舶出租人向承租人提供不配备船员的船舶，在约定的期间内由承租人占有、使用和营运，并向出租人支付租金的合同。

船舶租用合同的特征如下：

(1) 船舶租用合同是双务、有偿、诺成性合同。

(2) 船舶租用合同应当以书面形式订立，属要式合同。

(3) 船舶租用合同约定具有优先适用性。

除此以外，海事合同还包括海上拖航合同与海难救助合同两类特殊合同。根据《海商法》第 155 条的规定，海上拖航合同是指承拖方用拖轮将被拖物经海路从一地拖至另一地，而由被拖方支付拖航费的合同。拖运的对象是船舶或者其他被拖物，不同于海上运输合同标的物的货物或旅客。海难救助合同是指救助方对海难进行救助，被救助方给付报酬的协议，是当事人在船舶或者其他财产遭遇海难时所签订的协议。海难救助合同是为了预防海上特殊风险而设计的特殊法律制度之一。

基于篇幅限制，本章仅对海上货物运输合同以及海上旅客运输合同进行探讨。

（二）海上货物运输合同的效力

海上货物运输合同订立同样分为要约和承诺两个阶段，但是，与一般合同不同之处在于，发出要约的主体可能是承运人，也可能是托运人。

1. 承运人责任期间

根据《海商法》第46条的规定，承运人对集装箱装运的货物的责任期间，是指从装货港接收货物时起至卸货港交付货物时止，货物处于承运人掌管之下的全部期间。承运人对非集装箱装运的货物的责任期间，是指从货物装上船时起至卸下船时止，货物处于承运人掌管之下的全部期间。在承运人的责任期间，货物发生灭失或者损坏，除本节另有规定外，承运人应当负赔偿责任。可见，我国海商法对承运人的责任期间区分了集装箱和非集装箱装运的货物两种情况作出了不同的规定。

2. 承运人的义务

（1）适航义务。根据《海商法》第47条的规定，承运人在船舶开航前和开航当时，应当谨慎处理，使船舶处于适航状态，妥善配备船员、装备船舶和配备供应品，并使货舱、冷藏舱、冷气舱和其他载货处所适于并能安全收受、载运和保管货物。该条从适航的时间、适航的程度、适航的主体范围和适航的内容四个方面进行了规定。

（2）管货义务。根据《海商法》第48条的规定，承运人应当妥善地、谨慎地装载、搬移、积载、运输、保管、照料和卸载所运货物。

（3）不得进行不合理绕航义务。根据《海商法》第49条的规定，承运人应当按照约定的或者习惯的或者地理上的航线将货物运往卸货港。船舶在海上为救助或者企图救助人命或者财产而发生的绕航或者其他合理绕航，不属于违反前款的规定的行为。

（4）交货义务。承运人应当按照约定的时间，在约定的卸货港向收货人交货。根据《海商法》第50条的规定，货物未能在明确约定的时间内，在约定的卸货港交付的，为迟延交付。除依照本章规定承运人不负赔偿责任的情形外，由于承运人的过失，致使货物因迟延交付而灭失或者损坏的，承运人应当负赔偿责任。除依照本章规定承运人不负赔偿责任的情形外，由于承运人的过失，致使货物因迟延交付而遭受经济损失的，即使货物没有灭失或者损坏，承运人仍然应当负赔偿责任。承运人未能在本条第1款规定的时间届满60日内交付货物，有权对货物灭失提出赔偿请求的人可以认为货物已经灭失。

3. 托运人的义务

（1）按照约定提供货物的义务。根据《海商法》第66条的规定，托运人托运货物，应当妥善包装，并向承运人保证货物装船时所提供的货物的品名、标志、包数或者件数、重量或者体积的正确性；由于包装不良或者上述资料不正确，对承运人造成损失的，托运人应当负赔偿责任。

（2）办理货物运输手续的义务。根据《海商法》第67条的规定，托运人应当及时向港口、海关、检疫、检验和其他主管机关办理货物运输所需要的各项手续，并将已办理各项手续的单证送交承运人；因办理各项手续的有关单证送交不及时、不完备或者不正确，使承运人的利益受到损害的，托运人应当负赔偿责任。

(3) 正确通知危险货物的义务。根据《海商法》第68条的规定，托运人托运危险货物，应当依照有关海上危险货物运输的规定，妥善包装，作出危险品标志和标签，并将其正式名称和性质以及应当采取的预防危害措施书面通知承运人；托运人未通知或者通知有误的，承运人可以在任何时间、任何地点根据情况需要将货物卸下、销毁或者使之不能为害，而不负赔偿责任。托运人对承运人因运输此类货物所受到的损害，应当负赔偿责任。

(4) 支付运费的义务。

4. 承运人的赔偿责任

承运人的赔偿责任实行限额赔偿制度，《海商法》分别对货物灭失或者损坏的赔偿责任和迟延交付的赔偿责任进行了限制。承运人对货物的灭失或者损坏的赔偿限额，按照货物件数或者其他货运单位数计算，每件或者每个其他货运单位为666.67计算单位，或者按照货物毛重计算，每公斤为2计算单位，以二者中赔偿限额较高的为准。但是，托运人在货物装运前已经申报其性质和价值，并在提单中载明的，或者承运人与托运人已经另行约定高于本条规定的赔偿限额的除外。货物用集装箱、货盘或者类似装运器具集装的，提单中载明装在此类装运器具中的货物件数或者其他货运单位数，视为前款所指的货物件数或者其他货运单位数；未载明的，每一装运器具视为一件或者一个单位。装运器具不属于承运人所有或者非由承运人提供的，装运器具本身应当视为一件或者一个单位。承运人对货物因迟延交付造成经济损失的赔偿限额，为所迟延交付的货物的运费数额。这是各国政府在法律上为促进航海事业发展而作出的特别规定，区别于一般的运输合同。

(三) 海上旅客运输合同的效力

1. 承运人的责任期间

根据《海商法》第110条的规定，旅客客票是海上旅客运输合同成立的凭证。《海商法》第111条第1款规定，海上旅客运输的运送期间，自旅客登船时起至旅客离船时止，客票票价含接送费用的，运送期间包括承运人经水路将旅客从岸上接到船上和从船上送到岸上的时间，但是不包括旅客在港站内、码头上或者在港口其他设施内的时间。该条第2款规定，旅客的自带行李，运送期间同前款规定，旅客自带行李以外的其他行李，运送期间自旅客将行李交付承运人或者承运人的受雇人、代理人时起至承运人或者承运人的受雇人、代理人交还旅客时止。

2. 承运人的义务

(1) 提供适航船舶。

(2) 按时开航，尽快将旅客运送目的地，并不得有不合理绕航。

(3) 为旅客提供膳食、住宿、娱乐、医疗等生活条件。

(4) 保证旅客及其行李安全。

3. 旅客的义务

(1) 支付票款和相关费用。根据《海商法》第112条的规定，旅客无票乘船、越级乘船或者超程乘船，应当按照规定补足票款，承运人可以按照规定加收票款；拒不交付的，船长有权在适当地点令其离船，承运人有权向其追偿。

(2) 不得携带违禁品和危险品。根据《海商法》第 113 条的规定，旅客不得随身携带或者在行李中夹带违禁品或者易燃、易爆、有毒、有腐蚀性、有放射性以及有可能危及船上其他人人身和财产安全的其他危险品。承运人可以在任何时间、任何地点将旅客违反前款规定随身携带或者在行李中夹带的违禁品、危险品卸下、销毁或者使之不能为害，或者送交有关部门，而不负赔偿责任。旅客违反本条第 1 款规定，造成损害的，应当负赔偿责任。

(3) 应当遵守客运规章，服从船长的指挥和管理。

4. 承运人的赔偿责任

旅客运输合同承运人的赔偿责任，区分不同情况采取过失责任和推定过失责任两种责任。根据《海商法》第 114 条第 1 款和第 2 款的规定，在旅客及其行李的运送期间，因承运人或者承运人的受雇人、代理人在受雇或者受委托的范围内过失引起事故，造成旅客人身伤亡或者行李灭失、损坏的，承运人应当负赔偿责任。请求人对承运人或者承运人的受雇人、代理人的过失应当负举证责任，此为过失责任。根据《海商法》第 114 条第 3 款和第 4 款的规定，旅客的人身伤亡或者自带行李的灭失、损坏，是由于船舶的沉没、碰撞、搁浅、爆炸、火灾所引起或者是由于船舶的缺陷所引起的，承运人或者承运人的受雇人、代理人除非提出反证，应当视为其有过失。旅客自带行李以外的其他行李的灭失或者损坏，不论由于何种事故所引起，承运人或者承运人的受雇人、代理人除非提出反证，应当视为其有过失，此为推定过失责任。

根据《海商法》第 117 条的规定，除本条第 4 款规定的情形外，承运人在每次海上旅客运输中的赔偿责任限额，依照下列规定执行：①旅客人身伤亡的，每名旅客不超过 46 666 计算单位；②旅客自带行李灭失或者损坏的，每名旅客不超过 833 计算单位；③旅客车辆包括该车辆所载行李灭失或者损坏的，每一车辆不超过 3 333 计算单位；④本款第②、③项以外的旅客其他行李灭失或者损坏的，每名旅客不超过 1 200 计算单位。承运人和旅客可以约定承运人对旅客车辆和旅客车辆以外的其他行李损失的免赔额。但是，对每一车辆损失的免赔额不得超过 117 计算单位，对每名旅客的车辆以外的其他行李损失的免赔额不得超过 13 计算单位。在计算每一车辆或者每名旅客的车辆以外的其他行李的损失赔偿数额时，应当扣除约定的承运人免赔额。可见，《海商法》对海上旅客运输合同承运人的赔偿责任也进行了限制。

三、行纪合同

(一) 行纪合同的概念与特征

行纪合同，又称信托合同，是指一方根据他方的委托，以自己的名义为他方从事贸易活动，并收取报酬的合同。

行纪合同具有如下法律特征：

(1) 行纪合同主体的限定性。行纪合同的委托人可以是自然人，也可以是法人或其他组织，但行纪人只能是经批准经营行纪业务的自然人、法人或其他组织。

(2) 行纪人以自己的名义为委托人办理业务。

(3) 行纪人为委托人的利益办理业务。

(4) 行纪合同的标的是行纪人为委托人进行一定法律行为。

(5) 行纪合同是双务合同、有偿合同、诺成合同和非要式合同。

（二）行纪合同的效力

1. 行纪人的义务

(1) 负担行纪费用的义务。根据《合同法》第 415 条的规定，行纪人处理委托事务支出的费用，由行纪人负担，但当事人另有约定的除外。

(2) 妥善保管委托物的义务。行纪人占有委托物的，应当妥善保管委托物。行纪合同为有偿合同，因而行纪人对物的保管应尽善良管理人的注意。

(3) 合理处分委托物的义务。委托物交付给行纪人时有瑕疵或者容易腐烂、变质的，经委托人同意，行纪人可以处分该物；不能及时和委托人取得联系的，行纪人可以合理处分。行纪人违反对委托物的合理处分义务的，应承担违约责任，并赔偿给委托人造成的损害。

(4) 依委托人的指示处理事务的义务。根据《合同法》第 418 条的规定，行纪人低于委托人指定的价格卖出或者高于委托人指定的价格买入的，应当经委托人同意。未经委托人同意，行纪人补偿其差额的，该买卖对委托人发生效力。行纪人高于委托人指定的价格卖出或者低于委托人指定的价格买入的，可以按照约定增加报酬。没有约定或者约定不明确，依照本法第 61 条的规定仍不能确定的，该利益属于委托人。委托人对价格有特别指示的，行纪人不得违背该指示卖出或者买入。

2. 委托人的义务

(1) 支付报酬的义务。行纪人完成或者部分完成委托事务的，得请求报酬，委托人有支付报酬的义务。

(2) 受领或取回标的物的义务。行纪人按照行纪合同的约定为委托人买回委托物的，委托人应当及时受领。在经过行纪人催告，委托人无正当理由拒绝受领的，行纪人可以提存委托物。委托物不能卖出或者委托人撤回出卖时，委托人应该将委托出卖物取回或处分。若经行纪人催告后仍不取回或处分的，行纪人有权就该委托出卖物提存。

四、融资租赁合同[①]

（一）融资租赁合同的概念与特征

融资租赁合同是指当事人之间约定，出租人根据承租人对出卖人、租赁物的选择，向出卖人购买租赁物，提供给承租人使用，承租人支付租金的合同。

融资租赁合同具有以下法律特征：

(1) 融资租赁合同是由两个合同——买卖合同和融资性租赁合同，三方当事人——出卖人、出租人（买受人）、承租人结合在一起有机构成的新型独立合同。

① 郭明瑞. 民法（第一版）. 北京：高等教育出版社，2004. 500 ~ 503

(2) 融资租赁合同是以融资为目的、融物为手段的合同。这是融资租赁合同的实质特征。这也是融资租赁合同不同于传统租赁合同的重要特征，是融资租赁合同与买卖、借款等合同的区别之一。

(3) 融资租赁合同中的出租人为专营融资租赁业务的租赁公司。

(4) 融资租赁合同为诺成合同、要式合同。

(二) 融资租赁合同的效力

1. 出卖人与出租人之间所订立的买卖合同

(1) 出卖人负有按照约定向承租人直接交付标的物的义务。

(2) 当出卖人不履行合同义务时，根据出租人、出卖人、承租人之间的约定，由承租人行使索赔的权利；承租人行使索赔权利的，出租人应当协助。

(3) 就出租人按照承租人要求所订立的买卖合同，未经承租人同意，出租人不得变更与承租人有关的条款。

(4) 根据约定，出租人享有与受领标的物有关的买受人的权利，承租人负担及时检验义务，以及对于拒绝受领标的物的妥善保管义务。

2. 出租人的义务

(1) 出租人享有以下特殊的法律利益：其一，租赁物不符合约定或者不符合使用目的的，出租人不承担违约责任。但承租人依赖出租人的技能确定租赁物或者出租人干预选择租赁物的除外。其二，在承租人占有租赁物期间，租赁物造成第三人的人身伤害或者财产损害的，作为租赁物所有权人的出租人不承担责任。

(2) 融资性的租赁合同中，尽管出租人仍应负担向承租人交付租赁物的义务，但该项义务是由出卖人作为履行交付租赁物义务的履行辅助人来完成的。

3. 承租人的义务

(1) 支付租金的义务。

(2) 在占有租赁物期间承担维修租赁物的义务。

五、仓储合同

(一) 仓储合同的概念与特征

仓储合同，又称仓储保管合同，是指当事人双方约定由保管人（又称仓库营业人）为存货人保管储存的货物，存货人为此支付报酬的合同。

仓储合同具有以下法律特征：

(1) 保管人须为有仓储设备并专事仓储保管业务的主体。

(2) 仓储合同的保管对象为动产。

(3) 仓储合同为诺成合同。

(4) 仓储合同为双务合同、有偿合同、非要式合同。

（二）仓储合同的效力

1. 保管人的义务

（1）给付仓单的义务。

（2）接收、验收仓储物义务。根据《合同法》第 384 条的规定，保管人在接受存货人交存仓储物入库时，应当按照合同的约定对入库仓储物进行验收。保管人验收时发现入库仓储物与约定不符合的，应当及时通知存货人。

（3）通知义务。在储存的仓储物出现危险时，保管人有义务及时通知存货人或者仓单持有人。

（4）妥善保管仓储物义务。

（5）容忍义务。保管人根据存货人或仓单持有人的要求，应当同意其检查仓储物或者提取样品。

2. 存货人的义务

（1）支付仓储费的义务。

（2）存货人的说明义务。根据《合同法》第 383 条的规定，存货人应当向保管人说明货物的性质和预防危险、腐烂的方法，提供有关的保管、运输等技术资料，并采取相应的防范措施。存货人违反该义务的，保管人有权拒收该货物；保管人因接受该货物造成损害的，存货人应承担损害赔偿责任。

（3）提取仓储物的义务。

随着社会经济的发展，商事合同的范围将不断扩大，内容也将不断丰富。

案例分析

【案情】

1996 年 11 月 2 日，某市顺兴制革厂与太平保险公司签订了一份企业财产保险合同，合同约定，顺兴制革厂将其自有的固定资产和流动资产全部投入保险（其中固定资产价值人民币 450 万元，流动资产价值人民币 270 万元），保险期限 1 年，自 1996 年 11 月 3 日零时起至 1997 年 11 月 2 日 24 时止。1997 年 2 月 5 日，顺兴制革厂将保险财产中价值人民币 100 万元的皮革产品运送到上海市进行销售，销售前暂时存放在一家仓库内。由于上海市持续数日高温干燥天气，该批货物自底部自燃着火。

顺兴制革厂上海市代表全力组织抢救，抢救费用为人民币 3 万元，抢救出货物共值人民币 10 万元。为此，顺兴制革厂向太平保险公司提出赔偿保险金的要求。

问题：此案应如何处理?

【解析】

本案是一起企业财产保险合同引起的赔偿纠纷案。财产保险合同是以财产及其有关利益为保险标的的保险合同。顺兴制革厂与太平保险公司所签订的企业财产保险合同符合法律的规定，具有法律效力。根据我国《保险法》第36条第1款的规定，在合同有效期内，保险标的的危险程度增加的，被保险人按照合同约定应当及时通知保险人，保险人有权要求增加保险费或者解除合同。危险增加的通知义务是投保人的如实告知义务在保险合同履行期间的延伸。该条第2款规定，被保险人未履行危险增加的通知义务的，因保险标的的危险程度增加而发生的保险事故，保险人不承担赔偿责任。

在本案中，顺兴制革厂把保险标的转移到上海的行为，构成了保险标的危险程度的增加。保险标的所处位置的不同，其周围温度、湿度等相关条件的变化，都是影响保险标的危险程度的重要因素。该案中，正是由于上海市持续高温的天气，致使该批货物发生自燃而造成损失。保险标的的损失与危险程度的增加有因果关系。顺兴制革厂在保险标的危险程度增加的情况下，并未履行向保险公司的及时通知义务，因此，对造成的损失只能自行承担，作为保险人的保险公司不承担赔偿责任。

第五章　商事代理

本章要求重点理解和掌握商事代理的概念和特点、商事代理的分类、经理人与代办人的概念和区别；理解和掌握代理商、居间商、行纪商、特许经营商的概念和特征；了解商事代理的立法体例、商事代理分类的不同观点。难点是代理商、居间商、行纪商、特许经营商之间的区别与联系。目前我国有关商事代理的制度还没有从民法中分离出来，学者们对商事代理的定义和分类还存在不同的观点。

第一节　商事代理概述

一、商事代理的概念

一般认为，民法上的委托代理是指代理人依据被代理人授予的代理权，以被代理人的名义与第三人进行法律行为，而其法律后果直接归属于被代理人的行为。而商事代理与一般民事代理却有着不同的含义。

我国现行代理制度没有区分民事代理和商事代理，只是将代理制度作为意思表示形成的一种方式，从法律行为与合同效力的角度进行立法。我国立法虽然没有用法条的形式明确给出代理的定义，但却明确给出了代理的构成要件。需要指出的是，我国现行法条所给出的代理的构成要件一般只表达出了民事代理的色彩和特征，并没有突出商事代理的特性。所以我国商法学者一般是从学理出发从商主体和商行为两个角度来对商事代理进行定义。其代表性的定义有：

一是认为，不同国家商事代理的含义不尽相同，但概括来说，可以作出如下定义：商事代理是代理商不受雇佣合同的约束，以自己的名义或以委托人的名义，为委托人买或卖或提供服务，并从中获取佣金的经营性活动。①

二是认为，商事代理指的是代理商以自己的名义或以委托人的名义为委托人卖或买或提供服务，并从中获取佣金的经营活动。②

① 赵旭东. 商法学教程. 北京：中国政法大学出版社，2004. 81

② 范健，王建文. 商法基础理论专题研究. 北京：高等教育出版社，2005. 400

三是认为，可以将商事代理行为认定为：商事代理人以营利为目的接受被代理人（委托人）的委托，以符合经济的原则同第三人建立商事法律关系，其法律后果直接归属于被代理人的商行为。①

四是认为，商行为可以由本人实施，也可以通过代理人实施。商人出于营业实现与营业扩大的目的，经常要由代理人实施商行为。所谓商行为代理是指委托人（也称本人）委托受托人（代理人）代为实施商行为，其行为后果归于委托人。②

五是认为，商事代理，又称商业代理或商务代理，是指商事代理人代理商事主体实施商业活动的商事行为。③

上述定义虽然都从不同角度突出了商事代理不同于民事代理的一些特性，但并没有将商事代理的独特之处完全凸现出来。从行为主体角度来讲，商事代理人主要是商人；从授权来源来讲，商事代理权一般源于委托授权；从行为表示来讲，商事代理一般不必显名；从行为方式来讲，商事代理一般表现为独立营业；从行为义务及责任来讲，商事代理一般要求符合经济原则；从行为目的来讲，商事代理一般追求有偿；从行为期限来讲，商事代理一般为长期且固定的。这七个方面一般构成商事代理的独特面貌。至于授权方式（明示或默示）、行为后果（直接归属于被代理人）、行为内容（为委托人卖、买或提供服务）则是一般代理行为的应有之义，可以不必刻意突出。

基于上述理解，我们可以将商事代理定义为：商事代理是代理人基于委托人的授权，以自己的名义或以委托人的名义，以符合经济的原则长期固定地代为实施商行为并从中获取佣金或报酬，其行为后果直接归属于委托人的一种营业行为。

二、商事代理的特点

与民法上的代理行为相比，商法上的代理具有其自身的特点：

第一，非显名主义。

非显名主义又称隐名主义。民法上所规定的代理，只有代理人在代理权限内，以被代理人的名义实施的民事法律行为，其法律后果才可归责于本人。没有以被代理人的名义实施的民事法律行为，其法律后果不能归责于本人。这就是说，民事代理一般实行显名主义，即民事代理以显名为必要。如我国《民法通则》第63条规定："代理人在代理权限内，以被代理人的名义实施民事法律行为。被代理人对代理人的代理行为，承担民事责任。"在商事活动中，商事行为的代理人在实施其行为时，虽然没有明确表示是为本人（即委任人或被代理人）进行，但其行为对本人和相对人仍然发生法律效力。这就是说，商事代理实行非显名主义，即商事代理不以显名为必要。非显名主义作为商事代理的一个特征在一些国家的商法中得到了承认。《日本商法典》是对非显名代理作出规定的一个典型立法例。该法典第504条规定："商行为的代理人虽未表明为本人所

① 覃有土. 商法学. 北京：高等教育出版社，2004. 56

② 王保树. 商法总论. 北京：清华大学出版社，2007. 246

③ 施天涛. 商法学（第三版）. 北京：法律出版社，2006. 114

为，其行为也对本人发生效力。但是，相对人不知其为本人所为时，无妨对代理人提出履行请求。”这就是说，当本人的对方当事人不知道代理人的行为是为本人所进行时，也可以请求其代理人履行。我国《合同法》第403条虽然没有明确规定非显名主义，但却间接地承认了不完全意义上的“非显名主义”。该条第1款规定：“受托人以自己的名义与第三人订立合同时，第三人不知道受托人与委托人之间的代理关系的，受托人因第三人的原因对委托人不履行义务，受托人应当向委托人披露第三人，委托人因此可以行使受托人对第三人的权利，但第三人与受托人订立合同时如果知道该委托人就不会订立合同的除外。”第2款规定：“受托人因委托人的原因对第三人不履行义务，受托人应当向第三人披露委托人，第三人因此可以选择受托人或者委托人作为相对人主张其权利，但第三人不得变更选定的相对人。”

第二，代理权的存续不受本人死亡的影响。

在民法上，委托代理是建立在本人与代理人之间的信赖关系基础之上的，具有严格的人身属性。因此，委托代理权的存续是以本人的存在为要件的。[①]如《日本民法典》第111条规定：“代理权因下列事由而消灭：一、本人死亡……”我国《民法通则》第69条规定了委托代理终止的情形，但没有将本人死亡作为终止的情形之一。最高人民法院《关于贯彻执行〈中华人民共和国民法通则〉若干问题的意见（试行）》[②]部分承认被代理人（本人）死亡的后代理行为仍然有效。该意见第82条规定：“被代理人死亡后有下列情况之一的，委托代理人实施的代理行为有效：①代理人不知道被代理人死亡的；②被代理人的继承人均予承认的；③被代理人与代理人约定到代理事项完成时代理权终止的；④在被代理人死亡前已经进行、而在被代理人死亡后为了被代理人的继承人的利益继续完成的。”但如果作为本人的企业的终止则一般导致委托代理终止。如我国《民法通则》第69条规定，作为被代理人或者代理人的法人终止，委托代理终止。商法上的商事代理与民法上的民事代理是有所区别的。国外商事立法一般概括地承认商事代理权的存续。一些国家的商法规定，商事行为的代理不因本人的死亡而消灭。如《日本商法典》第506条规定：“因商行为的委任而产生的代理权，不因本人的死亡而消灭。”这主要是因为，由商行为的委托而产生的代理权与民法上因委托而产生的代理权有很大的不同，商法上的代理实质上是营业的代理，甚至是企业组织的一部分。因此，只要营业存续，就没有理由认为代理权随本人的死亡而消灭。如《德国商法典》第52条第3款规定：“经理权不因营业的所有人的死亡而消灭。”在大多数情况下，就如个体工商户一样，即使其本人死亡，其营业也并不马上消灭，而是让其商业使用人的代理权继续存在。代理人在营业主死亡后当然地成为营业主继承人的代理人，且不需要新的授权行为。这样，一方面可以避免由于停止营业而造成的经济损失，另一方面也符合商法保护交易安全的要求。我国《合同法》对《民法通则》的规定进行了补充完善，增加了根据委托事务的性质决定代理权是否存续的判断。《合同法》第411条规

① 王保树. 商法总论. 北京：清华大学出版社，2007. 249

② 最高人民法院1990年12月5日曾出台过《关于贯彻执行〈中华人民共和国民法通则〉若干问题的意见（修改稿）》，但该稿只是一个讨论稿，并未经最高法院审判委员会通过，只是征求意见之意，迄今为止还不能适用。

定，委托人或者受托人死亡、丧失民事行为能力或者破产的，委托合同终止，但当事人另有约定或者根据委托事务的性质不宜终止的除外。

第三，代理人的权限可以突破授权范围。

在民法上，代理人应在代理权限内，以被代理人的名义实施民事法律行为。代理人超出授权的行为，只有经过被代理人的追认，才能免除其民事责任。如《日本民法典》第113条规定："没有代理权的人，作为他人的代理人签订的契约，非经本人追认，对本人不发生效力。"《德国民法典》第177条规定："某人无代理权而以他人的名义订立合同的，有利和不利于被代理人的合同有效性，取决于被代理人的追认。"我国《民法通则》第66条规定："没有代理权、超越代理权或者代理权终止后的行为，只有经过被代理人的追认，被代理人才承担民事责任。未经追认的行为，由行为人承担民事责任。本人知道他人以本人名义实施民事行为而不作否认表示的，视为同意。"《合同法》第48条规定："行为人没有代理权、超越代理权或者代理权终止后以被代理人名义签订的合同，未经被代理人追认，对被代理人不发生效力，由行为人承担责任。"但是，在商事行为的代理中，代理人的权限范围比民事代理的要广。商事代理法一般承认只要商事行为的代理人在不违背被代理人授权本意的范围内，可以实施未被直接授权的行为。商法这样规定是为了让代理人可以根据商事交易快捷的需要及时采取应对措施而扩张他的权限。①

第四，代理人的行为可以超越自己代理和双方代理的限制。

自己代理是指代理人以本人的名义对于自己为意思表示，或者以本人的名义受领自己本身的意思表示。双方代理是指代理人一身同时兼任双方当事人的代理人。在民法上，自己代理和双方代理不仅违背了代理制度设立的宗旨，而且也可能有损于被代理人的利益，属于滥用代理权的主要类型，因而为一般民事立法所禁止。当然，如果自己代理和双方代理已经征得了本人的同意或仅为履行债务的，仍应为有效。在商法上，一些国家的商事立法明确规定，商事代理人可以为自己代理和双方代理。如英国1889年的《商代理人法》规定，如果代理商经委托人同意掌握商品或商品凭证，只要不损害委托人的利益，代理人自己可以将委托的货物买下，也可以与自己代理的其他人进行交易。《德国商法典》第400条第1款、《日本商法典》第555条第1款及我国《合同法》第419条都以行纪人的介入权的形式规定了代理人可以进行自己代理。

第五，代理活动的有偿性。

民事代理中既有有偿代理，也有无偿代理。并且在民事代理中，如果双方没有约定代理佣金，则代理人一般不能主张代理佣金。而商事代理合同是为了实现委托人的利益而订立的，代理人有权按交易的数量和价值提取佣金，因此商事代理都是有偿代理，这也是代理商营业所得的主要来源。对此，《德国商法典》第87条第1款规定："代理商对在合同关系期间成立的、应归因于其从事的活动的或与其作为客户为同一种类的交易争取到的第三人成立的一切交易，均享有佣金请求权。"第87b条第1款规定："未规定佣金数额的，应视通常的率值为约定的率值。"第354条第1款规定："在从事其

① 王保树. 商法总论. 北京：清华大学出版社，2007. 250

营业时，为他人处理事务或提供劳务的人，即使无约定，仍可以就此按在该地点为通常的数额请求佣金，并在涉及保管时，请求仓库使用费。”法国1991年6月25日的《关于商业代理人与其委托人之间关系的法律》第5条规定：“所有随交易的数量和价值而异的报酬因素构成本法意义上的佣金。合同未作规定时，商业代理人有权按符合在其从事代理活动并属于其代理职责范围的领域所适用的惯例获取报酬。没有惯例的，商业代理人有权获得根据一切与交易相关因素计算的合理报酬。”

三、商事代理的立法体例

商事代理以民事代理关系为其法律关系的构成基础，但在主体、客体和内容上都存在着一定的差异。商事代理行为是基本的商事行为之一，不同国家对其有不同规定。在采用主观主义（商人法主义）原则的国家，特别强调代理商的资格；而在采用客观主义（商事行为法主义）原则的国家，则尤其强调行为的营利性。在民商分立国家，除了在《民法典》中对民事代理制度作出具体规定外，通常还在《商法典》中对商事代理制度作出特别的规定，如法国、德国、日本等。

在大陆法系民商分立的国家中，立法上对于代理有民事代理和商事代理之分，分别在其民法典和商法典中确立起了民事代理制度和商事代理制度。例如，《法国民法典》第13编“委托”中的第1984～2010条对民事代理作了规定；而其《商法典》在“商人”编中对商事代理作了规定，并于1958年12月25日专门颁布了第58～1345号《关于商事代理人的法令》，1991年6月25日又颁布了第91～593号《关于商业代理人与其委托人之间关系的法律》。《德国民法典》在第1编“总则”第3章“法律行为”第5节“代理和意定代理权”中对民事代理作了一般规定，又在第2编“债务关系法”第8章“各种债务关系”第12节“委托和事务处理合同”中对民事代理制度作了规定；同时《德国商法典》在第1编“商人的身份”第5章专门规定了“经理权和代办权”、第6章专门规定了“商业辅助人和商业学徒”、第7章专门规定了“代理商”、第8章专门规定了“商事居间人”，又在第4编“商行为”第3章中专门规定了“行纪营业”行为。《日本民法典》在第1编“总则”第5章“法律行为”第3节“代理”中对民事代理作了一般规定，又在第3编“债权”第2章“契约”第10节“委托”中以委任合同的形式对民事代理制度作了规定；同时《日本商法典》在第1编“总则”第6章专门规定了“商业使用人”、第7章专门规定了“代理商”，又在第3编“商行为”第1章“总则”中规定了商事代理行为、第5章规定了“居间营业”、第6章规定了“行纪营业”。

英美普通法国家虽没有严格的民事代理和商事代理之分，但代理制度已经成为一项单独的法律制度。英国早在1889年就专门制定了《商代理人法》，1971年又专门制定了《代理权利法》。美国于1953年8月6日专门制定了《商法典修订法》（商业代理法），美国法学会在1957年专门起草了《代理法重述》。此外，其还在财产法、合同法和公司法等制度中对代理制度作了规定。

我国在立法上没有区分民事代理和商事代理，在实践中，有关商事代理问题一般适用我国《民法通则》和《合同法》的相关规定。在我国，商事代理活动在经济活动中起着重要作用，但我国至今没有关于代理商或商事代理行为的专门立法。只在《民法通则》的第 4 章“民事法律行为和代理”第 2 节“代理”与《合同法》第 3 章“合同的效力”的第 47 ~ 49 条对代理制度作了规定，此外，《合同法》第 21 章“委托合同”中的第 396 ~ 413 条还对包含了商事代理行为的委托合同、第 22 章“行纪合同”和第 23 章“居间合同”作了一些规定。司法实践中，对于商事代理也适用这些规定，但这些着眼于民事代理的规定很多方面都难以满足商事代理发展的要求，因而关于商事代理制度的研究，对于我国相关立法和实践的完善，都有重要意义。

第二节 商事代理的类型

一、商事代理分类的不同观点

1. 国外商法典中立法上的分类

在大陆法系国家商法典中，一般是从商主体角度规制商事代理，同时辅之以商行为规制。

法国商法上的商事代理立法类型有商业代理人、居间商和行纪商。

《德国商法典》上的商事代理立法类型，从商人的角度分为三大类：第一类为商业辅助人，包括经理人、代办人和代办商、店铺或仓库的职员及商业学徒；第二类为代理商；第三类为商事居间人。从商行为角度分为行纪营业和运输代理营业。

《日本商法典》上的商事代理立法类型，从商人的角度分为两大类：第一类为商业使用人，包括经理人、被委任某种类或特定事项的使用人、出卖物品的店铺的使用人；第二类为代理商。从商行为角度分为居间营业和行纪营业。

2. 我国商法学者著述中学理上的分类

我国商法学者一般结合国外立法主要是大陆法系国家的立法从学理上分析商事代理的类型，关于商事代理的分类代表性的观点主要有：

(1) 以商事辅助人概念统领商事代理。将商事辅助人定义为：商事辅助人是辅助商事主体从事经营的人。从与辅助对象的相互关系来看，商事辅助人可分为独立辅助人与非独立辅助人。独立辅助人是指不参加商事主体的营业组织而辅助其从事营业的人。一般而言，独立辅助人自己就是商事主体，而开展的营业就是辅助其他商事主体的营业。独立辅助人包括代理商、居间商、行纪商、仓储营业商、承揽运送商、商业银行、保险公司，等等。非独立辅助人又称为商事使用人，是指在商事主体的营业组织内部辅助其营业的人，如经理人、伙友以及商事学徒等。[①]

(2) 以商业辅助人概念统领商事代理。认为商业辅助人又称为商业使用人，它是指

---

① 赵中孚. 商法总论（第二版）. 北京：中国人民大学出版社，2003. 158

受商事主体委任或雇佣，辅助从事商事经营活动的人。对商业辅助人可以按不同的标准进行分类，如按其所享有的代理权的大小可分为享有完全代理权的商业辅助人、享有部分代理权的商业辅助人和仅对特定事项享有代理权的商业辅助人。根据代理人的身分不同可将代理人区分为经理人和代办人。①

(3) 以商事辅助人概念统领商事代理。认为是为其他商人、企业服务的商事活动辅助人员，主要包括商事中间人和商事企业雇员等商业辅助人（也称为商业使用人）。前者除了代理商，还包括居间商、行纪商。②

(4) 以商事辅助人概念统领商事代理。认为在商法上，究竟什么样的人被看作商事辅助人取决于各国商法典或者商事学说的界定。商事辅助人是指通过某种契约方式与商人联结在一起并通过一定的方式帮助商人从事商事经营活动的人，或是指被商人使用来处理自己商事经营活动的人。并采取当代法国流行的理论，将商事辅助人分为四类：其一，附属性商事辅助人，诸如商人的雇员、商人的经理、公司的高级官员；其二，受任性或受托性商事辅助人，诸如公司董事、执行董事；其三，代理性商事辅助人，包括商事代理人和代办人；其四，独立性商事辅助人，诸如商事居间人、商事行纪人。③

(5) 以商中间人和商辅助人表述并将之统归于商事代理。从事中介商行为的商人，就是中间商。认为在我国工商登记中，常常将从事中介活动的中间商单独命名，如某某中介公司、某某代理公司，这实际上就是一种主体身份的界定。由此，把商事中介行为列入商主体研究的范围有一定的理论价值，也有着十分重要的实践意义。商中间人的类型包括代理商、居间商、行纪商。商辅助人，又称商使用人，是指在商事交易过程中，从属于商主体，受商主体委任或支配，辅助商主体开展商事经营活动的人。商辅助人本身不是商人，不是独立对外的法律关系主体，其行为的全部后果由商主体承担。商辅助人包括经理人和代办人。④

(6) 以营业辅助和辅助商人表述并将之统归于商事代理。所谓营业辅助，也有的称为“商业使用人”⑤，或者称“商业雇员”。它是从属于特定商人，辅助其营业的人。营业辅助不是独立的商人，不具有商人的资格。营业辅助包括经理人、被聘任为某一部门或特定事项的商业雇员、店铺的营业员。辅助商人是辅助特定商人营业的独立的商人。辅助商人是独立的商人，具有商人的资格。辅助商人包括代理商和特许经营商。代理商区分为缔约代理商和媒介代理商。前者适用委托合同，后者适用居间合同。⑥

可见，我国商法学者关于商事代理的分类的差异是比较大的。这主要是因为我国没有专门的商事代理的立法，学者们只能借鉴国外的立法和学说，且对国外的立法条文，学者们之间的理解又有较大的差异，结果导致我国学术界对该问题在理解上混乱和冲突现象的发生。

---

① 覃有土. 商法学. 北京：高等教育出版社，2004. 50～51

② 赵旭东. 商法学教程. 北京：中国政法大学出版社，2004. 83

③ 张民安. 商法总则制度研究. 北京：法律出版社，2007. 124～125

④ 范健，王建文. 商法学. 北京：法律出版社，2007. 36～42

⑤ 详见《日本商法》（2005 年）第一编第六章。

⑥ 王保树. 商法总论. 北京：清华大学出版社，2007. 200～209

二、商主体法角度的分类

结合上述国外商法典中立法上的分类和我国商法学者对商事代理的分类，我们可以从商主体法的角度以商人组织和营业的内部关系和外部关系为视角对商事代理人进行如下分类：

(1) 营业辅助人：经理人、代办人、董事、合伙事务执行人、职员。

(2) 商人辅助人：代理商、代办商、居间商、行纪商、特许经营商。

三、商行为法角度的分类

在英美法系国家中，一般是从商行为角度规制商事代理，同时辅之以商主体规制。美国 1953 年《商法典修订法》（商业代理法）中，认为代理这个词含义广泛，足以包括一个人被雇佣为另一个人做事的所有情况。然而简短地说，代理法是有关一个人（代理人）同意为另一个人（本人）的利益进行活动的法律规则。深受英美法影响的《国际货物销售代理公约》把代理定义为："当某人（代理人）有权或表示有权代理另一个人（本人），与第三人订立的货物销售合同所从事的任何行为。"在美国，商事代理主要是在行业惯例范围和代理权限范围内所从事的专项商务代理，如代销商（即代办商）、代销保证人（即保付商行）、各类经纪人、特权代办、拍卖人等实施的代理行为。①

从商事行为的角度看，商事代理是一种特殊的商事法律制度而具有区别于民事代理的特征。我国有学者认为，代理商固然可以表现为商主体，然而作为商主体的一个类型的代理商只是从这一法律主体所从事的法律行为的角度进行的分类。从商主体所从事的商行为的角度划分，商事代理主体包括代理商、行纪商、保险商、银行商等商主体类型。但是，基于商主体乃企业而又以企业组织形式为标准划分商主体不同类型的认识，不宜将代理商称为一种独立类型的商主体，而应从商行为角度加以规制。②

从商行为法的角度以代理权的行使为视角可以对商事代理进行如下分类：

1. 直接代理与间接代理

这是按代理权行使的名义的不同所进行的分类。

直接代理，又称显名代理，是指代理人以被代理人的名义实施的代理。在直接代理中，代理人向第三人公开了被代理人的身份及其与被代理人之间的代理关系。

间接代理，又称非显名代理、隐名代理，是指代理人以自己的名义实施的代理。在间接代理中，代理人没有向第三人公开被代理人的身份及其与被代理人之间的代理关系。如行纪营业就是一种典型的间接代理。

2. 一般代理与全权代理

这是按代理权限的大小的不同所进行的分类。

---

① 赵旭东. 商法学教程. 北京：中国政法大学出版社，2004. 81

② 范健，王建文. 商法基础理论专题研究. 北京：高等教育出版社，2005. 399

一般代理是指代理人的代理权限受到一定限制的代理。

全权代理，又称特别代理，是指委托人对代理人的代理权限不作任何限制，代理人可以实施法律允许范围内的一切行为的代理。

3. 总代理与分代理

这是按代理业务的范围的不同所进行的分类。

总代理，又称全部代理，是指代理人在确定的区域内可以代理被代理人全部业务活动的代理。

分代理，又称部分代理，是指代理人在确定的区域内只能代理被代理人部分业务活动的代理。

4. 独家代理与多家代理

这是按代理权在行使的区域内是否具有排他性所进行的分类。

独家代理是指在特定的区域内代理人的代理权具有排他性的代理。

多家代理是指在特定的区域内代理人的代理权不具有排他性的代理。

另外，从代理行为的种类角度进行分类，还可将商事代理分为居间营业、行纪营业、特许营业等。

第三节　商业辅助人

商业辅助人（在德国商法上称商业辅助人，在日本商法上称商业使用人），是指在营业中受雇佣合同的约束以有偿方式为商人提供劳务的自然人。商业辅助人一般是受营业组织管理的内部人，其主要在营业组织的场所内部从事管理和经营等活动。主要包括经理人、代办人、雇员及学徒。下面主要根据《德国商法典》的规定，对经理人和代办人展开讨论。

一、经理人

经理人是指受商人委托被授予经理权以经营其营业的作为商业辅助人的自然人。

(1) 经理权的授予。根据《德国商法典》的规定，经理权只能由营业的所有人或其法定代理人授予，并且只能以明示的意思表示授予。经理权的授予应由营业的所有人申报商业登记。经理权不得转让。经理权不因营业的所有人死亡而消灭。

(2) 经理权的范围。经理权是一种概括代理权，也是一种不可限制的代理权。根据《德国商法典》的规定，经理权授权实施由进行营业经营所产生的诉讼上的和诉讼外的一切种类的行为和法律行为。但对于土地的让与和设定负担，必须经特别授权。对经理权的范围的限制对第三人无效。

(3) 经理权的消灭。根据《德国商法典》的规定，经理权虽有法律关系作为授予的依据，仍可以随时撤回。经理权的消灭应由营业的所有人申报登记。

二、代办人与代办商

代办人是指非经理人而受商人或非商人的委托授权在业主的营业场所之内经营其营业，或经营一定种类的营业，或经营个别事项的营业及作为订约代理人受托在业主的营业场所之外以业主的名义成立交易的商业辅助人。

代办商是指被授予代办权的代理商。我国商法学者一般认为，代办商是指非经理人而受商人委托，于一定处所或一定地区内，以商人名义办理其事务之全部或一部分业务者。① 或认为，代办商是指非经理人而受商事主体委托，于一定处所或一定区域内，以该商事主体的名义，办理其事务之全部或一部分之商业使用人。② 这种表述没有区分代办人与代办商之间自然人与商业组织的差异。当然法律上的“人”一般是包含自然人与法人的，而商人则包括商自然人、商合伙和商法人，所以从一般意义上理解，代办人也可称为代办商。我国还有学者将代办商等同于代理商，认为代理商或者称为代办商，是指接受委托商的委托并以该委托商的名义为其办理其全部或部分商务的代理人。③

(1) 代办权的授予。德国商法没有对代办权的授权人作出明确的限制性规定，学理上一般认为，商人与非商人均可授予代办人以代办权，甚至商人的代理人如经理人等也可以授予代办人以代办权。④ 未经营业所有人的同意，代办商不得将其代办权转让他人。

(2) 代办权的范围。《德国商法典》第 54 条第 1 款区分代办人的代办权为一般性代办全权、类型代办全权和特殊代办全权三种类型。⑤ 第 2 款对代办人的代办权范围进行了明确的限定，规定对于土地的让与和设定负担，对于票据债务的承担，对于借贷的接受和诉讼的实施，代办人还需得到特别授权。第 3 款规定，对代办权进行其他限制的，只有在第三人明知或应知此种限制时，第三人才需承受此种限制的效力。⑥ 另外，作为订约代理人的代办人和代办商的代办权除适用《德国商法典》第 54 条关于代办权的上述限制性规定外，还受第 55 条等的特别限制。这些限制包括作为订约代理人的代办人或代办商拥有的成立交易的代理权并不使其有权变更所订立的合同，特别是并不使其有权给予付款期限；其只有在经授权时，才有权受领支付的款项。⑦

---

① 覃有土. 商法学. 北京：高等教育出版社，2004. 51

② 张民安. 商法总则制度研究. 北京：法律出版社，2007. 137

③ 施天涛. 商法学（第三版）. 北京：法律出版社，2006. 120

④ ［德］ C. W. 卡纳里斯. 德国商法. 杨继译. 北京：法律出版社，2006. 390

⑤ ［德］ C. W. 卡纳里斯. 德国商法. 杨继译. 北京：法律出版社，2006. 386

⑥《德国商法典》第 54 条：“(1) 某人不经授予经理权而有权经营营业或有权实施属于营业的一定种类的行为，或有权实施属于营业的个别行为的，代理权（代办权）扩及于由经营此种营业或实施此种行为通常所产生的一切行为和法律行为。(2) 对于土地的让与和设定负担，对于票据债务的承担，对于借贷的接受和诉讼的实施，只有在向代办商特别授予此种权限时，代办商才有实施此种行为的权利。 (3) 对代办权进行其他限制的，只有在第三人明知或应知此种限制时，第三人才需承受此种限制的效力。”

⑦《德国商法典》第 55 条：“(1) 对于为商业代理人的代办商，或对于作为商业辅助人受托在业主的营业之外以业主的名义成立交易的代办商，也适用第 54 条的规定。 (2) 向其授予的成立交易的代理权并不使其有权变更所订立的合同，特别是并不使其有权给予付款期限。 (3) 其只有在经授权时，才有权受领支付的款项。 (4) 其视为有权受领商品瑕疵的通知、有权受领交付商品的意思表示以及有权受领类似的使第三人因瑕疵给付而主张其权利或保留其权利的意思表示，其可以主张企业主（业主）享有的保全证据的权利。”

(3) 代办人的意义。代办人是为了解决小商人中替代经理人的问题而设置的，因为1998年改革前的《德国商法典》第4条第1款不允许小商人授予经理权。但1998年德国商法改革后，取消了小商人制度，代办权的适用范围就存在疑问了。①

一般来说，《德国商法典》第54条规定的代办人的代办权仅适用于在企业内部工作的助手。而第55条所规定的代办人的代办权则主要适用于对外工作助手的代理全权。②

三、经理人与代办人的区别

经理人与代办人的主要区别有：

(1) 经理人的经理权是一种概括的不可限制的代理权；代办人的代办权则是一种可分割的可以限制的代理权。

(2) 经理人的经理权必须通过明示授予；代办人的代办权的授予则没有强制性要求，可以通过默示授予。③

(3) 经理人的经理权只能由商人授予④；代办人的代办权则可由商人也可由非商人授予。⑤

(4) 经理人的经理权只能由商人及其法定代理人亲自授予；代办人的代办权不需要由商人亲自授予，商人的代理人也可以授予代办权。⑥

(5) 经理人的经理权的授予与消灭均应由商人申报商业登记；代办人的代办权的授予与消灭则均不需要申报商业登记。

第四节　代理商

一、代理商的概念和特征

代理商制度是商事代理法中的一项极其重要的法律制度。在大陆法系实行民商分立的国家中，一般在其商法中专门用法条的形式规定了代理商的具体含义。例如，《德国商法典》第84条第1款规定："代理商是指一种独立的商事经营者，它接受委托，固定地为其他企业主促成交易，或者以其他企业主的名义缔结交易。"《日本商法典》第46条规定："非使用人而为一定商人充任平常属于其营业部类交易的代理或媒介者，称

① [德] C. W. 卡纳里斯. 德国商法. 杨继译. 北京：法律出版社，2006. 390

② [德] C. W. 卡纳里斯. 德国商法. 杨继译. 北京：法律出版社，2006. 396

③ 覃有土. 商法学. 北京：高等教育出版社，2004. 51
范健，王建文. 商法学. 北京：法律出版社，2007. 41

④ [德] C. W. 卡纳里斯. 德国商法. 杨继译. 北京：法律出版社，2006. 366

⑤ [德] C. W. 卡纳里斯. 德国商法. 杨继译. 北京：法律出版社，2006. 395

⑥ 范健，王建文. 商法学. 北京：法律出版社，2007. 41

为代理商。”法国在1991年专门制定的《关于商业代理人与其委托人之间关系的法律》第1条规定：“商业代理人是指不受雇佣合同约束，以制造商、工业商、商人或其他商业代理人的名义，为他们的利益谈判，并签订购买、销售、租赁或提供服务的合同，且将其作为独立的经常的职业代理人。”

在大陆法系实行民商合一的国家中，一般在其民法中专门用法条的形式规定了代理商的具体含义。例如，《瑞士债法典》第418条（A）第1款将代理商定义为：“代理人是指为一个或数个委托人基于一个持续的基础进行商事交易或者代表委托人由委托人承担后果缔结合同，但并非委托人的雇员的人。”《意大利民法典》在第5编中对农业和商业企业中的代理的特别形式作了专门规定，认为商业代理包括委任经营即接受企业主的委托经营商业企业的人（第2203条），及由经理认证有被代理人签名的委托书，并进行登记和存放于企业登记机关（第2206条），代理人基于持续性关系，并为企业主完成有关企业经营行为权限的活动（第2209条）。

在具有判例法传统的英美法系国家，也在制定法中表述商业代理人的含义。英国在1889年的《商代理人法》中把商业代理人定义为：“是在惯常的商业业务中有权售货、以寄售方式售货、购进货物或以货物质押借款的代理人。”

从上述大陆法系代理商的立法定义中，可以看出一般将代理商与商业辅助人进行区别立法。一般强调代理商的外部身份关系以区别商业辅助人的内部身份关系，即特别强调代理商的“独立”、“非使用人”、“不受雇佣合同约束”或“非委托人的雇员”的身份。

基于对大陆法系代理商立法定义的认同，我们可以将代理商定义为，专指受他人委托，为委托人媒介交易或成立交易，并从中获取佣金或报酬，身份上独立、营业上固定的商事经营者。

代理商具有以下法律特征：

第一，代理商是商人。

代理商是营业经营者，其营业活动所产生的法律权利义务关系优先适用商法的规定①，即使被代理人即委托人不是商人也无妨商法的适用。代理商依法律的规定或经登记成为商人，当然适用商法的规定。即使代理商的企业依种类或范围不要求以商人方式进行经营的，也适用商法的规定②。

第二，代理商具有独立的身份和人格。

代理商在营业上具有独立性，这种独立性一般表现为：代理商可以自由决定营业种类、自由决定营业时间、有自己固定的营业场所、有自己独立的商号、自己承担营业费用、自己编制商业账簿、自主决定受托于某个或某几个业主。代理商的这些特性决定了其显著区别于经理人、雇员等商业辅助人。《德国商法典》第84条第1款规定，独立的人是指基本上可以自由形成其活动和决定其工作时间的人。第2款规定，非为第1款意义上的独立的人而平常受托为一名企业主媒介交易或以其名义成立交易的人，视为

① 参见《德国商法典》第1条。

② 参见《德国商法典》第84条第4款。

职员。

第三，代理商长期固定地接受委托。

代理商营业的性质属于事务处理性质，而商人的营业特性则决定了为委托人处理事务并非偶尔为之，而是具有一定连续性的活动。代理合同一般是有较长期限的活动内容种类相对比较固定的合同。这种长期固定的代理合同还决定了代理商在某种程度上对委托人的业务上的信赖。所以商法在规定委托人与代理人之间关系时一般将代理人放在相对弱势的地位上并给予一定的倾斜保护。

第四，代理商营业的内容是媒介交易或成立交易。

一般来说，代理商从事的代理业务可以涉及广泛的范围，其可代理的对象可以是商人，也可以是非商人的自然人，还可以是其他法人组织，但其核心业务可以归结为媒介交易和成立交易两项内容。媒介交易是指通过代理商的中介活动，为委托人寻找有缔约意向的第三人，并促成委托人与第三人达成交易的活动。成立交易是指代理商以委托人的名义提出缔约的意思表示，即发出交易要约，或代理商以委托人的名义接受他人发出的交易要约，即作出交易承诺的意思表示。

二、代理商的义务

1. 委托人利益最大化义务

代理商营业的性质具有鲜明的事务处理合同特征，其营业活动的宗旨要充分体现出为委托人利益最大化服务的目标。根据委托人的指示在价格约束范围内以最合理的条件成立交易，或为委托人挑选最佳交易对象媒介交易促成交易。代理商在委托权限内可以对客户群体进行细分以进一步地锁定目标客户，对该目标客户进行更加有针对性的广告营销。

2. 勤勉义务

代理商应努力地为委托人挑选交易对象或成立交易。

3. 注意义务

代理商应以通常商人的注意履行其义务。代理商必须按照惯常的方式方法及通常的程序去为被代理人媒介交易或成立交易。

4. 及时报告及通知的义务

代理商应向委托人进行必要的通知，特别是不迟延地向其通知任何交易的媒介和任何交易的成立。我国《合同法》第 401 条规定，受托人应当按照委托人的要求，报告委托事务的处理情况。委托合同终止时，受托人应当报告委托事务的结果。

5. 合同有效期内的竞业禁止义务

法国 1991 年 6 月 25 日《关于商业代理人与其委托人之间关系的法律》第 3 条规定：“商业代理人可以不经许可接受新委托人的代理。但未经委托人许可，商业代理人不得接受与该委托人相竞争的企业的代理。”《日本商法典》第 48 条规定：“代理商非经本人许诺，不得为自己或第三人进行属于本人营业部类的交易，不得成为以经营同种营业为目的的公司的无限责任股东或董事。”德国学者认为，《德国商法典》虽然没有明确的禁止性规定，但判决和通说正确地导出了合同有效期内代理商的竞业禁止义务。这是由利益维护义务出发，并是法律的性质使然，而不受当事人相应约定的影响。[①]上述国家的法律规定明确了代理商竞业禁止义务的合理范围，即只禁止代理商利用有关被代理人的营业信息为自己或第三人牟利。这是因为代理商是专门从事代理营业的商人，其并非只服务于某个商人，其应当拥有商人的营业自由。故只有当代理商同时为具有竞争业务的数个被代理人提供代理服务或自己同时也经营与被代理人种类相同的营业时，才须分别得到各个被代理人的许可。

6. 后合同期的竞业禁止义务

委托人和代理商可以事先进行后合同期的竞业约定，在代理合同关系终止后对代理商的营业活动进行一定的限制。这一约定需要采用书面的形式。约定只能及于向代理商分配的地区或客户圈，并且只能及于代理商应努力为企业主媒介或成立交易的对象。自合同关系终止时起，约定的期间最长只能为 2 年。企业主有义务在限制竞业期间向代理商支付适当的赔偿。除此之外，不得作出对代理商不利的另行约定。[②]

三、代理商的权利

1. 佣金请求权

代理商若已经按代理合同的约定完成了媒介或促成了交易，则享有佣金请求权，委托人必须对代理商所提供的劳务作出对待给付。当然，佣金请求权行使的前提条件情形多样。《德国商法典》第 90a 条规定的必要条件有：委托人与第三人已经签订了合同，并且该合同可归功于代理商的活动，或者第三人是被代理商作为同类交易的客户而争取到的。我国《合同法》第 405 条规定，受托人完成委托事务的，委托人应当向其支付报酬。因不可归责于受托人的事由，委托合同解除或者委托事务不能完成的，委托人应当向受托人支付相应的报酬。当事人另有约定的，按照其约定。

2. 费用偿还请求权

代理商可以请求偿还其在通常的营业中产生的费用，但只以此举在商业上为通常为限。[③]我国《合同法》第 398 条规定，委托人应当预付处理委托事务的费用。受托人为处理委托事务垫付的必要费用，委托人应当偿还该费用及其利息。

3. 合同终止后的补偿请求权

《德国商法典》第 89b 条第 1 款规定，代理商在合同关系终止后，可以向企业主请求适当的补偿，当且仅当：①企业主即使在合同关系终止后，仍因与代理商争取到的新的客户的交易关系而具有显著利益；②代理商因合同关系的终止而丧失佣金请求权，而其在同一关系继续时基于已经成立的或在将来成立的、与由其争取到的客户的交易将享有此种请求权；③从各种因素考虑，支付补偿符合公平原则的。

① [德] C. W. 卡纳里斯. 德国商法. 杨继译. 北京：法律出版社，2006. 427 ~ 428
② 参见《德国商法典》第 87 条。
③ 参见《德国商法典》第 87d 条。

4. 留置权

代理商如果已经依商法的规定享有了某种请求权，则还享有以该请求权为基础的对特定物品的商事留置权。如《德国商法典》第 88a 条规定，在合同关系终止后，代理商只因其到期的佣金请求权和费用偿还请求权而对向其提供的文件享有依一般规定存在的留置权。并且规定代理商不得预先抛弃法定留置权。《日本商法典》第 51 条也规定，代理商于其因充任交易的代理或媒介而产生的债权已届清偿期时，在其未受清偿前，可以留置为本人占有的物或有价证券。但另有意思表示者，不在此限。

第五节　居间商

一、居间商的概念和特征

在大陆法系国家商法中，居间商是指为获取佣金而以从事契约缔结的媒介活动为营业的商事主体。

德国以商人身份对居间商进行规制。居间商被规定在《德国商法典》第 1 编“商人的身份”第 8 章“商事居间人”中，其第 93 条第 1 款规定：“未被他人依合同关系长期固定地委托而为他人承担有关商品、有价证券的购买或销售契约、保险契约、货物运输契约、船舶租赁契约，以及其他商事交易标的合同的媒介，并以此为营业的人，享有居间商的权利，并承担其义务。”需要说明的是，为了和代理商相区别，《德国商法典》的上述规定特别强调了居间商的消极条件，即“未被他人依合同关系长期固定地委托”从事媒介服务。代理商原则上不得以居间人的身份为另一方当事人进行交易媒介，因为这样的行为会违反他和其委托人的“紧密关系”，并且如果他和其委托人明确商议为居间行为的话，就此也不能获得佣金请求权。①

日本以商行为对居间营业进行规制。居间商被规定在《日本商法典》第 3 编“商行为”第 5 章“居间营业”中，其第 543 条规定：“所称居间人，指以充任他人之间商行为的媒介为业者。”

我国以商行为对居间合同进行规制。居间商被规定在我国《合同法》“分则”第 23 章“居间合同”中，其第 424 条规定：“居间合同是居间人向委托人报告订立合同的机会或者提供订立合同的媒介服务，委托人支付报酬的合同。”

居间商具有以下法律特征：

(1) 居间商是商人。商事居间人的企业依种类或范围不要求以商人方式进行经营的，如小营业经营者，也可以被看成是居间商。

(2) 居间商具有独立的身份和人格。

(3) 居间商以自己的名义独立从事中介营业活动。

---

① [德] C. W. 卡纳里斯. 德国商法. 杨继译. 北京：法律出版社，2006. 519～520

(4) 居间商营业的内容是媒介合同的订立。

居间商的任务只是缔约中介，仅仅是为缔约双方提供缔约信息和机会，居间商不以自己或他人的名义与第三人缔结契约，不直接介入缔约的任何一方，也不对契约的履行承担责任和义务，对于其所从事的媒介促成活动以及这种活动导致的结果不负有义务。①

二、居间商的义务

1. 不负有为当事人受领支付或其他给付的义务

《德国商法典》第 97 条和《日本商法典》第 544 条均规定了居间商就其媒介行为不负有为当事人受领支付或其他给付的义务。

2. 货样保管义务

《德国商法典》第 96 条和《日本商法典》第 545 条均规定了居间商的样品保管义务。当居间商就其媒介行为受领货样时，在媒介行为终结前，应对样品进行妥善保管。

3. 及时报告和通知的义务

《德国商法典》第 94 条和《日本商法典》第 546 条均规定了居间商就其媒介行为所负有的及时报告和通知的义务。我国《合同法》第 425 条第 1 款规定，居间人应当就有关订立合同的事项向委托人如实报告。

4. 损害赔偿义务

居间商在媒介行为中因其故意或过失给委托人造成损害时负有赔偿责任。《德国商法典》第 98 条规定，商事居间人对因其过失而发生的损害向双方当事人中的任何一方负责任。我国《合同法》第 425 条第 2 款规定，居间人故意隐瞒与订立合同有关的重要事实或者提供虚假情况，损害委托人利益的，不得要求支付报酬并应当承担损害赔偿责任。

5. 账簿登入和提供的义务

《德国商法典》第 100 条、第 101 条和《日本商法典》第 547 条均规定了居间商应将因其所进行的媒介行为而成立的一切交易登入商业账簿的义务，并负有随时依请求向各方当事人提供查阅和复制的义务。

三、居间商的权利

1. 报酬请求权

在商事居间中，只有当促成缔约双方当事人达成协议时，居间商才有权利获取佣金。居间人没有促成合同成立的，不得要求支付报酬。我国《合同法》第 426 条第 1 款规定："居间人促成合同成立的，委托人应当按照约定支付报酬。对居间人的报酬没有约定或者约定不明确，依照本法第六十一条的规定仍不能确定的，根据居间人的劳务合理确定。因居间人提供订立合同的媒介服务而促成合同成立的，由该合同的当事人平均

① 范健. 商法. 北京：高等教育出版社，2000. 32

负担居间人的报酬。”第 427 条规定：“居间人未促成合同成立的，不得要求支付报酬。”

2. 费用请求权

大陆法系国家商法一般规定，订约委托人除了在居间商履行了自己的中介活动并达到预期的法律结果后应当向居间商支付佣金外，不再负有向居间商支付其他费用补偿的义务。这一规定与大陆法系国家民法中关于民事居间人报酬请求权的规定不一样，也与我国《合同法》第 427 条关于居间人必要费用请求权的规定不一样。① 我国《合同法》第 426 条第 2 款规定：“居间人促成合同成立的，居间活动的费用，由居间人负担。”第 427 条规定：“居间人未促成合同成立的，不得要求支付报酬，但可以要求委托人支付从事居间活动支出的必要费用。”

第六节　行纪商

一、行纪商的概念和特征

大陆法系国家商法一般以商行为对行纪商进行规制。如《德国商法典》第 383 条规定：“行纪人是指以他人（委托人）的计算而以自己的名义承担商品或有价证券的购买或销售，并以此作为职业性经营的人。”《日本商法典》第 551 条规定：“所称行纪人，指以自己的名义为他人出卖或买入物品为业者。”我国《合同法》第 414 条规定：“行纪合同是行纪人以自己的名义为委托人从事贸易活动，委托人支付报酬的合同。”

大陆法系国家商法中，行纪商又称经纪人，是指行纪人以自己的名义受委托人的委托为了委托人的利益而为商行为从而获取佣金并以此为营业的商事主体。

行纪商具有以下法律特征：

(1) 行纪商是商人。行纪人的企业依种类或范围不要求以商人方式进行经营的，如小营业经营者，也可以被看成是行纪商。

(2) 行纪商具有独立的身份和人格。

(3) 行纪商必须以自己的名义为委托人实施交易行为。

与代理商一般以被代理人的名义从事商事行为不同，行纪商必须以自己的名义为委托人实施交易行为。但行纪商的行纪行为所产生的交易结果不是为行纪商本人，而是为了委托人。由于行纪商以自己的名义从事商事行为，因此，行纪商与第三人成为契约关系中的双方当事人，从而建立起行纪商与第三人之间直接的权利义务关系。第三人与委托人之间不是合同双方当事人，不存在直接的、当然的权利义务关系。但行纪行为之履行对委托人产生经济后果。而且，行纪商与第三人之间订立的契约以及因这种契约而产生的权利和义务，也可以由行纪人直接转让给委托人，并由委托人承担最后的交易结果。《日本商法典》第 552 条第 1 款规定，行纪人为他人进行的买卖，对相对人自得

① 范健. 商法. 北京：高等教育出版社，2000. 32

权利、自负义务。我国《合同法》第 421 条规定，行纪人与第三人订立合同的，行纪人对该合同直接享有权利、承担义务。

(4) 行纪商营业的内容是为委托人从事贸易活动。

二、行纪商的义务

1. 委托人利益最大化义务

行纪人应以委托人的利益为计算而从事代理活动。其在实行所承担的行为时，应维护委托人的利益。[①]《德国商法典》第 387 条规定，行纪人以比委托人向其指定的条件更有利益的条件成立行为的，利益属于委托人。特别是在行纪人出卖的价格超过委托人指定的最低价格时，或在其购买的价格低于委托人指定的最高价格时，适用此种规定。我国《合同法》第 418 条第 2 款规定，行纪人高于委托人指定的价格卖出或者低于委托人指定的价格买入的，可以按照约定增加报酬。没有约定或者约定不明确，依照本法第 61 条的规定仍不能确定的，该利益属于委托人。

2. 勤勉义务

行纪商应努力地为委托人成立交易。

3. 注意义务

行纪人有义务以通常商人的注意实行所承担的行为。行纪人必须按照惯常的方式、方法及通常的程序去为被代理人成立交易。

4. 及时报告及通知的义务

行纪人应向委托人进行必要的通知，特别是不迟延地通知任何行纪的实行。其有义务向委托人对行为进行报告。[②]

5. 依指示进行交易的义务

行纪人有义务遵从委托人的指示。[③]《德国商法典》第 385 条第 1 款规定，行纪人不依委托人的指示行为的，其对委托人负有赔偿损害的义务。我国《合同法》第 418 条第 3 款规定，委托人对价格有特别指示的，行纪人不得违背该指示卖出或者买入。

6. 交付行纪所得利益的义务

行纪人有义务向委托人交付其处理事务的所得。[④]我国《合同法》第 404 条规定，受托人处理委托事务取得的财产，应当转交给委托人。

7. 合同履行担保义务

行纪人对其行纪行为对委托人负有担保履行的义务。《日本商法典》第 553 条规定，对于行纪人为委托人进行的买卖，相对人不履行其债务时，行纪人应自己担负履行责任。但是，有另外意思表示或习惯时，不在此限。我国《合同法》第 421 条规定，

① 参见《德国商法典》第 384 条第 1 款。
② 参见《德国商法典》第 384 条第 2 款。
③ 参见《德国商法典》第 384 条第 1 款。
④ 参见《德国商法典》第 384 条第 2 款。

行纪人与第三人订立合同的，行纪人对该合同直接享有权利、承担义务。第三人不履行义务致使委托人受到损害的，行纪人应当承担损害赔偿责任，但行纪人与委托人另有约定的除外。

8. 损害赔偿义务

因行纪人的故意或过失行为导致委托人受到损害时，行纪人负有损害赔偿的责任。行纪人对在其保管之下的财产的丧失和毁损负责。我国《合同法》第416条规定，行纪人占有委托物的，应当妥善保管委托物。

三、行纪商的权利

1. 佣金请求权

行纪人完成或部分完成委托事务的即享有佣金请求权。行纪人即使没有完成委托任务，但如果为此进行了努力，付出了劳动，也可以按惯例享有佣金请求权。《德国商法典》第396条第1款规定，行为已经实行的，行纪人可以请求佣金；行为未实行的　以有地方惯例为限，其仍享有佣金请求权；其所成立的行为仅因委托人身上的事由而未实行的，其也可以请求佣金。我国《合同法》第422条规定，行纪人完成或者部分完成委托事务的，委托人应当向其支付相应的报酬。

2. 费用偿还请求权

一般来说，行纪人不能请求处理委托事务所支付的费用，但是如果行纪人专为处理委托事务支出了必要的费用，则可以请求相关的费用。《德国商法典》第396条第2款规定，依民法典的规定，受任人以处理委任事务为目的支出费用，而此种费用其依情形可以认为为必要的，委任人有义务偿还。委托人应偿还行纪人的费用，也包括使用行纪人的仓库和运输工具的报酬。我国《合同法》第415条规定，行纪人处理委托事务支出的费用，由行纪人负担，但当事人另有约定的除外。

3. 行纪人介入权

在不违反委托人利益最大化原则的前提下，行纪人可以行使介入权作为买受人或者出卖人来实现委托任务，此时行纪人直接与委托人进行交易，成为直接的合同相对人。《德国商法典》第400条第1款规定，买入或卖出有交易所价格或市价的商品的行纪，以及买入或卖出由官方确认交易所价格或市价的有价证券的行纪，以委托人无其他指定为限，可以由行纪人以其自己作为卖出人交付其应买入的财产或自己作为买入人承担其应卖出的财产的方式实行。《日本商法典》第555条第1款规定，行纪人受托出卖或买入有交易所市价的物品时，可以自为买受人或出卖人，于此情形，买卖价金以行纪人发其自为买受人或出卖人的通知时的交易所市价确定。我国《合同法》第419条规定，行纪人卖出或者买入具有市场定价的商品，除委托人有相反的意思表示的以外，行纪人自己可以作为买受人或者出卖人。

4. 行纪人质权

为了鼓励行纪人努力为委托人处理委托事务，保证行纪人为实现行纪行为所支出的费用得到偿还及取得佣金，德国商法还赋予了行纪人对行纪财产享有质权。《德国商法典》第397条规定，以行纪人占有行纪财产，特别是可以借助于海运提单、提单或仓单对此进行处分为限，行纪人因就财产所支出的费用、佣金，就财产所给予的预付和借贷，考虑到财产所签署的票据，或以其他方式所承担的债务，以及因由行纪行为中的继续计算产生的一切债权，而对行纪财产享有质权。

5. 行纪人留置权

行纪人作为代理商，同样可以适用有关代理商留置权的规定。《日本商法典》第557条规定，行纪人留置权适用商法典有关代理商留置权的规定。我国《合同法》第422条规定，委托人逾期不支付报酬的，行纪人对委托物享有留置权，但当事人另有约定的除外。

第七节 特许经营商

一、特许经营商的概念和特征

德国学者依本国法律及通过对相关概念的比较，将特许经营商尝试定义为：特许经营商是指受另一企业主长期委托，以自己的名义并为自己的利益向市场供应产品（货物、服务和其他）的独立企业主，为此他在特许经营集团的统一形象构成的范围内（特别是利用统一的标志、象征等）有权使用特许经营许可人的方案，并且有义务使用和推广之，而且必须为此支付费用。①

我国2007年国务院颁布的《商业特许经营管理条例》第3条对商业特许经营行为进行了界定。商业特许经营（简称特许经营），是指拥有注册商标、企业标志、专利、专有技术等经营资源的企业（特许人），以合同形式将其拥有的经营资源许可其他经营者（被特许人，即特许经营商）使用，被特许人按照合同约定在统一的经营模式下开展经营，并向特许人支付特许经营费用的经营活动。

由于特许经营商对特许人的产品（货物、服务和其他）负有商业推广的义务，特许人由此可以将其产品在更广阔的范围内进行销售，大大提高了其产品的市场占有率，并通过向特许经营商收取费用而扩大其经营收入，所以可以将特许经营商列入商事代理的范畴。特许经营商最典型的例子之一是麦当劳餐厅。

特许经营商的法律特征主要有：

（1）特许经营商是独立的商人。

（2）特许经营商以自己的名义为自己的利益开展经营活动，以区别于行纪商。

（3）特许经营商以特许人统一的营销模式和体系对外开展经营，包括统一的内部管理、营销手段、质量控制、店铺标志标识等，以实现经营的规范性、一致性，以维护品牌形象。

① ［德］C. W. 卡纳里斯. 德国商法. 杨继译. 北京：法律出版社，2006. 494～495

(4) 特许经营商向特许人支付特许经营费用。特许人所拥有的经营资源是在较长时间的开发、积累中形成的，是一种具有商业价值的无形资产。特许经营商经特许人许可使用这些经营资源于营业活动中，当然应当支付相应的费用。支付费用的种类、数额以及支付方式，由双方当事人在合同中约定。

二、特许人的资格

(1) 特许人必须是企业法人。企业以外的其他单位和个人不得作为特许人从事特许经营活动。

(2) 特许人必须拥有相应的特许经营资源。特许人应拥有实施特许经营的注册商标、企业标志、专利、专有技术或者经营模式等特许经营资源。

(3) 特许人必须具有相应的特许能力。特许人从事特许经营活动应当拥有成熟的经营模式，并具备为被特许人持续提供经营指导、技术支持和业务培训等服务的能力。特许人从事特许经营活动应当拥有至少2个直营店，并且经营时间超过1年。

三、特许人的义务

1. 质量、标准担保义务

特许人提供的特许经营的产品或者服务的质量、标准应当符合法律、行政法规和国家有关规定的要求。

2. 持续经营指导、技术支持、业务培训义务

特许人应当向被特许人提供特许经营操作手册，并按照约定的内容和方式为被特许人持续提供经营指导、技术支持、业务培训等服务。

3. 信息披露义务

特许人向被特许人收取的推广、宣传费用，应当按照合同约定的用途使用。推广、宣传费用的使用情况应当及时向被特许人披露。特许人向被特许人提供的信息应当真实、准确、完整，不得隐瞒有关信息，或者提供虚假信息。特许人向被特许人提供的信息发生重大变更的，应当及时通知被特许人。特许人隐瞒有关信息或者提供虚假信息的，被特许人可以解除特许经营合同。

四、特许经营商的义务

1. 产品或者服务的维护和推广义务

特许经营商应当按照特许经营合同的要求在统一的经营模式下开展经营，保证其所提供的产品或者服务的质量和标准达到特许人的要求，以维护统一的企业形象。特许人应对被特许人的经营活动进行指导、监督。特许经营商未经特许人同意，不得向他人转让特许经营权。

2. 保守商业秘密义务

被特许人不得向他人泄露或者允许他人使用其所掌握的特许人的商业秘密。

3. 支付许可费义务

特许经营商应当按特许经营合同的约定向特许人支付许可使用费。

案例分析

【案情】

英华物业顾问有限公司（以下简称英华公司）与银发房地产开发有限公司（以下简称银发公司）签订了一份物业出租委托代理协议。双方约定，银发公司委托英华公司代理出租由银发公司开发的银发大厦，凡由英华公司联络的客户，均由银发公司予以确认。若最终成交，则以该客户一个月的房租作为报酬付给英华公司。

签约后，英华公司即开始积极活动，寻找客户。不久就遇到一家销售高档家具的厂家，准备租下银发大厦一层作为店面，月租金高达 8 万元。英华公司将该客户介绍给银发公司，银发公司出具了确认书。

接下来，银发公司与客户直接联系，开始谈判。这时，公司内部就有人觉得英华公司的钱挣得太容易，并且现在客户已经联系好，想将英华公司一脚踢开。于是，银发公司以书面形式通知英华公司，解除委托代理合同。一个月后，他们与客户正式签约，而报酬则分文不给英华公司。英华公司找到银发公司，银发公司答复说，我们是与你们解约后才定的合同，同你们已经没有关系了，凭什么还要给你们钱？英华公司无言以对，遂找律师咨询。[①]

【解析】

本案的关键是要明确双方当事人之间签订的物业出租委托代理协议的性质。银发公司认为“物业出租委托代理协议”显然是一种委托合同，其与英华公司之间是委托人与被委托人、代理人与被代理人之间的关系。银发公司既然可以通过委托合同赋予英华公司代理权限，当然也可以通过解除委托合同撤销此代理权限，天经地义、合法合理。而英华公司由于不明所以，所以苦无对策。

本案中双方当事人所签协议虽然标题为委托代理协议，但从合同约定的内容来看，实质上是一种居间合同。我国《合同法》第 21 章和第 23 章分别规定了委托合同和居间合同。其第 396 条规定，委托合同是委托人和受托人约定，由受托人处理委托人事务的合同。我国《合同法》上所规定的委托合同一般要求受托人以委托人的名义和费用，为委托人办理委托事务，委托人按约定支付报酬。《合同法》第 402 条和第 403 条规定了委托人也可以自己的名义与第三人订立合同，但同时规定了委托人的介入权和第三

① 郭玉涛. 从案例看物业代理合同的性质. http://www.lawyer-guo.com/list_detail.asp?news_id=555. 2007-08-01

人的选择权。[①]《合同法》第424条规定，居间合同是居间人向委托人报告订立合同的机会或者提供订立合同的媒介服务，委托人支付报酬的合同。结合本案情况来看，英华公司是处于居间人的法律地位的。《合同法》第426条规定，居间人促成合同成立的，委托人应当按照规定支付报酬。可见，居间人在居间合同生效期间，只要完成"促成"行为，就算履行了合同义务，就应该得到报酬。至于委托人与第三人签订合同是在居间合同生效期内还是生效期外，法律并无特别要求。

①《合同法》第402条："受托人以自己的名义，在委托人的授权范围内与第三人订立的合同，第三人在订立合同时知道受托人与委托人之间的代理关系的，该合同直接约束委托人和第三人，但有确切证据证明该合同只约束受托人和第三人的除外。"

第403条："受托人以自己的名义与第三人订立合同时，第三人不知道受托人与委托人之间的代理关系的，受托人因第三人的原因对委托人不履行义务，受托人应当向委托人披露第三人，委托人因此可以行使受托人对第三人的权利，但第三人与受托人订立合同时如果知道该委托人就不会订立合同的除外。

受托人因委托人的原因对第三人不履行义务，受托人应当向第三人披露委托人，第三人因此可以选择受托人或者委托人作为相对人主张其权利，但第三人不得变更选定的相对人。

委托人行使受托人对第三人的权利的，第三人可以向委托人主张其对受托人的抗辩。第三人选定委托人作为其相对人的，委托人可以向第三人主张其对受托人的抗辩以及受托人对第三人的抗辩。"

第六章　商号

本章要求重点理解和掌握商号与商号权的概念和特征、商号的选用原则及商号登记的效力；了解商号的意义、商号的构成规则和取得方式、商号权的法律性质与权能。难点是商号的选用原则及商号登记的效力。目前关于商号权与相关权利的冲突与解决是理论和实践中的热点问题，特别是商号权与域名、通用网址之间的冲突与解决是随着信息技术的发展引发出的新问题。

第一节　商号的概念与意义

一、商号的概念

商号是商主体即商人在经营营业时用来表彰自己独立法律人格的名称。商号又称商业名称。在英美法上，商业名称称为“business name”、“trade name”或“commercial name”。在我国商业传统上，商号又称字号。由于我国大陆在改革开放之前没有商制定法传统，在商业习惯法上，字号一般多指以个人、合伙或家庭、家族形式进行商业经营的场合，并反映在我国改革开放初期的立法中。如我国1986年的《民法通则》第26条规定：“公民在法律允许的范围内，依法经核准登记，从事工商业经营的，为个体工商户。个体工商户可以起字号。”第33条规定：“个人合伙可以起字号，依法经核准登记，在核准登记的经营范围内从事经营。”在商主体以企业法人形式进行经营时，商号一般称为企业名称、厂商名称、公司名称等。如《民法通则》第37条规定，法人应当具备下列条件：①依法成立；②有必要的财产或者经费；③有自己的名称、组织机构和场所；④能够独立承担民事责任。

需要指出的是，我国学理与立法上对商号、字号与企业名称是否属同一概念的理解是有差异的。学理上一般认为商号包括企业名称。但我国立法上则将商号或字号作为企业名称的组成部分。1991年国家工商行政管理局颁布的《企业名称登记管理规定》第7条规定：“企业名称应当由以下部分依次组成：字号（或者商号，下同）、行业或者经营特点、组织形式。”值得注意的是，国家工商行政管理总局2004年修订《企业名称登记管理实施办法》时，不再将字号等同于商号，而仅将字号作为企业名称的组成部分。其第 9 条规定："企业名称应当由行政区划、字号、行业、组织形式依次组成，法律、行政法规和本办法另有规定的除外。"第 14 条规定："企业名称中的字号应当由 2 个以上的字组成。"可见，我国立法已开始接受学理上用商号统称各类商主体的名称，并注意到在立法上与之保持一致。

二、商号的意义

商号是一种特殊的权利和市场资源。商号体现着商业主体的活动地域、营业特征，同时负载着商业主体的商誉。它作为一种商法上的权利，是商业主体重要的无形资产，代表着企业的形象，具有重大的经济价值，可以被转让，也可以用于投资。对于商业主体来说，商号是商业主体在营业及其他对外活动中表彰自己的重要手段，同时也是商业主体财产权的重要部分。

（1）商号仅限于商主体使用。商号是商人依商法所享有的专用名号，只有商人才能依商法取得和使用商号，非商人不能取得和使用商号，而只能取得和使用民事姓名或其他社团组织名称。如自然人可以使用"姓名"，其他社会团体组织可以使用其他相关法律规定的"名称"。

（2）商号仅限于营业上使用。同一名称在不同的场合使用可以产生不同的法律效果。商人在为商行为时只能使用其商号，而不能使用其他名称，也不能使用其商号从事民事行为。在以自然人姓名作为商号时，特别是在商人为商个人和商合伙时，在区分个人的民事行为和商人的商行为时此限定尤为重要。

（3）商号使用的目的在于区分同类营业的经营者生产的产品或提供的服务，便于交易对方或消费者进行辨别和选择。商号是区别此商主体与彼商主体的外在标志。特别是在经营同类营业的商主体之间，商号是商主体在市场竞争中重要的个性识别符号。商号便于客户进行选择和判断，从而确定交易对象。

（4）商号使用的后果在于明确法律权利和义务的承受者，能以商号名义起诉和应诉。商人只能以商号的名义行使法律权利、承担法律义务，也只能以商号的名义起诉和应诉。商号的使用可以有效地认定从事商行为的行为人，特别是在区分个人与家庭、合伙组织与合伙人、企业与出资人、公司与投资者等的权利义务中具有重要意义。有人认为，商号仅仅是一个名称，这个名称本身不是法律上权利义务的承担者，不等于承担权利义务的行为人。[①]这种观点是值得商榷的。

三、商号的法律规制体系

商事活动的广泛性和复杂性，决定了调整商号及商号权的法律规范分布于众多法律

① 范健，王建文. 商法基础理论专题研究. 北京：高等教育出版社，2005. 254
范健，王建文. 商法学. 北京：法律出版社，2007.63

文件中。在我国，涉及商号法律规范的法律文件主要有《民法通则》、《企业法人登记管理办法》、《公司登记管理条例》、《个人独资企业登记管理办法》、《合伙企业登记管理办法》、《企业名称登记管理规定》、《企业名称登记管理实施办法》、《中华人民共和国商标法》（以下简称《商标法》）、《关于解决商标与企业名称中若干问题的意见》、《中华人民共和国反不正当竞争法》（以下简称《反不正当竞争法》）、《中华人民共和国产品质量法》（以下简称《产品质量法》）、《中华人民共和国消费者权益保护法》（以下简称《消费者权益保护法》）、《中国互联网络信息中心域名争议解决办法》、《通用网址争议解决办法》等。我国一些地方法规也有涉及商号的规范，如上海市人民代表大会常务委员会 2005 年 6 月 16 日制定的《上海市企业名称登记管理规定》等。另外，我国加入的一些国际条约中也有关于商号的法律规范，如《保护工业产权巴黎公约》等。

第二节　商号的选用与取得

一、商号的选用原则

1. 一商一号原则

一商一号原则又称一主体一名称原则或商号单一性原则，是指一个商主体只能使用一个商号，不允许一个商主体同时使用两个或两个以上的商号。但是，在确有特殊需要的情形下，商主体在经核准后可以在规定的范围内使用一个从属名称。例如我国《企业名称登记管理规定》第 6 条规定："企业只准使用一个名称，在登记主管机关辖区内不得与已登记注册的同行业企业名称相同或者近似。确有特殊需要的，经省级以上登记主管机关核准，企业可以在规定的范围内使用一个从属名称。"

2. 商号真实原则

商号真实原则又称商号严格主义或真实主义，是与商号自由原则相对应的一种立法原则，其含义是指商号必须真实地反映经营者身份、营业内容等内容。如果商主体选定的商号与其名称或者营业内容不相一致，均不予承认，且无法转让或者继承。法国、瑞士与拉美的许多国家均采取此种立法主义。①

3. 商号自由原则

商号自由原则又称商号自由主义，是与商号真实原则相对应的一种立法原则，其含义是指商号可以不必反映经营者身份、营业内容等内容。采用此种立法主义的国家包括日本、韩国、我国台湾地区及英美法国家。但是，此原则并非绝对，仍然受到一定的限制。例如，《日本商法典》第 17 条规定，公司的商号，应按照其种类，使用无限公

① 赵中孚. 商法总论（第二版）. 北京：中国人民大学出版社，2003.218

司、两合公司或股份公司字样。[①]实际上，不论是严格主义还是自由主义的立法例 在选择商号时都享有一定的自由，同时受到一定的限制，其实际差别并不是很大。

4. 商人种类区分原则

商人种类区分原则是指商号应当表明商人的类型。如一般合伙组织，其商号中应当使用“一般合伙”字样；有限合伙组织，其商号中应当使用“有限合伙”字样。我国2006年修订的《合伙企业法》第15条规定，合伙企业名称中应当标明“普通合伙”字样；第62条规定，有限合伙企业名称中应当标明“有限合伙”字样。公司名称中必须标明公司的种类，例如，我国2005年修订的《公司法》第8条规定，依照本法设立的有限责任公司，必须在公司名称中标明有限责任公司或者有限公司字样；依照本法设立的股份有限公司，必须在公司名称中标明股份有限公司或者股份公司字样。

5. 特种营业公示原则

特种营业公示原则是指经营特种营业的商主体必须在其商号中标明其所从事的特种营业，非经营该特种营业的商主体不能在其商号中标明该特种营业。在实行国家限制经营和实行国家专营的行业如军工、食盐、烟草等，及国家特许经营的行业如银行业、保险业、证券业、信托业等中，商号中应当标明相关营业种类名称。

我国在商号的选定问题上奉行何种立法主义，法律没有明文规定，学者之间也观点不一。我们认为上述五个原则在我国立法中均有体现，只不过我国更加强调商号真实原则而已。如我国《企业名称登记管理规定》第14条规定，企业设立分支机构的，企业及其分支机构的企业名称应当符合下列规定：①在企业名称中使用“总”字的，必须下设三个以上分支机构；②不能独立承担民事责任的分支机构，其企业名称应当冠以其所从属企业的名称，缀以“分公司”、“分厂”、“分店”等字词，并标明该分支机构的行业和所在地行政区划名称或者地名，但其行业与其所从属的企业一致的，可以从略；③能够独立承担民事责任的分支机构，应当使用独立的企业名称，并可以使用其所从属企业的企业名称中的字号；④能够独立承担民事责任的分支机构再设立分支机构的，所设立的分支机构不得在其企业名称中使用总机构的名称。第15条规定，联营企业的企业名称可以使用联营成员的字号，但不得使用联营成员的企业名称。联营企业应当在其企业名称中标明“联营”或者“联合”字词。

二、商号的构成规则

商号的构成是指商号应当由哪些要素组成。根据我国《企业名称登记管理规定》第7条的规定，在我国，商号必须具备下列几个要素：

第一，地名。

除法律法规另有规定外，企业名称中应当冠以所在地县级以上行政区划的名称或地名，除了全国性公司、国务院或其授权的机关批准的大型进出口企业、国务院或其授权的机关批准的大型企业集团及国家工商行政管理局规定的其他企业以外，在企业名称中

① 赵旭东. 商法学教程. 北京：中国政法大学出版社，2004.66

不得使用“中国”、“中华”或者冠以“国际”字词。

第二，字号。

字号是商号中的核心要素，同时也是商号中商人唯一可以自己创设的要素。[①]

字号应当符合下列三个要件：①字号应当由两个以上的字组成。②字号应当具有显著特征。③不得违反禁止性规定。这一要件是字号的消极要件。《企业名称登记管理规定》第9条规定，企业名称不得含有下列内容和文字：①有损于国家、社会公共利益的；②可能对公众造成欺骗或者误解的；③外国国家（地区）名称、国际组织名称；④政党名称、党政军机关名称、群众组织名称、社会团体名称及部队番号；⑤汉语拼音字母（外文名称中使用的除外）、数字；⑥其他法律、行政法规规定禁止的。这些禁止性规定实际上是对字号的要求。

第三，行业或经营特点。

行业是商业主体经营活动所属的国民经济的工业或者商业的类别。商业主体应当根据其主营业务及国家行业分类标准，在企业名称中标明所属行业或经营特点。

第四，组织形式。

组织形式反映了商业主体的组织结构和责任形式。对交易相对人组织形式的了解，对商业主体从事交易活动意义重大。商业主体应当将自己所采用的组织形式在商号中标明。

三、商号的取得方式

商主体一般通过登记而取得商号，商号的所有人通过登记取得对商号的专用权。国家只对通过登记而取得的商号予以保护。我国《企业名称登记管理规定》第3条规定：“企业名称在企业申请登记时，由企业名称的登记主管机关核定。企业名称经核准登记注册后方可使用，在规定的范围内享有专用权。”因此，我国商号的取得必须经过登记，这是取得商号权的唯一途径。

商号的登记是指商业主体将其选定的商号依照法定程序，在登记机关办理注册手续。商号的登记是取得商号专用权的法定条件。商号一经登记，即受法律保护，其他商业主体负有不侵犯其商号权的法律义务。此外，商号经登记而公示，也有利于维护交易安全和交易秩序。

商号登记可以分为下列类型：

（1）商号的创设登记。商业主体创立登记时，必须对商号进行登记，此时的登记即为商号的创设登记。

（2）商号的变更登记。商业主体创立后，在存续期间内，如果对商号进行了变更，就必须进行变更登记。只有进行了变更登记，商业主体才对该新的商号享有专用权。否则，不得对抗善意第三人。

（3）商号的转让登记。《企业名称登记管理规定》第23条规定，企业名称可以随

---

① 赵旭东. 商法学教程. 北京：中国政法大学出版社，2004.66

企业或者企业的一部分一并转让，应当报原登记主管机关核准。受让人只有在进行了登记之后，才能取得该商号的专用权。

(4) 商号废止登记。当商业主体决定终止营业而进行注销登记时，其商号会被注销，即意味着该商号被废止。[①]

(5) 商号撤销登记。当法定事由发生时，主管机关有权依法撤销商业主体的营业登记。此时，商号随商主体的撤销而撤销。

(6) 商号继承登记。当商主体因业主死亡由继承人继承其营业继续进行经营或企业合并或分立时均将导致商号随商主体的继承而发生继承。此时，只有履行相应的继承登记手续，商号才发生继承的效力。

四、商号登记的效力

商号一经登记，商业主体就取得了该商号的专用权，从而发生下列三个方面的效力：

(1) 创设效力。商号因登记而取得法定的专用权，商号不经登记的，该商号仅为事实上的商号，不取得商号专用权，不受法律保护。《企业名称登记管理规定》还规定了商号预登记制度。取得预登记的企业名称在保留期内享有优先权。《企业名称登记管理规定》第 16 条规定，企业有特殊原因的，可以在开业登记前预先单独申请企业名称登记注册。登记主管机关核准预先单独申请登记注册的企业名称后，核发《企业名称登记证书》。第 19 条规定，预先单独申请登记注册的企业名称经核准后，保留期为 1 年。经批准有筹建期的，企业名称保留到筹建期终止。在保留期内不得用于从事生产经营活动。保留期届满不办理企业开业登记的，其企业名称自动失效，企业应当在期限届满之日起 10 日内将《企业名称登记证书》交回登记主管机关。

(2) 排他效力。所谓排他效力，是指商业主体取得商号权，就取得了在一定地域范围内排除他人登记和使用与该商号相同或者相类似的商号的权利。非经商号所有人许可而假冒、使用其商号的行为即为侵权行为，侵权人应承担相应的法律责任。《企业名称登记管理规定》第 25 条规定，两个以上的企业因已登记注册的企业名称相同或者近似而发生争议时，登记主管机关依照注册在先原则处理，从而确认了商号登记的排他效力。[②]

(3) 救济效力。商业主体经登记而取得商号的专用权，如果其他商业主体侵犯其专用权，所有人可以请求其停止侵害，如造成损失，并可以要求赔偿损失。[③]《企业名称登记管理规定》第 27 条规定，擅自使用他人已经登记注册的企业名称或者有其他侵犯他人企业名称专用权行为的，被侵权人可以向侵权人所在地登记主管机关要求处理。登记主管机关有权责令侵权人停止侵权行为，赔偿被侵权人因该侵权行为所遭受的损失，

---

① 赵中孚. 商法总论（第二版）. 北京：中国人民大学出版社，2003.220
赵旭东. 商法学教程. 北京：中国政法大学出版社，2004.67

② 赵中孚. 商法总论（第二版）. 北京：中国人民大学出版社，2003.222
赵旭东. 商法学教程. 北京：中国政法大学出版社，2004.67

③ 赵中孚. 商法总论（第二版）. 北京：中国人民大学出版社，2003.222~223
赵旭东. 商法学教程. 北京：中国政法大学出版社，2004.67~68

没收非法所得并处以五千元以上、五万元以下罚款。对侵犯他人企业名称专用权的，被侵权人也可以直接向人民法院起诉。

第三节 商号权

一、商号权的概念和特征

商号权，也称为商号专用权，是商事主体基于商号登记而取得的，对其登记注册的商号所享有的排他性专有使用权。商号权兼具人格权和财产权的双重属性。一方面，商号依附于商事主体而存在，自身不能单独存在，因此具有人格权的性质；另一方面，商号具有财产价值，可以许可他人使用，可以转让，又具有财产权的性质。

商号权是知识产权的一种，具有工业产权的一般特征，同时也与工业产权存在差别。商号权有以下特征：

(1) 地域性。各国法律普遍规定，商号权的效力只及于一定的地域范围内。一般只在其登记机关的辖区范围内有效，超出该区域的范围，商号权就不受保护。《企业法人登记管理条例》第10条规定："企业法人只准使用一个名称。企业法人申请登记注册的名称由登记主管机关核定，经核准登记注册后在规定的范围内享有专用权。"《企业名称登记管理规定》第6条规定，企业只准使用一个名称，在登记主管机关辖区内不得与已登记注册的同行业企业名称相同或者近似。

(2) 公开性。商号权经登记才能取得，而登记是公示的一种方式，因此，商号具有公开性。同时也必须经过公开，商号才能为公众知晓。商号的创设、变更、废止、转让和继承都应当进行登记，否则，不发生对外效力。

(3) 可转让性。商号权具有财产权的性质，因此商号权可以转让和继承。我国规定商号可以自由转让，但也有一些国家对商号转让作了限制。

(4) 终身性。商号无时间上的限制，只有在商号所有人营业终止并未转让商号的情况下，商号才绝对终止，而专利权、商标权等工业产权均有一定的时间性。

二、商号权的法律性质

关于商号权的法律性质主要有以下几种学说：

1. 人格权说

商号人格权说认为，商号权目的在于区别不同的商事主体，是商事主体存在的基础，是法律赋予商事主体本身固有的权利，与公民的姓名权性质相同，都属于人格权。商号权是专用权，其功能在于排除他人妨碍和侵害，与财产权没有直接关系，只能划为人身权范畴。

2. 财产权说

商号财产权说认为，商号权是专用权，与商事主体的商事信誉密切相关，其核心就是商事信誉，而信誉，在大陆法系国家，属于商业资产范畴，因此，商号权是财产权的一种。商号权不仅可以给权利人带来直接的经济利益，而且可以转让和继承，而属于人格权的公民姓名权是不能作为转让或继承的标的的，因此商号权应属于无形财产权的一种，而不能属于人格权。

3. 综合权说

商号综合权说认为，人格权说和财产权说都只能从一个侧面反映出商号权的部分本质属性，而不能反映其全貌，故两者都存在一定的片面性。而只有将人格权说和财产权说综合起来才能全面准确地解释商号权的本质特征。

三、商号权的权能

商号权包括下列几个方面的权能：

1. 专有使用权

商号的所有人经登记后取得该商号的专有使用权，只有所有人有权使用，其他任何人都不得使用与该商号相同或者相似的商号。这是商号权的首要权能，也是商号权的核心内容。

2. 许可使用权

商号权人有许可他人使用其商号的权利，即可以"出借"或"出租"其商号的使用权。由于商人所具有的营业属性，商号的出借一般要收取一定的费用，故出租比出借更能体现商法的特征。

3. 商号变更权

各国立法都允许商号的变更，只要拟变更的商号符合法律规定的条件即可，但须进行变更登记才能发生效力。

4. 商号转让权

商号转让权是商号财产权属性的反映。如前所述，商号权人可以转让其商号，但多数国家规定商号不得脱离营业而单独转让。《德国商法典》第 23 条规定，商号不得与使用此商号的营业分离而让与。《日本商法典》第 24 条第 1 款规定，商号只能和营业一起让与或在废止营业时转让。《韩国商法》第 25 条也规定，商号只有在废止营业时，或者和营业一并进行时，方可转让。我国《企业名称登记管理规定》第 23 条规定，企业名称可以随企业或者企业的一部分一并转让。企业名称只能转让给一户企业。企业名称的转让方与受让方应当签订书面合同或者协议，报原登记主管机关核准。企业名称转让后，转让方不得继续使用已转让的企业名称。

四、商号权的法律保护

商号所有人取得商号权后，法律必须对其给予保护，否则商号权就会名存实亡。因此，各国都有对商号保护的法律规定。

侵犯商号权的主要方式是擅自使用他人的商号，或者使用与该商号相近似的商号，从而使公众误认为就是该商号。因此，法律对于商号权的保护主要体现在两个方面：①同一商号登记的排除。在商号的登记机关辖区内，不得再登记与已登记的同行业商号相同或者近似的商号。②同一商号或类似商号使用的排除。未经商号权人许可，擅自使用他人商号或者使用类似商号的，为侵权行为，商号权人可以请求停止侵害，并赔偿损失。同时，也可依据反不正当竞争法的规定，请求行为人赔偿损失。

保护商号权的立法模式在各国并不统一。一般而言，同时适用多种法律规范，如民法、商法、反不正当竞争法及专门法。我国对于商号权的保护没有专门的法律，目前我国可以适用的法律主要包括《民法通则》、《公司法》、《企业法人登记管理条例》及《企业名称登记管理规定》。如《民法通则》第 120 条规定，法人的名称权受到侵害的，有权要求停止侵害，恢复名誉，消除影响，赔礼道歉，并可以要求赔偿损失。《企业法人登记管理规定》第 27 条规定，擅自使用他人已经注册的企业名称或者有其他侵犯他人企业名称专用权行为的，被侵权人可以向侵权人所在地登记主管机关要求处理。登记主管机关有权责令侵权人停止侵权行为，赔偿被侵权人所遭受的损失，没收非法所得并处以五千元以上、五万元以下罚款；对侵犯他人企业名称专用权的，被侵权人也可以直接向人民法院起诉。

此外，国际上还存在保护商号的国际公约，其中最主要的是《巴黎公约》。该公约第 1 条、第 8 条、第 9 条、第 10 条中均规定了对商号的保护。①

第四节　商号权与相关权利的冲突与解决

一、商号权与商号权之间的冲突与解决

商号权与商号权之间的权利冲突的主要表现形式有三种：第一种是同一行政区域内不同行业的商号相同。如重庆市有“嘉陵”商号 1 133 家、“长安”商号 67 家，上海市有“东方”商号 1 000 多家，涉及多个不同行业。第二种是不同行政区域内不同行业的商号相同。第三种是不同行政区域内相同行业的商号相同。由于我国商号构成包括行业种类或经营特点，只要交易对方及消费者认真辨认，还是可以鉴别的。前两种形式的冲突所带来的危害及对其他商号的负面冲击比较有限。第三种形式的冲突最为普遍，其危害也最大。如在我国，以“冠生园”为商号的月饼生产企业遍及全国各大城市，共有几十家。“冠生园”商号于 1918 年创立于上海。1956 年冠生园进行公私合营，上海总部一分为三，其在全国各地的分店都各自独立并改由各地管理，与上海冠生园不再保持生产经营及管理上的关系。2001 年南京冠生园陈馅月饼事件发生后，以“冠生园”冠名的

---

① 赵旭东. 商法学教程. 北京：中国政法大学出版社，2004.69

上海、天津、昆明、贵州、成都、武汉等地的几十家月饼生产企业都受到直接冲击。其中，上海冠生园集团下属有 30 多家冠生园公司，其遭受的打击最为惨重。其直接经济损失将近 1 000 万元。

上述冲突产生的直接原因是我国商号实行分级登记体制。在一定行政区域内如在省级行政区域范围内实行单一商号登记体制可以有效地解决这一问题。

另外一种有效的解决办法是通过确认驰名商号的方式来减少商号的重复使用。如浙江省工商行政管理局于 2003 年 3 月 27 日颁布的《浙江省知名商号认定暂行办法》第 3 条第 1 款规定，浙江省知名商号在全省范围内受保护，未经其所有人同意，其他企业不得使用相同或相近的字词作商号。

第三种办法是通过从严解释“名称相同”和“名称近似”以尽量减少冲突。如《上海市企业名称登记管理规定》第 5 条规定，申请登记注册的企业名称应当便于识别，不得与已在登记机关登记注册的同行业企业名称相同或者近似。本条第 1 款所称企业名称相同，是指申请人申请的企业名称与已在登记机关登记注册的企业名称完全一致。本条第 1 款所称企业名称近似，是指申请人申请的企业名称与已在登记机关登记注册的企业名称存在下列情形：①企业名称均含行业表述，字号相同，行业表述文字相同，但组织形式不同的；②企业名称均含行业表述，字号相同，行业表述文字不同但含义相同的；③企业名称均含行业表述，字号的字音相同且字形相似，行业表述文字相同或者含义相同的；④企业名称均不含行业表述，字号相同，但组织形式不同的；⑤企业名称均不含行业表述，字号的字音相同且字形相似的。

我国目前处理商号权与商号权之间的冲突的原则主要有：

(1) 申请在先原则。《企业名称登记管理规定》第 24 条第 1 款规定，两个以上企业向同一登记主管机关申请相同的符合规定的企业名称，登记主管机关依照申请在先原则核定。属于同一天申请的，应当由企业协商解决；协商不成的，由登记主管机关作出裁决。

(2) 受理在先原则。《企业名称登记管理规定》第 24 条第 2 款规定，两个以上企业向不同登记主管机关申请相同的企业名称，登记主管机关依照受理在先原则核定。属于同一天受理的，应当由企业协商解决；协商不成的，由各该登记主管机关报共同的上级登记主管机关作出裁决。

(3) 注册在先原则。《企业名称登记管理规定》第 25 条第 1 款规定，两个以上的企业因已登记注册的企业名称相同或者近似而发生争议时，登记主管机关依照注册在先原则处理。

(4) 国际条约优先原则。《企业名称登记管理规定》第 25 条第 2 款规定，中国企业的企业名称与外国（地区）企业的企业名称在中国境内发生争议并向登记主管机关申请裁决时，由国家工商行政管理局依据我国缔结或者参加的国际条约的规定的原则或者本规定处理。

二、商号权与商标权之间的冲突与解决

1. 商号权与商标权的区别

(1) 时间性。商号权没有时间限制；商标权则有严格的时间限制。

(2) 地域性。商号权有严格的地域限制；商标权的保护可以打破地域限制。

2. 商号权与商标权之间的权利冲突的主要表现形式

商号权与商标权之间的权利冲突的主要表现形式有两种：第一种是先注册的商标与后登记的商号之间的权利冲突；第二种是先登记的商号与后注册的商标之间的权利冲突。

3. 商号权与商标权之间的权利冲突产生的主要原因

商号权与商标权之间的权利冲突产生的主要原因有：

(1) 商号权与商标权虽然分别依性质不同的法律规范产生，是两种性质不同的权利，但其权利的客体却具有同一性。商号与商标都是区别不同生产者或经营者所生产或经营商品的标记。商号与商标都是一定对象的标识，都具有一定的区别功能，很多时候商号如企业名称中的字号本身就是商标，大众对于商标的认识经常不可避免地和企业名称联系在一起，可见它们之间关系密切。如青岛海尔股份有限公司，其商号中的核心要素即字号是“海尔”，商标也是“海尔”，还有青岛啤酒股份有限公司、IBM 公司、可口可乐公司，等等，其商号本身就是商标。

(2) 商号权与商标权虽然分别依性质不同的法律规范调整，但其调整的对象却有交叉之处。商标专用权和企业名称权均是以法定程序确认的权利，分别受商标法律法规和企业名称登记管理法律法规保护。商标是区别不同商品或者服务来源的标志，由文字、图形或者其组合构成；企业名称是区别不同市场主体的标志，由行政区划、字号、行业或者经营特点、组织形式构成，其中字号是区别不同企业的主要标志。商标中的文字和企业名称中的字号相同或者近似，可以使他人对市场主体及其商品或者服务的来源产生混淆或者可能产生混淆。

4. 商号权与商标权之间的权利冲突的解决办法

国家工商行政管理总局颁布的《关于解决商标与企业名称中若干问题的意见》(工商标字［1999］第 81 号，1999 年 4 月 5 日）第 6 条规定，处理商标与企业名称的混淆，应当适用维护公平竞争和保护在先合法权利人利益的原则。

(1) 在先权利保护原则。对于驰名商标和驰名商号的保护要充分体现在先权利保护原则。在处理先注册的商标与后登记的商号之间的权利冲突和先登记的商号与后注册的商标之间的权利冲突时，要优先适用在先权利保护原则。当然，目前在处理商号权与商标权冲突中，还不存在完全地、无条件地适用在先权利保护原则的国家，而只存在有条件适用在先权利保护原则的国家。如美国联邦商标法同时将商号权与商标权规定其中，两者受到同样的保护，可互为在先权排斥在后的对方的权利。但是，依据该法第 1052 条的规定，只有当“易于造成混淆或误认或欺骗的”才可依在先权排斥对方的使用。①

① 王保树. 商法总论. 北京：清华大学出版社，2007.177

(2) 不正当竞争禁止原则。商标专用权和企业名称权的取得，应当遵循《民法通则》和《反不正当竞争法》中的诚实信用原则，不得利用他人商标或者企业名称的信誉进行不正当竞争。对于不正当竞争的判断主要从商品和服务的种类及企业的经营范围来审查。如果商标与商号所标识的商品和服务的种类相同或者近似，足以使他人对市场主体及其商品或者服务的来源产生混淆或者产生混淆的可能性的，应当认定构成不正当竞争。而对于商标与商号所标识的商品和服务的种类分属于不同行业或产品和服务的属性差异很大的，则应当认为不构成不正当竞争，而应当允许其在各自行业或领域独立存在。

三、商号权与域名、通用网址之间的冲突与解决

（一）域名与通用网址概说

域名（Domain Name）是互联网络上识别和定位计算机的层次结构式的字符标识，与该计算机的互联网协议（IP）地址相对应。简单地讲，域名就是互联网络中的与数字型 IP 地址相对应的字符型地址。互联网地址方案分为两套：IP 地址系统和域名地址系统。这两套地址系统其实是一一对应的关系。IP 地址用二进制数来表示，每个 IP 地址长 32 比特，由 4 个小于 256 的数字组成，数字之间用点间隔，例如 166. 111. 1. 11 表示一个 IP 地址。由于 IP 地址是数字标识，使用时难以记忆和书写，因此在 IP 地址的基础上又发展出一种符号化的地址方案，来代替数字型的 IP 地址。每一个符号化的地址都与特定的 IP 地址对应，这样网络上的资源访问起来就容易得多。这个字符型地址，就被称为域名。

通用网址是一种新兴的互联网地址访问技术，是通过建立通用网址与网站地址（URL）的对应关系，实现浏览器访问的一种便捷方式。通用网址是继 IP、域名之后的新型互联网访问方式。使用通用网址，用户无须记忆冗长而复杂的英文网址，只需使用自己熟悉的语言，输入便于记忆的关键字（如公司名称、产品名称、商标等），即可直达网站页面或深层页面。通用网址是一种“一对一”的关键字寻址技术，安装了中文上网官方版软件的用户只需在地址栏直接输入通用网址便可直达页面。访问简单胜于搜索、快捷如同域名，却无须像使用搜索引擎般，要对搜索结果另行选择。例如，只要输入“搜狐”就可以实现对 http：//www.sohu.com/网站的访问。

域名和通用网址可以用不同的语言文字表示，如中文域名和中文通用网址等。中文域名和中文通用网址就是指含有中文文字的域名和通用网址。另外，拼音字头、电话号码、企业和产品的英文名称都可以注册为域名和通用网址。如《通用网址注册办法》第 4 条规定，通用网址可以由中文、字母（A~Z，a~z，大小写等价）、数字（0~9）或符号（–、!）组成，最多不超过 31 个字符（通用网址每一构成元素均按一个字符处理）。

（二）商号权与域名、通用网址之间的冲突

在网站地址、域名、通用网址三者中，最基础的是域名，如果将网站地址视为商号，则域名就是字号。在 Internet 信息时代，电子商务、网上销售、网络广告已成为商

界关注的热点。但是，企业要想在网上建立服务器发布信息，则必须首先注册自己的域名，只有有了自己的域名才能让别人访问到自己。域名注册是在互联网上建立任何服务的基础。所以，想要注册一个通用网址，必须先要注册一个域名，如：abc.com.cn，然后将通用网址指向的基于域名的网站地址如：www.abc.com.cn（或 abc.com.cn）提交给注册服务机构，这样通用网址就可以指向所提供的网站地址。也就是说，已经有了域名，并不一定要注册一个通用网址。但需要提出的是，有了域名后如果不及时注册通用网址，该域名就有可能被别人抢注为通用网址。可见，域名和通用网址层次不同。域名不是品牌，拥有域名仅仅拥有了网上的地址，通用网址才是企业的网上招牌。对于用户来说，通用网址更加方便实用；对于企业来说，通用网址保护了企业的品牌资源，锁定客户、带来商机；从技术层面来讲，通用网址可以直达深层网页，支持智能查询，而域名输入必须精确，否则就访问不到网页；从发展趋势来看，域名日趋复杂，功能受到限制，而通用网址则简单明了，功能庞大多样。

在我国，域名、通用网址、商标、商号等往往都可以表现为中文或其他语言文字。由于域名、通用网址、商标、商号等都在各自的范畴内具有唯一性，并且随着 Internet 的发展，从企业树立形象的角度看，从某种意义上讲，域名、通用网址、商标、商号之间又有着潜移默化的联系，存在广泛的共同之处，这又不可避免地导致出现权能的相互交叉。许多企业在选择域名、通用网址、商标、商号时，往往希望域名、通用网址、商标、商号之间形成一致。所以域名、通用网址、商标、商号等相互发生抢注等引发的争议纠纷在所难免。

例如，同样持有 Panda 注册商标的某电子集团公司和某日化厂之间出现过域名注册中的冲突，按照《中国互联网络域名注册暂行管理办法》的规定，两家公司都有权以 panda 为域名注册，但是 panda.xxx.cn 只有一个，那么，在域名申请都符合《中国互联网络域名注册暂行管理办法》规定的情况下，中国互联网络信息中心按照“先来先注册”的原则处理申请。某日化厂先申请了 panda.xxx.cn，而某电子集团公司在某日化厂已注册成功，并且网站已经开通后，才提交 panda.xxx.cn 域名的申请，所以结果是某电子集团公司已经无法以 panda.xxx.cn 作为自己的域名了。从这个例子不难看出，尽管某电子集团公司仍旧可以销售它的 panda 牌电器，却恐怕永远也无法让自己的用户看到属于它的 www.panda.xxx.cn 网站。这无疑是一个遗憾，并将不可避免地流失一定的潜在客户资源，并会对其企业品牌扩大影响增加一些困难。

（三）商号权与域名、通用网址之间冲突的解决途径

1. 建立域名、通用网址与商标、商号管理机构之间的协调机制

为了保证国际互联网的正常运行和向全体互联网络用户提供服务，国际上设立了国际互联网信息中心（InterNIC），为所有互联网络用户服务。由于网络的规模庞大及各国语言的关系，各国纷纷设立自己国家一级的互联网络信息中心，以便为本国的互联网络用户提供更及时和方便的服务。为了适应我国互联网络的发展，更好地为我国迅速增长的互联网络用户服务，受原国务院信息化工作领导小组办公室的委托，中国科学院在中国科学院计算机网络信息中心组建了中国互联网络信息中心（CNNIC），行使国家互联网络信息中心的职责。CNNIC 的一项主要业务就是域名注册服务。CNNIC 对域名的管理严

格遵守《中国互联网络域名注册暂行管理办法》和《中国互联网络域名注册实施细则》的规定。根据《通用网址注册办法》（2001年施行，2004年修订）第1条的规定，中国互联网络信息中心是通用网址注册管理机构，负责运行和管理相应的通用网址系统，维护中央数据库。其主要职责包括：①运行、维护和管理通用网址服务器和相关资料，保证通用网址系统有效运行；②授权通用网址注册服务机构提供通用网址注册服务。

商标、商号的管理均由国家工商行政管理总局负责，并且现已建立起解决商标与商号之间冲突的协调解决机制。《关于解决商标与企业名称中若干问题的意见》第8条规定，商标注册人或者企业名称所有人认为自己的权益受到损害的，可以书面形式向国家工商行政管理局或者省级工商行政管理局投诉，并附送其权益被损害的相关证据材料。第9条规定，商标与企业名称混淆的案件，发生在同一省级行政区域内的，由省级工商行政管理局处理；跨省级行政区域的，由国家工商行政管理局处理。对要求保护商标专用权的案件，由省级以上工商行政管理局的企业登记部门承办；对应当变更企业名称的，承办部门会同商标管理部门根据企业名称登记管理的有关规定作出处理后，交由该企业名称核准机关执行，并报国家工商行政管理局商标局和企业注册局备案。对要求保护企业名称权的案件，由省级以上工商行政管理局的商标管理部门承办；对应当撤销注册商标的，由承办部门提出意见后报请国家工商行政管理局商标局决定，国家工商行政管理局商标局会同企业注册局根据《商标法》及《商标法实施细则》的有关规定予以处理。第10条规定，违反商标管理和企业名称登记有关规定使用商标或者企业名称产生混淆的，由有管辖权的工商行政管理机关依法予以查处。

在我国，中国互联网络信息中心和国家工商行政管理总局分别负责域名与通用网址、商号与商标之间冲突的解决。如果在国家工商行政管理总局和中国互联网络信息中心之间建立起有效的商号、商标与域名、通用网址之间的冲突解决机制，无疑将有效防范商号、商标与域名、通用网址之间的冲突并将大大提高商号、商标与域名、通用网址之间冲突的解决效率。

2. 将域名、通用网址纳入知识产权保护体系，适用商号与商标纠纷的处理原则

在网络上，域名、通用网址是一种相对有限的资源，它们的价值将随着注册企业的增多而逐步为人们所重视。既然域名、通用网址是一种有价值的资源，那么，它是否能够成为知识产权保护的客体呢？在新的经济环境下，域名、通用网址所具有的商业意义已远远大于其技术意义，而成为企业在新的科学技术条件下参与国际市场竞争的重要手段，它不仅代表了企业在网络上的独有的位置，也是企业的产品、服务范围、形象、商誉等的综合体现，是企业无形资产的一部分。同时，域名、通用网址也是一种智力成果，它是有文字含义的商业性标记，与商标、商号类似，体现了相当的创造性。在域名、通用网址的构思选择过程中，需要一定的创造性劳动，使得代表自己公司的域名、通用网址简洁并具有吸引力，以便使公众熟知并对其进行访问，从而达到扩大企业知名度、促进经营发展的目的。可以说，域名、通用网址不是简单的标识性符号，而是企业商誉的凝结和知名度的表彰，域名、通用网址的使用对企业来说具有丰富的内涵，远非简单的“标识”二字可以穷尽。因此，目前无论学术界还是实际部门，大都倾向于将域

名、通用网址视为企业知识产权客体的一种。而且，从世界范围来看，尽管各国立法尚未把域名、通用网址作为专有权加以保护，但国际域名、通用网址协调制度是通过世界知识产权组织来制定的，这说明人们事实上已经把域名、通用网址看作知识产权的一部分了。

当然，相对于传统的知识产权领域，域名、通用网址是一种全新的客体，具有其自身的特性。例如，域名、通用网址的使用是全球范围的，没有传统的严格地域性的限制；从时间性的角度看，域名、通用网址一经获得即可永久使用，并且无须定期续展；域名、通用网址在网络上是绝对唯一的，一旦取得注册，其他任何人不得注册、使用相同的域名、通用网址，因此其专有性也是绝对的；另外，域名、通用网址非经法定机构注册不得使用，等等。因此，把域名、通用网址作为知识产权的客体是科学的和可行的，在实践中对于保护企业在网络上的相关合法权益是有利而无害的。

但将域名、通用网址纳入知识产权保护体系在现实环境中又面临极大的挑战。域名的注册遵循先申请先注册原则，管理机构对申请人提出的域名是否违反了第三方的权利不进行任何实质审查。域名系统由于先天不足已成为侵权的温床，重建其知识产权的保护体系极其困难。域名是分级管理的，规则由技术专家制定，其规则在制定之初忽略了保护知识产权，由此引发的纠纷不胜枚举。国际通用顶级域名一直由美国管理，带来了争议仲裁解决机制问题，不利于互联网的发展。后发展起来的通用网址系统则借鉴了域名发展的经验和教训，强调名副其实，提倡对知识产权的保护，不鼓励恶意抢注，但鼓励积极的抢注。总之，通过知识产权系统来提供对域名、通用网址的保护，适用商号与商标纠纷的处理原则还有很多工作要做。

3. 正确处理“先申请先注册”原则与“禁止恶意注册”原则的关系

“先申请先注册”原则是商号、商标、域名、通用网址在各自领域申请注册时共同适用的原则。《中国互联网络域名管理办法》（信息产业部令第 30 号，2004 年）第 24 条规定，域名注册服务遵循“先申请先注册”原则。《通用网址注册办法》（2001 年施行，2004 年修订）第 2 条规定，注册服务机构应当按照公平原则和先申请先注册原则受理通用网址的注册申请。

在商号、商标、域名、通用网址的注册都享有优先权的情况下，一般不能排除对方优先权的适用。故必须要引入一个更优先的原则以合理限制对方优先权的适用。这个原则就是“禁止恶意注册”原则。“禁止恶意注册”原则的适用前提是建立在“在先权”的基础之上的，即对他人已经通过合法注册而取得相应的名称专用权的名称再次以相同或相似的名称申请注册的行为一般应予禁止。《中国互联网络信息中心域名争议解决办法》（2006 年）第 8 条规定，符合下列条件的，投诉应当得到支持：被投诉的域名持有人对域名或者其主要部分不享有合法权益。《通用网址注册办法》第 7 条规定，通用网址的注册申请者应当在注册协议中保证：不恶意抢注自己不享有合法权益而他人享有合法权益的名称。

“禁止恶意注册”原则适用的关键是对“恶意”的认定。一般采用以下几个标准来判断是否具有“恶意”：

（1）一致性或相关性标准。后申请注册的商号、商标、域名、通用网址和已在先存在的商号、商标、域名、通用网址的内容要具有一致性或足够的相关性。《通用网址注册办法》第7条规定，通用网址的注册申请者应当在注册协议中保证：申请注册的通用网址和其对应的网站或网页内容一致或有足够的相关性。

(2) 相同性或近似性标准。后申请注册的商号、商标、域名、通用网址和已在先存在的商号、商标、域名、通用网址的名称不能相同或者具有足以导致混淆的近似性。《中国互联网络信息中心域名争议解决办法》第8条规定，符合下列条件的，投诉应当得到支持：被投诉的域名与投诉人享有民事权益的名称或者标志相同，或者具有足以导致混淆的近似性。

(3) 注册或使用目的标准。对商号、商标、域名、通用网址的申请注册不得具有注册或使用目的上的恶意。《中国互联网络信息中心域名争议解决办法》第8条规定，被投诉的域名持有人对域名的注册或者使用具有恶意的，投诉应得到支持。第9条规定，被投诉的域名持有人具有下列情形之一的，其行为构成恶意注册或者使用域名：①注册或受让域名的目的是为了向作为民事权益所有人的投诉人或其竞争对手出售、出租或者以其他方式转让该域名，以获取不正当利益；②多次将他人享有合法权益的名称或者标志注册为自己的域名，以阻止他人以域名的形式在互联网上使用其享有合法权益的名称或者标志；③注册或者受让域名是为了损害投诉人的声誉，破坏投诉人正常的业务活动，或者混淆与投诉人之间的区别，误导公众；④其他恶意的情形。第10条规定，被投诉人在接到争议解决机构送达的投诉书之前具有下列情形之一的，表明其对该域名享有合法权益：①被投诉人在提供商品或服务的过程中已善意地使用该域名或与该域名相对应的名称；②被投诉人虽未获得商品商标或有关服务商标，但所持有的域名已经获得一定的知名度；③被投诉人合理地使用或非商业性地合法使用该域名，不存在为获取商业利益而误导消费者的意图。

《通用网址注册办法》第7条规定，通用网址的注册申请者应当在注册协议中保证：注册和使用通用网址不是为了恶意或任何非法目的。《通用网址争议解决办法》第5条规定，负责裁决争议的专家组有权认定被投诉的通用网址注册人是否具有注册或使用通用网址的恶意。被投诉的通用网址注册人具有下列情形之一的，构成恶意注册或使用通用网址的证据：①注册或受让通用网址的主要目的是为了出售、出租或以其他方式转让该通用网址，以获取不正当利益；②多次将他人享有合法权益的名称注册为自己的通用网址，其注册通用网址的目的是为了阻止他人以通用网址的形式在互联网上使用其享有合法权益的名称；③注册或受让通用网址的目的是为了损害投诉人的声誉，破坏投诉人正常的业务活动，或者混淆与投诉人之间的区别，误导公众；④其他恶意的情形。

在确认“在先权”时一般应根据时间顺序原则。一般来说，域名和通用网址是后发展出来的权利，所以在认定在先权时，一般要优先考虑商标和商号的已存在的权利。并且对一些知名的商号和商标，域名和通用网址的注册机构一般还采取了事先的措施，以防止恶意抢注行为的发生和减少因抢注行为引发的纠纷。《中国互联网络域名管理办法》第25条规定，为维护国家利益和社会公众利益，域名注册管理机构可以对部分保留字进行必要保护，报信息产业部备案后施行。除前款规定外，域名注册管理机构和注册服务机构不得预留或变相预留域名。域名注册管理机构和注册服务机构在提供域名注册服务过程中不得代表任何实际或潜在的域名持有者。《通用网址注册办法》第3条规定，为了维护国家利益和社会公众利益，保护公民、法人的合法权益，维护正常的注册秩序，中国互联网络信息中心对部分网址采取预留措施。具体预留名单另行公布。

案例分析

【案情】

2000年5月1日上午，陕西凤翔县城儒林巷有人开了一家“凤翔改改”蒸馍店的消息不胫而走，很快成了轰动凤翔县的头号新闻。这家取名“凤翔改改”蒸馍店的店主乃凤翔农民商人樊忠虎。原来，“凤翔改改”是广泛流传在陕西凤翔、岐山、麟游一带民间的关于一个凤翔农妇的真实故事。说的是20世纪70年代，在凤翔县马家坡村，有一个名叫张改改的农村妇女，由于生性老实憨厚，加之小时候家境贫寒没上过学，所以说话办事便甚是愚笨。1973年，改改的丈夫离世，留下张改改一人孤苦无依。幸好马家坡村虽小，但陕甘交通大动脉——陕甘公路从村口经过，公路上车辆行人川流不息，改改为维持生计，便在村口公路边摆了一个卖水摊谋生。可改改不认识钱，于是她就找来一枚2分钱硬币，一杯水只卖2分钱，每卖一杯水，她就把别人给的钱和自己手中的2分硬币比照一下，小了不行，大了也不行，纸币更不行。她的这一卖水办法受到了许多人的嘲笑，但不管他人怎样说三道四，张改改依然如故，数年如一日地坚持按自己的办法卖水。1985年，一生含辛茹苦的张改改因病辞世，但她卖水的故事却历久不衰，广泛流传，在陕甘不少地方，改改成为取笑人蠢笨、缺心眼的固定方言俚语。

“凤翔改改”蒸馍店刚开业10多天，凤翔县一位领导偶然看见了“凤翔改改”这一招牌，大为不悦，于是指示工商管理部门要认真清理“不良文化”。由于当时为大力发展个体私营经济，凤翔县倡导“先上车，再买票”，即可以先开业再办理营业执照，所以“凤翔改改”尚未办理营业执照，于是工商所来人让“凤翔改改”蒸馍店先关门，办理执照后再开业。几天后，樊忠虎向凤翔县工商局递交了“企业登记申请书”，申请开办“凤翔改改绿色农产品开发基地”。县工商局经办人员对樊忠虎说，“凤翔改改”是凤翔县的“历史名人”，要使用她的名字，须经本人或其第一法定继承人同意。樊忠虎想方设法找到了张改改的继子，张的继子为樊忠虎写了一份同意转让“改改”名称的证明。而后樊又通过户籍管理部门，将自己的名字改为樊改改，并更换了新的身份证。樊再次到县工商局申请注册，不料遭到拒绝。县工商局称：“凤翔改改”一词具有特定的历史含义，对人具有讽刺意味，对凤翔人的人格有贬低，依据《企业名称管理规定》第9条中关于“企业名称不得含有有损于国家和社会公共利益，或可能对公众造成欺骗和误解的文字与内容”之规定，“凤翔改改”属不良文化，有损凤翔形象，损害了凤翔人的尊严，所以驳回“凤翔改改”的登记申请。一周之后，凤翔县工商局以无证经营为由，勒令樊改改摘掉了“凤翔改改”蒸馍店店牌。

2000年6月22日，樊改改就“凤翔改改”被县工商局拒绝注册登记一事，向宝鸡市工商局申请行政复议。数日后，樊改改接到了复议书：维持凤翔县工商局不予注册的决定。于是，他向凤翔县人民法院提起了行政诉讼，要求法院依法撤销县工商局对“凤翔改改”注册登记的驳回通知，对“凤翔改改”核准登记；同时，要求凤翔县工商局赔偿其经济损失2元钱。同年7月25日，凤翔县法院开庭审理了这起本县历史上“民告官”的第一案。在法庭上，双方展开了激烈的争辩。樊改改称：“我用‘凤翔改改’作为企业字号，只是想利用张改改本人真诚老实的一面，把她的名字作为一种文化载体和我的思想、我的经营理念融合到一块。如果说这一名称对凤翔人的人格有贬低，那许多人爱吃‘傻子’瓜子、‘狗不理’包子，那么，‘傻子’、‘狗不理’对人的人格有没有贬低呢?”他认为，县工商局拒绝给“凤翔改改”注册，是凤翔人缺乏自信心、观念没有转变的体现。同年8月15日，凤翔县法院作出一审判决，判决称：“凤翔改改”在西北许多地方已成为嘲笑、贬损他人的代名词，将其作为企业名称，可能对公众造成欺骗和误解，在凤翔县以“凤翔改改”作为企业字号，显属不当。故此，凤翔工商局的行政行为应当依法维持。

宣判之后，樊改改仍然不服。同年8月26日，樊改改又向宝鸡市中级人民法院递交了上诉状。同年10月25日，宝鸡市中级人民法院开庭审理了这一行政诉讼案，同年12月15日，宝鸡市中级人民法院以一审被告主体资格不合法为由，认为原判决程序违法，遂裁定撤销原判决，发回重审。

2001年4月，凤翔县法院以“根据行政诉讼法的规定，本案被告应是作出行政复议结果的宝鸡市工商局而不是凤翔县工商局”为由，要求樊改改变更本案被告，但樊改改不同意。同年5月，凤翔县法院驳回了樊改改的起诉，樊改改再次向宝鸡市中级人民法院提起上诉，同年9月，宝鸡市中级人民法院作出终审裁定：维持一审判决。

“凤翔改改”企业名称注册风波经有关媒体披露后，迅速在更大的范围内引起了关注，江苏、浙江、广东的一些公司纷纷与樊改改联系，表示愿意与樊改改合作，在他们公司所在地注册“凤翔改改”企业名称；香港一公司还给樊改改寄来了在香港注册企业名称的有关事宜，欲与樊改改合作在港注册以“凤翔改改”命名的公司。

江苏省南通市工商局某干部得悉“凤翔改改”企业名称迟迟难以注册后，专门给樊改改写来一封信，建议樊改改先注册“凤翔改改”商标，这样一方面可以长久使用商标，另一方面则可以利用批准的“凤翔改改”商标去注册企业名称。

2001年5月，樊改改向国家工商局总局商标局申请注册“凤翔改改”、“凤翔改改”和“樊改改”三个商标。在先后五次往返北京之后，2003年元月，樊改改如愿获得了国家商标局颁发的“凤翔改改”、“凤翔改改”和“樊改改”三个商标证书。取得这三个商标证书后，樊改改迅速筹措了60万元资金，于同年6月8日向陕西省工商局申请注册“陕西西府凤翔改改商贸有限公司”，同年7月，陕西省工商局批准了樊的注册申请并颁发工商营业执照。同年8月1日，陕西西府凤翔改改商贸有限公司举行了隆重的挂牌仪式，樊改改终于拥有了自己心仪已久的企业字号。[1]

【解析】

有人曾打趣说，如果要评选“中国最艰难注册商标”，“凤翔改改”绝对入选。正

① 殷建强.“凤翔改改”注册记.人民网中国经济快讯周刊，2003（34）

是因其注册之备受艰难，所以，围绕“凤翔改改”注册风波，社会各界也是见仁见智。陕西省社科院一专家指出：“诚信原则是市场法制经济中最为至上的理念和行为准则，在陕西，商家欲取改改‘诚实有信’的一面作为企业名称，却屡历挫折；但与此同时，在东南沿海一带，‘孔乙己’、‘阿 Q’等企业和产品名称却顺利注册，堂皇面世，这说明，思想观念确是导致东部与西部差距的一大原因。所以说，解放思想、转变观念仍是推进西部大开发的第一要务。”

针对“凤翔改改”注册风波，中国政法大学马怀德教授认为：“樊改改申请‘凤翔改改’企业名称曾几次失败，主要原因是被告拥有‘难以规制的行政解释权’。改改一词是否会对公众造成误解，是否会损害国家、社会公共利益，不应由执法者单方面解释，法院也不能完全听信被告的解释，更不能依据被告的解释贸然作出结论。当行政诉讼原被告双方对法律的解释和理解发生冲突时，司法者应当允许原告按照自己的理解解释法律，应当对原告在适用法律中的规避行为保持适度的宽容，唯有如此，法律的公正才能得以实现。”

而对“凤翔改改”商标的将来，国内著名战略性品牌管理专家、上海的黄云生先生却另有一番见解，他说：“商标并不等于品牌。樊改改历时三载终于讨得‘说法’，可以说樊改改有着敏锐的品牌意识，但改改故事背后的‘诚实守信’之传播范围与认同价值都有局限，如果从品牌资产的知名度、美誉度、忠诚度与联想度等几项基本标准来看，‘凤翔改改’距离真正的品牌还相去甚远。今后，樊改改应恪守‘诚实守信’的‘改改精神’，充分运作好‘故事营销’的手法，在产品的包装、目标人群与目标市场等方面的选择上做好文章，先组地方品牌，然后再图发展。”

第七章　商事登记

本章要求重点理解和掌握商事登记的概念、特征和原则及商事登记的效力；了解商事登记的意义、种类和程序。难点是商事登记的特征和原则及商事登记对第三人的效力。目前学者们对商事登记性质的理解还没有取得一致的认识，我国有关商事登记对商主体的管制还带有十分明显的计划经济时代的印记，相关的法律规定已经落后于社会主义市场经济发展的水平，商事登记的法律规范体系亟待整合完善，制定一部完整的商事登记法已是大势所趋、人心所向。

第一节　商事登记概述

一、商事登记的概念

商事登记，又称商业登记，是指商事登记义务人为了取得或终止商主体资格，或者变更已登记的事项，依照法律法规的规定，将登记事项向登记主管机关提出登记申请，并经登记机关核准登记的法律行为。

商事登记概念的表述，与人们对商事登记性质的理解密切相关。商事登记一般由申请人的申请登记行为和主管机关的审核登记行为这两个前后相继的行为构成。就申请人的申请登记行为来讲，由于现代国家一般实行强制登记主义，申请人要开始涉足商事经营活动，就必须依法进行商事登记，申请人没有选择权，否则就是非法经营，所以商事登记的申请人从法律的角度来看是申请义务人。就主管机关的审核登记行为来讲，是在依法履行职权，是国家对商事活动实施法律调整和进行宏观控制的必要手段和必要环节。至于这种职权的性质是商法上的职权还是行政法上的职权抑或经济法上的职权，学者们的观点并不一致，但至少认为是属于公法上的职权，是商法公法化的集中体现。还有一些学者从国家监管的角度将商事登记理解为一种国家的管理制度。可见，商事登记是申请人和审核人互动结合的一种复合性行为。

二、商事登记的特征

商事登记具有以下特征：

(1) 创设性。商事登记是一种创设、变更或终止商事主体资格的法律行为，其基本目的在于为商事活动的参加人设立、变更或者终止商事主体谋求法律上的确认，其效力在于使商事主体取得、变更或终止其商事权利能力和商事行为能力。因此，商事主体资格或其特定商事能力的起始取决于商事登记行为生效的时间。我国《企业法人登记管理条例》第16条规定："申请企业法人开业登记的单位，经登记主管机关核准登记注册，领取《企业法人营业执照》后，企业即告成立。企业法人凭据《企业法人营业执照》可以刻制公章、开立银行账户、签订合同，进行经营活动。"《企业法人登记管理条例施行细则》第39条规定，登记主管机关核发的《企业法人营业执照》是企业取得法人资格和合法经营权的凭证。登记主管机关核发的《营业执照》是经营单位取得合法经营权的凭证。经营单位凭据《营业执照》可以刻制公章，开立银行账户，开展核准的经营范围以内的生产经营活动。登记主管机关核发的《外商投资企业办事机构注册证》是外商投资企业设立的办事机构从事业务活动的合法凭证。办事机构凭据《外商投资企业办事机构注册证》可以刻制公章、开立银行账户，从事业务活动。《合伙企业登记管理办法》第3条规定："合伙企业经依法登记，领取合伙企业营业执照后，方可从事经营活动。"可见，我国立法一般是将商事登记作为商主体的一种创设行为予以规范。

(2) 要式性。商事登记是要式法律行为，主要体现在以下五个方面：一是商事登记必须依照法定的程序进行登记。二是商事登记行为必须由法定主管机关履行。三是商事登记的内容和事项由商事登记法律以强行性条款规定，申请登记的内容必须符合法律要求。商事登记是对商事经营中重要事项或与之有直接关系的事项的记载。登记内容和范围在法律上受到某种程度的限定，并一般由法律法规明确规定必要登记事项的具体范围。如我国《企业法人登记管理条例》第9条规定："企业法人登记注册的主要事项：企业法人名称、住所、经营场所、法定代表人、经济性质、经营范围、经营方式、注册资金、从业人数、经营期限、分支机构。"据此，上述事项就是我国企业法人商事登记的必要登记事项。四是商事登记必须采取法定的格式。五是登记行为的生效必须符合法定的条件。[①]

(3) 公法性。商事登记是商法的公法性最为集中的体现。虽然商事登记本身属于商法所规范的私法上的行为，但它更多地体现了国家意志，是国家公权介入商事活动的一种方式，因此，理论上也有人把商事登记视为一种公法上的行为，将商事登记制度纳入商事统制法的范畴。我国有的学者还认为，商事登记行为属于行政法律行为，由行政相对人的申请登记行为和行政主管机关的审核登记行为组成。这与商事主体所从事的以意思表示为特征的纯粹商事行为不同。从商事登记申请人和审核人的关系的角度来看，商事登记法律关系的双方并不以双方平等主体地位为条件，其双方权利义务的内容也并非

① 赵旭东. 商法学教程. 北京：中国政法大学出版社，2004.53

具有营业性质。并且对于违反登记义务的申请人来讲，其违法行为的法律后果并非是损害赔偿，而主要是以行政罚款为主的强制措施。

(4) 公示对抗性。商事登记虽具有强烈的公法性，但登记申请人仍有一定范围内私法上的意思自治权。申请人按照法律规定的登记事项和范围，在依法进行登记后即对第三人产生当然的对抗效力。另外，申请人在满足法律规定的最低标准的要求之上即在满足必要登记事项之外仍具有一定的登记事项和登记范围的选择权。其所选择登记的事项及范围，可对交易双方当事人产生直接的法律效果。对申请人所选择登记的事项和范围，法律赋予其对抗善意第三人的效力，对申请人没有选择登记的事项和范围则不产生对抗善意第三人的效力。从而鼓励申请人积极选择合理的登记事项和范围，以免因选择登记的事项和范围不当而处于不利地位。

三、商事登记的意义

商事登记作为国家调整商事交易行为的一个重要手段，对于保障商事主体的合法权益、维护商事交易的安全具有重要意义。具体表现在：

(1) 确认商事主体的商事活动资格，保护商事主体的合法营业行为和合法权益。通过商事登记，核准商事主体的名称、住所、法定代表人、注册资本、企业类型、经营范围、营业期限等，使其取得合法的商事主体资格，并在法律规定和确认的范围内独立从事商事活动，享有商法上的权利，承担商法上的义务，维护自己的合法权益。

(2) 公开和公示商事主体的营业信用，有效防范商业欺诈，保护交易相对人和社会公众的利益。商事登记的基本作用不仅在于通过法律程序创制或确定经营性主体，而且在于确认登记事项的效力，向社会公开经营性主体的信用、能力和责任。商事登记便于社会公众了解商事主体的信息和资料，维护交易安全。通过商事登记公示商事主体的经营身份、经营状况、经营能力，确立经营信誉，可以为商事活动的参加人提供交易相对人的准确信息，使其明智地选择和决定自己的交易行为，有效防范商业欺诈，进而保护交易相对人和社会公众的利益。商事主体的登记事项与事实有实质性差别的，将构成商业欺诈。

(3) 有利于国家进行监督管理，维护健康、稳定、和谐的社会经济秩序。商事登记可以使国家取得各项必要的统计资料，有利于国家及时了解商事主体的经营状态，有利于对各种不同企业的设立和经营进行必要的国家监督，从而实现国家对商事主体的法律调整和整个国家商事活动的宏观规划，维护健康、稳定、和谐的社会经济秩序。

四、商事登记的立法体例与法律规范体系

商事登记法律规范是规范商事登记行为，确定商事登记主管机关、登记内容、登记程序等事项，调整商事登记关系的法律规范的总称。

各国商事登记法有形式意义上的商事登记法和实质意义上的商事登记法之分。形式意义上的商事登记法是指以商事登记法命名的统一成文法。实质意义上的商事登记法是

指调整商事登记行为的法律规范的总称，即指一切与商事登记相关的法律规定，它不仅包括以商事登记法命名的专门法律，而且包括散见于其他各种法律法规之中的有关商事登记的规范。在不同法系的国家中，它还不同程度地包括与商事登记相关的法律解释、判例规则和习惯性规范。

我国目前尚未形成统一的商事登记法，调整商事登记关系的法律散见于众多的民事、商事实体法、程序法中。其中，形式意义上的商事登记法主要有：《企业法人登记管理条例》、《企业法人登记管理条例实施细则》、《公司登记管理条例》（2005年修订）、《合伙企业登记管理办法》（2007年修订）、《个人独资企业登记管理办法》、《企业名称登记管理规定》、《企业登记程序规定》（2004年颁布）、《企业法人法定代表人登记管理规定》等。实质意义上的商事登记法除前面列举的形式意义上的商事法之外，还包括《民法通则》、《公司法》、《合伙企业法》、《乡镇企业法》、《商业银行法》、《保险法》、《证券法》、《个人独资企业法》、《私营企业暂行条例》、《城乡个体工商户管理暂行办法》、《城乡集市贸易管理办法》等法律法规之中关于商事登记的有关规定。

第二节 商事登记立法原则

由于立法基点的差异，各国商事法对商事登记采取了不同的原则。目前，我国立法所采用的原则如下：

一、强制登记原则

强制登记原则与任意登记原则相对应。强制登记原则含义有二：其一，商事主体的设立、变更和终止必须进行登记。在采取强制登记主义的国家，任何欲从事营利性活动的当事人只有在履行了商业登记手续后方取得商事主体资格和特定范围的商事能力。非经登记者不具有商事权利能力和行为能力，不得从事任何种类的商事活动，否则构成非法商事行为。商事主体的变更、终止也应进行登记。其二，商事登记应就法律规定的商事主体的全部必要事项进行登记，未经登记不发生法律效力。如《公司登记管理条例》第2条规定："有限责任公司和股份有限公司（以下统称公司）设立、变更、终止，应当依照本条例办理公司登记。"第9条规定，公司的登记事项包括：①名称；②住所；③法定代表人姓名；④注册资本；⑤实收资本；⑥公司类型；⑦经营范围；⑧营业期限；⑨有限责任公司股东或者股份有限公司发起人的姓名或者名称，以及认缴和实缴的出资额、出资时间、出资方式。商事登记是欲从事营利性营业行为者必须履行的行为，即使在采取任意性登记原则的国家，也并不意味着免除商事主体的商业登记控制，只不过在某些方面放宽了限制，对当事人商事能力资格的确认采取某种弹性而已。随着市场经济的发展和国家对商事领域干预的普遍增强，为防止因虚设商事组织而导致诈骗行为的发生，现代国家立法逐渐趋向于采取强制登记原则。仍采取任意登记原则的国家，也作了一些补充性规定予以制约，对不进行商事登记的营业者不赋予对抗善意第三人的效力，使不进行登记的营业者处于不利地位。[①]

二、全面审查原则

全面审查原则要求商事主体必须完全依据法律规定的核准登记标准提出登记申请，商事登记主管机关对于必要登记事项依法采取形式审查和注册备案制度，不符合规定的不予登记。如《公司登记管理条例》第 10 条规定："公司的登记事项应当符合法律、行政法规的规定。不符合法律、行政法规规定的，公司登记机关不予登记。"登记机关审查的内容主要包括：企业的营业范围是否为法律所禁止或者属于须经有关部门特许的项目，企业是否具备设立的条件，即是否符合法律法规对成员人数、出资方式、注册资本金、组织机构、住所及经营场所、公司及企业类型等的要求，企业名称是否符合法律的规定等。如《公司登记管理条例》第 17 条规定："设立公司应当申请名称预先核准。法律、行政法规或者国务院决定规定设立公司必须报经批准，或者公司经营范围中属于法律、行政法规或者国务院决定规定在登记前须经批准的项目的，应当在报送批准前办理公司名称预先核准，并以公司登记机关核准的公司名称报送批准。"

三、登记公开原则

登记公开原则是指应向社会公众公开商事登记的内容。这是市场"交易公开"规则在商事登记制度中的必然要求。登记公开包括：①登记申请公开、真实。②登记程序公开。③公告。④登记事项查阅公开。我国《企业法人登记管理条例》及《公司登记管理条例》等法律法规均体现了这一原则。不仅明文规定了商事主体进行商事登记须提交的文件及登记与公告等程序，还以法律形式保障了社会公众查阅登记事项的权利。如《企业法人登记管理条例》第 23 条规定："企业开业、变更名称、注销，由登记主管机关发布企业法人登记公告。"《企业登记程序规定》第 21 条规定："企业登记机关应当建立企业登记簿，供社会查阅。企业登记材料涉及国家秘密、商业秘密和个人隐私的，企业登记机关不得对外公开。"《公司登记管理条例》第 57 条规定："公司登记机关应当将登记的公司登记事项记载于公司登记簿上，供社会公众查阅、复制。"

商事登记公告完成后，商事主体还享有登记簿及附属文件抄阅请求权。商事主体得以正当理由，享有向登记主管机关请求查阅、抄录、复印登记簿及附属文件的权利。除显无必要者得以拒绝或限定范围外，登记主管机关不应拒绝。此外，商事登记公告完成后，第三人也享有登记簿及附属文件抄阅请求权。第三人得以正当理由，享有向登记主管机关请求查阅、抄录、复印登记簿及附属文件的权利。除显无必要者得以拒绝或限定范围外，登记主管机关也不应拒绝。

① 赵旭东. 商法学教程. 北京：中国政法大学出版社，2004.55

第三节 商事登记对象与登记管理机关

一、商事登记对象

商事登记的对象为商事主体，但哪些商事主体必须履行商事登记，以及履行何种商事登记，各国法律的规定并不完全一样。多数国家法律规定：只要行为人从事了商事经营活动，并且符合商事登记条件，就可以或必须履行商事登记。但也有的国家对必须履行登记的商事主体作了一些限定。如德国商法规定，只有完全商人，即有自己商号的商人，才能履行商事登记，小商人或不具备商人条件但偶尔从事了商行为者，不必履行商事登记。在立法技术上，各国法律一般不对商事登记的范围进行具体列举，往往以排除法加以昭示，即法律明确列举出哪些商业种类无须登记，其他商业种类即可推定属于应进行商事登记的范围。如我国台湾地区《商业登记法》（2002 年 12 月 18 日修正）第 4 条规定："左列各款小规模商业，得免依本法申请登记：一摊贩。二家庭农、林、渔、牧业者。三家庭手工业者。四合于中央主管机关所定之其他小规模营业标准者。"

我国登记对象有三类：一是公司形式的企业法人，目前包括我国公司法中规定的有限责任公司和股份有限公司；二是具备企业法人条件的企业，如全民所有制企业、集体所有制企业、私营企业、联营企业、外商投资企业以及其他性质的法人企业；三是不具备企业法人条件的企业或经营组织，如联营企业、企业法人所属的分支机构、从事经营活动的事业单位和科技性社会团体、外国公司的分支机构、农村承包经营户、个体工商户等。

二、商事登记管理机关

商事登记的管理机关是指按照商事登记法的规定，接受商事登记申请，并具体办理商事登记的国家主管机构。

各国关于商事登记主管机关的规定并不相同，主要有三种模式：一是法院主管模式。德国、日本等商法规定，法院是商事登记的主管机关，商事登记由地方法院办理。二是行政机关主管模式。美国、英国等国由专门的行政机关办理商事登记。三是混合主管模式。法国与前两者均不同，规定法院和行政机关均为商事登记机关。法国商法规定，法院办理一般商事登记，行政机关办理公司商事登记。

我国采取行政机关主管模式。我国商事登记的主管机关是国家工商行政管理机关。国家工商行政管理机关独立行使登记管理权，并且实行分级登记管理原则，即国家工商行政管理和地方的省、自治区、直辖市工商行政管理局及市、县、区工商行政管理局等多级管理。在我国，关于登记机关管理权的行使和监督所奉行的原则是：不同级别的工商行政管理机关独立行使职权；但上级机关有权纠正下级机关不符合法律法规和政策规定的行为。《公司登记管理条例》第 4 条规定："工商行政管理机关是公司登记机关。下级公司登记机关在上级公司登记机关的领导下开展公司登记工作。公司登记机关依法履行职责，不受非法干预。"第 5 条规定："国家工商行政管理总局主管全国的公司登记工作。"

我国实行分级登记管理的具体规定为：经国务院或者国务院授权部门批准的全国性公司、企业集团、经营进出口业务的公司，由国家工商行政管理局核准登记注册。中外合资经营企业、中外合作经营企业、外资企业由国家工商行政管理局或者国家工商行政管理局授权的地方工商行政管理局核准登记注册。全国性公司的子（分）公司，经省、自治区、直辖市人民政府或其授权部门批准设立的企业、企业集团、经营进出口业务的公司，由省、自治区、直辖市工商行政管理局核准登记注册。其他企业一般都由所在市、县、区工商行政管理局办理核准登记。公民个人及个人企业一般在户籍所在地的市、县、区的工商行政管理局办理登记。

第四节　商事登记的种类和程序

各国商事法对商事登记的种类所作的规定不尽相同。我国《企业法人登记管理条例》及其施行细则将企业法人的登记分为设立登记、变更登记、注销登记。《公司登记管理条例》中规定的登记分为设立登记、变更登记、注销登记、分公司的登记。其他商事主体的登记种类与企业法人登记相类似。

一、设立登记

商事主体的设立登记是指商事主体的创设人为设立商事主体而向登记机关提出申请，并由登记机关办理登记的法律行为。商事主体的设立登记是所有登记中最基础的类型。

商事主体的设立登记可以分为商事企业（包括商法人和商合伙）的设立登记和商个人的设立登记。商事企业设立登记的主要事项有：商号、商事企业的住所、营业场所、负责人或法定代表人的姓名、开业日期、经济组织形式、经营范围、经营方式、经营期限、资金总额、职工人数以及其他有关事项。商个人设立登记的主要事项是：商号、营业地址或流动营业的区域范围、姓名、住所、开业日期、经营范围、经营方式、资本总额、从业人数。除上述内容之外，商事企业或商个人的印章、商店的字牌、银行的账户，甚至法定代表人的签字等都属应登记或者备案的事项。如我国《企业法人法定代表人登记管理规定》（1999 年修订）第 10 条规定："法定代表人的签字应当向企业登记机关备案。"

各国关于商事登记的程序大同小异，在我国，主要分为五个阶段：

（一）名称预先核准登记

我国《企业名称登记管理规定》第 18 条规定，登记主管机关应当在收到企业提交的预先单独申请企业名称登记注册的全部材料之日起，10 日内作出核准或者驳回的决定。登记主管机关核准预先单独申请登记注册的企业名称后，核发《企业名称登记证书》。第 19 条规定，预先单独申请登记注册的企业名称经核准后，保留期为 1 年。经批准有筹建期的，企业名称保留到筹建期终止。在保留期内不得用于从事生产经营活动。保留期届满不办理企业开业登记的，其企业名称自动失效，企业应当在期限届满之日起 10 日内将《企业名称登记证书》交回登记主管机关。

另外，我国对公司类企业的名称预先核准登记有一些特别的规定。根据《公司登记管理条例》第 17 条的规定，设立公司应当申请名称预先核准。法律、行政法规或者国务院决定规定设立公司必须报经批准，或者公司经营范围中属于法律、行政法规或者国务院决定规定在登记前须经批准的项目的，应当在报送批准前办理公司名称预先核准，并以公司登记机关核准的公司名称报送批准。第 18 条规定，设立有限责任公司，应当由全体股东指定的代表或者共同委托的代理人向公司登记机关申请名称预先核准；设立股份有限公司，应当由全体发起人指定的代表或者共同委托的代理人向公司登记机关申请名称预先核准。申请名称预先核准，应当提交下列文件：①有限责任公司的全体股东或者股份有限公司的全体发起人签署的公司名称预先核准申请书；②全体股东或者发起人指定代表或者共同委托代理人的证明；③国家工商行政管理总局规定要求提交的其他文件。第 19 条规定，预先核准的公司名称保留期为 6 个月。预先核准的公司名称在保留期内，不得用于从事经营活动，不得转让。

（二）申请

申请是指由商事主体创办人或商事主体提出的创设、变更商事主体或变更商事主体已登记的有关事项的行为。《企业法人登记管理条例》第 8 条规定，企业办理企业法人登记，由该企业的组建负责人申请。独立承担民事责任的联营企业办理企业法人登记，由联营企业的组建负责人申请。《公司登记管理条例》第 20 条规定，设立有限责任公司，应当由全体股东指定的代表或者共同委托的代理人向公司登记机关申请设立登记。设立国有独资公司，应当由国务院或者地方人民政府授权的本级人民政府国有资产监督管理机构作为申请人，申请设立登记。法律、行政法规或者国务院决定规定设立有限责任公司必须报经批准的，应当自批准之日起 90 日内向公司登记机关申请设立登记；逾期申请设立登记的，申请人应当报批准机关确认原批准文件的效力或者另行报批。第 21 条规定，设立股份有限公司，应当由董事会向公司登记机关申请设立登记。以募集方式设立股份有限公司的，应当于创立大会结束后 30 日内向公司登记机关申请设立登记。

根据商事主体的不同，我国法律规定了不同的申请条件，申请时提交的文件和证件也各不相同。《企业法人登记管理条例》第 7 条规定，申请企业法人登记的单位应当具备下列条件：①名称、组织机构和章程；②固定的经营场所和必要的设施；③符合国家规定并与其生产经营和服务规模相适应的资金数额和从业人员；④能够独立承担民事责任；⑤符合国家法律法规和政策规定的经营范围。

《公司登记管理条例》第20条规定了申请设立有限责任公司应当向公司登记机关提交的文件：①公司法定代表人签署的设立登记申请书；②全体股东指定代表或者共同委托代理人的证明；③公司章程；④依法设立的验资机构出具的验资证明，法律、行政法规另有规定的除外；⑤股东首次出资是非货币财产的，应当在公司设立登记时提交已办理其财产权转移手续的证明文件；⑥股东的主体资格证明或者自然人身份证明；⑦载明公司董事、监事、经理的姓名、住所的文件以及有关委派、选举或者聘用的证明；⑧公司法定代表人任职文件和身份证明；⑨企业名称预先核准通知书；⑩公司住所证明；⑪国家工商行政管理总局规定要求提交的其他文件。外商投资的有限责任公司的股东首次出资额应当符合法律、行政法规的规定，其余部分应当自公司成立之日起2年内缴足，其中，投资公司可以在5年内缴足。法律、行政法规或者国务院决定规定设立有限责任公司必须报经批准的，还应当提交有关批准文件。

《公司登记管理条例》第21条规定了申请设立股份有限公司应当向公司登记机关提交的文件：①公司法定代表人签署的设立登记申请书；②董事会指定代表或者共同委托代理人的证明；③公司章程；④依法设立的验资机构出具的验资证明；⑤发起人首次出资是非货币财产的，应当在公司设立登记时提交已办理其财产权转移手续的证明文件；⑥发起人的主体资格证明或者自然人身份证明；⑦载明公司董事、监事、经理姓名、住所的文件以及有关委派、选举或者聘用的证明；⑧公司法定代表人任职文件和身份证明；⑨企业名称预先核准通知书；⑩公司住所证明；⑪国家工商行政管理总局规定要求提交的其他文件。以募集方式设立股份有限公司的，还应当提交创立大会的会议记录；以募集方式设立股份有限公司公开发行股票的，还应当提交国务院证券监督管理机构的核准文件。法律、行政法规或者国务院决定规定设立股份有限公司必须报经批准的，还应当提交有关批准文件。

《公司登记管理条例》第22条还规定，公司申请登记的经营范围中属于法律、行政法规或者国务院决定规定在登记前须经批准的项目的，应当在申请登记前报经国家有关部门批准，并向公司登记机关提交有关批准文件。

（三）审查与受理

审查是指接受登记申请的具体管辖机关，在收到申请者所提交的申请之后，于法定期限内，对申请者所提交的申请内容依法进行审查的活动。从商事登记的历史发展来看，审查可分为三种：其一，形式审查，即登记机关仅对申请是否符合法律要求进行审查，而不对登记事项的真伪负责调查核实，由申请人对申请材料的真实性负责；其二，实质审查，即登记机关不仅对申请从形式上审查其是否合法，而且对申请事项予以调查核实，以保证登记事项的真实性、准确性和完整性；其三，折中审查，即登记机关对登记事项有重点地进行审查，尤其对有疑问的事项予以审查，如果发现有不符合法律规定的，则不予登记。但已登记的事项不能因此而推定为完全真实，其登记事项的真伪最终取决于执法机关的裁决。

我国目前采取形式审查为主，实质审查为辅的原则。这体现在我国相关法律规范之中。

我国《企业登记程序规定》第9条规定，登记机关收到登记申请后，应当对申请材料是否齐全、是否符合法定形式进行审查。申请材料齐全是指具备国家工商行政管理总局依照企业登记法律、行政法规和规章公布的要求申请人提交的全部材料。申请材料符合法定形式是指申请材料符合法定时限、记载事项符合法定要求、文书格式符合规范。第10条规定，经对申请人提交的登记申请审查，企业登记机关应当根据下列情况分别作出是否受理的决定：①申请材料齐全、符合法定形式的，应当决定予以受理。②申请材料齐全并符合法定形式，但申请材料需要核实的，应当决定予以受理，同时书面告知申请人需要核实的事项、理由及时间。③申请材料存在可以当场更正的错误的，应当允许有权更正人当场予以更正，由更正人在更正处签名或者盖章、注明更正日期；经确认申请材料齐全，符合法定形式的，应当决定予以受理。④申请材料不齐全或者不符合法定形式的，应当当场或者在5日内一次告知申请人需要补正的全部内容；告知时，将申请材料退回申请人并决定不予受理；属于5日内告知的，应当收取材料并出具收到材料凭据。⑤不属于企业登记范畴或者不属于本机关登记管辖范围的事项，应当即时决定不予受理，并告知申请人向有关行政机关申请。通过邮寄、传真、电子数据交换、电子邮件等方式提交申请的，应当自收到申请之日起5日内作出是否受理的决定。第15条规定，企业登记机关决定予以受理的，应当出具《受理通知书》；决定不予受理的，应当出具《不予受理通知书》，并注明不予受理的理由。

《公司登记管理条例》第52条规定，公司登记机关应当根据下列情况分别作出是否受理的决定：①申请文件、材料齐全，符合法定形式的，或者申请人按照公司登记机关的要求提交全部补正申请文件、材料的，应当决定予以受理。②申请文件、材料齐全，符合法定形式，但公司登记机关认为申请文件、材料需要核实的，应当决定予以受理，同时书面告知申请人需要核实的事项、理由以及时间。③申请文件、材料存在可以当场更正的错误的，应当允许申请人当场予以更正，由申请人在更正处签名或者盖章，注明更正日期；经确认申请文件、材料齐全，符合法定形式的，应当决定予以受理。④申请文件、材料不齐全或者不符合法定形式的，应当当场或者在5日内一次告知申请人需要补正的全部内容；当场告知时，应当将申请文件、材料退回申请人；属于5日内告知的，应当收取申请文件、材料并出具收到申请文件、材料的凭据，逾期不告知的，自收到申请文件、材料之日起即为受理。⑤不属于公司登记范畴或者不属于本机关登记管辖范围的事项，应当即时决定不予受理，并告知申请人向有关行政机关申请。公司登记机关对通过信函、电报、电传、传真、电子数据交换和电子邮件等方式提出申请的，应当自收到申请文件、材料之日起5日内作出是否受理的决定。第54条规定，公司登记机关对决定予以受理的登记申请，应当分别情况在规定的期限内作出是否准予登记的决定：①对申请人到公司登记机关提出的申请予以受理的，应当当场作出准予登记的决定。②对申请人通过信函方式提交的申请予以受理的，应当自受理之日起15日内作出准予登记的决定。③通过电报、电传、传真、电子数据交换和电子邮件等方式提交申请的，申请人应当自收到《受理通知书》之日起15日内，提交与电报、电传、传真、电子数据交换和电子邮件等内容一致并符合法定形式的申请文件、材料原件；申请人到公司登记机关提交申请文件、材料原件的，应当当场作出准予登记的决定；申请人通过信函方式提交申请文件、材料原件的，应当自受理之日起15日内作出准予登记的决定。

④公司登记机关自发出《受理通知书》之日起60日内，未收到申请文件、材料原件，或者申请文件、材料原件与公司登记机关所受理的申请文件、材料不一致的，应当作出不予登记的决定。公司登记机关需要对申请文件、材料核实的，应当自受理之日起15日内作出是否准予登记的决定。

需要说明的是，有学者认为，我国商事登记曾长期实行实质审查主义，但经过改革，我国的立法已改采用形式审查主义。并援引《公司法》第6条、《公司登记管理条例》第10条、第52条、第54条及《合伙企业法》第10条的规定，认为“这表明，虽然我国至今无统一的商事登记法，但现有的商事登记法律规范确认的是形式审查主义，而没有赋予登记主管机关实质审查的权限。”[①]但根据我国《公司登记管理条例》第52条规定的“申请文件、材料齐全，符合法定形式，但公司登记机关认为申请文件、材料需要核实的，应当决定予以受理，同时书面告知申请人需要核实的事项、理由以及时间”，《企业登记程序规定》第10条规定的“申请材料齐全并符合法定形式，但申请材料需要核实的，应当决定予以受理，同时书面告知申请人需要核实的事项，理由及时间”及第11条规定的“企业登记机关认为需要对申请材料的实质内容进行核实的，应当派两名以上工作人员，对申请材料予以核实。经核实后，提交‘申请材料核实情况报告书’，根据核实情况作出是否准予登记的决定”等内容来看，我国登记主管机关还是拥有一定的实质审查的权限的。

（四）核准发照

登记机关在收到申请人的申请及相关的材料并予以审核之后，应在法定期限内将审核结果，即核准登记或不予登记的决定及时通知申请人。对具备法人条件的企业，核发企业法人营业执照；对不具备法人条件的，发营业执照；对外商投资企业设立的分支机构，核发中华人民共和国营业执照；对外商投资企业设立的办事机构，核发外商投资企业办事机构注册证。对予以核准登记的商事主体，登记主管机关应当分别编定注册号码，在颁发的证照上加以注明，并记入登记档案。

（五）公告

公告即将登记的有关事项，通过特定的公开方式让公众周知。公告具有便于商事交易的进行、便于社会公众的监督、便于保障商事主体的合法权益等作用。商事登记之后，应当及时予以公告。

二、变更登记

商事主体登记注册的事项在登记注册后发生变化的，应在法定期限内向原登记机关申请变更登记，未经核准变更登记的，不得擅自改变。申请变更登记应提交的文件主要有：法定代表人签署的变更登记申请书，商事主体作出的变更决议或决定及法律规定的其他文件。

---

① 王保树. 商法总论. 北京：清华大学出版社，2007.108~109

登记机关对于商事主体变更登记的申请，应进行审查，符合法律规定的，予以变更登记，其审查、登记以及公告的程序与设立登记的同类程序相同。变更登记事项涉及营业执照载明事项的，登记机关应当换发营业执照。

三、注销登记

商事主体终止营业时，应当向原登记机关申请办理注销登记。商事主体在申请登记注销时应提交相关的法律文件。登记机关对于商事主体注销登记的申请，应进行审查，符合法律规定的，予以注销登记，其审查、登记以及公告的程序与设立登记的同类程序相同。同时应撤销注册号，收缴营业执照正、副本和公章，并通知开户银行。经登记机关核准注销登记，商事主体终止。

第五节 商事登记的效力

商事登记的效力在法律理论和司法实践中主要涉及两个方面的内容：一是对商事主体的效力；二是对第三人的效力，其中包括未履行商事登记的事项在法律上对第三人的效力及已履行商事登记的事项在法律上对第三人的效力。

一、商事登记对商事主体的效力

对于法律规定可以免登记的商人而言，其商人资格的取得及商人权利的享有和义务的承担不以登记为必要要件。商事登记对商主体效力的影响仅限于法律规定必须履行登记义务的商人。

1. 国外立法关于商事登记对商事主体的效力

各国法律中关于商事登记对商事主体效力的规定不尽相同，大致可以归纳为如下三种情形：①

其一，商事登记是商法人获得法律人格的必要条件，未经登记及宣告，商法人不能成立，其行为不能被视为商行为。但是，对于商个人和商合伙而言，商事登记仅仅具有宣告性，是其商人身份的法律认可。如果行为人未经登记而从事了商事经营活动，其不享有商人所享有的权利，但必须履行商人应履行的义务。德国、法国、瑞士的商法奉行这一原则。

其二，商事登记不是商事主体资格取得的必要条件，未经登记程序，行为人实施了商行为，同样可以享有商人的权利并履行商人的义务。商事登记的作用仅在于保护商号

① 赵旭东. 商法学教程. 北京：中国政法大学出版社， 2004.59
范健，王建文. 商法学. 北京：法律出版社，2007.61

和商事主体的商标等其他与商事主体相关的特殊权利。荷兰等国家的商法奉行这一原则。

其三，商事登记是各类商事主体成立的必要要件，未经商事登记程序，行为人即使实施了商事经营活动，也不享有商人的权利，同时也不必履行商人的义务，该行为可被认定为无效行为。

2. 我国立法关于商事登记对商事主体的效力

根据我国商事登记立法，商事登记对商事主体产生以下效力：

第一，取得商法人资格或商事经营资格的效力。

在我国，根据工商登记立法的规定，商事登记不仅是商法人取得法人资格的前提条件，也是不具备法人条件的商事主体取得商事经营资格的前提条件。我国法律严禁未经登记的无照经营行为。我国《企业法人登记管理条例》第 3 条规定，申请企业法人登记，经企业法人登记主管机关审核，准予登记注册的，领取《企业法人营业执照》，取得法人资格，其合法权益受国家法律保护。依法需要办理企业法人登记的，未经企业法人登记主管机关核准登记注册，不得从事经营活动。《企业法人登记管理条例施行细则》第 4 条规定，不具备企业法人条件的下列企业和经营单位，应当申请营业登记：①联营企业；②企业法人所属的分支机构；③外商投资企业设立的分支机构；④其他从事经营活动的单位。《企业法人登记管理条例施行细则》第 36 条规定，登记主管机关应当对申请单位提交的文件、证件、登记申请书、登记注册书以及其他有关文件进行审查，核实开办条件，经核准后分别核发下列证照：①对具备企业法人条件的企业，核发《企业法人营业执照》；②对不具备企业法人条件，但具备经营条件的企业和经营单位，核发《营业执照》；③对外商投资企业设立的办事机构，核发《外商投资企业办事机构注册证》。

第二，取得商行为营业的效力。

商事立法不同于一般民事立法，商主体在取得商事权利能力后并不当然同时取得相应的商事行为能力，其还要履行一定的手续才能进行商事营业。如在获准开业后，要申领营业执照或申请营业登记，再凭营业执照或营业登记办理税务登记、刻制公章、开立银行账户后才能进行正常的经营活动。我国《企业法人登记管理条例》第 16 条规定，申请企业法人开业登记的单位，经登记主管机关核准登记注册，领取《企业法人营业执照》后，企业即告成立。企业法人凭据《企业法人营业执照》可以刻制公章、开立银行账户、签订合同，进行经营活动。《公司登记管理条例》第 25 条规定，依法设立的公司，由公司登记机关发给《企业法人营业执照》。公司营业执照签发日期为公司成立日期。公司凭公司登记机关核发的《企业法人营业执照》刻制印章、开立银行账户、申请纳税登记。《企业登记程序规定》第 16 条规定，作出准予企业设立登记的，应当出具《准予设立登记通知书》，告知申请人自决定之日起 10 日内，领取营业执照。

第三，维持商主体事实存在的效力。

维持商主体事实存在的效力是指商主体虽不符合法律规定的取得商主体资格的实质要件，但一经登记即表明在事实上已经取得商主体资格，为了维护商法上的交易安全，在特定情形下一般不直接否定商主体的资格。一般的处理方法是对于其欠缺要件部分由商主体进行补正。这体现在我国下列法律规定之中：

我国《公司法》第199条规定，违反本法规定，虚报注册资本、提交虚假材料或者采取其他欺诈手段隐瞒重要事实取得公司登记的，由公司登记机关责令改正，对虚报注册资本的公司，处以虚报注册资本金额5%以上15%以下的罚款；对提交虚假材料或者采取其他欺诈手段隐瞒重要事实的公司，处以5万元以上50万元以下的罚款；情节严重的，撤销公司登记或者吊销营业执照。第200条规定，公司的发起人、股东虚假出资，未交付或者未按期交付作为出资的货币或者非货币财产的，由公司登记机关责令改正，处以虚假出资金额5%以上15%以下的罚款。

《公司登记管理条例》第25条规定，依法设立的公司，由公司登记机关发给《企业法人营业执照》。公司营业执照签发日期为公司成立日期。第68条规定，虚报注册资本，取得公司登记的，由公司登记机关责令改正，处以虚报注册资本金额5%以上15%以下的罚款；情节严重的，撤销公司登记或者吊销营业执照。第69条规定，提交虚假材料或者采取其他欺诈手段隐瞒重要事实，取得公司登记的，由公司登记机关责令改正，处以5万元以上50万元以下的罚款；情节严重的，撤销公司登记或者吊销营业执照。第70条规定，公司的发起人、股东虚假出资，未交付或者未按期交付作为出资的货币或者非货币财产的，由公司登记机关责令改正，处以虚假出资金额5%以上15%以下的罚款。

《企业登记程序规定》第17条规定，有下列情形之一的，企业登记机关或者其上级机关根据利害关系人的请求或者依据职权，可以撤销登记：①滥用职权、玩忽职守作出准予登记决定的；②超越法定职权作出准予登记决定的；③对不具备申请资格或者不符合法定条件的申请人作出准予登记决定的；④依法可以撤销作出准予登记决定的其他情形。被许可人以欺骗、贿赂等不正当手段取得登记的，应当予以撤销。依照前两款规定撤销登记，可能对公共利益造成重大损害的，不予撤销，应当责令改正或者予以纠正。

第四，维持商主体既往行为的效力。

维持商主体既往行为的效力是维持商主体事实存在的效力的自然延伸，即是对商主体事实存在期间所为的商行为的既有效力予以维护，以防止商主体利用欠缺商主体资格规避其应对善意第三人所承担的责任，从而避免置善意第三人于不利地位。

二、商事登记对第三人的效力

合法有效的商事登记，必然对第三人产生效力。但是，登记与公示是密切相连的一个完整的法律行为。考察各国司法实践，登记与公示对第三人的法律效力是一个颇为复杂的问题，主要包括以下几个方面：

1. 必须登记的事项在未履行登记或已履行登记但尚未公告的情况下对第三人的效力

目前多数国家法律规定，在商事交往中，必须在商事登记簿上登记的事项未履行登记或未予以公告的，任何该必须登记事项的参与人都不得以该事项来对抗第三人，除非第三人已经了解了该事项的真实情况。凡应登记的事项未经登记公告的，该事项存在与否，第三人自然难以知悉，在无特别理由的情况下，法律当然推定为第三人不知情。因此，在事项公告前，不得以该事项对抗第三人。如《德国商法典》第15条第1款规定："在应登入商业登记簿的事实尚未登记和公告期间，在其事务上应对此种事实进行登记的人，不得以此种事实对抗第三人，但此种事实为第三人所知的，不在此限。"

这一规则的前提是，第三人必须是真正的不知情人，必须对当事人在履行商事登记之前是否已具备商行为能力真正不知晓。由这种不知情推导出，第三人必须是登记相关事项的局外人，而不是参与人；第三人的不知情必须是善意的、积极的，而不能是由于第三人自己的严重过失所导致的不知情。此外，第三人由于不知情而产生的对原有事实的信任是导致其法律行为的直接原因。法律规定这一原则将直接导致两个结果：第一，未经登记的事项在法律上所导致的直接后果不能有利于负有登记义务的未登记事项参与人；第二，未登记事项在法律适用上必须有利于第三人。①

2. 应登记事项在得到正确登记和公告之后对第三人的效力

一些国家法律规定，如果登记事项已经登记并已经公布，该事项对第三人生效。但是，如果在登记事项公布之后一定时间内，第三人既不知道，也无责任必须知道该登记事项，那么，该登记事项对其法律行为不发生效力。对于这种不发生效力的有效期限，在时间上各国法律都有一个严格的限定。如《德国商法典》第 15 条第 2 款规定，"已经对此种事实进行登记和公告的，第三人必须承受事实的效力。对于在公告后十五日之内实施的法律行为，以此第三人证明其既不明知也不应知此种事实为限，不适用此种规定。"

另有观点认为，登记公告完成以后，不仅得以对抗知情的第三人，而且也可以对抗不知情的第三人。登记与公告的效力，在于公示商事营业上的一定事实，形成对抗力。②

3. 已登记事项在不真实的情况下对第三人的效力

一般来说，商事登记的效力的发生应以其登记内容的真实为前提。但在现实生活中，登记不真实的情况时有发生。其主要表现为：一是登记申请人因故意或过失提交不真实的登记信息；二是已登记事项发生变化，而登记义务人没有及时进行申请变更登记。对于已登记事项不真实的情况下对第三人的效力如何，国外立法一般为了保护登记及公告对社会公众的公信力，特规定因故意或过失进行情况不真实的登记义务人，不能以此虚假登记的事项对抗善意第三人。如《日本商法典》第 14 条规定："因故意或过失而登记不实事项者，不得以该事项的不实对抗善意第三人。"

4. 已登记事项在公告发生差错的情况下对第三人的效力

一些国家法律规定，如果登记事项公告有误，第三人可以针对负有登记义务的登记人，根据已公告之事实为法律行为。除非第三人已经知道公告事实有误。在此，第三人必须是善意第三人，必须是该事项的局外人，不能是该事项的直接参与人；同时，第三人对公告内容之信任必须是导致其法律行为的直接原因。这一规则的目的在于保护善意

---

① 赵旭东. 商法学教程. 北京：中国政法大学出版社，2004.60
范健，王建文. 商法学. 北京：法律出版社，2007.62

② 刘甲一. 商事法论. 台北：五南图书出版公司，1980.64

第三人，它加大了登记义务人的责任。[①] 如《德国商法典》第 15 条第 3 款规定："对应登记的事实已经进行不正确公告的，第三人可以对在其事务上应对此种事实进行登记的人援用已经公告的事实，但第三人明知不正确的，不在此限。"

在公告义务人不是登记义务人的情形下，登记义务人不应承担责任，而应由公告义务人承担责任。如法国 1967 年 3 月 23 日颁布的《行政规章》第 9 条规定，商事法院书记官对公告义务人的登记公告应当尽谨慎义务并且要承担法律责任。法国 1984 年 5 月 30 日修订的《行政规章》第 73 条也规定了同样的内容。据此，如果商事法院书记官在完成注册登记以后没有按照法律规定在民商事通告官方公报公告或者虽然进行了公告，但所公告的内容不完全或不准确，应当对第三人因此遭受的损失承担赔偿责任。此外，书记官在提供复印件、摘录或认证书时应尽合理注意义务，因为错误提供不完全或不准确的复印件、摘录或认证书而使第三人遭受损失时，应当对第三人承担民事责任。[②]

我国《企业法人登记管理条例》第 23 条规定，企业开业、变更名称、注销，由登记主管机关发布企业法人登记公告。未经登记主管机关批准，其他单位不得发布企业法人登记公告。我国立法只规定了登记主管机关的登记公告的发布权和授权发布单位的批准权，但并没有明确规定登记主管机关和授权发布单位因不当公告或错误公告的民事责任。因此，应当借鉴国外的立法，在我国立法中引入登记主管机关和授权发布单位因不当公告或错误公告应承担的民事责任的规定。

第六节　商事登记的监管

商事登记的监管可以从广义上和狭义上进行理解。从广义上讲，商事登记的监管包括登记主管机关的监管和社会公众的监管两个方面的内容。从狭义上讲，商事登记的监管仅指主管机关的监管。社会公众的监管主要是指社会公众有权查阅商事登记簿所载的可以依法进行公开的登记事项以及对不实登记事项予以举报的权利。本教材只讨论狭义上的商事登记的监管。商事登记的监管是指登记主管机关对商事主体的登记活动和登记公示依法进行的监督管理。其监管内容主要包括年度检验、证照管理和登记档案管理。需要指出的是，我国 1988 年颁布的《企业法人登记管理条例》赋予了登记主管机关广泛的监管职权。其第 29 条规定，登记主管机关对企业法人依法履行下列监督管理职责：①监督企业法人按照规定办理开业、变更、注销登记；②监督企业法人按照登记注册事项和章程、合同从事经营活动；③监督企业法人和法定代表人遵守国家法律、法规和政策；④制止和查处企业法人的违法经营活动，保护企业法人的合法权益。要履行好上述

① 赵旭东. 商法学教程. 北京：中国政法大学出版社，2004. 60
范健，王建文. 商法学. 北京：法律出版社，2007. 62

② 张民安. 商法总则制度研究. 北京：法律出版社，2007. 474~475

职责对登记主管机关来讲显然是力不从心的。

一、企业年度检验制度

企业年度检验制度指企业法人按照登记主管机关规定的时间提交年检报告书、资产负债表等，由登记机关对企业法人登记的主要事项进行审查。《企业年度检验办法》（2006 年修订）第 3 条规定："企业年度检验（以下简称年检），是企业登记机关依法按年度根据企业提交的年检材料，对与企业登记事项有关的情况进行定期检查的监督管理制度。"《企业法人登记管理条例》第 24 条规定："企业法人登记管理实行年度检验制度。企业法人应当按照登记主管机关规定的时间提交年检报告书、资金平衡表或考资产负债表。登记主管机关应当对企业法人登记的主要事项进行审查。"《企业年度检验办法》对年检的时间、年检的程序、年检的内容及法律责任等内容进行了规定。

二、证照管理制度

证照管理制度的内容主要有营业执照及其副本不得伪造、涂改、出租、出借、转让、出卖或擅自复印；执照或副本应悬挂在企业住所或主要经营场所；除登记主管机关依照法定程序可以扣缴或吊销外，其他任何单位不得收缴、扣押或损坏等。《企业法人登记管理条例》第 25 条规定，登记主管机关核发的《企业法人营业执照》是企业法人凭证，除登记主管机关依照法定程序可以扣缴或者吊销外，其他任何单位和个人不得收缴、扣押、毁坏。企业法人遗失《企业法人营业执照》、《企业法人营业执照》副本，必须登报声明后，方可申请补领。《企业法人营业执照》、《企业法人营业执照》副本，不得伪造、涂改、出租、出借、转让、出卖和擅自复印。《公司登记管理条例》第 63 条规定，《企业法人营业执照》、《营业执照》分为正本和副本，正本和副本具有同等法律效力。《企业法人营业执照》正本或者《营业执照》正本应当置于公司住所或者分公司营业场所的醒目位置。公司可以根据业务需要向公司登记机关申请核发营业执照若干副本。

三、登记档案管理

登记档案管理是指登记主管机关通过建立企业法人登记档案和登记统计制度，掌握企业法人登记有关的基础信息，为国家机关、企事业单位、社会团体等单位和个人提供各种形式的咨询服务，便于国家主管部门对企业结构和经济运行进行宏观调控。《企业法人登记管理条例》第 6 条规定，各级登记主管机关，应当建立企业法人登记档案和登记统计制度，掌握企业法人登记有关的基础信息，为发展经济服务。《企业法人登记管理条例施行细则》第 13 条规定，各级登记主管机关可以运用登记注册档案、登记统计资料以及有关的基础信息资料，向机关、企事业单位、社会团体等单位和个人提供各种形式的咨询服务。

案例分析

【案情】

1996 年 7 月，王某与上海某期货经纪公司签署《期货商务代理契约书》，先后投入 50 万元保证金进行期货交易。到 1997 年 8 月，王某的保证金已全部亏损，该期货经纪公司强行平仓后，还出现 20 万元的穿仓亏损。王某此时发现，该期货经纪公司未在国家工商局登记注册，仅持有上海市工商局于 1995 年核发的《企业法人营业执照》。于是王某向法院起诉，要求确认其与期货经纪公司签署的《期货商务代理契约书》无效，并要求该经纪公司返还 50 万元保证金及赔偿其利息损失。①

法院审理认为，根据《期货经纪公司登记管理暂行办法》第 2 条的规定，期货经纪公司必须办理登记才能从事期货经纪营业。第 4 条规定，期货经纪公司的登记机关为国家工商行政管理局。由于该公司没有办理登记手续，其不具有期货经纪商主体资格，其与王某签订的期货代理合同应属无效合同。根据最高人民法院颁布的《关于审理期货纠纷案件座谈会纪要》，没有从事期货经纪业务的主体资格而从事期货经纪业务的行为为无效行为。如果有证据证明期货经纪公司已经按照客户的指令，进入期货交易市场进行交易，客户的损失属于正常风险损失，由客户自己承担。据此法院作出判决，王某的 50 万元保证金已全部亏损，由其自己承担。期货经纪公司强行平仓后，出现 20 万元的穿仓亏损，由期货经纪公司承担。

【解析】

本案中，期货经纪公司的登记管辖权在国家工商行政管理局。上海市工商局于 1995 年核发的《企业法人营业执照》属于越权行为，应归于无效。故期货经纪公司并没有取得期货经纪商主体资格，其与王某签订的期货代理合同应属无效合同。但本案对无效合同的处理并没有按《民法通则》和《合同法》所规定的一般民事行为无效的原则进行处理，而是充分考虑到典型商事合同及商事行为的特殊性进行处理。期货代理合同作为典型商事合同及期货经纪业务作为典型商事行为，对行为双方提出了更高的注意义务，其应充分认识到期货交易商业活动的高风险，对于按客户指令所进行的期货交易所带来的正常风险理应由行为人自己承担。故本案中法院判决由客户和期货公司各自承担各自行为的风险损失。法院判决是恰当的。

---

① 范健. 商法教学案例. 北京：法律出版社，2004. 7

第八章　公司法

公司是现代市场经济条件下投资者所普遍采取的企业组织形式。虽然公司的数量在整个企业数量中不算最多，但是公司的经济实力却是其他企业组织形式所无法比拟的。我国《公司法》颁布于1994年，先后经过1999年、2004年和2005年三次修改。2005年公司法的修改不仅反映了制度与条文的变更，更体现了立法指导思想由管制到放松的转变。

我国公司法分别规定了有限责任公司、国有独资公司、一人公司、股份有限公司和上市公司等公司类型，并对具体制度作出了规定，包括公司的设立、公司的内部组织机构、公司债券、公司的财务会计、公司的合并分立和注册资本的增减、公司的破产解散和清算等。本章以我国公司法规定为依托，介绍了国外公司法相关制度，涉及了公司法热点问题，分析了公司法典型案例。希望通过本章的学习，学生能掌握公司法基本制度并能够具体运用。

学术热点：2005年公司法的修改，不仅体现了公司法制度的引进和创新，更体现了立法指导思想由管制到自由的转变。在这种大的思潮下，公司法中公司最低注册资本额的放松、公司形式的多元化、股东权利的大幅增加、监事会职能的充实、独立董事制度的引入、董事信义义务的出现、公司社会责任理论的提出，以及揭开公司法人面纱制度的承认，都反映了公司法越来越适应纷繁复杂的经济实践。然而，公司法不仅是一部静态的法律，更是一部可以被诉的法律，实践中的公司案例将更能够使公司法成为一部活的法律。

第一节　公司和公司法概述

一、公司的概念和特征

（一）概念

公司是社会经济活动中最重要的组织形式。但是在不同国家，由于立法习惯及法律体系的差异，公司的概念也不尽相同。大陆法系国家一般对公司作出严格界定。《日本商法》第 52 条规定："本法所称公司，谓以实施商行为为目的而设立的社团。"《法国商事公司法》第 34 条第 1 款规定："有限责任公司是由一人或若干人仅以其出资额为限承担责任的损失而设立的公司。"我国台湾地区《公司法》规定，公司是"以营利为目的的，依照本法组织、登记、成立的社团法人"。可见，大陆法系国家一般认为，公司是依法设立的以营利为目的的社团法人。

英美法系国家一般不对公司作出明确界定。英国公司法没有对公司下一个直接定义，而是将公司视同为法人。英国 1985 年《公司法》第 1 条规定，任何两人或两人以上为了合法目的均可依照本法规定组成有限责任或无限责任的公司法人。美国《示范公司法》规定，商事公司是"指公司以营利为目的，而又非境外公司，且以本法之规定组织设立者"。我国《公司法》规定，公司是指股东依照法律规定，在我国境内设立的，股东以其认缴的出资额或者认购的股份为限对公司承担责任，公司以其全部财产对公司债务承担责任的企业法人。

（二）特征

1. 营利性

公司的营利性，是指公司的目的是谋求股东利益最大化，即股东至上（shareholder primacy）。股东至上是西方国家公司法和公司治理上的主导性理论。但是，到了 20 世纪 30 年代，一系列由于公司行为而引发的社会问题日益凸现，相应的，强调保护雇员、债权人、社区等利益相关者利益的公司社会责任理论（corporate social responsibility）出现了。公司社会责任理论认为，董事在作出经营决策的时候，不仅要考虑股东的利益，而且要考虑公司、雇员、债权人、社区等利益相关者的利益。尽管公司社会责任理论的出现对股东至上构成了一定冲击，但是迄今依然没有能够撼动股东至上的支配性地位。

2. 社团性

社团是大陆法系国家的特有术语，是指两个以上的人为了一定目的而结成的团体。以经济目的而结成的社团，被称为营利性社团，比如公司。以非经济目的而结成的社团，被称为非营利性社团，比如各种协会。与社团相对应的是财团。财团是指以具有一定目的的财产为基础而组成的集合体，比如诺贝尔基金会、宋庆龄基金会等。传统公司法理论认为，公司具有社团性，但是随着一人公司的出现，公司社团性已经被突破。

3. 法人性

公司的法人性主要体现在三个方面：①公司拥有独立的财产。公司的财产主要是由股东出资构成的，公司经营过程中所积累的利润也是公司财产的来源。在公司法理论上，股东在出资之后，对出资不再享有所有权，而只能依据出资对公司享有股权；出资之后的财产形成了公司的财产，公司对该财产享有完全的法人财产权。②公司设有独立的组织机构。公司的组织机构包括公司的管理机构和公司的业务活动机构。公司的管理机构包括股东大会、董事会、监事会、经理等。公司的业务活动机构包括公司的科室、会计、审计、销售机构等。③公司能够独立承担法律责任。公司以其全部资产对债务承担责任，在一般情况下，不会追究股东的责任。但是，如果股东滥用公司法人人格导致公司对外承担债务，在公司资产不足以清偿债务的情况下，该股东要以其个人财产清偿债务。

二、公司的种类

（一）学理分类

1. 人合公司、资合公司、人合兼资合公司

这是依据公司的信用基础所作的分类。如果公司的信用基础是投资人的个人信用，这种公司被称为人合公司，典型代表是无限公司。如果公司的信用基础是公司财产的信用，这种公司被称为资合公司，典型代表是股份有限公司。如果公司信用既反映为公司投资人的个人信用也反映为公司资产的信用，这种公司被称为人合兼资合公司，典型代表是两合公司和股份两合公司。

2. 母公司、子公司

这是依据公司与公司之间的管理与被管理关系所作的分类。如果一家公司对另一家公司形成绝对控股或者相对控股，并参与其经营管理，第一家公司被称为母公司，第二家公司被称为子公司。母公司和子公司都是独立的法人。

3. 总公司、分公司

总公司、分公司与母公司、子公司在关系上有些类似，但是分公司的法律地位与子公司完全不同。分公司不是独立的法人，不能以自己的财产独立承担法律责任，如果分公司的财产不足以清偿债务，要由总公司负责清偿。所以，分公司不是法律意义上的公司，而只是总公司的分支机构或者部门。

4. 本国公司、外国公司和多国公司

这是根据公司的国籍所作的分类。判断公司国籍的标准主要包括：①住所地；②登记国；③设立人国籍；④实际控制说；⑤复合标准。我国采取的是复合标准，即不仅考察公司的住所地，也要考察公司的登记地。所以，我国公司是指依照我国法律的规定，在我国境内设立的，并在我国取得工商登记的公司。外国公司是指不具有本国国籍而具有外国国籍的公司。多国公司（multinational company，transnational company），也叫做跨国公司，是指由母公司和设立在各国的子公司、分公司共同构成的集团。

5. 关联公司与公司集团

关联公司，也叫做关联企业。广义的关联公司，指两个以上独立的但是彼此之间存在稳定的、密切的业务联系或者投资关系的公司。狭义的关联公司，则仅指存在持股关系但是没有达到控制程度的公司。通常所称的关联公司指广义的关联公司。在我国，具有现实意义的是上市公司的关联公司，证券法中有许多涉及关联关系或者关联交易的法律规定。

公司集团，也叫做企业集团。它是指在统一的管理下，由法律上相互独立的若干企业或者公司组成的团体。公司集团中处于主导地位的是母公司或者支配公司，公司集团的成员是关联公司。公司集团只是表明母公司与众多子公司之间的一种特殊联系，其本身并不成为一个独立的法律主体，不具有法人地位。

(二) 法律分类

1. 大陆法系国家的分类

在大陆法系国家，公司包括无限公司、两合公司、有限责任公司、股份有限公司和股份两合公司五种。

(1) 无限公司 (unlimited liability company)。无限公司是最早出现的公司形式，是指股东对公司的债务承担无限责任的公司。无限公司与英美法系国家的普通合伙基本一致。

(2) 两合公司 (joint liability company)。两合公司是指由两个以上的投资者共同投资，一个以上的投资者对公司债务承担有限责任，一个以上的投资者对公司债务承担无限连带责任的公司。两合公司与英美法系国家的隐名合伙或者有限合伙基本一致。

(3) 股份有限公司 (joint stock limited company)。股份有限公司是指公司的全部资产划分为等额股份，股东以其所认购的股份为限对公司承担责任，公司以其全部资产对外承担责任的公司。早期的股份有限公司是经国王特许设立的，比如 1600 年的英国东印度公司和 1602 年的荷兰东印度公司。

(4) 股份两合公司 (joint stock company)。股份两合公司是指由一个以上承担无限责任的股东和一个以上承担有限责任的股东所组成的公司。由于股份两合公司不能适应市场经济的高度发展，目前在欧洲大陆国家基本上不存在股份两合公司，日本也在相关法律中废除了股份两合公司制度。

(5) 有限责任公司 (limited liability company)。有限责任公司是指由一定人数以上的股东出资，股东以其出资额为限对公司承担责任，公司以其全部资产为限对公司债务承担责任的公司。有限责任公司中的股东关系比较紧密，股东的出资转让权受到一定限制，从而体现出了一定的人合性；而公司股东不能以信用出资，从而又具有一定的资合性。德国 1892 年《有限责任公司法》首先确认了有限责任公司制度。此后，有限责任公司制度被奥地利、瑞士、法国、比利时等大陆法系国家所借鉴。

2. 英美法系国家的分类

(1) 封闭性公司和开放性公司。封闭性公司和开放性公司的划分标准是股东人数的多少以及股票是否能够自由转让。封闭性公司又称为私公司、不公开公司、少数人公司，在英国公司法上被称为 private company，在美国法上被称为 close company，是指股东人数较少，股份不能自由转让的公司。开放性公司又称为公开公司、公共公司、多数人公司或者上市公司，在英国法上被称为 public company，是指股东人数较多，股份能够在证券交易所自由转让的公司。

(2) 美国法上的"有限责任公司" (limited liability company)。美国法上的有限责任公司与大陆法上的有限责任公司虽然名称相同，但是内涵却不一样。我国的有限责任公司指股东人数有限，股东不仅要对分红缴纳个人所得税，公司也要对利润缴纳企业所得税的公司，即双重纳税。美国法上的有限责任公司的特点在于，股东需要对分红交纳个人所得税，公司层面的税收经常可以得到减免，即单重纳税。1994 年，美国"统一州法全国委员会"制定了《统一有限责任公司法》的示范法，1996 年，又对该示范法进行了修正。

3. 我国公司法上的分类

我国公司法规定了两种公司形式：有限责任公司和股份有限责任公司。其中，有限责任公司包括了两种特殊的公司形式，即国有独资公司和一人公司。股份有限公司中的特殊形式是上市公司，即公司股票能够在“证券交易所”上市交易的股份有限公司。

三、公司法概述

（一）概念

公司法是规定各种公司的设立、组织、活动、清算以及其他对内对外法律关系的法律规范的总称。广义上的公司法包括《中华人民共和国公司法》、《公司登记条例》、《中外合资经营企业法》等有关规范性文件。狭义上的公司法仅仅指《中华人民共和国公司法》。

（二）性质

1. 组织法兼行为法，以组织法为主

公司法主要规范公司的设立、股东的权利义务、公司组织机构、公司合并分立和解散等。至于公司发行股票或者债券的条件和程序则由证券法加以规制；公司对外交易，则由合同法加以规制；公司涉及垄断或者不正当竞争，则由反垄断法或者反不正当竞争法加以规制。所以，一般认为，公司法是一部以组织法为主的法律。

2. 私法兼具公法规范，以私法为主

私法与公法是古罗马法学家乌尔比安所作的划分。他认为，公法是与国家行为密切相关的法律，私法是与公民行为密切相关的法律。一般认为，刑法、行政法是典型的公法，而民法是典型的私法。一般认为公司法属于私法范畴，但是公司法中的许多强行性规范使公司法又具有了公法性质。所以，一般认为，公司法是具有公法倾向的私法规范。

3. 国内法兼具国际性

公司法是一国立法机关所制定的规范性文件，因此属于国内法。但是随着经济全球化、世界经济一体化的趋势不断加强，跨国交易频繁发生，以公司为主体所从事的商事实践日益具有涉外性。因此，一国公司法为了适应这种趋势，不断采取国际通行制度，最终反映为各国公司法的概念和制度逐渐趋同。此外，公司法的国际性还体现在各国尝试采取统一公司法规范的努力上。欧洲经济共同体采取了制定公约、发布指令、制定统一的欧洲公司法三种方式来协调和统一成员国的公司法。

第二节 公司内部组织机构

一、公司内部组织机构与公司治理

公司内部组织机构的设置与公司治理密切相关。所谓公司治理，就是实现组织机构之间的权力制约与权利平衡。世界各国的公司治理模式主要有三种：①英美模式的单层制，即股东会下面设董事会，董事会下设委员会，其中独立董事在各个重要的委员会中任职，独立董事起到监督作用。英美国家的公司下面不再单设监督机构。②德国模式的双层制，即在股东大会下面设监事会，由监事会选举董事会，由董事会负责公司的具体经营管理。监事会具有监督董事会的极大权利，体现在任免董事、决定董事报酬以及重大事务的批准权。③日本模式的双层制，即股东会选举董事会和监事会，其中，董事会负责具体的经营管理，监事会负责监督董事会和经理层。但是现在的日本商法典已经规定，公司可以自由选取究竟是采纳美国的单层制，还是原先日本的双层制。我国采取的是日本原先的双层制模式，即股东会选举董事会和监事会，其中，董事会负责经营管理，监事会负责监督业务。

二、股东（大）会

（一）概念

股东(大）会，是指依法由全体股东组成的公司权力机构。这一定义具有两重含义：①股东（大）会作为公司的组织机构之一，是公司的最高权力机关；②股东（大）会是公司必须设立的组织机构。有限责任公司人数较少，规模较小的，可以不设股东会。国有独资公司不设股东会，而由国家授权投资的机构和部门授权董事会行使部分股东会职权。中外合资经营企业不设股东会，设立董事会行使股东会的部分职权。

（二）种类

股东（大）会的会议一般分为定期会议和临时会议两种。定期会议，也称普通会议、股东常会、股东年会，是指依据法律或者公司章程的规定在一定时间内必须召开的股东会议。定期会议主要解决股东（大）会职权范围内的重大事项。我国公司法规定，股东（大）会的定期会议必须每年召开一次。一般有限责任公司的股东会年会于每个会计年度结束之后即行召开；股份有限公司的股东大会年会一般于会计年度结束后 6 个月内召开。

临时会议，也称特别会议，是指由于发生法定事由或者根据法定人员、机构的提议而召开的股东会议。我国《公司法》第 40 条规定，有限责任公司中代表 1/10 以上表决权的股东、1/3 以上的董事、监事会或者不设监事会的公司的监事提议召开临时会议的，应当召开临时会议。根据《公司法》第101条的规定，股份有限公司有下列情形之一的，应当在两个月内召开临时股东大会：①董事人数不足本法规定人数或者公司章程所定人数的2/3时；②公司未弥补的亏损达实收股本总额2/3时；③单独或者合计持有公司10%以上股份的股东请求时；④董事会认为必要时；⑤监事会提议召开时；⑥公司章程规定的其他情形。

（三）职权

从理论上讲，股东对于公司的任何事务都享有决定权，行使权利的平台就是股东会。但是，在现代公司中，股东非常分散，而且许多股东对于决策并不热衷，还有一些股东欠缺一定的决策能力，所以，由股东会来决定公司一切事务的模式日益显得不够现实。相应的，本属于股东会的许多权利被转移给董事会行使，从而形成了“股东会中心主义”向“董事会中心主义”的转变。不过，对于一些重大的职权，依然授予股东会行使，并由公司法加以确定。除此之外的其他职权，在很大程度上授予董事会行使。

我国公司法规定，股东（大）会行使下列职权：①决定公司的经营方针和投资计划；②选举和更换非由职工代表担任的董事、监事，决定有关董事、监事的报酬事项；③审议批准董事会的报告；④审议批准监事会或者监事的报告；⑤审议批准公司的年度财务预算方案、决算方案；⑥审议批准公司的利润分配方案和弥补亏损方案；⑦对公司增加或者减少注册资本作出决议（特别决议）；⑧对发行公司债券作出决议；⑨对公司合并、分立、解散、清算或者变更公司形式作出决议；⑩修改公司章程；⑪公司章程规定的其他职权。

（四）召集

我国公司法对有限责任公司的股东会与股份有限公司的股东大会的召集人作出了相似但又不同的规定。对有限责任公司股东会的召集与主持，《公司法》第39条规定，首次股东会会议由出资最多的股东召集和主持，依照本法规定行使职权。《公司法》第41条规定，有限责任公司设立董事会的，股东会会议由董事会召集，董事长主持；董事长不能履行职务或者不履行职务的，由副董事长主持；副董事长不能履行职务或者不履行职务的，由半数以上董事共同推举1名董事主持。有限责任公司不设董事会的，股东会会议由执行董事召集和主持。董事会或者执行董事不能履行或者不履行召集股东会会议职责的，由监事会或者不设监事会的公司的监事召集和主持；监事会或者监事不召集和主持的，代表1/10以上表决权的股东可以自行召集和主持。对股份有限公司股东大会的召集与主持，《公司法》第102条规定，股东大会会议由董事会召集，董事长主持；董事长不能履行职务或者不履行职务的，由副董事长主持；副董事长不能履行职务或者不履行职务的，由半数以上董事共同推举1名董事主持。董事会不能履行或者不履行召集股东大会会议职责的，监事会应当及时召集和主持；监事会不召集和主持的，连续90日以上单独或者合计持有公司10%以上股份的股东可以自行召集和主持。

此外，我国公司法还规定了股东（大）会召集的通知程序。对有限责任公司股东会召集的通知程序，《公司法》第42条规定，召开股东会会议，应当于会议召开15日以前通知全体股东；但是，公司章程另有规定或者全体股东另有约定的除外。对股份有限公司股东大会召集的通知程序，《公司法》第 103 条第 1 款规定，召开股东大会会议，应当将会议召开的时间、地点和审议的事项于会议召开 20 日前通知各股东；临时股东大会应当于会议召开 15 日前通知各股东；发行无记名股票的，应当于会议召开 30 日前公告会议召开的时间、地点和审议事项。

（五）决议

决议一般采取投票方式。

(1) 本人投票制与委托投票制。

本人投票制是指股东亲自出席股东（大）会并进行投票。委托投票制是指公司股东委托代理人出席股东（大）会并进行投票。在公司控制权因收购、重组等活动发生移转时，委托投票制能够发挥出相当的制约作用。

(2) 直接投票制与累积投票制。

直接投票制反映了公司法上的资本多数决原则，贯彻了大股东控制公司的基本理念。累积投票制适用于董事的选举，有利于保证中小股东能将其代言人选进董事会。《公司法》第 106 条规定，股东大会选举董事、监事，可以依照公司章程的规定或者股东大会的决议，实行累积投票制。

(3) 决议类型。

股东（大）会的决议分为普通决议和特别决议。普通决议是指一项决议必须经代表 1/2 以上表决权的股东通过的决议。特别决议是指一项决议必须经代表绝对多数表决权的股东通过方为有效的决议。《公司法》第 44 条规定，有限责任公司股东会会议作出修改公司章程、增加或者减少注册资本的决议，以及公司合并、分立、解散或者变更公司形式的决议，必须经代表 2/3 以上表决权的股东通过。《公司法》第 104 条规定，股份有限公司股东大会作出修改公司章程、增加或者减少注册资本的决议，以及公司合并、分立、解散或者变更公司形式的决议，必须经出席会议的股东所持表决权的 2/3 以上通过。

三、董事会

（一）概念

董事会是指依法由股东（大）会选举产生的，代表公司并行使经营决策权的公司常设机关。董事会具有以下特点：①董事由股东（大）会选举产生，并对其负责；②董事会是公司的常设机关，但是如果公司股东人数较少，规模较小，也可以不设董事会，设 1~2 名执行董事；③董事会对外代表公司，公司董事长可以成为公司法定代表人；④董事会是公司的经营决策机关，董事会聘任经理负责公司日常事务的执行，经理对董事会负责；⑤董事会决策实行集体决策，每人一票，所以董事会的组成人数应当是单数。

（二）会议种类

董事会会议分为普通会议与临时会议。普通会议是在公司章程规定的时间召开的例会。我国公司法没有对有限责任公司董事会会议召开的次数予以规定，但规定股份有限公司每年至少召开两次董事会会议。临时会议是指当公司遇到重大问题需要及时解决时，所召开的会议。我国公司法没有规定有限公司的董事会临时会议应当在什么情况下举行，但是对股份有限公司的董事会临时会议作出了规定。《公司法》第111条规定，股份有限公司的董事会每年度至少召开两次会议，每次会议应当于会议召开10日前通知全体董事和监事。代表1/10以上表决权的股东、1/3以上董事或者监事会，可以提议召开董事会临时会议。董事长应当自接到提议后10日内，召集和主持董事会会议。董事会召开临时会议，可以另定召集董事会的通知方式和通知时限。

（三）职权

从理论上讲，股东对于公司的一切重要事务都享有决定权。但是，股东会议的决议程序非常复杂，而且每年才举行一次或者两次，对于许多事项难以及时作出决策。另外，许多股东属搭便车类型的股东，他们投资的目的在很大程度上是投资获利，对于公司的经营管理多半是漠不关心。所以，股东会议仅仅是对许多重大事项作出决策，一般经营事项则交由董事会决策。这也是近代公司从股东会中心主义向董事会中心主义的转变。尽管多数国家已经奉行“董事会中心主义”，使得股东会的职权有所削弱，但是无论如何，公司法都必然会为股东会保留对涉及股东利益或者公司生存与发展的重大问题的决定权。对于没有列举的股东会的职权，大多留给了董事会。

我国公司法规定，董事会对股东（大）会负责，行使下列职权：①召集股东（大）会会议，并向股东（大）会报告工作；②执行股东（大）会的决议；③决定公司的经营计划和投资方案；④制订公司的年度财务预算方案、决算方案；⑤制订公司的利润分配方案和弥补亏损方案；⑥制订公司增加或者减少注册资本以及发行公司债券的方案；⑦制订公司合并、分立、解散或者变更公司形式的方案；⑧决定公司内部管理机构的设置；⑨决定聘任或者解聘公司经理及其报酬事项，并根据经理的提名决定聘任或者解聘公司副经理、财务负责人及其报酬事项；⑩制定公司的基本管理制度；⑪公司章程规定的其他职权。

（四）召集

我国公司法规定，董事会由董事长召集并主持。董事长因特殊原因不能履行职务时，由董事长指定副董事长或者其他董事召集和主持。董事会每次会议应当于会议召开10日前通知全体董事。

（五）决议

各国公司法一般都规定了董事会的法定最低出席比例、出席的方式及作出决议要求的通过比例等事项。我国公司法没有对有限责任公司董事会的议事方式和表决程序作出规定，而是授权各个公司在其章程中规定。但是对于股份有限公司，我国《公司法》第112条规定，股份有限公司的董事会会议应当有过半数的董事出席方可举行。董事会作出决议，必须经全体董事的过半数通过。董事会决议的表决，实行一人一票。

(六) 董事

1. 种类

美国公司法中的董事分内部董事 (inside director) 与外部董事 (outside director)。如果采取两分法，外部董事与独立董事可互换使用。如果采取三分法，董事可分内部董事 (inside director)、有关联关系的外部董事 (affiliated outside director) 与无关联关系的外部董事 (unaffiliated outside director)，即独立董事。内部董事，也称执行董事，是指同时担任公司其他职务的董事。由于内部董事在公司中担任经营管理等职务，与经理等管理人员存在直接利益关系，其行为不可避免地缺乏独立性和客观性。外部董事，也称非执行董事，是指在担任董事职务的公司不再同时担任其他职务的董事。但是，外部董事不一定就真正独立，在外部董事中具有独立性的则被称为“独立的外部董事”，也就是独立董事。所谓独立董事是指不在公司担任除董事外的其他职务，并与其所受聘的公司及其主要股东不存在可能妨碍其进行客观判断的重要关系的董事。我国公司法规定，上市公司必须设立独立董事。

2. 任职资格

各国均对董事任职资格作出限制。我国《公司法》第 147 条规定，有下列情形之一的，不得担任公司的董事、监事、高级管理人员：①无民事行为能力或者限制民事行为能力；②因贪污、贿赂、侵占财产、挪用财产或者破坏社会主义市场经济秩序，被判处刑罚，执行期满未逾 5 年，或者因犯罪被剥夺政治权利，执行期满未逾 5 年；③担任破产清算的公司、企业的董事或者厂长、经理，对该公司、企业的破产负有个人责任的，自该公司、企业破产清算完结之日起未逾 3 年；④担任因违法被吊销营业执照、责令关闭的公司、企业的法定代表人，并负有个人责任的，自该公司、企业被吊销营业执照之日起未逾 3 年；⑤个人所负数额较大的债务到期未清偿。公司违反前款规定选举、委派董事、监事或者聘任高级管理人员的，该选举、委派或者聘任无效。董事、监事、高级管理人员在任职期间出现本条第 1 款所列情形的，公司应当解除其职务。

3. 任免

我国公司法规定，股东（大）会选举和更换董事，国有独资公司、两个以上的国有企业或者其他两个以上的国有投资主体投资设立的有限责任公司的董事会中应当具有职工代表，职工代表的产生或撤换由公司的全体职工民主决定。董事被选举聘任后，即开始行使职权，任期也开始计算。董事任期由公司章程规定，但每届任期不得超过 3 年。董事任期届满，连选可以连任。董事在任期届满前，股东（大）会不得无故解除其职务。

四、监事会

1. 概念

监事会是对董事和经理的经营管理行为及公司财务进行监督的常设机构。监事会的特点如下：①监事一般由股东（大）会选举产生。但有的国家公司法也规定了监事的其他产生途径，比如我国公司法规定监事会由股东代表和适当比例的公司职工代表组成，监事会中的职工代表由公司职工民主选举产生；②监事会是对公司事务进行监督的机构，包括对董事、经理经营行为的监督，以及对公司财务的监督；③监事个人与监事会都享有监督权。与董事会的集体议事、少数服从多数的原则不同，监事会一般不要求形成集体决议，监事可以单独行使职权。

2. 组成

我国公司法规定，监事会由股东代表和适当比例的公司职工代表组成，具体比例由公司章程规定。监事会中的职工代表由公司职工民主选举产生。关于监事会的监事数目，我国公司法规定：有限责任公司，经营规模较大的，设立监事会，其成员不得少于3人；股东人数较少和规模较小的，可以设1~2名监事。股份有限公司设监事会，其成员不得少于3人。

3. 职权

我国《公司法》规定，监事会行使下列职权：①检查公司财务；②对董事、高级管理人员执行公司职务的行为进行监督，对违反法律、行政法规、公司章程或者股东（大）会决议的董事、高级管理人员提出罢免的建议；③当董事、高级管理人员的行为损害公司的利益时，要求董事、高级管理人员予以纠正；④提议召开临时股东（大）会会议，在董事会不履行本法规定的召集和主持股东（大）会会议职责时召集和主持股东（大）会会议；⑤向股东（大）会会议提出提案；⑥依照本法第152条的规定，对董事、高级管理人员提起诉讼；⑦公司章程规定的其他职权。

五、经理

1. 概念

经理是由董事会聘任的、负责组织日常经营管理活动的公司常设业务执行机关。经理不同于公司董事、监事，其并非由选举产生，而是由董事会聘任。我国公司法规定，经理由董事会聘任或者解聘。经理的行为不需要通过会议以少数服从多数原则形成决议，而是以经理的意志为准。

2. 职权

各国公司法规定的经理的职权主要是管理公司的日常经营活动，并在董事会的授权范围内对外代表公司处理各类业务。我国《公司法》规定，经理对董事会负责，行使下列职权：①主持公司的生产经营管理工作，组织实施董事会决议；②组织实施公司年度经营计划和投资方案；③拟订公司内部管理机构设置方案；④拟订公司的基本管理制度；⑤制定公司的具体规章；⑥提请聘任或者解聘公司副经理、财务负责人；⑦决定聘任或者解聘除应由董事会决定聘任或者解聘以外的负责管理人员；⑧董事会授予的其他职权。公司章程对经理职权另有规定的，从其规定。经理列席董事会会议。

六、董事、高级管理人员的信义义务

1. 概念

董事的信义义务（fiduciary duty）包括：忠实义务（duty of loyalty）和注意义务（duty of care）。董事作为股东的代理人，负有谋求股东利益最大化的义务，负有小心、谨慎打理股东财产的义务。

2. 忠实义务

董事、高级管理人员的忠实义务，是指董事、高级管理人员对公司负有忠诚尽力的义务，在自身利益与公司利益发生冲突的时候，必须以公司的最佳利益为重，不得将自身利益置于公司利益之上。我国《公司法》第149条规定，董事、高级管理人员不得有下列行为：①挪用公司资金；②将公司资金以其个人名义或者以其他个人名义开立账户存储；③违反公司章程的规定，未经股东会、股东大会或者董事会同意，将公司资金借贷给他人或者以公司财产为他人提供担保；④违反公司章程的规定或者未经股东会、股东大会同意，与本公司订立合同或者进行交易；⑤未经股东会或者股东大会同意，利用职务便利为自己或者他人谋取属于公司的商业机会，自营或者为他人经营与所任职公司同类的业务；⑥接受他人与公司交易的佣金归为己有；⑦擅自披露公司秘密；⑧违反对公司忠实义务的其他行为。董事、高级管理人员违反前款规定所得的收入应当归公司所有。

3. 注意义务

注意义务，是指董事必须以一个合理的谨慎的人在相似的情形下所应表现的谨慎、勤勉和技能履行其职责。判断董事是否履行了注意义务的标准是一个普通人在此类情况下所作的判断。否则，董事就会非常小心、谨慎，从而使公司趋于保守而难以赢利，难以实现股东的利益最大化。所以，公司法规定了董事免责的依据，即“商业判断法则”(business judgment rule)。商业判断法则，是指如果董事在处理公司事务的时候，就像处理自己的财产一样谨慎、慎重地作出了有利于公司的决策，即使该决策导致了公司损失，董事也不必承担法律责任。法院不能在公司出现损失之后做一个事后诸葛亮（second guess）。

第三节 公司股票和债券

一、股票的概念和种类

（一）概念

股票（certificate of share， stock）是股份的纸面表现形式，它是证明股东身份的文件。随着电子交易技术的发展，上市公司的股票一般采用无纸化的形式进行发行和交易。股票是一种可以转让的有价证券。

（二）种类

1. 普通股和优先股

这是依据股份所代表的权利的不同所作的分类。普通股是指股东不仅享有决策权，也享有分红权的股票；优先股是指股东有限享有分红权而不享有决策权的股票。

2. 记名股与无记名股

这是依据股票上是否记载权利人的姓名或者名称所作的分类。记名股（registered stock）是指在股票上载有股东的姓名，并记载于公司股东名册上的股份。不记名股（stock to bearer）是指在股票上不记载股东姓名的股票，只要是持有股票的人，就可以享有股东资格，行使股东权利。按照我国公司法的规定，公司可以发行记名股票，也可以发行无记名股票。

3. 面额股和无面额股

这是依据股票上是否记载一定金额所作的分类。面额股是指在股票票面上记载一定金额的股份。许多国家或者地区的公司法对公司股票的最低票面值均作出了规定。我国公司法对股票的面值没有最低限额的规定，但是对股票的发行价作出了限制性规定，即股票可以按照票面金额发行，也可以超过票面金额，但是不得低于票面金额。无面额股是指股票票面上不记载一定金额，而只表示该股占公司资本总额一定比例的股份。这种股份的价值依据其所占公司资本总额的一定比例确定。无面额股的优点主要在于，当公司增资时，无须再发行或者增加新的股份，而只要实际上增加每股所代表的资本额即可；其不足主要在于，股份所代表的金额经常处于不确定的状态，从而增加了股份转让的难度。

4. 国有股、法人股、社会公众股

这是依据持股主体的不同所作的分类。国有股是指代表国家投资的部门或机构以国有资产向公司投资形成的股份。法人股是指企业法人或具有法人资格的事业单位和社会团体以其依法可经营的资产向公司投资所形成的股份。社会公众股是指我国境内个人和机构，以其合法财产向公司投资所形成的股份。我国在股权分置改革之前，国有股和法人股不能流通，只有社会公众股能够流通，从而形成非流通股和流通股并存的股权分置状况。股权分置的严重问题是非流通股控制公司管理，侵害流通股股东利益；上市公司流通盘过小，操纵证券市场的现象时有发生。我国目前股权分置改革已基本完成，非流通股在补偿流通股股东之后取得流通权。

5. A 股、B 股、H 股

A 股的正式名称叫做人民币普通股，是境内上市公司发行的，供境内机构、组织或者个人投资的，以人民币购买和交易的普通股股票。人民币特种股票包括 B 股和 H 股。B 股是指境内上市公司发行的，以人民币标明面值，以外币认购和买卖的，在境内交易所上市交易的股票。H 股是指以人民币标明面值，以外币认购和买卖的，在香港联合交易所上市交易的股票。

二、债券的概念和种类

（一）概念

公司债券是指公司依照法定程序发行、约定在一定期限还本付息的有价证券。公司发行公司债券应当符合《证券法》规定的发行条件。

公司发行债券与股票是公司的两种重要融资途径，但是两者也存在本质的区别，主要体现在：

第一，股权投资是一种永续性投资，股东不得要求抽回股本；公司债券则有一定的清偿期限，清偿期届满公司应当向债券持有人还本付息。

第二，对于股份持有人而言，只有当公司赢利的时候才能获得分红；公司债券持有人则不论公司是否赢利都有权从公司获得债券的本金和利息。

第三，股东有权参与公司的经营决策，而公司债券的持有人一般无权参与公司的经营决策。

第四，当公司解散时，公司债券持有人优先于股东得到清偿。

据此可以考察出，股权投资的风险远大于债券投资，对于风险的偏好者而言，可以选择股权投资，而对于风险的规避者而言，则可以选择债券投资。

（二）种类

1. 短期债券、中期债券、长期债券

这是依据债券的偿还期限所作的分类。短期债券是指偿还期限在1年以内的债券，中期债券是指偿还期限为1年以上5年以下的债券，长期债券是指偿还期限在5年以上的债券。

2. 记名公司债券和无记名公司债券

这是依据债券是否记名所作的分类。记名债券是指债券上登记持有人的姓名或者名称，记载于公司债券存根簿，持有人领取利息的时候要凭印章或者其他有效身份证明才能领取，转让要背书转让的公司债券。不记名债券是指票面不载明持有人姓名或者名称，只要交付债券就可以转让的公司债券。

3. 有担保公司债券和无担保公司债券

这是依据公司债券的信用所作的分类。无担保债券是指没有任何担保，完全凭借公司信誉发行的债券，债券持有人是普通债权人，在破产清算的时候要后于有担保债权人。担保债券是指公司以抵押、质押、保证等方式保证发行人如期偿还本金和利息的债券。抵押债券是指以不动产作为担保而发行的债券，比如说房屋、土地使用权。质押债券是指以存单、有价证券、动产等作为担保所发行的债券。保证债券是由第三人提供信用担保所发行的债券。

4. 附有选择权的公司债券和不附有选择权的公司债券

这是依据公司债券是否附有选择权所作的分类。附有选择权的公司债券，是指债券发行人给予债券持有人一定的选择权，比如可转换公司债券、附认股权证的公司债券等。可转换公司债券，是指债券持有者能够在一定时间内按照规定的价格将债券转换成公司发行的股票的债券。在我国，只有上市公司能够发行可转换公司债券。附认股权证的债券，是指债券持有者可以凭借认股权证购买公司股票。投资者没有上述选择权的债券，就叫做不附有选择权的公司债券。

5. 可上市的公司债券和非上市的公司债券

这是依据公司债权是否可以在证券市场公开交易所作的分类。可上市的公司债券，是指可以在依法设立的证券交易所挂牌交易的公司债券。非上市的公司债券，是指不可以在证券交易所挂牌交易的公司债券。非上市的公司债券的持有人虽然也可以转让该债券，但是投资者不能在证券交易所进行购买。由于交易场所的不同，这两种债券的转让规则也不一样。

6. 国内公司债券和境外公司债券

这是依据债券发行地及定值货币所作的分类。国内公司债券，是指在本国境内发行的并以本国的法定货币定值的公司债券。境外公司债券，是指本国发行人在本国境外发行的以某种外国货币标明面值的，或者外国发行人在本国境内以本国货币或某一种外国货币发行的公司债券。这两种公司债券的最大区别在于管辖的法律不同。

7. 实物债券、凭证式债券、记账式债券

这是依据债券的形态所作的分类。实物债券是一种具有实物券面的债券。实物券面采取标准格式记载发行年度、券面金额等内容。凭证式债券是一种债权人认购债券的收款凭证，而不是债券发行人制定的标准格式的债券。收款凭证上记载购买人姓名、发行利率、购买金额等内容。凭证式债券从投资者购买之日起开始计息，可以记名、可以挂失，但不能上市流通。记账式债券是不具有实物形态，而仅在电脑账户上记录的债券。记账式债券可以记名、可以挂失，安全性较强，发行成本低，发行效率较高，交易手续简便，已经为广大投资者所接受。

第四节　公司合并、分立和终止

一、公司合并

（一）概念和种类

公司合并是指两个以上的公司经过法定程序变成为一个公司的行为。我国《公司法》第 173 条规定，公司合并可以采取吸收合并或者新设合并的方式。吸收合并，是指一个公司吸收其他公司，被吸收的公司解散。新设合并，是指两个以上公司合并设立一个新的公司，合并各方解散。

与合并相关的术语有兼并、收购。合并是公司法上比较严格的法律术语，兼并则不是一个法律术语。兼并强调的是一种目的和结果，因此被认为是吸收合并和控制权转移的统称。收购虽然也是一个法律术语，但是它强调的是一种手段和过程，即强调收购资产或者收购股权的方式，至于其目的究竟是取得对方的控制权，还是消灭对方，则是收购所不考虑的。

（二）程序

1. 董事会制订方案、股东会或者股东大会通过

公司合并首先要由董事会起草合并方案，然后报股东会或者股东大会审议通过。股东会或者股东大会审议这种方案，需要采取特别决议的方式，也就是 2/3 资本多数决。对于国有独资公司而言，公司分立、合并和解散等重大事项由公司的唯一股东决定，即由国务院授权的部门或者授权的机构来决定。

2. 编制资产负债表和财产清单

在股东大会作出合并的决议之后，公司着手编制资产负债表和财产清单，以便明确收购方以及被收购方的财产状况，也便于债权人了解。

3. 通知并公告债权人

收购各方应当在作出合并决议之日起 10 天之内通知债权人，并在 30 天内在报纸上公告。债权人自接到通知书之日起 30 日内，没有接到通知书的在公告之日起 45 日内，可以要求公司清偿债务或者提供相应的担保。

4. 合并登记

公司在合并完成之后，需要办理相关的登记。对于新设合并，原公司办理注销登记，新公司办理设立登记。对于吸收合并，被吸收方办理注销登记，吸收方办理变更登记。

二、公司分立

公司分立是指一个公司依照法定程序分为两个或者两个以上公司的法律行为。1966 年法国公司法首次创立公司分立制度，其后为许多国家公司法所接受。公司分立主要有派生分立和新设分立两种形式。派生分立，也称存续分立，是指一个公司分离成两个以上公司，本公司继续存在并设立一个以上新的公司。新设分立，也称解散分立，是指一个公司分解为两个以上公司，本公司解散并设立两个以上新的公司。

三、公司终止

公司终止是指公司根据法定程序结束经营活动，从而使公司的法人资格归于消灭的事实状态和法律结果。公司终止主要包括两种类型，即破产和解散。破产是指公司无法清偿到期债务，由公司债权人或者公司自己向人民法院提出破产申请，要求结束公司经营的行为。解散是指公司因为发生了法定的或者章程约定的事由而停止业务活动。公司解散，包括任意解散和强制解散。其中，任意解散也叫做自愿解散，是指依照公司章程的规定或者股东（大）会的决议而解散。股东可以自由选择究竟是解散公司还是不解散公司。强制解散包括行政解散和司法解散。行政解散是指依照行政机关的命令而解散。我国《公司法》第 212 条规定，公司成立后无正当理由超过 6 个月未开业的，或者开

业后自行停业连续 6 个月以上的，可以由公司登记机关吊销营业执照。司法解散是指依照法院的命令而解散。我国《公司法》第 183 条规定，公司经营管理发生严重困难，继续存续会使股东利益受到重大损失，通过其他途径不能解决的，持有公司全部股东表决权 10%以上的股东，可以请求人民法院解散公司。

四、公司清算

（一）概念和种类

公司清算是指公司破产或者公司解散之后，按照一定程序了结公司债权债务关系，最终使公司终止消灭的法律程序。在清算期间，公司依然具有行为能力，但是这种行为能力受到很大限制，即公司不得对外展开经营活动，不得擅自处分财产，公司的行为能力仅限于了结以前的债权债务关系。而且，代表公司从事行为的不再是董事会、经理等，而是清算组。

公司清算包括以下几种：

（1）破产清算和解散清算。这是按照清算的原因所作的分类。破产清算是指因公司破产而作的清算。《公司法》第 191 条规定，公司被依法宣告破产的，依照有关企业破产的法律实施破产清算。破产清算由人民法院主持，组织股东、有关机关和有关专业人员组成清算组，来进行清算。解散清算是指由于公司解散而进行的清算。但是，不是所有的解散行为都需要进行清算。按照公司法的规定，公司合并、分立而要解散的，不需要进行清算。其他原因的解散都要进行清算。按照《公司法》第 184 条的规定，公司解散，应当在解散事由出现之日起 15 日内成立清算组，开始清算。有限责任公司的清算组由股东组成，股份有限公司的清算组由董事或者股东大会确定的人员组成。逾期不成立清算组进行清算的，债权人可以申请人民法院指定有关人员组成清算组进行清算。人民法院应当受理该申请，并及时组织清算组进行清算。

（2）普通清算和特别清算。这是按照主持人的不同所作的分类。普通清算是指由公司自己组织清算。特别清算是指由法院组织清算。公司解散而导致的清算则要分情况考虑。任意解散一般由公司自己组织清算组，但是按照《公司法》第 184 条的规定，如果公司逾期不成立清算组进行清算，债权人可以申请人民法院指定有关人员组成清算组进行清算。人民法院应当受理该申请，并及时组织清算组进行清算。如果在公司清算的过程中发现公司资不抵债，按照《公司法》第 188 条的规定，清算组在清理公司财产、编制资产负债表和财产清单后，发现公司财产不足清偿债务的，应当依法向人民法院宣告破产。公司经人民法院裁定宣告破产后，清算组应当将清算事务移交给人民法院。所以，这时候，就由普通清算转变为特别清算了。

（二）程序

1. 清理公司财产

清算组首先要全面清理公司的财产，不仅包括固定资产，也包括流动资产；不仅包括有形资产，也包括商标、知识产权、专利等无形资产；不仅包括债权也包括债务等。

在清理之后，清算组需要编制资产负债表和财产清单。按照《公司法》第 187 条第 1 款的规定，清算组在清理公司财产、编制资产负债表和财产清单后，应当制订清算方案，并报股东会、股东大会或者人民法院确认。

2. 通知、公告债权人

清算组通知债权人来进行债权登记。按照《公司法》第 186 条的规定，清算组应当自成立之日起 10 日内通知债权人，并于 60 日内在报纸上公告。债权人应当自接到通知书之日起 30 日内，未接到通知书的自公告之日起 45 日内，向清算组申报其债权。债权人申报债权，应当说明债权的有关事项，并提供证明材料。清算组应当对债权进行登记。在申报债权期间，清算组不得对债权人进行清偿。

3. 分配财产

《公司法》第 187 条第 2 款规定，公司财产在分别支付清算费用、职工的工资、社会保险费用和法定补偿金，缴纳所欠税款，清偿公司债务后的剩余财产，有限责任公司按照股东的出资比例分配，股份有限公司按照股东持有的股份比例分配。清算期间，公司存续，但不得开展与清算无关的经营活动。公司财产在未按前款规定清偿前，不得分配给股东。

4. 注销登记

《公司法》第 189 条规定，公司清算结束后，清算组应当制作清算报告，报股东会、股东大会或者人民法院确认，并报送公司登记机关，申请注销公司登记，公告公司终止。

第五节 外国公司分支机构

一、外国公司的概念及特征

（一）概念

外国公司是相对于本国公司而言的，两者的区别主要在于公司的国籍不同。公司的国籍始终是公司从事跨国交易需要逾越的法律障碍。对于公司国籍的确定，各国或地区公司立法的做法不尽相同，理论上也有不同的学说，主要有设立行为地主义、设立准据法主义、股东国籍主义、住所地主义等。其中，以设立准据法主义为通说。

我国《公司法》第 192 条规定："本法所称外国公司是指依照外国法律在中国境外设立的公司。"依该规定，我国公司法对外国公司的确定采设立准据法主义兼设立行为地主义的双重标准。

（二）特征

我国公司法所规范的外国公司分支机构中的"外国公司"，具有下列特征：

1. 按照外国法律在中国境外组建、注册

外国公司是指依照外国公司法规定的条件、程序、责任形式、经营范围和经营方式，在外国组建、注册的公司。由于我国在香港、澳门地区实行特别行政区特有的法律制度，台湾地区尚未实现统一，故而在以上三个地区依当地公司法设立的公司，在管理上也视同为外国公司。

2. 外国公司具有外国国籍

依我国公司法所采用的有关公司国籍的判定原则，只要外国公司具有与其设立时所依据的法律及注册地国相同的国籍，即具有外国国籍。

3. 经申请获准在中国取得直接的经营资格

我国公司法所规范的外国公司必须符合两个条件：①该外国公司须在中国设立代表该外国公司的分支经营机构；②该分支经营机构不具有法人资格。

二、外国公司分支机构的概念及特征

（一）概念

外国公司的分支机构，是指外国公司依东道国法律在东道国境内设立的从事生产经营活动的场所或者办事机构。我国《公司法》第 199 条第 1 款规定："外国公司依照本法规定可以在中国境内设立分支机构，从事生产经营活动。"

（二）特征

1. 外国公司的分支机构以外国公司的存在为前提

依我国公司法规定，外国公司要想在中国境内设立分支机构，其本身必须取得所在国公司法人资格。

2. 外国公司的分支机构必须经东道国政府批准设立

在我国，外国公司的分支机构是在中国境内依中国法律设立的，要经过中国政府的有关主管部门批准，并到中国工商行政管理机关依法办理登记手续，领取营业执照。

3. 外国公司分支机构在东道国境内的业务活动必须以营利为目的，并在东道国境内营业

三、外国公司分支机构的性质和地位

（一）性质

外国公司的分支机构既不同于外国公司在我国的常驻代表机构，也不同于外国公司在我国单独投资设立的外商独资企业。我国《公司法》第 196 条规定："外国公司属于外国法人，其在中国境内设立的分支机构不具有中国法人资格。"

（二）地位

外国公司分支机构的法律地位可以概括为以下四个方面：

第一，外国公司分支机构是其所属的外国公司的一个组成部分，它不属于也不同于

外国公司依我国法律在我国境内单独登记注册的子公司法人。

第二，外国公司分支机构不具有独立的公司法人的内部组织机构。

第三，外国公司分支机构没有自己独立的公司名称和公司章程，而只能以其所属的外国公司的名义进行业务活动。

第四，外国公司分支机构对其经营活动不独立承担民事责任，其业务活动结果由所属外国公司承受。

四、外国公司分支机构的设立

外国公司分支机构的设立，是外国公司依东道国法律规定的条件和程序，在东道国境内为其分支机构取得生产经营资格的法律行为。

（一）设立条件

根据我国公司法及相关法律的规定，外国公司在中国设立分支机构须符合以下基本条件：

第一，须在中国境内指定负责该分支机构的代表人或代理人。

第二，须向该分支机构拨付与其所从事的经营活动相适应的资金。

第三，外国公司的分支机构应当在其名称中标明该外国公司的国籍及责任形式，并应当在本机构中置备该外国公司章程。

（二）设立程序

依照我国《公司法》第 193 条的规定，外国公司在中国境内设立分支机构，必须向中国主管机关提出申请，并提交其公司章程、所属国的公司登记证书等有关文件，经批准后，向公司登记机关依法办理登记，领取营业执照。

五、外国公司分支机构的权利和义务

我国《公司法》第 197 条对外国公司分支机构的权利义务作了概括规定：“经批准设立的外国公司分支机构，在中国境内从事业务活动，必须遵守中国的法律，不得损害中国的社会公共利益，其合法权益受中国法律保护。”

（一）权利

根据我国法律的相关规定，外国公司分支机构的权利可概括为以下两方面：

1. 依法从事生产经营活动

外国公司分支机构取得中国工商行政机关颁发的营业执照，即获得在中国境内从事生产经营活动的法定资格。

2. 合法权益受中国法律保护

外国公司在其分支机构的合法经营活动受到不法侵害时，有权在中国提起诉讼，以维护外国公司分支机构的合法权益。

（二）义务

根据我国公司法及其他相关法律的规定，外国公司分支机构在我国从事营业活动应承担的义务可概括为以下两个方面：

1. 遵守中国法律，不损害中国的社会公共利益

依属地管辖原则，外国公司分支机构在中国境内的营业活动应受中国法律管辖。同时，外国公司分支机构在中国境内营业，不得损害中国的社会公共利益。

2. 标明国籍及责任形式，并置备章程

我国公司法明确要求外国公司的分支机构应当在其名称中标明该外国公司的国籍及责任形式，以方便与其发生法律关系的当事人了解其具体情况，降低交易风险，保护债权人的利益。

六、外国公司分支机构的撤销和清算

1. 撤销

外国公司分支机构的撤销是指依法使已经设立的外国公司分支机构归于消灭，结束其在东道国境内的生产经营活动。我国公司法未明确规定外国公司分支机构的撤销原因，但依其他有关法律的规定，一般包括下列几种情形：外国公司被依法撤销或解散；外国公司分支机构违法经营；外国公司分支机构无故歇业；外国公司分支机构的经营期限届满；外国公司自行决定撤销；其他导致分支机构撤销的原因。

2. 清算

外国公司分支机构的清算，是指分支机构被撤销后，为了终结其现存的各种法律关系，而对分支机构所产生的债权债务等进行清理的行为。根据我国《公司法》第 205 条第 1 款的规定，外国公司撤销其在中国境内的分支机构时，必须依法清偿债务，进行清算。外国公司分支机构的清算程序依公司法有关公司清算的规定执行。

外国公司分支机构在撤销以后至清算结束这段时间，在清算范围内仍视为未撤销，但其权利能力受到限制，不得从事与清算无关的经营活动。为保护债权人的利益，我国公司法规定，对于外国公司分支机构的所有清算未了的债务，仍由其所属外国公司予以清偿。

案例分析

案例一：揭开公司法人面纱

【案情】

某航空运输公司受某电器公司委托，多次发运货物给该电器公司的母公司——某电子股份有限公司，运费共计 100 万美元。后该电器公司一直拖欠运费，经航空公司多次

催讨，电器公司仅向航空公司总共支付 2 万美元。此后，电器公司一直拒绝支付剩余款项。此后不久，该电器公司申请破产，致使某航空运输公司无法得到足额受偿。该航空公司认为，该电器公司与其母公司——某电子股份有限公司的法定代表人为同一人，其同时行使两个公司的经营决策权。该法定代表人在明知该电器公司经营不佳的情况下，仍以电器公司的名义使其母公司无偿获取该批货物，其转移财产、逃避债务的企图十分明显。该法定代表人以电器公司的名义所为的行为，应当视为该股份有限公司的行为，因此该电子股份有限公司应当承担偿还运费的民事责任。

【解析】

公司有限责任（limited liability）是现代公司制度的基石。但是在实践中，公司有限责任往往被控股股东所滥用，成为借以逃避债务、转移财产的工具。为此，英美判例法在“公司有限责任原则”的基础上确认了一个新的法律原则，即“揭开公司面纱”（lifting the veil of incorporation），从而使公司背后的控股股东直接向债权人承担法律责任。我国公司法引入了揭开公司法人面纱原则，分别针对一人公司和普通公司规定了揭开公司法人面纱原则。一般而言，该原则主要适用于以下几种情况：

一是虚假出资。公司的注册资本是公司向公司债权人承担法律责任的基础。如果股东虚假出资，事实上等于将交易的风险转移给公司债权人，因此很有可能侵害公司债权人的利益。

二是不正当控制。不正当控制是指在公司存续期间，股东对公司的经营实施了不正当的或非法的影响，如把公司作为实现母公司利益的工具（工具说）；母公司完全操纵了子公司的决策层，子公司丧失了独立性（过度控制说）；母公司对子公司的控制致使子公司和母公司浑然一体（改变自我说）。不过，即使控股股东对公司实施了不正当控制，也不必然导致“揭开公司法人面纱”。

本案中，某电器公司与其母公司——某电子股份有限公司的法定代表人为同一人。该法定代表人在明知其子公司经营效益不佳的情况下，仍然以该电器公司的名义同航空公司签订托运合同，意图以子公司的有限责任逃避合同债务，而使母公司无偿获得利益。所以，该电器公司的行为应当视为其母公司的行为，其母公司应当承担偿还运费等民事法律责任。

案例二：董事的注意义务——股东起诉美国联合运输公司 CEO 范·戈康

【案情】

美国联合运输公司（Trans Union Corporation）是一个经营火车车厢租赁的上市公司。1980 年 8 月 27 日以及 9 月 5 日，该公司的 CEO 范·戈康两次召集高管层开会。在会上，戈康要求公司的首席财务官罗马斯指出本公司如果被收购所可能达到的价格。罗马斯认为，以每股 50 美元的价格出售比较容易，而以每股 60 美元的价格出售就比较困难了。当时，联合运输公司的每股价格是 38 美元。9 月 13 日，戈康会见了他的朋友、芝加哥的金融家和公司收购专家杰·普里斯克，提议将联合运输公司的股份，以每股 55 美元的价格出售给他。后者表示，有意按照55美元每股的价格，现金收购联合运输公司，条件是还能以每股38美元的价格买入100万股联合运输公司的库藏股，也就是公司回购的股票。他希望该公司的董事在三天内，即9月21日前，对此计划进行表决。9月20日，戈康召集公司高级管理人员和董事开会。会议召开之前，除了戈康和另外两名和戈康一起见过杰·普里斯克的高级管理人员之外，其他高管根本就不知道召开董事会会议的目的是什么。会上，戈康只花费了20分钟的时间口头解释了收购意向——因为还没有准备好合并协议，所以只能是个意向，并告知各位高管，普里斯克同意给董事会90天的时间考虑合并提议。董事会仅仅用2个小时讨论了一下就决定接受。在当天的一个社交晚宴上，戈康签署了合并协议。9月22日，联合运输公司宣布，公司正式签署了合并协议。此后，普里斯克以每股38美元的价格购入100万股该公司的回购股票。9月26日，联合运输公司的股东大会召开，这些股东投票同意开始与普里斯克的合并。

但是，这次合并被一些股东起诉了。这些股东认为，公司在出售前没有进行正式估价和拍卖，而直接卖给了"关系户"，董事会成员在没有掌握足够信息的情况下作出了草率的决定，损害了股东的利益。初审法院认为，这笔交易应该适用商业判断法则，即董事会有权对公司的业务作出决定，并且这一决定也应该是掌握了充分信息的决定。终审法院认为，董事作出不明智的并且没有专家意见的判断，是不受商业判断法则保护的。终审法院因此判决此案发回初审法院重审。在重新审理过程中，双方达成了和解，赔偿数额为2 300万美元。

【解析】

董事在作出经营决策的时候应当像一般人在同样的场合所尽的合理注意一样，这就是董事的注意义务。本案中，CEO戈康仅仅依据首席财务官的推断就作出了以推断价格出售股份的决定，而没有聘任专业的会计师事务所对股价进行评估，并没有尽到足够的注意义务。此外，董事会会议召开之前，大多数董事并不知道董事会会议究竟是讨论什么问题，而且在董事会会议上，戈康只用了20分钟的时间口头解释了收购意向，而不是收购协议。董事们也仅仅用了2个小时讨论收购意向，便决定接受收购。而且，董事们也忽略了戈康与收购方之间密切的朋友关系所可能导致的收购价格的不公正。总之，本案中，董事，尤其是CEO没有尽到合理注意义务。所以，他们应当对于此次收购给股东带来的损失承担损害赔偿责任。最终，法院判决董事赔偿2 300万美元。由于公司给董事上了董事责任险，所以，保险公司赔偿1 000万美元，董事只需要支付剩下的1 300万美元。其中，收购者支付了1 100万美元，剩下的200万美元由董事们分担。从法理上讲，收购者没有必要支付赔偿金。但是也许他认为他本人从这笔交易当中获利颇丰，因此自愿支付了这1 100万美元。

经过该案，董事日益认识到，一定要在作出决定之前仔细收集和了解信息，尽量保护股东利益。自此案以后，美国公司除了雇用专业律师以外，还形成了雇用投资银行顾问的惯例，在出售公司之前，都要投资银行出具一份独立估价意见书（fairness opinion）。

第九章　商合伙法

本章介绍商合伙的概念、特征、种类；合伙企业的设立、变更、解散和清算；合伙企业事务的执行以及合伙人之间的权利和义务；合伙企业与第三人的关系。通过学习全面掌握合伙企业的法律规定。重点是合伙企业的事务执行；难点是有限合伙人的权利和义务。学术热点：保护有限合伙人的合法权益是一个重要课题。

第一节　商合伙概述

一、合伙的类型

根据不同的标准，可以对合伙作不同的分类，具体而言有以下几种：

(1) 依据合伙设立与存在的规范基础是民法还是商法，可以把合伙分为民事合伙和商事合伙。民事合伙是一个契约性共同体，不涉及商号，不需要登记。而商事合伙则是一个具有主体性的组织，必须有商号，并依法进行商事登记，以合伙组织的名义从事活动。

(2) 以是否以出资额为限承担有限责任为标准，可以把合伙分为普通合伙和有限合伙。普通合伙人对合伙企业的债务承担无限连带责任，而有限合伙人对合伙企业的债务以出资额为限承担有限责任。

(3) 以是否在合伙中公开其姓名或名称、是否参加合伙的经营管理以及对合伙的债务承担无限连带责任为标准，可以把合伙分为显名合伙和隐名合伙。

(4) 以合伙人的身份为标准，可以把合伙分为个人合伙和法人合伙。

我国合伙企业法所称合伙企业，是指自然人、法人和其他组织依照合伙企业法在中国境内设立的普通合伙企业和有限合伙企业。

二、商合伙的一般定义

商合伙或称商事合伙，是指从事较为固定的营利性活动，但不具有法人资格的社会组织。这一定义包含以下含义：

(1) 商事合伙从事较为固定的营利性活动。这一点使商事合伙与民事合伙区别开来。民事合伙不一定是营利的，至少不是从事固定性的营利性活动。

(2) 不具有法人资格。这一特征使得商事合伙与商法人相区别。这种本质区别使得商法人和商事合伙在主体地位以及与出资人之间的关系上存在重大差异。商事合伙因不具有法人资格，所以在财产所有权、义务承担与权利享有等方面，以其成员——合伙人为归属主体，普通合伙人对合伙本身的债务承担无限连带责任，而有限合伙只是合伙制度的一种变异而已。

(3) 合伙企业具有人合的团体性。即至少有两个以上的合伙人才能成立合伙企业，这种团体性使其与个人独资企业区别开来。

(4) 组织形式的持续存在性。商事合伙要求有字号，进行登记，并以某种经营为常业。这也是商事合伙与民事合伙的一个较大区别。

三、商合伙的法律地位

由于商事合伙不具有法人资格，普通合伙人对合伙企业债务承担无限连带责任。对合伙企业的法律地位，在理论上一直存在争议。目前，理论上的通说认为合伙企业是民事主体和诉讼主体，理由是：①商事合伙对外作为一个整体存在，能够以自己的名义与第三人产生法律关系，而不是一个只能对其成员产生拘束力的内部联合体。②商事合伙拥有与个人财产相区别的独立财产或者共同财产，存在与个人利益相互区别的整体利益或者共同利益。我国《合伙企业法》第 20 条、第 21 条规定：合伙人的出资、以合伙企业名义取得的收益和依法取得的其他财产，均为合伙企业的财产。合伙人在合伙企业清算前，不得请求分割合伙企业的财产；但是，本法另有规定的除外。③商事合伙企业能够依法以自己的名义起诉和应诉。《合伙企业法》第 38 条、第 39 条规定，合伙企业对其债务，应先以其全部财产进行清偿。合伙企业不能清偿到期债务的，合伙人承担无限连带责任。既然合伙企业应当先以其财产进行清偿，那么它就首先是被诉讼的对象。根据 1992 年《最高人民法院关于适用〈民法诉讼法〉若干问题的意见》第 40 条的规定，依法登记领取营业执照的合伙组织属于其他组织，即可以适用《民事诉讼法》第 49 条的规定，作为民事诉讼的当事人。在我国的司法实践中，合伙企业作为诉讼当事人也是普遍的做法。

四、商合伙的立法

《中华人民共和国合伙企业法》于 1997 年 8 月 1 日实行，对确立合伙企业的法律地位、规范合伙企业的设立和经营、保护合伙企业及其合伙人的合法权益、鼓励民间投资、促进经济发展发挥了重要作用。然而，随着国民经济的发展，这部法律的有些规定已经不适应现实的要求，迫切需要修订和完善。2006 年 8 月 27 日十届全国人民代表大会常务委员会第二十三次会议通过了修订后的《合伙企业法》，自 2007 年 6 月 1 日起施行。这次修订具有以下突破：

(1) 增加了“有限合伙”制度。这主要是为了适应发展风险投资的需要，该制度能很好地将有良好投资意识的专业管理机构或个人的管理才能和富裕的资金结合起来，从而促进风险投资的发展，并且有助于促进我国资本市场的发展。

(2) 增加了“特殊普通合伙企业”制度。特殊的普通合伙也叫有限责任合伙，主要适用于专业服务机构。它有助于采取合伙制的专业服务机构不断地扩大规模。

(3) 法人可以参与合伙。拓宽了法人的投资渠道和投资对象，同时对合伙企业本身的发展也意义重大，它将改变长期以来人们对合伙企业“小作坊”的传统认识，有利于合伙企业做大做强。

(4) 合伙企业也可以破产。合伙企业可破产的意义在于：一是可以使合伙企业所有债权人按比例受偿，有利于兼顾各债权人利益；二是可以对企业宣告破产前一年内违法转移财产的行为予以撤销，追回所转移的财产，增加破产财产，有利于保护债权人的利益。

(5) 解决了重复纳税的问题。《合伙企业法》第 6 条规定，合伙企业的生产经营所得和其他所得，按照国家有关税收规定，由合伙人分别缴纳所得税。同时为了防止合伙人故意不分配企业利润而逃避纳税义务，合伙企业的生产经营所得和其他所得，不论是否向合伙人分配，都应对合伙人征收所得税。

(6) 规定有限合伙企业人数。为了防止有人利用有限合伙形式进行非法集资活动，应对有限合伙企业的合伙人人数作出必要的限制。

第二节　合伙企业

一、普通合伙企业

(一) 普通合伙企业的概念和特征

1. 普通合伙企业的概念

普通合伙企业，是指依照我国合伙企业法在中国境内设立的，由合伙人依照合伙协议，共同出资、合伙经营、共享收益、共担风险，合伙人对企业债务承担无限连带责任的营利性组织。

2. 普通合伙企业的法律特征

(1) 合伙企业由两个以上的人合伙设立。合伙人可以是自然人、法人和其他组织，但国有独资公司、国有企业、上市公司以及公益性的事业单位和社会团体不得成为普通合伙人。

(2) 合伙企业不具有法人资格，合伙人对合伙企业的债务承担无限连带责任。

(3) 全体合伙人共同出资、合伙经营、共享收益、共担风险。

(4) 合伙协议是处理合伙企业事项的法律依据，是调整合伙企业内部关系的重要法律文件。

（二）普通合伙企业的设立

1. 设立的基本条件

(1) 有两个以上合伙人。合伙人为自然人的，应当具有完全民事行为能力。

(2) 有书面合伙协议。合伙协议依法由全体合伙人协商一致，以书面形式订立。订立合伙协议、设立合伙企业，应当遵循自愿、平等、公平、诚实信用原则。

合伙协议应当载明下列事项：合伙企业的名称和主要经营场所的地点；合伙目的和合伙经营范围；合伙人的姓名或者名称、住所；合伙人的出资方式、数额和缴付期限；利润分配、亏损分担方式；合伙事务的执行；入伙与退伙；争议解决办法；合伙企业的解散与清算；违约责任。

合伙协议经全体合伙人签名、盖章后生效。合伙人按照合伙协议享有权利，履行义务。修改或者补充合伙协议，应当经全体合伙人一致同意；但是，合伙协议另有约定的除外。合伙协议未约定或者约定不明确的事项，由合伙人协商决定；协商不成的，依照合伙企业法和其他有关法律、行政法规的规定处理。

(3) 有合伙人认缴或者实际缴付的出资。合伙人可以用货币、实物、知识产权、土地使用权或者其他财产权利出资，也可以用劳务出资。

合伙人以实物、知识产权、土地使用权或者其他财产权利出资，需要评估作价的，可以由全体合伙人协商确定，也可以由全体合伙人委托法定评估机构评估。合伙人以劳务出资的，其评估办法由全体合伙人协商确定，并在合伙协议中载明。合伙人应当按照合伙协议约定的出资方式、数额和缴付期限，履行出资义务。以非货币财产出资的，依照法律、行政法规的规定，需要办理财产权转移手续的，应当依法办理。法律没有规定合伙企业的最低资本数额限制。

(4) 有合伙企业的名称和生产经营场所。合伙企业的名称是企业的文字符号，该名称应与其组织形式及所从事的营业范围相符合。合伙企业名称中应当标明“普通合伙”字样。

(5) 法律、行政法规规定的其他条件。

2. 合伙企业的设立登记

申请合伙企业设立，应当向企业登记机关提交登记申请书、合伙协议书、合伙人身份证明等文件。合伙企业的经营范围中有属于法律、行政法规规定在登记前须经批准的项目的，该项经营业务应当依法经过批准，并在登记时提交批准文件。申请人提交的登记申请材料齐全、符合法定形式，企业登记机关能够当场登记的，应予当场登记，发给营业执照。不能当场登记的，企业登记机关应当自受理申请之日起 20 日内，作出是否登记的决定。予以登记的，发给营业执照；不予登记的，应当给予书面答复，并说明理由。企业营业执照签发日期为合伙企业成立日期。合伙企业领取营业执照前，合伙人不得以合伙企业名义从事合伙业务。

（三）普通合伙企业的财产

1. 普通合伙企业财产的构成

合伙企业具有相对独立的财产，根据《合伙企业法》第20条的规定，合伙企业的财产由两大部分构成：一是全体合伙人在设立合伙企业时实际缴付的出资；二是以合伙企业名义取得的收益和依法取得的其他财产，即合伙企业存续期间，合伙企业经营过程中的收益，包括企业所取得的知识产权等无形财产。两部分财产均为合伙企业的财产，由合伙企业持有或所有。合伙企业及其合伙人的合法财产及其权益受法律保护。

2. 普通合伙企业财产的分割、转让及出质

合伙企业进行清算前，合伙人不得请求分割合伙企业的财产，但合伙企业法另有规定的除外。合伙人在合伙企业清算前私自转移或者处分合伙企业财产的，合伙企业不得以此对抗不知情的善意第三人。

除合伙协议另有约定外，合伙人向合伙人以外的人转让其在合伙企业中的全部或者部分财产份额时，须经其他合伙人一致同意。合伙人之间转让在合伙企业中的全部或者部分财产份额时，应当通知其他合伙人。

合伙人向合伙人以外的人转让其在合伙企业中的财产份额的，在同等条件下，其他合伙人有优先购买权；但是，合伙协议另有约定的除外。合伙人以外的人依法受让合伙人在合伙企业中的财产份额的，经修改合伙协议即成为合伙企业的合伙人，依照合伙企业法和修改后的合伙协议享有权利，承担责任。

合伙人以其在合伙企业中的财产份额出质的，须经其他合伙人一致同意；未经其他合伙人一致同意，其行为无效，由此给善意第三人造成损失的，由行为人依法承担赔偿责任。

（四）合伙人之间的关系

1. 合伙企业事务的执行

(1) 合伙企业事务执行的方式。各合伙人对执行合伙企业事务享有同等的权利，执行事务的方式有：①按照合伙协议的约定或者经全体合伙人决定，可以委托一个或者数个合伙人对外代表合伙企业，执行合伙事务，其他合伙人不再执行合伙事务。②按照合伙协议的约定，合伙人可以分别执行合伙事务。③聘任合伙人以外的人担任经营管理人员，被聘任的合伙企业的经营管理人员应当在合伙企业授权范围内履行职务。

(2) 合伙企业事务的决议。合伙人对合伙企业有关事项作出决议，按照合伙协议约定的表决办法办理。合伙协议未约定或者约定不明确的，实行合伙人一人一票并经全体合伙人过半数通过的表决办法。合伙企业法对合伙企业的表决办法另有规定的，从其规定。

除合伙协议另有约定外，合伙企业的下列事项应当经全体合伙人一致同意：改变合伙企业的名称；改变合伙企业的经营范围、主要经营场所的地点；处分合伙企业的不动产；转让或者处分合伙企业的知识产权和其他财产权利；以合伙企业名义为他人提供担保；聘任合伙人以外的人担任合伙企业的经营管理人员。

(3) 合伙事务执行的归属。由一个或者数个合伙人执行合伙事务的，其执行合伙事

务所产生的收益归合伙企业，所产生的费用和亏损由合伙企业承担。

2. 合伙人之间的权利及义务

(1) 不参加执行事务的合伙人有权监督执行事务的合伙人，检查其执行合伙企业事务的情况。

(2) 执行事务的合伙人应当定期向其他合伙人报告事务执行情况以及合伙企业的经营和财务状况。

(3) 合伙人为了解合伙企业的经营状况和财务状况，有权查阅账簿。

(4) 合伙人分别执行合伙事务的，执行事务合伙人可以对其他合伙人执行的事务提出异议。提出异议时，应当暂停该项事务的执行。如果发生争议，依照《合伙企业法》第 30 条规定作出决定。

(5) 被委托执行合伙企业事务的合伙人不按照合伙协议或者全体合伙人的决定执行事务的，其他合伙人可以决定撤销该委托。

(6) 合伙人不得自营或者同他人合作经营与本合伙企业相竞争的业务。除合伙协议另有约定或者经全体合伙人同意外，合伙人不得同本合伙企业进行交易。

(7) 合伙人不得从事损害本合伙企业利益的活动。

3. 利润的分配和风险的分担

根据《合伙企业法》第 33 条的规定，合伙企业的利润分配、亏损分担，按照合伙协议的约定办理；合伙协议未约定或者约定不明确的，由合伙人协商决定；协商不成的，由合伙人按照实缴出资比例分配、分担；无法确定出资比例的，由合伙人平均分配、分担。合伙协议不得约定将全部利润分配给部分合伙人或者由部分合伙人承担全部亏损。

（五）合伙企业与第三人的关系

(1) 合伙企业与善意第三人的关系。合伙企业对合伙人执行合伙企业事务以及对外代表合伙企业权利的限制，不得对抗不知情的善意第三人。

(2) 合伙企业与企业债权人的关系。合伙企业对其债务，应先以其全部财产进行清偿。合伙企业财产不足清偿到期债务的，各合伙人应当承担无限连带清偿责任。合伙人仅对合伙企业债务在总体上负责，对其他合伙人因非合伙业务而产生的债务不负连带责任。合伙人由于承担无限连带责任，清偿数额超过《合伙企业法》第 33 条第 1 款规定的其亏损分担比例的，有权向其他合伙人追偿。

(3) 对第三人向合伙企业主张债权的限制。合伙人发生与合伙企业无关的债务，相关债权人不得以其债权抵消其对合伙企业的债务；也不得代位行使合伙人在合伙企业中的权利。

合伙人的自有财产不足清偿其与合伙企业无关的债务的，该合伙人可以以其从合伙企业中分取的收益用于清偿；债权人也可以依法请求人民法院强制执行该合伙人在合伙企业中的财产份额用于清偿。人民法院强制执行合伙人的财产份额时，应当通知全体合伙人，其他合伙人有优先购买权；其他合伙人未购买，又不同意将该财产份额转让给他人的，依照《合伙企业法》第 51 条的规定为该合伙人办理退伙结算，或者办理削减该合伙人相应财产份额的结算。

（六）入伙和退伙

1. 入伙

入伙是指原不具有合伙人身份的自然人，经其他合伙人同意参加合伙，取得合伙人资格的行为。

新合伙人入伙时应当经全体合伙人同意，并依法订立书面入伙协议。订立入伙协议时，原合伙人应当向新合伙人告知原合伙企业的经营状况和财务状况。入伙的新合伙人与原合伙人享有同等权利、承担同等责任。入伙协议另有约定的从其约定。入伙的新合伙人对入伙前合伙企业的债务承担连带责任。

2. 退伙

退伙是指合伙人退出合伙企业，不再具有合伙企业合伙人的资格。

(1) 退伙的形式。退伙的形式有自愿退伙、法定退伙和除名三种。

自愿退伙，又称任意退伙、声明退伙，是指合伙人出于主观意愿而退伙。合伙协议约定合伙期限的，在合伙企业存续期间，有下列情形之一的，合伙人可以退伙：合伙协议约定的退伙事由出现；经全体合伙人一致同意；发生合伙人难以继续参加合伙的事由；其他合伙人严重违反合伙协议约定的义务。合伙协议未约定合伙期限的，合伙人在未给合伙企业事务执行造成不利影响的情况下，可以退伙，但应当提前30日通知其他合伙人。合伙人违反上述规定退伙的，应当赔偿由此给合伙企业造成的损失。

法定退伙，又称当然退伙，是指合伙人因出现法律明确规定的事由而必然退伙。合伙人有下列情形之一的，当然退伙：作为合伙人的自然人死亡或者被依法宣告死亡；个人丧失偿债能力；作为合伙人的法人或者其他组织被依法吊销营业执照、责令关闭、撤销，或者被宣告破产；法律规定或者合伙协议约定合伙人必须具有相关资格而丧失该资格；合伙人在合伙企业中的全部财产份额被人民法院强制执行。退伙事由实际发生之日为退伙生效日。

除名退伙，是指经被除名合伙人以外的合伙人协商一致，将某合伙人从合伙企业中清除的退伙。合伙人有下列情形之一的，经其他合伙人一致同意，可以决议将其除名：未履行出资义务；因故意或者重大过失给合伙企业造成损失；执行合伙事务时有不正当行为；发生合伙协议约定的事由。对合伙人的除名决议应当书面通知被除名人。被除名人接到除名通知之日，除名生效，被除名人退伙。被除名人对除名决议有异议的，可以自接到除名通知之日起30日内，向人民法院起诉。

(2) 退伙的法律后果。某合伙人退伙不影响其他合伙人合伙关系的合伙企业续存，该退伙人按照退伙时合伙企业的财产状况进行结算，退还退伙人的财产份额；退伙人对给合伙企业造成的损失负有赔偿责任的，相应扣减其应当赔偿的数额。退伙时有未了结的合伙企业事务的，待了结后进行结算。退伙人在合伙企业中财产份额的退还办法，由合伙协议约定或者由全体合伙人决定，可以退还货币，也可以退还实物。

退伙人对基于其退伙前的原因发生的合伙企业债务，承担无限连带责任。合伙人退伙时，合伙企业财产少于合伙企业债务的，退伙人应当依照《合伙企业法》第33条第1款的规定分担亏损。

合伙人死亡或者被依法宣告死亡的，对该合伙人在合伙企业中的财产份额享有合法继承权的继承人，按照合伙协议的约定或者经全体合伙人一致同意，从继承开始之日起，取得该合伙企业的合伙人资格，否则，合伙企业应当向合伙人的继承人退还被继承合伙人的财产份额。

合伙人的继承人为无民事行为能力人或者限制民事行为能力人的，经全体合伙人一致同意，可以依法成为有限合伙人，普通合伙企业依法转为有限合伙企业。全体合伙人未能一致同意的，合伙企业应当将被继承合伙人的财产份额退还该继承人。

入伙、退伙属合伙企业登记事项变更，需于发生变更事由之日起 15 日内办理变更登记手续。

二、特殊的普通合伙企业

（一）特殊的普通合伙企业的概念和合伙人的责任

特殊的普通合伙企业，是指合伙人依照《合伙企业法》第 57 条的规定承担责任的普通合伙企业。特殊的普通合伙企业适用《合伙企业法》第 2 章第 2 节规定；该节未作规定的，适用普通合伙企业的一般的规定。

依照《合伙企业法》第 57 条的规定，当一个合伙人或者数个合伙人在执业活动中因故意或者重大过失造成合伙企业债务的，应当承担无限责任或者无限连带责任，其他合伙人以其在合伙企业中的财产份额为限承担责任。合伙人在执业活动中非因故意或者重大过失造成的合伙企业债务以及合伙企业的其他债务，由全体合伙人承担无限连带责任。

为保护债权人的利益，特殊的普通合伙企业名称中应当标明“特殊普通合伙”字样。

特殊的普通合伙属于普通合伙的一种特殊类型，主要是部分地改变了传统普通合伙中合伙人之间对合伙债务负有无限连带责任的机制，其实质是对无过错的合伙人责任进行了限定。

《合伙企业法》第 58 条规定：“合伙人执业活动中因故意或者重大过失造成的合伙企业债务，以合伙企业财产对外承担责任后，该合伙人应当按照合伙协议的约定对给合伙企业造成的损失承担赔偿责任。”作出内部责任追究的规定，有利于专业机构内部职责分工、明晰责任、建立完善内部约定。

（二）关于特殊的普通合伙的适用范围

《合伙企业法》第 55 条规定：“以专业知识和专门技能为客户提供有偿服务的专业服务机构，可以设立为特殊的普通合伙企业。”第 101 条规定：“非企业专业服务机构依据有关法律采取合伙制的，其合伙人承担责任的形式可以适用本法关于特殊的普通合伙企业合伙人承担责任的规定。”由此可见，特殊的普通合伙的适用范围是专业服务机构，如注册会计师、律师、医师等。为了减轻专业服务机构中普通合伙人的风险，我国 2006 年修订合伙企业法时借鉴了国际通行做法，引入“特殊的普通合伙”企业制度，对专业服务机构中合伙人的责任作出了特别规定。这也是我国加入 WTO 以后，国家通过立法推动专业服务机构发展的一个重要举措。

（三）关于特殊的普通合伙债权人的保护

由于合伙没有最低资本的要求，特殊的普通合伙在解除了无过错合伙人对合伙债务的个人连带责任的情形下，如何保护债权人的利益，就成为最令人关注的问题。为提高这种专业服务机构的资信和抵御风险能力，《合伙企业法》第 59 条规定："特殊的普通合伙企业应当建立执业风险基金、办理职业保险。执业风险基金用于偿付合伙人执业活动造成的债务。执业风险基金应当单独立户管理。具体管理办法由国务院规定。"

三、有限合伙企业

（一）有限合伙企业的概念和特征

1. 有限合伙企业的概念

根据《合伙企业法》第 60 条的规定，有限合伙企业及其合伙人适用第 3 章规定；该章未作规定的，适用第 2 章第 1~5 节关于普通合伙企业及其合伙人的规定。

有限合伙企业是指依照我国合伙企业法在中国境内设立的，由普通合伙人和有限合伙人组成，普通合伙人对合伙企业债务承担无限连带责任，有限合伙人以其认缴的出资额为限对合伙企业债务承担有限责任的营利性组织。

2. 有限合伙企业的特征

有限合伙具有普通合伙的许多特征，它结合了合伙和公司的优点，并且被用作吸引拥有财产、想投资却又不愿意承担风险的人投资，通过有限合伙人有限责任的规定，保护投资人（有限合伙人）的利益。

(1) 有限合伙人的责任有限性为投资者提供了安全保障，降低了投资风险。

(2) 有限合伙的设立条件灵活，门槛较低，在出资的数额及比例方面均无限制。如果采用公司形式，在出资最低限额及货币出资比例方面，法律都有严格的要求。

(3) 有限合伙人不执行合伙事务，内部管理形式比较简单。有限合伙人一般只出资和分享利润，不参加经营管理，经营管理与决策权往往掌握在承担无限责任的普通合伙人手中。

（二）设立有限合伙企业的要求

(1) 有限合伙企业由 2 个以上 50 个以下合伙人设立；但是，法律另有规定的除外。有限合伙企业至少应当有一个普通合伙人。

(2) 有限合伙企业名称中应当标明"有限合伙"字样。

(3) 有限合伙协议除符合《合伙企业法》第 18 条的规定外，还应当载明下列事项：普通合伙人和有限合伙人的姓名或者名称、住所；执行事务合伙人应具备的条件和选择程序；执行事务合伙人权限与违约处理办法；执行事务合伙人的除名条件和更换程序；有限合伙人入伙、退伙的条件、程序以及相关责任；有限合伙人和普通合伙人相互转变程序。

(4) 有限合伙人的出资。合伙人可以用货币、实物、知识产权、土地使用权或者其他财产权利作价出资。有限合伙人不得以劳务出资。有限合伙人应当按照合伙协议的约定按期足额缴纳出资；未按期足额缴纳的，应当承担补缴义务，并对其他合伙人承担违约责任。

(5) 有限合伙企业登记事项中应当载明有限合伙人的姓名或者名称及认缴的出资数额。考虑到有限合伙人以其认缴的出资额为限对合伙企业债务承担责任，合伙企业法特别规定对有限合伙人的出资包括货币、实物、知识产权、土地使用权或者其他财产权利应作价，并在企业登记事项中予以载明。这样规定的目的是起到公示作用，保护债权人利益。

(三) 有限合伙企业合伙人的权利和义务

1. 有限合伙人的权利和义务

有限合伙人是指向有限合伙企业出资并分享利润，但不参与有限合伙企业的经营且仅以其向有限合伙企业的出资为限对有限合伙债务承担清偿责任的人。

有限合伙人不执行合伙事务，不得对外代表有限合伙企业。但是，如果有限合伙人实际参与了有限合伙事业经营的控制，那么有限合伙人就有可能对合伙债务承担无限连带责任，根据《合伙企业法》第 76 条的规定，第三人有理由相信有限合伙人为普通合伙人并与其交易的，该有限合伙人对该笔交易承担与普通合伙人同样的责任。有限合伙人未经授权以有限合伙企业名义与他人进行交易，给有限合伙企业或者其他合伙人造成损失的，该有限合伙人应当承担赔偿责任。

但是，有限合伙人的下列行为，不视为执行合伙事务：

(1) 参与决定普通合伙人入伙、退伙。

(2) 对企业的经营管理提出建议。

(3) 参与选择承办有限合伙企业审计业务的会计师事务所。

(4) 获取经审计的有限合伙企业财务会计报告。

(5) 对涉及自身利益的情况，查阅有限合伙企业财务会计账簿等财务资料。

(6) 在有限合伙企业中的利益受到侵害时，向有责任的合伙人主张权利或者提起诉讼。

(7) 执行事务合伙人怠于行使权利时，督促其行使权利或者为了本企业的利益以自己的名义提起诉讼。

(8) 依法为本企业提供担保。

有限合伙人实施了上述行为，并不改变他们的有限合伙人的身份，这样一方面保护了债权人的权益，维护了交易安全；另一方面，也避免了不适当地加重有限合伙人的责任。

有限合伙人可以自营或者同他人合作经营与本有限合伙企业相竞争的业务；但是，合伙协议另有约定的除外。有限合伙人可以将其在有限合伙企业中的财产份额出质；但是，合伙协议另有约定的除外。有限合伙人可以按照合伙协议的约定向合伙人以外的人转让其在有限合伙企业中的财产份额，但应当提前 30 日通知其他合伙人。

有限合伙人的自有财产不足清偿其与合伙企业无关的债务的，该合伙人可以以其从有限合伙企业中分取的收益用于清偿；债权人也可以依法请求人民法院强制执行该合伙人在有限合伙企业中的财产份额用于清偿。人民法院强制执行有限合伙人的财产份额时，应当通知全体合伙人。在同等条件下，其他合伙人有优先购买权。

2. 普通合伙人的权利和义务

有限合伙企业由普通合伙人执行合伙事务。执行事务合伙人可以要求在合伙协议中确定执行事务的报酬及报酬提取方式。普通合伙人对于有限合伙企业享有全部的经营权利。普通合伙人的权利和义务同普通合伙企业中的普通合伙人完全相同。

（四）有限合伙企业入伙和退伙的特别规定

新入伙的有限合伙人对入伙前有限合伙企业的债务，以其认缴的出资额为限承担责任。

有限合伙人有下列情形之一的，当然退伙：作为合伙人的自然人死亡或者被依法宣告死亡；作为合伙人的法人或者其他组织依法被吊销营业执照、责令关闭、撤销，或者被宣告破产；法律规定或者合伙协议约定合伙人必须具有相关资格而丧失该资格；合伙人在合伙企业中的全部财产份额被人民法院强制执行。

作为有限合伙人的自然人在有限合伙企业存续期间丧失民事行为能力的，其他合伙人不得因此要求其退伙。作为有限合伙人的自然人死亡、被依法宣告死亡或者作为有限合伙人的法人及其他组织终止时，其继承人或者权利承受人可以依法取得该有限合伙人在有限合伙企业中的资格。

有限合伙人退伙后，对基于其退伙前的原因发生的有限合伙企业债务，以其退伙时从有限合伙企业中取回的财产承担责任。

（五）普通合伙人和有限合伙人身份的转换

除合伙协议另有约定外，普通合伙人转变为有限合伙人，或者有限合伙人转变为普通合伙人，应当经全体合伙人一致同意。有限合伙人转变为普通合伙人的，对其作为有限合伙人期间有限合伙企业发生的债务承担无限连带责任。普通合伙人转变为有限合伙人的，对其作为普通合伙人期间合伙企业发生的债务承担无限连带责任。

有限合伙企业仅剩有限合伙人的，应当解散；有限合伙企业仅剩普通合伙人的，转为普通合伙企业。

四、合伙企业的解散和清算

（一）合伙企业解散的事由

合伙企业有下列情形之一时，应当解散：①合伙期限届满，合伙人决定不再经营；②合伙协议约定的解散事由出现；③全体合伙人决定解散；④合伙人已不具备法定人数满 30 天；⑤合伙协议约定的合伙目的已经实现或者无法实现；⑥依法被吊销营业执照、责令关闭或者被撤销；⑦法律、行政法规规定的其他原因。

（二）合伙企业的清算

合伙企业解散，应当由清算人进行清算。

1. 确定清算人

清算人由全体合伙人担任；经全体合伙人过半数同意，可以自合伙企业解散事由出现后 15 日内指定一个或者数个合伙人，或者委托第三人担任清算人。自合伙企业解散事由出现之日起 15 日内未确定清算人的，合伙人或者其他利害关系人可以申请人民法院指定清算人。

2. 清算人的职权

清算人在清算期间执行下列事务：清理合伙企业财产，分别编制资产负债表和财产清单；处理与清算有关的合伙企业未了结事务；清缴所欠税款；清理债权、债务；处理合伙企业清偿债务后的剩余财产；代表合伙企业参加诉讼或者仲裁活动。

3. 清算的程序

(1) 通知和公告债权人。清算人自被确定之日起 10 日内将合伙企业解散事项通知债权人，并于 60 日内在报纸上公告。债权人应当自接到通知书之日起 30 日内，未接到通知书的自公告之日起 45 日内，向清算人申报债权。

(2) 债权人申报债权。债权人申报债权，应当说明债权的有关事项，并提供证明材料。清算人应当对债权进行登记。

(3) 合伙企业财产分配顺序。合伙企业财产在支付清算费用和职工工资、社会保险费用、法定补偿金以及缴纳所欠税款、清偿债务后的剩余财产，依照《合伙企业法》第 33 条第 1 款的规定进行分配。

清算期间，合伙企业存续，但不得开展与清算无关的经营活动。

4. 合伙企业注销登记

清算结束，清算人应当编制清算报告，经全体合伙人签名、盖章后，在 15 日内向企业登记机关报送清算报告，申请办理合伙企业注销登记。合伙企业注销后，原普通合伙人对合伙企业存续期间的债务仍应承担无限连带责任。

5. 合伙企业的破产

合伙企业不能清偿到期债务的，债权人可以依法向人民法院提出破产清算申请，也可以要求普通合伙人清偿。合伙企业依法被宣告破产的，普通合伙人对合伙企业债务仍应承担无限连带责任。

案例分析

【案情】

假设 2007 年 11 月 20 日，甲、乙、丙、丁按照我国《合伙企业法》的规定，共同投资设立一从事商品流通的有限合伙企业，合伙协议约定了以下事项：①甲以现金 5 万元出资，乙以房屋 8 万元出资，丙以劳务作价 4 万元出资，另外以商标权作价 5 万元出资，丁以现金 10 万元出资；②丁为普通合伙人，甲、乙、丙均为有限合伙人；③各合伙人按相同比例分配赢利、分担亏损；④合伙企业的事务由丙和丁执行，甲和乙不执行合伙企业事务，也不对外代表合伙企业；⑤普通合伙人向合伙人以外的人转让财产份额，不需经过其他合伙人同意；⑥合伙企业名称为“稳信物流合伙企业”。

问题：

根据以上事实，回答下列问题，并分别说明理由：

(1) 合伙人丙以劳务作价出资的做法是否符合法律规定?

(2) 合伙企业事务执行方式是否符合法律规定?

(3) 关于合伙人转让出资的约定是否符合法律规定?

(4) 合伙企业名称是否符合法律规定?

(5) 各合伙人按相同比例分配赢利、分担亏损的约定是否符合法律规定?

【解析】

(1) 丙以劳务作价出资的做法不符合法律规定。丙是有限合伙人，根据《合伙企业法》第64条的规定，有限合伙人不得以劳务出资。

(2) 合伙企业事务执行的方式不符合法律规定。《合伙企业法》第68条规定，有限合伙人不执行合伙事务，不得对外代表有限合伙企业。丙不能执行合伙企业事务。

(3) 关于合伙人转让出资的约定合法。《合伙企业法》第22条规定，除合伙协议另有约定外，合伙人向合伙人以外的人转让其在合伙企业中的全部或者部分财产份额时，须经其他合伙人一致同意。有约定的从其约定。

(4) 合伙企业的名称不合法。《合伙企业法》第62条规定，有限合伙企业名称中应当标明“有限合伙”字样。

(5) 各合伙人按相同比例分配赢利、分担亏损的约定符合法律规定。《合伙企业法》第33条规定，合伙企业的利润分配、亏损分担，按照合伙协议的约定办理；合伙协议未约定或者约定不明确的，由合伙人协商决定；协商不成的，由合伙人按照实缴出资比例分配、分担；无法确定出资比例的，由合伙人平均分配、分担。

第十章 证券法

随着我国证券市场改革的深入进行，证券法律制度也在不断进行调整。证券发行、证券交易、上市公司收购、信息公开制度既是证券法学习中的重点，也是难点，需要深入学习。证券法的调整范围、证券交易中的违法行为规制、信息公开的保障、证券市场的风险控制等问题已成为近些年来学术研究的热点。

第一节 证券与证券法

一、证券概述

（一）证券的含义

证券，从经济学的角度来讲，是一种信用凭证或金融工具，是商品经济和信用经济发展的产物，是一种金融资产。从法学的角度来讲，证券是记载和代表一定财产性权利的书证，它具有双重含义，有时指民商事权利本身，有时指民商事权利的载体。证券的内涵可以抽象概括为“因投资于一项共同的风险事业而取得的主要通过他人的努力而赢利的权益（凭证）”①。法学界对证券的内涵与外延理解宽窄不一，不同国家和地区的立法中对证券的界定在不同时期也有所不同。证券的外延往往由一国立法机关以列举的方式来限定。例如，美国、日本的证券立法都是列举式的，其中美国《证券法》中列举的证券有股票、债权凭证、股权认购证书、投资契约等30多种。

我国证券法并未对证券进行定义，只是列举了主要的证券品种，同时授权国务院来灵活地认定其他种类的证券。《证券法》第2条规定：“在中华人民共和国境内，股票、公司债券和国务院依法认定的其他证券的发行和交易，适用本法；本法未规定的，适用《中华人民共和国公司法》和其他法律、行政法规的规定。政府债券、证券投资基金份额的上市交易，适用本法；其他法律、行政法规另有规定的，适用其规定。证券

① 朱锦清. 证券法学. 北京：北京大学出版社，2004.32

衍生品种发行、交易的管理办法，由国务院依照本法的原则规定。”从该规定来看，目前我国的证券类型还比较少，主要包括股票、公司债券、证券投资基金、政府债券和证券衍生品种。

股票是股份有限公司发行的，用以证明投资者的股东身份和权益，并据以获得股息和红利的书面凭证。股票是一种被规格化的财产权利，能够在特定市场上高度流通。股票是一种无期限的有价证券，投资者购入股票后，不能要求发行人退还其投资入股的本金，只能到股票市场上卖给第三人。股票收益往往与公司的经营业绩挂钩，风险较大。

公司债券是公司发行的约定在一定期限内还本付息的债权债务凭证。公司债券是一种标准化的有期限的债权，其表彰的是公司的对外债务。公司债券的发行人是债务人，投资人是债权人，一旦债权人购买债券，二者之间即形成债的关系。公司债券的持有人要共同承担风险，但由于公司债券发行的条件是预先约定的，其收益不与发行人的经营业绩挂钩，所以其风险与股票相比一般来说要低一些。公司债券可以在偿还期限届满前自由转让，其持有人可以按规定的利率获得利息收益，也可以借助于市场利率下降等原因获得债券升值收益。

证券投资基金是一种证券组合，它是通过公开发售基金份额募集证券投资基金，由基金管理人管理，基金托管人托管，为基金份额持有人的利益，以资产组合方式进行证券投资活动。证券投资基金是多种股票和债券的集合，是一种利益共享、风险共担的集合证券投资方式，其本质为财产信托。证券投资基金的运作过程主要是通过专业的证券投资基金管理人集合具有相同投资目标的大众投资人的资金，根据证券组合投资理论，将基金资产分散投资于各种有价证券以及其他金融工具，通过独立的基金保管机构对基金进行保管，投资人按照投资于基金的资产份额大小分享收益并承担风险。

政府债券又称公债，是政府为筹集资金而向投资者发行的，承诺在一定时期支付利息和到期还本的债权凭证。政府债券的目的主要是为了解决由政府投资的公共设施或重点建设项目的资金需要和弥补国家财政赤字。政府债券由政府发行，信用价值较公司债券要高，在税收上往往能够享受优惠，利息也较高。

证券衍生品种又称金融衍生工具，它是建立在基础产品或基础变量之上，其价格取决于后者的价格变动而派生的金融产品。按照基础产品的不同，证券衍生品种可以分为股权衍生品种、货币衍生品种、利率衍生品种、信用衍生品种以及其他衍生品种。

（二）证券的特点

1. 证券具有收益性

证券投资人进行证券投资的目的就是要取得收益，这种收益主要来自三个方面：一是证券本身所代表的价值量通过变现而给证券持有者以收益；二是证券投资的利润，如股票的股息、债券的债息等；三是证券市场的价格波动带来的额外增值收益，这部分收益的波动比较大，而且只有通过转让才能表现出来和真正实现。证券的收益性并不等于投资者一投资就能够得到预期的收益。

2. 证券具有风险性

任何一个投资者均有可能因经营者的经营不善或者证券市场的跌落而难以达到预期收益的目的。各种证券的风险可以有大小之分，但没有哪一种证券不存在任何风险。

3. 证券具有流通性

证券可以通过背书或交付而转让，能够迅速变现为货币以避免风险。股票作为一种无期限的有价证券，股本的有限责任决定了股票必须能够自由转让。公司债券的转让也是自由的，一般不需要通知债券发行人，更不必征得债权人的同意。

4. 证券具有均值性

证券法上的证券是有严格形式要求的权利证书，其规范化程度很高。同一种证券其票面所标明的金额都是相等的。少数证券虽然不标明金额，但其所代表的实际价值仍然是相等的。证券的均值性便于证券市场主体履行义务和计算利益，也便于证券流通。

二、证券法概述

（一）我国证券立法概况

证券法是调整证券发行、交易、监督管理等活动中的社会关系的法律规范的总称。证券市场是随着市场经济的发展而逐步发展起来的。市场经济是法治经济，证券市场的规范和发展同样也离不开法律的规制。证券法是随着证券融资活动的发展而逐步建立和完善起来的。1697 年，为了规范证券市场，防止欺诈，英国国会通过了《抑制不正当证券买卖防止投机风潮法案》，首开证券立法的先河。20 世纪 30 年代的经济大萧条期间，为了规制证券市场的内幕交易、操纵市场等违规行为，美国在 1933 年发布了《证券法》，1934 年发布了《证券交易法》。美国的经济中心地位使其证券法在世界范围内产生了标本意义。日本、加拿大、澳大利亚等国都不同程度地借鉴美国经验，制定了自己的证券法。

在我国历史上，北洋军阀政府曾在 1914 年颁布过《证券交易所法》。其后的国民党政府也曾多次修订《证券交易所法》。国民党政府于 1946 年发布的《公司法》、《证券交易税条例》也都涉及证券。新中国成立以后，由于我国长期实行计划经济，证券立法也相应停止。改革开放以来，证券市场逐步发展，我国也颁布了大量的行政法规和规章来对其进行规制。不过，改革开放初期的证券立法，临时性、政策性色彩突出，层级也还比较低。为了更好地对证券市场进行规范，我国用了六年多的时间，最终于 1998 年 12 月 29 日，第九届全国人大常委会第六次会议通过了《证券法》。2004 年 8 月 28 日，第十届全国人大常委会第十一次会议对股票溢价发行和公司债券上市交易的程序作了修改。2005 年 10 月 27 日，第十届全国人大常委会第十八次会议又对《证券法》进行了全面修订，修订后的《证券法》共有 12 章 240 条，于 2006 年 1 月 1 日生效实施。2003 年 10 月 28 日，第十届全国人大常委会第五次会议还通过了《证券投资基金法》，该法也是我国证券法的重要组成部分。此外，中国证券监督管理委员会还发布了一系列管理性的文件，如《证券交易所管理办法》、《上市公司收购管理办法》、《上市公司证券发行管理办法》、《证券市场禁入规定》，等等。

（二）证券法的基本原则

证券法的基本原则能够体现证券法的基本精神，是证券发行、证券交易等活动所必须遵守的基本准则。

(1) 公开、公平、公正原则。《证券法》第3条规定："证券的发行、交易活动，必须实行公开、公平、公正的原则。"公开原则是证券法律制度的核心原则，各国证券法都主要通过信息披露制度得以贯彻。公平和公正原则是从市场交易主体和市场监管方面保证证券市场各利益主体的利益均衡。

(2) 保护投资者合法权益原则。投资者是证券市场的资金供给者，唯有投资者的证券权利能够有效地得到保护，并能够通过证券投资获得与其他方式投资相同或比其他方式投资更多的利益时，证券市场才能够得以存在和发展。在证券法主体中，投资者相对弱小，对投资者合法权益的及时有效保护能够促进证券市场的安全、公平和效率。

(3) 平等、自愿、有偿、诚实信用原则。在证券活动中，当事人的法律地位平等，没有高低强弱之分。平等即意味着自愿，证券市场的参与者应能按照自己的意愿，而不是受其他主体的强迫来进行证券发行、交易等活动。证券发行、交易等活动是追求经济利益的，有偿自然是证券法应当遵守的一个原则。同时，证券发行、交易活动的当事人应当遵守诚实信用原则，不得进行证券欺诈行为，不得滥用权利。

(4) 分业经营、分业管理原则。证券业和银行业、信托业、保险业实行分业经营、分业管理，证券公司与银行、信托、保险业务机构分别设立，国家另有规定的除外。证券市场是高风险市场，我国目前的证券市场尚属初级阶段，实行金融业混业经营的风险还比较大。相对而言，分业经营、分业管理便于证券市场的监管，有利于证券市场的平稳运行。

第二节 证券发行

一、证券发行的含义和分类

证券发行是指经批准符合发行条件的证券发行人，以筹集资金为目的，按照一定的程序将证券销售给投资者的行为。证券发行是一种直接融资方式，证券发行市场也可以称为一级市场或初级市场。在证券发行市场中，投资者以获得收益为目的，按照法定的条件和程序向证券发行人出让资金的所有权或占有、使用权。

我们依据不同的标准，可以将证券发行作不同的划分：

(1) 依证券品种的不同，证券发行可分为股票发行、公司债券发行、证券投资基金发行和证券衍生品种的发行。股票发行按是否以设立公司为目的，可以分为设立发行和新股发行。公司债券发行又可以根据债券能否转换为股票而分为可转换为股票的公司债券发行和一般公司债券发行。

(2) 依证券发行对象的范围，可分为公募和私募。公募，又称公开发行，是指针对不特定对象进行的证券发行。我国《证券法》第10条第1款、第2款规定，公开发行证券，必须符合法律、行政法规规定的条件，并依法报经国务院证券监督管理机构或者国务院授权的部门核准；未经依法核准，任何单位和个人不得公开发行证券。有下列情形之一的，为公开发行：①向不特定对象发行证券的；②向特定对象发行证券累计超过200人的；③法律、行政法规规定的其他发行行为。私募，又称不公开发行，是以特定少数人为对象发行证券的方式。在我国除去法定的公开发行之外，其他发行行为都属于私募。我国《证券法》第10条第3款规定："非公开发行证券，不得采用广告、公开劝诱和变相公开方式。"

(3) 依是否通过中介机构，证券发行可分为直接发行和间接发行。直接发行是发行人不通过中介机构直接向投资人发行。直接发行减少了发行环节，成本相对较低，但如果没有专业机构和人员的参与，直接发行的时间会比较长，风险也比较大。间接发行是发行人通过中介机构向投资者发行证券。我国目前证券发行的合法形式是间接发行，《公司法》第88条规定："发起人向社会公开募集股份，应当由依法设立的证券公司承销，签订承销协议。"

二、我国证券发行的监管机制

证券公开发行时信息越真实、准确和完整，越有利于投资者形成合理判断。对证券发行进行适当的监管是证券发行信息公开的保障，也是证券发行制度的核心。我国目前的证券发行实行核准制和保荐制。证券发行的核准机关依法对发行人是否符合证券发行条件进行审查，同时审查发行人是否完全、正确地履行了信息披露义务。为了督促证券公司选择良好的发行人，我国于2004年开始实行保荐制。保荐制是指由保荐人负责发行人的上市推荐和辅导，核实公司发行文件中所记载的资料的真实性、准确性和完整性，协助发行人建立严格的信息披露制度，不仅承担上市后持续督导的责任，还将对发行人整个上市行为和上市后一定阶段内的行为承担一定的保证责任。我国《证券法》第11条规定："发行人申请公开发行股票、可转换为股票的公司债券，依法采取承销方式的，或者公开发行法律、行政法规规定实行保荐制度的其他证券的，应当聘请具有保荐资格的机构担任保荐人。"

三、股票的发行

股票发行，是指股份有限公司以募集资本为目的，分配或者出售自己的股份，由投资人认购的行为。

我国《证券法》第12条、第13条对设立股份有限公司公开发行股票和公司公开发行新股作了规定。依据该规定，设立股份有限公司公开发行股票，应当符合公司法规定的条件和国务院证券监督管理机构规定的其他条件，向国务院证券监督管理机构报送募股申请和下列文件：①公司章程；②发起人协议；③发起人姓名或者名称，发起人认购的股份数、出资种类及验资证明；④招股说明书；⑤代收股款银行的名称及地址；⑥承销机构名称及有关的协议。依照证券法规定聘请保荐人的，还应当报送保荐人出具的发行保荐书。法律、行政法规规定设立公司必须报经批准的，还应当提交相应的批准文件。

公司公开发行新股，应当符合下列条件：①具备健全且运行良好的组织机构；②具有持续赢利能力，财务状况良好；③最近 3 年财务会计文件无虚假记载，无其他重大违法行为；④经国务院批准的国务院证券监督管理机构规定的其他条件。上市公司非公开发行新股，应当符合经国务院批准的国务院证券监督管理机构规定的条件，并报国务院证券监督管理机构核准。

公司对公开发行股票所募集的资金，必须按照招股说明书所列资金用途使用。改变招股说明书所列资金用途，必须经股东大会作出决议。擅自改变用途而未作纠正的，或者未经股东大会认可的，不得公开发行新股。

关于股票发行的价格，《证券法》第 34 条规定，股票发行采取溢价发行的，其发行价格由发行人与承销的证券公司协商确定。

股票发行采用代销方式，代销期限届满，向投资者出售的股票数量未达到拟公开发行股票数量 70%的，为发行失败。发行人应当按照发行价并加算银行同期存款利息返还股票认购人。

四、公司债券的发行

我国对公司债券又作了进一步区分，并分别设置了不同的发行条件。

（一）一般公司债券的发行条件

1. 积极条件

《证券法》第 16 条第 1 款、第 2 款规定，公开发行公司债券，应当符合下列条件：①股份有限公司的净资产不低于人民币 3 000 万元，有限责任公司的净资产不低于人民币 6 000 万元；②累计债券余额不超过公司净资产的 40%；③最近 3 年平均可分配利润足以支付公司债券 1 年的利息；④筹集的资金投向符合国家产业政策；⑤债券的利率不超过国务院限定的利率水平；⑥国务院规定的其他条件。公开发行公司债券筹集的资金，必须用于核准的用途，不得用于弥补亏损和非生产性支出。

2.消极条件

《证券法》第 18 条规定了一般公司债券发行的消极条件，有下列情形之一的，不得再次公开发行公司债券：①前一次公开发行的公司债券尚未募足；②对已公开发行的公司债券或者其他债务有违约或者延迟支付本息的事实，仍处于继续状态；③违反本法规定，改变公开发行公司债券所募资金的用途。

（二） 可转换公司债券的发行条件

可转换公司债券，是指发行公司依法发行，在一定期限内依据约定的条件可以转换成股份的公司债券。《证券法》第 16 条第 3 款规定：“上市公司发行可转换为股票的公司债券，除应当符合第一款规定的条件外，还应当符合本法关于公开发行股票的条件，并报国务院证券监督管理机构核准。”

（三）附认股权公司债券的发行条件

认股权是指上市公司约定的债券持有人可以在履约期间内或特定到期日按约定价格向上市公司收购新股的权利。

中国证监会 2006 年 5 月 7 日发布的《上市公司证券发行管理办法》第 27 条规定，上市公司发行附认股权公司债券（认股权和债券分离交易的可转换公司债券）的条件为：①公司最近一期末经审计的净资产不低于人民币 15 亿元；②最近 3 个会计年度实现的年均可分配利润不少于公司债券 1 年的利息；③最近 3 个会计年度经营活动产生的现金流量净额平均不少于公司债券 1 年的利息，符合本办法第 14 条第①项规定的公司除外；④本次发行后累计公司债券余额不超过最近一期末净资产额的 40%，预计所附认股权全部行权后募集的资金总量不超过拟发行公司债券金额。

申请公开发行公司债券，应当向国务院授权的部门或者国务院证券监督管理机构报送下列文件：①公司营业执照；②公司章程；③公司债券募集办法；④资产评估报告和验资报告；⑤国务院授权的部门或者国务院证券监督管理机构规定的其他文件。依照证券法规定聘请保荐人的，还应当报送保荐人出具的发行保荐书。

五、证券承销

根据我国证券法的规定，发行人向不特定对象发行的证券，法律、行政法规规定应当由证券公司承销的，发行人应当同证券公司签订承销协议。证券承销业务采取代销或者包销方式。证券代销是指证券公司代发行人发售证券，在承销期结束时，将未售出的证券全部退还给发行人的承销方式。证券包销是指证券公司将发行人的证券按照协议全部购入或者在承销期结束时将售后剩余证券全部自行购入的承销方式。

公开发行证券的发行人有权依法自主选择承销的证券公司。证券公司不得以不正当竞争手段招揽证券承销业务。证券公司承销证券，应当同发行人签订代销或者包销协议，载明下列事项：①当事人的名称、住所及法定代表人姓名；②代销、包销证券的种类、数量、金额及发行价格；③代销、包销的期限及起止日期；④代销、包销的付款方式及日期；⑤代销、包销的费用和结算办法；⑥违约责任；⑦国务院证券监督管理机构规定的其他事项。

证券公司承销证券，应当对公开发行募集文件的真实性、准确性、完整性进行核查。发现有虚假记载、误导性陈述或者重大遗漏的，不得进行销售活动。已经销售的，必须立即停止销售活动，并采取纠正措施。

向不特定对象发行的证券票面总值超过人民币 5 000 万元的，应当由承销团承销。承销团应当由主承销和参与承销的证券公司组成。

证券的代销、包销期限最长不得超过 90 日。证券公司在代销、包销期内，对所代销、包销的证券应当保证先行出售给认购人，证券公司不得为本公司预留所代销的证券和预先购入并留存所包销的证券。

第三节　证券交易

一、证券交易概述

1. 证券交易的含义

证券交易是指当事人依法买卖证券的行为。证券交易市场又称二级市场，其与证券发行市场共同构成完整的证券市场。证券交易是证券市场活动的核心，证券交易的对象、场所和方式都必须符合法律规定。《证券法》第37条规定："证券交易当事人依法买卖的证券，必须是依法发行并交付的证券。非依法发行的证券，不得买卖。"

2. 证券交易的分类

(1) 依交易对象的不同，证券交易可分为股票交易、债券交易、基金交易、债券回购交易、认股权证交易等。

(2) 依交易方式的不同，证券交易可分为现货交易、期货交易、期权交易、信用交易。

现货交易又称即期交易，是证券出让人在很短的时间内将证券交付给对方的交易。《证券法》第42条规定："证券交易以现货和国务院规定的其他方式进行交易。"现货交易是我国目前最主要的证券交易方式。

期货交易是通过标准化证券合约的买卖，以获取差价收益为主的证券交易活动。

期权交易是选择权交易，是交易人约定在一定时间内，以约定价格买进或卖出指定证券的选择权交易。期权交易又可以分为看涨期权交易和看跌期权交易。

信用交易是指交易者只向经纪商交付一定数额的现金或证券，其差额由经纪商或银行提供的以融资或信用进行的交易。

3. 证券交易的场所

证券交易场所包括场内和场外两种。我国合法的证券交易场所为场内市场和国务院批准的场所。《证券法》第39条规定："依法公开发行的股票、公司债券及其他证券，应当在依法设立的证券交易所上市交易或者在国务院批准的其他证券交易场所转让。"目前，我国有上海、深圳两个证券交易所，另在上海设有中国金融期货交易所。随着信息技术的发展，证券无纸化也已走入人们的生活，网络由于能够满足证券高速流通的需要，也开始成为新的证券交易场所。

4. 证券交易的方式

《证券法》第40条规定："证券在证券交易所上市交易，应当采用公开的集中交易方式或者国务院证券监督管理机构批准的其他方式。"我国投资者不得直接买卖交易所交易的证券，必须通过经纪商买卖证券。证券交易当事人买卖的证券可以采用纸面形式或者国务院证券监督管理机构规定的其他形式。

证券交易所、证券公司和证券登记结算机构的从业人员、证券监督管理机构的工作人员以及法律、行政法规禁止参与股票交易的其他人员，在任期或者法定限期内，不得直接或者以化名、借他人名义持有、买卖股票，也不得收受他人赠送的股票。为股票发行出具审计报告、资产评估报告或者法律意见书等文件的证券服务机构和人员，在该股票承销期内和期满后 6 个月内，不得买卖该种股票。为上市公司出具审计报告、资产评估报告或者法律意见书等文件的证券服务机构和人员，自接受上市公司委托之日起至上述文件公开后 5 日内，不得买卖该种股票。

证券交易所、证券公司、证券登记结算机构必须依法为客户开立的账户保密。

上市公司董事、监事、高级管理人员、持有上市公司股份 5%以上的股东，将其持有的该公司的股票在买入后 6 个月内卖出，或者在卖出后 6 个月内又买入，由此所得收益归该公司所有，公司董事会应当收回其所得收益。公司董事会执行的，负有责任的董事依法承担连带责任。证券公司因包销购入售后剩余股票而持有 5%以上股份的，卖出该股票可不受 6 个月时间限制。公司董事会不按照前述规定执行的，股东有权要求董事会在 30 日内按规定执行。公司董事会未在上述期限内执行的，股东有权为了公司的利益以自己的名义直接向人民法院提起诉讼。

二、证券上市

（一）证券上市概述

证券上市是指股票、公司债券等证券获准在证券交易所集中竞价交易的行为。

证券上市是连接证券发行和证券交易的桥梁，有着非常重要的意义：①证券上市能使证券自由流通，实现证券价格的市场化评价；②证券上市有利于投资者及时变现，这为投资者避险提供了机会；③证券上市使公司置于公众监督之下，有利于规范上市公司的行为，促进上市公司完善其治理结构，提高经营业绩；④证券上市还可以提高发行人的市场信誉和知名度，能给公司带来无形效益。

证券上市首先应当得到拟上市交易所的批准。《证券法》第 48 条规定："申请证券上市交易，应当向证券交易所提出申请，由证券交易所依法审核同意，并由双方签订上市协议。"申请证券上市的公司与证券交易所签署协议意味着其愿意接收后者的证券交易规则和监管规则。

我国证券上市实行上市保荐制度。《证券法》第 49 条规定："申请股票、可转换为股票的公司债券或者法律、行政法规规定实行保荐制度的其他证券上市交易，应当聘请具有保荐资格的机构担任保荐人。"证券上市保荐人要承担相应保荐义务，督导发行人履行相应义务。

（二）股票上市

1. 股票上市的条件

《证券法》第 50 条规定，股份有限公司申请股票上市，应当符合下列条件：①股票经国务院证券监督管理机构核准已公开发行；②公司股本总额不少于人民币 3 000 万元；③公开发行的股份达到公司股份总数的 25%以上，公司股本总额超过人民币 4 亿元的，公开发行股份的比例为10%以上；④公司最近3年无重大违法行为，财务会计报告无虚假记载。证券交易所可以规定高于前述规定的上市条件，并报国务院证券监督管理机构批准。

2. 股票上市申请

申请股票上市交易，应当向证券交易所报送下列文件：①上市报告书；②申请股票上市的股东大会决议；③公司章程；④公司营业执照；⑤依法经会计师事务所审计的公司最近3年的财务会计报告；⑥法律意见书和上市保荐书；⑦最近一次的招股说明书；⑧证券交易所上市规则规定的其他文件。

3. 股票上市申请审核和公告

股票上市交易申请经证券交易所审核同意后，签订上市协议的公司应当在规定的期限内公告股票上市的有关文件，并将该文件置备于指定场所供公众查阅。签订上市协议的公司除公告前述文件外，还应当公告下列事项：①股票获准在证券交易所交易的日期；②持有公司股份最多的前十名股东的名单和持股数额；③公司的实际控制人；④董事、监事、高级管理人员的姓名及其持有本公司股票和债券的情况。

4. 股票上市交易的暂停和终止

上市公司有下列情形之一的，由证券交易所决定暂停其股票上市交易：①公司股本总额、股权分布等发生变化不再具备上市条件；②公司不按照规定公开其财务状况，或者对财务会计报告作虚假记载，可能误导投资者；③公司有重大违法行为；④公司最近3年连续亏损；⑤证券交易所上市规则规定的其他情形。

上市公司有下列情形之一的，由证券交易所决定终止其股票上市交易：①公司股本总额、股权分布等发生变化不再具备上市条件，在证券交易所规定的期限内仍不能达到上市条件；②公司不按照规定公开其财务状况，或者对财务会计报告作虚假记载，且拒绝纠正；③公司最近3年连续亏损，在其后一个年度内未能恢复赢利；④公司解散或者被宣告破产；⑤证券交易所上市规则规定的其他情形。

（三）公司债券上市

1. 申请公司债券上市的条件

公司申请公司债券上市交易，应当符合下列条件：①公司债券的期限为1年以上；②公司债券实际发行额不少于人民币5 000万元；③公司申请债券上市时仍符合法定的公司债券发行条件。

2. 公司债券上市申请

申请公司债券上市交易，应当向证券交易所报送下列文件：①上市报告书；②申请公司债券上市的董事会决议；③公司章程；④公司营业执照；⑤公司债券募集办法；⑥公司债券的实际发行数额；⑦证券交易所上市规则规定的其他文件。申请可转换为股票的公司债券上市交易，还应当报送保荐人出具的上市保荐书。

3. 公司债券上市申请的审核和公告

公司债券上市交易申请经证券交易所审核同意后，签订上市协议的公司应当在规定的期限内公告公司债券上市文件及有关文件，并将其申请文件置备于指定场所供公众查阅。

4. 公司债券上市交易的暂停和终止

公司债券上市交易后，公司有下列情形之一的，由证券交易所决定暂停其公司债券上市交易：①公司有重大违法行为；②公司情况发生重大变化不符合公司债券上市条件；③发行公司债券所募集的资金不按照核准的用途使用；④未按照公司债券募集办法履行义务；⑤公司最近两年连续亏损。公司有前述第①项、第④项所列情形之一，经查实后果严重的，或者有前述第②项、第③项、第⑤项所列情形之一，在限期内未能消除的，由证券交易所决定终止其公司债券上市交易。公司解散或者被宣告破产的，由证券交易所终止其公司债券上市交易。

对证券交易所作出的不予上市、暂停上市、终止上市决定不服的，可以向证券交易所设立的复核机构申请复核。

三、信息公开

（一）信息公开的含义和意义

信息公开，又称信息披露，是指证券发行人及上市公司在证券发行、上市交易的过程中，按照法定要求将一切与证券有关的重大事项予以真实、准确、完整地披露，以体现公开、公平和公正原则。信息公开可分为证券发行信息公开和持续性信息公开。

证券市场不同于其他商品交易市场，买卖双方当事人无法面对面地就其交易商品的内容、价格等作必要说明。参与证券投资的主体必须依其所能取得的有关信息为基础，根据其分析能力和投资经验来作出投资判断。证券市场之相关当事人“将投资人作成合理投资判断所需之必要资讯，公诸于世，使参与证券市场交易之投资人，皆有同等之机会取得该等资讯，乃是证券市场之运作得以公平、公正、合理所不可或缺之前提条件”[①]。因此，信息公开对于证券交易有着重要意义：有利于保护投资者的正当利益；有利于防止散布虚假证券信息、滥用证券信息操纵市场等欺诈行为的发生，维护证券市场秩序；有利于证券发行价格和交易价格的合理形成；便于证券监管部门对上市公司和整个证券市场的监管，能够促进证券市场主体完善其管理制度。

（二）信息公开的方式和标准

信息公开的法定方式有三种：一是依规定程序在指定信息披露报刊上公开刊登或在指定信息披露网站公布；二是向有关部门履行注册备案手续；三是置备于指定的交易场所或经营场所，供社会公众查阅。

信息公开的法定标准为真实、准确、完整。真实要求所公开的信息必须是客观的，而不能是虚假的。准确要求所公开的信息必须明确无误，不存在模糊性语言和误导性陈述。完整则指信息公开义务人应将与证券投资相关的一切必要信息全部公开，不得隐瞒或遗漏。另外，信息公开还应做到及时，即信息公开义务人必须将与证券发行交易有关

---

① 林国全. 证券交易法研究. 北京：中国政法大学出版社，2002.40

的信息按照法定的时间、程序和方式向证券管理部门报告，并按法定的时间和方式公告，不得延误。

（三）信息公开的内容

1. 证券发行信息公开

证券发行信息公开的义务人除了证券发行人外，还包括参与证券发行活动的各中介机构，如承销的证券公司、律师事务所、会计师事务所等。证券发行信息主要通过公告各种说明文书来公开，常见的说明文书有：招股说明书、公司债券募集办法、可转换公司债券募集说明书、证券投资基金招募说明书、股票发行公告等。这些说明文书的内容一般包括：发行人的基本情况、筹资运用计划及效益预测、风险因素、财务会计信息、发行定价及利益分配等。

2. 持续性信息公开

持续性信息公开，是指证券发行、交易中有关证券投资价值等的信息应及时向社会披露。持续性信息公开能够使证券投资者及时调整投资策略，避免投资风险。常见的持续信息公开有年度报告、中期报告和临时报告。

上市公司和公司债券上市交易的公司，应当在每一会计年度结束之日起 4 个月内，向国务院证券监督管理机构和证券交易所报送记载以下内容的年度报告，并予公告：①公司概况；②公司财务会计报告和经营情况；③董事、监事、高级管理人员简介及其持股情况；④已发行的股票、公司债券情况，包括持有公司股份最多的前十名股东的名单和持股数额；⑤公司的实际控制人；⑥国务院证券监督管理机构规定的其他事项。

上市公司和公司债券上市交易的公司，应当在每一会计年度的上半年结束之日起 2 个月内，向国务院证券监督管理机构和证券交易所报送记载以下内容的中期报告，并予公告：①公司财务会计报告和经营情况；②涉及公司的重大诉讼事项；③已发行的股票、公司债券变动情况；④提交股东大会审议的重要事项；⑤国务院证券监督管理机构规定的其他事项。

发生可能对上市公司股票交易价格产生较大影响的重大事件，投资者尚未得知时，上市公司应当立即将有关该重大事件的情况向国务院证券监督管理机构和证券交易所报送临时报告，并予公告，说明事件的起因、目前的状态和可能产生的法律后果。下列情况均属重大事件：①公司的经营方针和经营范围的重大变化；②公司的重大投资行为和重大的购置财产的决定；③公司签订重要合同，可能对公司的资产、负债、权益和经营成果产生重要影响；④公司发生重大债务和未能清偿到期重大债务的违约情况；⑤公司发生重大亏损或者重大损失；⑥公司生产经营的外部条件发生重大变化；⑦公司的董事、1/3 以上监事或者经理发生变动；⑧持有公司 5%以上股份的股东或者实际控制人，其持有股份或者控制公司的情况发生较大变化；⑨公司减资、合并、分立、解散及申请破产的决定；⑩涉及公司的重大诉讼，股东大会、董事会决议被依法撤销或者宣告无效；⑪公司涉嫌犯罪被司法机关立案调查，公司董事、监事、高级管理人员涉嫌犯罪被司法机关采取强制措施；⑫国务院证券监督管理机构规定的其他事项。

（四）违反信息公开义务的法律责任

发行人、上市公司公告的招股说明书、公司债券募集办法、财务会计报告、上市报告文件、年度报告、中期报告、临时报告以及其他信息披露资料，有虚假记载、误导性陈述或者重大遗漏，致使投资者在证券交易中遭受损失的，发行人、上市公司应当承担赔偿责任。发行人、上市公司的董事、监事、高级管理人员和其他直接责任人员以及保荐人、承销的证券公司，应当与发行人、上市公司承担连带赔偿责任，但是能够证明自己没有过错的除外。发行人、上市公司的控股股东、实际控制人有过错的，应当与发行人、上市公司承担连带赔偿责任。

四、禁止性证券交易行为

为了保护证券投资者的利益，保证证券交易活动的公平有序，各国证券法均对一定的证券交易行为进行限制或禁止。我国证券法明确禁止的证券交易行为主要包括：内幕交易，操纵证券市场，编造或传播虚假信息、虚假陈述，信息误导和欺诈客户等。

1. 内幕交易

内幕交易，是指内幕信息的知情人和非法获取内幕信息的人利用内幕信息从事证券交易活动。内幕交易是一种欺诈行为，侵害了交易对象的知情权，危害证券市场秩序，必须予以禁止。

证券交易内幕信息的知情人包括：①发行人的董事、监事、高级管理人员；②持有公司5%以上股份的股东及其董事、监事、高级管理人员，公司的实际控制人及其董事、监事、高级管理人员；③发行人控股的公司及其董事、监事、高级管理人员；④由于所任公司职务可以获取公司有关内幕信息的人员；⑤证券监督管理机构工作人员以及由于法定职责对证券的发行、交易进行管理的其他人员；⑥保荐人、承销的证券公司、证券交易所、证券登记结算机构、证券服务机构的有关人员；⑦国务院证券监督管理机构规定的其他人。

证券交易活动中，涉及公司的经营、财务或者对该公司证券的市场价格有重大影响的尚未公开的信息，为内幕信息。下列信息皆属内幕信息：①《证券法》第67条第2款所列重大事件；②公司分配股利或者增资的计划；③公司股权结构的重大变化；④公司债务担保的重大变更；⑤公司营业用主要资产的抵押、出售或者报废一次超过该资产的30%；⑥公司的董事、监事、高级管理人员的行为可能依法承担重大损害赔偿责任；⑦上市公司收购的有关方案；⑧国务院证券监督管理机构认定的对证券交易价格有显著影响的其他重要信息。

2. 操纵证券市场

操纵证券市场，是指单位或者个人以获取利益或者减少损失为目的，利用手中掌握的资金、信息等优势或者滥用职权影响证券市场价格，制造证券市场假象，诱导或者致使投资者在不知情的情况下作出证券投资决定，扰乱证券市场秩序的行为。

《证券法》第77条明确规定，禁止任何人以下列手段操纵证券市场：①单独或者通过合谋，集中资金优势、持股优势或者利用信息优势连续买卖，操纵证券交易价格或者证券交易量；②与他人串通，以事先约定的时间、价格和方式相互进行证券交易，影响证券交易价格或者证券交易量；③在自己实际控制的账户之间进行证券交易，影响证券交易价格或者证券交易量；④以其他手段操纵证券市场。

3. 编造或传播虚假信息、虚假陈述和信息误导

《证券法》第 78 条规定，禁止国家工作人员、传播媒介从业人员和有关人员编造、传播虚假信息，扰乱证券市场。禁止证券交易所、证券公司、证券登记结算机构、证券服务机构及其从业人员，证券业协会、证券监督管理机构及其工作人员，在证券交易活动中作出虚假陈述或者信息误导。各种传播媒介传播证券市场信息必须真实、客观，禁止误导。

4. 欺诈客户

欺诈客户，是指在证券交易中证券公司及其从业人员利用职务之便，违背客户真实意思，损害客户利益的行为。

依据《证券法》第 79 条的规定，禁止证券公司及其从业人员从事下列损害客户利益的欺诈行为：①违背客户的委托为其买卖证券；②不在规定时间内向客户提供交易的书面确认文件；③挪用客户所委托买卖的证券或者客户账户上的资金；④未经客户的委托，擅自为客户买卖证券，或者假借客户的名义买卖证券；⑤为牟取佣金收入，诱使客户进行不必要的证券买卖；⑥利用传播媒介或者通过其他方式提供、传播虚假或者误导投资者的信息；⑦其他违背客户真实意思表示，损害客户利益的行为。

除了上述违法行为外，我国证券法还明确禁止下述行为：法人非法利用他人账户从事证券交易；法人出借自己或者他人的证券账户；资金违规流入股市；挪用公款买卖证券等。

上述禁止性证券交易行为的法律责任是一种综合性责任，包括民事责任、行政责任和刑事责任。内幕交易、操纵证券市场等行为给投资者造成损失的，行为人应当依法承担赔偿责任。对于这些证券交易违法行为，由证券监督管理机构责令改正，处以罚款，没收违法所得。单位从事内幕交易和操纵证券市场行为的，还应对直接负责的主管人员和其他责任人员给予警告、处以罚款。上述行为构成犯罪的，还要依法追究相关责任人的刑事责任。

第四节　上市公司收购

一、上市公司收购概述

（一）上市公司收购的含义

上市公司收购，是指收购人依法购买上市公司一定比例的股份，取得该上市公司的控制权，成为其控股股东或实际控制人的行为。

上市公司收购有利于加速资本积聚，优化资源配置，形成规模经济。不过，上市公

司收购也会导致垄断，引发证券市场动荡和使中小投资者利益受损。因此，对上市公司收购实行法律规制也是非常必要的。

（二）上市公司收购的分类

⑴ 根据收购的方式的不同，可分为要约收购、协议收购、其他合法方式收购。要约收购是指收购方通过向被收购方股东发出收购要约的方式进行的收购。协议收购是指收购方依法同被收购公司的股票持有人以协议方式进行的收购。其他合法方式收购包括通过集中竞价、大宗交易、拍卖、竞标等方式合法取得上市公司股份。

⑵ 根据收购中支付方式的不同，可分为现金收购、换股收购和混合收购。现金收购以现金方式支付全部股款。换股收购则以收购公司的股票作价支付收购股票的价款。混合收购则是前述两种方式结合使用。

⑶ 根据收购方与被收购目标公司管理层之间的态度和意愿，可分为友好收购和敌意收购。友好收购是收购方管理层与被收购方管理层在收购意见上一致。敌意收购是被收购目标公司管理层反对收购，而收购方依然进行收购。

（三）上市公司收购的一般限制性规则

为了保护中小股东在上市公司收购中的利益，维护证券市场的稳定，各国都对上市公司收购设置了限制性规则。我国证券法也对上市公司收购作出了一系列限制。

1. 信息披露义务与"慢走规则"

信息披露义务主要是为了防止大股东操纵市场和内幕交易，而要求其在收购上市公司过程中公布其持股方面的基本信息。"慢走规则"也可称为"台阶规则"，其设置目的在于控制大股东买卖证券的节奏，让上市公司及其大股东的信息在社会中充分公开，使投资者有时间慎重考虑其投资策略。①

依据我国《证券法》第86条的规定，通过证券交易所的证券交易，投资者持有或者通过协议、其他安排与他人共同持有一个上市公司已发行的股份达到5%时，应当在该事实发生之日起3日内，向国务院证券监督管理机构、证券交易所作出书面报告，通知该上市公司，并予公告。在上述期限内，不得再行买卖该上市公司的股票。投资者持有或者通过协议、其他安排与他人共同持有一个上市公司已发行的股份达到5%后，其所持该上市公司已发行的股份比例每增加或者减少5%，应当依照前述规定进行报告和公告。在报告期限内和作出报告、公告后2日内，不得再行买卖该上市公司的股票。

2. 强制要约收购规则

在当今上市公司股权日益分散的情况下，持有一个上市公司30%股份的股东，已在相当程度上控制了该上市公司。因此，30%又被称为"触发点"。为了维护中小股东的公平利益，法律强制大股东以合理的价格收购中小股东所持有的股票。

依据《证券法》的规定，收购人持有、控制一个上市公司的股份达到该公司已发行股份的30%时，继续进行收购的，应当向该上市公司所有股东发出收购上市公司全部或者部分股份的要约。符合强制要约收购豁免规定的，可以向中国证监会申请豁免。收

① 范健. 商法. 北京：高等教育出版社，北京大学出版社，2000. 292

购期限届满，其余仍持有被收购公司股票的股东，有权向收购人以收购要约的同等条件出售其股票，收购人应当收购。

3. 终止上市和转让股份限制规则

收购期限届满，被收购公司股权分布不符合上市条件的，该上市公司的股票应当由证券交易所依法终止上市交易。在上市公司收购中，收购人持有的被收购的上市公司的股票，在收购行为完成后的12个月内不得转让。

二、要约收购

依据2006年5月中国证监会发布的《上市公司收购管理办法》第23条的规定，投资者自愿选择以要约方式收购上市公司股份的，可以向被收购公司所有股东发出收购其所持有的全部股份的要约，也可以向被收购公司所有股东发出收购其所持有的部分股份的要约。

《证券法》第88条规定了强制性收购要约：通过证券交易所的证券交易，投资者持有或者通过协议、其他安排与他人共同持有一个上市公司已发行的股份达到30%时，继续进行收购的，应当依法向该上市公司所有股东发出收购上市公司全部或者部分股份的要约。收购上市公司部分股份的收购要约应当约定，被收购公司股东承诺出售的股份数额超过预定收购的股份数额的，收购人按比例进行收购。

依照规定发出收购要约，收购人必须事先向国务院证券监督管理机构报送上市公司收购报告书。收购报告书应写明收购人的基本情况，收购的目的、期限、价格、资金保证以及收购人报送上市公司收购报告书时的持股情况。收购人还应当将上市公司收购报告书同时提交证券交易所。收购人在依前述规定报送上市公司收购报告书之日起15日后，公告其收购要约。在上述期限内，国务院证券监督管理机构发现上市公司收购报告书不符合法律、行政法规规定的，应当及时告知收购人，收购人不得公告其收购要约。

收购要约约定的收购期限不得少于30日，并不得超过60日。在收购要约确定的承诺期限内，收购人不得撤销其收购要约。收购人需要变更收购要约的，必须事先向国务院证券监督管理机构及证券交易所提出报告，经批准后，予以公告。

收购要约提出的各项收购条件，适用于被收购公司的所有股东。采取要约收购方式的，收购人在收购期限内，不得卖出被收购公司的股票，也不得采取要约规定以外的形式和超出要约的条件买入被收购公司的股票。

三、协议收购

采取协议收购方式的，收购人可以依法同被收购公司的股东以协议方式进行股份转让。双方达成协议后，收购人必须在3日内将该收购协议向国务院证券监督管理机构及证券交易所作出书面报告，并予公告。在公告前当事人不得履行收购协议。

协议收购的双方当事人可以临时委托证券登记结算机构保管协议转让的股票，并将资金存放于指定的银行。

协议收购中，收购人收购或者通过协议、其他安排与他人共同收购一个上市公司已发行的股份达到30%时，继续进行收购的，应当向该上市公司所有股东发出收购上市公司全部或者部分股份的要约。但是，经国务院证券监督管理机构批准免除发出要约的除外。

第五节　证券交易所及其交易规则

一、证券交易所的含义

证券交易所是为证券集中交易提供场所和设施，组织和监督证券交易，实行自律管理的法人。

证券交易所是法人组织，它有自己的名称、组织机构和章程。证券交易所必须在其名称中标明“证券交易所”字样，其他任何单位和个人不得使用“证券交易所”或近似的名称。证券交易所的组织机构分为会员大会、理事会和专门委员会。证券交易所必须制定章程，其章程的制定和修改需经国务院证券监督管理机构批准。证券交易所的设立和解散，由证监会审核，报国务院批准。

二、证券交易所的组织机构

1. 会员大会

会员大会为证券交易所的最高权力机构。会员大会有以下职权：①制定和修改证券交易所章程；②选举和罢免会员理事；③审议和通过理事会、总经理的工作报告；④审议和通过证券交易所的财务预算、决算报告；⑤决定证券交易所的其他重大事项。

2. 理事会

理事会是证券交易所的决策机构，每届任期3年。理事会由7~13人组成，其中非会员理事人数不少于理事会成员总数的1/3，不超过理事会成员总数的1/2。会员理事由会员大会选举产生。非会员理事由证监会委派。理事会的职责是：①执行会员大会的决议；②制定、修改证券交易所的业务规则；③审定总经理提出的工作计划；④审定总经理提出的财务预算、决算方案；⑤审定对会员的接纳；⑥审定对会员的处分；⑦根据需要决定专门委员会的设置；⑧会员大会授予的其他职责。

3. 总经理

总经理是理事会的辅助机构，负责交易所的日常管理工作，通常由理事会聘任。证券交易所设总经理1人，副总经理1~3人。总经理、副总经理由证监会任免，不得由国家公务员兼任，其任期为3年。总经理连续任职不得超过两届。总经理在理事会领导下负责证券交易所的日常管理工作，为证券交易所的法定代表人。总经理因故临时不能履行职责时，由总经理指定的副总经理代其履行职责。

4. 专门委员会

专门委员会根据需要设置，在证券交易所章程中明确规定。从国际上看，证券交易所一般设有监察委员会、上市委员会、预算委员会、工资委员会、规则委员会，等等。

对证券交易所的负责人和其他从业人员的任职资格，法律上有严格的要求。依据证券法的规定，有《公司法》第 147 条规定的情形或者下列情形之一的，不得担任证券交易所的负责人：①因违法行为或者违纪行为被解除职务的证券交易所、证券登记结算机构的负责人或者证券公司的董事、监事、高级管理人员，自被解除职务之日起未逾 5 年；②因违法行为或者违纪行为被撤销资格的律师、注册会计师或者投资咨询机构、财务顾问机构、资信评级机构、资产评估机构、验证机构的专业人员，自被撤销资格之日起未逾 5 年。因违法行为或者违纪行为被开除的证券交易所、证券登记结算机构、证券服务机构、证券公司的从业人员和被开除的国家机关工作人员，不得被聘为证券交易所的从业人员。

三、证券交易所的职责

证券交易所的职责主要包括：①提供证券交易的场所和设施；②制定证券交易所的业务规则；③接受上市申请，安排证券上市；④组织、监督证券交易；⑤对会员进行监管；⑥对上市公司进行监管；⑦管理和公布市场信息；⑧依照规定办理股票、公司债券的暂停上市、恢复上市或者终止上市的事务；⑨在突发性事件发生时采取技术性停牌措施或者决定临时停市；⑩证券监督管理机构赋予的其他职能。

证券交易所在执行上述业务时还须履行以下义务：①对交易所进行的证券交易实行实时监控，并按照国务院证券监督管理机构的要求，对异常的交易情况提出报告；②从收取的交易费用和会员费、席位费中提取一定比例的资金设立风险基金；③收存的交易保证金、风险基金应存入开户银行专门账户，不得擅自使用；④按照依法制定的交易规则进行的交易，不得改变交易结果。对交易中违规交易者应负的民事责任不得免除；在违规交易中所获利益，依照有关规定处理；对违反交易所有关交易规则的人员，应给予纪律处分，情节严重的，撤销其资格，禁止其入场进行证券交易。

第六节　证券公司及其业务

一、证券公司的含义

证券公司是指依照公司法和证券法规定，经国务院证券监督管理机构审查批准设立，经营证券业务的有限责任公司或者股份有限公司。证券公司是证券市场中专业的服务机构和参与机构，通过其活动能够提高证券市场的运行效率。

二、证券公司的业务范围

证券公司必须依法经营。经国务院证券监督管理机构批准，证券公司可以经营下列部分或者全部业务：①证券经纪；②证券投资咨询；③与证券交易、证券投资活动有关的财务顾问；④证券承销与保荐；⑤证券自营；⑥证券资产管理；⑦其他证券业务。证券公司经营前述第①~③项业务的，注册资本最低限额为人民币 5 000 万元；经营前述第④~⑦项业务之一的，注册资本最低限额为人民币 1 亿元；经营前述第④~⑦项业务中两项以上的，注册资本最低限额为人民币 5 亿元。证券公司的注册资本应当是实缴资本。

三、证券公司的设立

《证券法》第 124 条规定了证券公司的设立条件：①有符合法律、行政法规规定的公司章程；②主要股东具有持续赢利能力，信誉良好，最近 3 年无重大违法违规记录，净资产不低于人民币 2 亿元；③有符合本法规定的注册资本；④董事、监事、高级管理人员具备任职资格，从业人员具有证券从业资格；⑤有完善的风险管理与内部控制制度；⑥有合格的经营场所和业务设施；⑦法律、行政法规规定的和经国务院批准的国务院证券监督管理机构规定的其他条件。

证券公司在我国的设立采取特许审批制。公司发起人应向国务院证券监督管理机构提出申请，后者应当自受理证券公司设立申请之日起 6 个月内，依照法定条件和程序并根据审慎监管原则进行审查，作出批准或者不予批准的决定，并通知申请人。证券公司设立申请获得批准的，申请人应当在规定的期限内向公司登记机关申请设立登记，领取营业执照。证券公司应当自领取营业执照之日起 15 日内，向国务院证券监督管理机构申请经营证券业务许可证。未取得经营证券业务许可证，证券公司不得经营证券业务。

证券公司设立、收购或者撤销分支机构，变更业务范围或者注册资本，变更持有5%以上股权的股东、实际控制人，变更公司章程中的重要条款，合并、分立、变更公司形式、停业、解散、破产，必须经国务院证券监督管理机构批准。证券公司在境外设立、收购或者参股证券经营机构，必须经国务院证券监督管理机构批准。

四、证券公司的业务管理和风险控制

（一）证券公司的业务管理

1. 业务分开办理

证券公司应当建立健全内部控制制度，采取有效隔离措施，防范公司与客户之间、不同客户之间的利益冲突。证券公司必须将其证券经纪业务、证券承销业务、证券自营业务和证券资产管理业务分开办理，不得混合操作。

2. 自主经营与自营业务限制

证券公司依法享有自主经营的权利，其合法经营不受干涉。证券公司的自营业务必须以自己的名义进行，不得假借他人名义或者以个人名义进行。证券公司的自营业务必须使用自有资金和依法筹集的资金。证券公司不得将其自营账户借给他人使用。

3. 融资融券服务限制

证券公司为客户买卖证券提供融资融券服务，应当按照国务院的规定并经国务院证券监督管理机构批准。

4. 证券公司资产与客户交易结算资金和证券分离

证券公司客户的交易结算资金应当存放在商业银行，以每个客户的名义单独立户管理。证券公司不得将客户的交易结算资金和证券归入其自有财产。禁止任何单位或者个人以任何形式挪用客户的交易结算资金和证券。证券公司破产或者清算时，客户的交易结算资金和证券不属于其破产财产或者清算财产。非因客户本身的债务或者法律规定的其他情形，不得查封、冻结、扣划或者强制执行客户的交易结算资金和证券。

5. 如实作出交易记录并保存相关资料

证券公司办理经纪业务，应当置备统一制定的证券买卖委托书，供委托人使用。采取其他委托方式的，必须作出委托记录。客户的证券买卖委托，不论是否成交，其委托记录应当按照规定的期限，保存于证券公司。证券公司应当妥善保存客户的开户资料、委托记录、交易记录和与内部管理、业务经营有关的各项资料，任何人不得隐匿、伪造、篡改或者毁损。上述资料的保存期限不得少于20年。

6. 禁止接受全权委托

证券公司办理经纪业务，不得接受客户的全权委托而决定证券买卖、选择证券种类、决定买卖数量或者买卖价格。证券公司接受证券买卖的委托，应当根据委托书载明的证券名称、买卖数量、出价方式、价格幅度等，按照交易规则代理买卖证券，如实进行交易记录。买卖成交后，应当按照规定制作买卖成交报告单交付客户。证券交易中确认交易行为及其交易结果的对账单必须真实，并由交易经办人员以外的审核人员逐笔审核，保证账面证券余额与实际持有的证券相一致。

7. 禁止收益和赔偿损失承诺

《证券法》第144条规定："证券公司不得以任何方式对客户证券买卖的收益或者赔偿证券买卖的损失作出承诺。"

8. 禁止私下接受客户委托

《证券法》第145条规定："证券公司及其从业人员不得未经过其依法设立的营业场所私下接受客户委托买卖证券。"

（二）证券公司的风险控制

1. 证券投资者保护基金

《证券法》第134条规定："国家设立证券投资者保护基金。证券投资者保护基金由证券公司缴纳的资金及其他依法筹集的资金组成，其筹集、管理和使用的具体办法由国务院规定。"

2. 交易风险准备金

《证券法》第135条规定："证券公司从每年的税后利润中提取交易风险准备金，用于弥补证券交易的损失，其提取的具体比例由国务院证券监督管理机构规定。"

3. 资产比例控制

国务院证券监督管理机构应当对证券公司的净资本，净资本与负债的比例，净资本与净资产的比例，净资本与自营、承销、资产管理等业务规模的比例，负债与净资产的比例，以及流动资产与流动负债的比例等风险控制指标作出规定。证券公司不得为其股东或者股东的关联人提供融资或者担保。

4. 定期报告义务

证券公司应当按照规定向国务院证券监督管理机构报送业务、财务等经营管理信息和资料。国务院证券监督管理机构有权要求证券公司及其股东、实际控制人在指定的期限内提供有关信息、资料。

5. 风险处理措施

证券公司的净资本或者其他风险控制指标不符合规定的，国务院证券监督管理机构应当责令其限期改正；逾期未改正，或者其行为严重危及该证券公司的稳健运行、损害客户合法权益的，国务院证券监督管理机构可以区别情形，对其采取下列措施：①限制业务活动，责令暂停部分业务，停止批准新业务；②停止批准增设、收购营业性分支机构；③限制分配红利，限制向董事、监事、高级管理人员支付报酬、提供福利；④限制转让财产或者在财产上设定其他权利；⑤责令更换董事、监事、高级管理人员或者限制其权利；⑥责令控股股东转让股权或者限制有关股东行使股东权利；⑦撤销有关业务许可。证券公司整改后，应当向国务院证券监督管理机构提交报告。国务院证券监督管理机构经验收，符合有关风险控制指标的，应当自验收完毕之日起3日内解除对其采取的有关措施。

证券公司的董事、监事、高级管理人员未能勤勉尽责，致使证券公司存在重大违法违规行为或者重大风险的，国务院证券监督管理机构可以撤销其任职资格，并责令公司予以更换。

第七节　证券登记结算与服务机构

一、证券登记结算机构

1. 证券登记结算机构的含义

证券登记结算机构是为证券交易提供集中登记、存管与结算服务，不以营利为目的的法人。证券登记结算采取全国集中统一的运营方式，这对于提高结算效率、加强监管、降低风险，维护正常交易秩序具有重要意义。

2. 设立证券登记结算机构的条件

我国《证券法》第156条规定了设立证券登记结算机构应当具备的条件：①自有资金不少于人民币2亿元；②具有证券登记、存管和结算服务所必需的场所和设施；③主要管理人员和从业人员必须具有证券从业资格；④国务院证券监督管理机构规定的其他条件。

证券登记结算机构的名称中应当标明"证券登记结算"字样。证券登记结算机构的设立、解散都应经国务院证券管理机构批准。

3. 证券登记结算机构的职能

《证券法》第157条规定，证券登记结算机构履行下列职能：①证券账户、结算账户的设立；②证券的存管和过户；③证券持有人名册登记；④证券交易所上市证券交易的清算和交收；⑤受发行人的委托派发证券权益；⑥办理与上述业务有关的查询；⑦国务院证券监督管理机构批准的其他业务。

4. 证券登记结算机构的业务管理和风险控制

证券登记结算机构的业务主要是为客户提供服务。在业务管理中，证券登记结算机构应遵守以下几项规则：①不得挪用客户的证券；②不得隐匿、伪造、篡改或者毁损证券持有人名册和登记过户记录，确保名册、记录真实、准确和完整；③建立完善的管理制度，确保业务的正常进行；④妥善保存登记、存管和结算的原始凭证及有关文件和资料，其保存期限不得少于20年。

证券登记结算活动面临着信用风险、技术故障、操作失误以及不可抗力等多种风险，为了预防和控制这些风险，我国证券法规定了证券结算风险基金制度。证券登记结算机构应当设立证券结算风险基金，用于垫付或者弥补因违约交收、技术故障、操作失误、不可抗力造成的证券登记结算机构的损失。证券结算风险基金从证券登记结算机构的业务收入和收益中提取，并可以由结算参与人按照证券交易业务量的一定比例缴纳。证券结算风险基金应当存入指定银行的专门账户，实行专项管理。证券登记结算机构以证券结算风险基金赔偿后，应当向有关责任人追偿。

二、证券登记服务机构

证券登记服务机构是指专门从事证券投资咨询业务、证券资信评级业务、证券发行与交易的会计、审计及法律服务等业务的机构。证券登记服务机构能为投资者提供准确的信息，帮助投资者作出合理的投资决策。证券登记服务机构还能在证券交易中协助上市公司及时、准确地披露经营信息，维护投资者的权益。

证券登记服务机构从事证券服务业务，必须经国务院证券监督管理机构和有关主管部门批准。投资咨询机构、财务顾问机构、资信评级机构中从事证券服务业务的人员，必须具备证券专业知识和从事证券业务或者证券服务业务2年以上经验。

投资咨询机构及其从业人员从事证券服务业务不得有下列行为：①代理委托人从事证券投资；②与委托人约定分享证券投资收益或者分担证券投资损失；③买卖本咨询机构提供服务的上市公司股票；④利用传播媒介或者通过其他方式提供、传播虚假或者误导投资者的信息；⑤法律、行政法规禁止的其他行为。有前述行为，给投资者造成损失的，应依法承担赔偿责任。

证券服务机构为证券的发行、上市、交易等证券业务活动制作、出具审计报告、资产评估报告、财务顾问报告、资信评级报告或者法律意见书等文件，应当勤勉尽责，对所依据的文件资料内容的真实性、准确性、完整性进行核查和验证。其制作、出具的文件有虚假记载、误导性陈述或者重大遗漏，给他人造成损失的，应当与发行人、上市公司承担连带赔偿责任，但能够证明自己没有过错的除外。

第八节　证券监督管理

证券监督管理，是指国家证券主管部门和证券业自律性组织依据法律和自律性组织的章程，对证券的发行、交易等活动进行监察、督导，使之有序运行的制度。

证券市场作为整个市场的重要构成部分，不可避免受“市场失灵”的困扰。[①]证券市场存在着信息不对称、垄断、高风险等缺陷，证券投资、交易活动又具有投机性，如果不对证券市场进行监督管理，势必会导致证券市场欺诈、内幕交易、操纵价格等行为盛行，挫伤投资者的投资热情，扰乱国家的金融秩序。1929 年美国的股市大崩溃，1995 年我国的“3·27 国债事件”，1997 年香港百富勤破产事件，都从反面证明对证券市场进行监督管理是必要的。良好的证券监督管理制度能够防范和消除证券市场的违法和不正当现象，保护投资者的利益，提高资本配置效率，维护证券市场的正义和公平。

证券监督管理体制可以分为自律型监管体制和集中统一型监管体制。在自律型监管体制中，主要有证券交易所和证券业协会等组织对证券市场进行管理，政府对证券市场的干预较少。美国、日本是自律型监管体制的典型代表。我国《证券法》第 8 条规定：“在国家对证券发行、交易活动实行集中统一监督管理的前提下，依法设立证券业协会，实行自律性管理。”我国证券监督管理采取的是以国家集中统一监管为主，以证券业协会自律性管理为辅的体制。

一、证券监督管理机构的含义

证券监督管理机构，是指依法对证券发行和交易活动行使监督管理职权的机构。我国《证券法》第 178 条规定，国务院证券监督管理机构依法对证券市场实行监督管理，维护证券市场秩序，保障其合法运行。显然，我国的证券监督管理机构是行政性执法机构，其监管活动带有很强的专业性。

① 李志君. 证券市场政府监管论. 长春：吉林人民出版社，2005.75

二、证券监督管理机构的职责

我国《证券法》第 179 条对国务院证券监督管理机构的监管职责作了如下规定：①依法制定有关证券市场监督管理的规章、规则，并依法行使审批或者核准权；②依法对证券的发行、上市、交易、登记、存管、结算，进行监督管理；③依法对证券发行人、上市公司、证券公司、证券投资基金管理公司、证券服务机构、证券交易所、证券登记结算机构的证券业务活动，进行监督管理；④依法制定从事证券业务人员的资格标准和行为准则，并监督实施；⑤依法监督检查证券发行、上市和交易的信息公开情况；⑥依法对证券业协会的活动进行指导和监督；⑦依法对违反证券市场监督管理法律、行政法规的行为进行查处；⑧法律、行政法规规定的其他职责。

为了保证国务院证券监督管理机构依法履行职责，《证券法》还授予其一系列职权，这些职权主要有：①现场检查权；②调查取证权；③询问权；④查阅、复制、封存权；⑤查询、冻结、查封账户权；⑥限制证券买卖权。

三、证券监督管理机构工作人员的义务

证券监督管理机构监管职权的行使离不开其工作人员，对工作人员履行监管职责的行为进行监督也是必要的。《证券法》规定了这些工作人员应当遵守的一些义务：①忠于职守的义务；②保守有关单位和个人的商业秘密的义务；③不得在被监管的机构中任职的义务。此外，由于证券监督管理机构工作人员的行为是行政执法行为，所以，他们还应当遵守行政执法人员的一般义务。

四、证券业协会的自律性管理

证券业协会是依法设立的，旨在对证券业进行自律性管理的社会团体法人。证券业协会是由证券公司和其他证券经营、服务机构及其人员自愿组织成立的。证券业协会有自己独立的财产，有会员大会制定的章程，其活动不以营利为目的。

证券业协会的自律性管理有利于证券业的健康发展和证券市场秩序的稳定，它是一种内部监督、自我监督。与证券监督管理机构相比，证券业协会的自律性管理成本低、自律规范更加灵活，并且可以延伸至商业伦理领域。不过，证券业协会的自律性管理也会由于过于关注行业利益而忽视公共利益，其制裁措施也不及国家监督有力。

证券业协会的职责主要有：①教育和组织会员遵守证券法律、行政法规；②依法维护会员的合法权益，向证券监督管理机构反映会员的建议和要求；③收集整理证券信息，为会员提供服务；④制定会员应遵守的规则，组织会员单位的从业人员的业务培训，开展会员间的业务交流；⑤对会员之间、会员与客户之间发生的证券业务纠纷进行调解；⑥组织会员就证券业的发展、运作及有关内容进行研究；⑦监督、检查会员行为，对违反法律、行政法规或者协会章程的，按照规定给予纪律处分；⑧证券业协会章

程规定的其他职责。

案例分析

【案情】

甲股份有限公司于2006年7月14日至7月21日期间，利用78个个人股东账户大量买进乙上市公司股票，截至2006年7月22日，甲公司已经持有乙公司股票6 321 839股，占该股票总股本的6.07%，但是，甲公司并没有停止其股票收购行为。甲公司没有将上述事实向证券交易所和证监会作出书面报告，也没有通知乙公司和发出公告。

【解析】

该案中，甲公司的持股比例已经超过5%，应当依法履行报告、通知和持股信息披露义务。对于甲公司的违法行为，应责令其停止违法行为，依法处以罚款，没收甲公司超比例持股部分的赢利。由于股份有限公司的股票向社会公开发行，股份高度分散，持有公司5%以上股份的股东往往就是公司的大股东。大股东持股情况发生较大变化，意味着其在股东大会上的表决权的增加或减少，这有可能影响到公司的管理和生产经营，从而影响该公司股票交易价格，进一步影响到投资者对公司投资价值的判断。持有上市公司5%以上股份的股东已是知悉证券交易内幕信息的知情人员，其持股情况发生较大变化属于内幕信息。为了防止内幕交易，保护中小投资者的利益，维护证券市场秩序，证券法要求大股东进行报告和信息公开是非常必要的。

第十一章　商业银行法

商业银行是市场经济体制中金融组织体系的主体。本章介绍商业银行概述、商业银行业务概述、商业银行存款业务、商业银行贷款业务、商业银行结算业务、商业银行其他业务六个方面的内容。通过本章教学，使学生了解商业银行的产生和发展、商业银行的性质和职能、商业银行的组织形式，理解商业银行的经营原则和资产负债管理的基本理论及方法，掌握商业银行开展的各项业务活动。本章重点是商业银行的负债业务、资产业务和中间业务。本章难点是如何理解商业银行的经营原则。热点集中在商业银行业务的监管。

第一节　商业银行概述

一、商业银行的产生和发展

（一）早期商业银行的产生

早期的银行是由货币经营业演变而来的，其过程可概括为：从经营货币兑换、保管和汇兑，演变为经营存款、放款和汇兑，实现了由货币经营业到银行的转变。

货币产生后至资本主义社会产生前，由于封建割据、货币铸造分散等原因，铸币的重量、成色不统一。为适应交换需要而必须进行货币兑换，于是逐渐分离出专门从事货币兑换的商人：兑换商最初只是单纯办理铸币的兑换业务而收取手续费；而后各地商人为避免长途携带、保存货币的风险，把货币交给兑换商保管并委托他们办理支付、结算和汇款事项，向他们支付手续费。货币兑换商因此聚集了大量的货币资财，当兑换商发现被保管的货币有一个稳定的沉淀额且数量越大沉淀额也越多时，就开始用沉淀部分放贷（十足金准备变为部分金准备是银行业形成过程中一个重要标志）；为吸引客户存放货币，开始向托管人支付一定的费用（实质是存款利息），货币保管业务演变为存款业务。这样，货币兑换业就发展成为既办理兑换，又经营存贷和汇款的早期银行了。

16 世纪，意大利出现了银行，如 1580 年的威尼斯银行、1593 年的米兰银行等。此后世界商业中心由意大利移至欧洲北部，银行陆续产生，如 1690 年荷兰阿姆斯特丹银行、1621年德国纽伦堡银行、1629年德国汉堡银行。

英国银行的产生与其他国家不同，其早期银行是由金匠业发展而来的。17世纪中叶英国金匠业极为发达：拥有坚固的保险柜和其他安全措施；受托代为保管金银货币、签发保管凭条；可按顾客的书面要求将其保管的金银拨给第三者，省去了顾客先提现后支付的麻烦；同时，还利用自有资本发放贷款以谋取高额利息。这样，金匠业逐渐演变为银行业：

一是金匠保管凭条演变为银行券。金匠保管凭条原仅为保管物品的证明，到期据以提现；后由于交易频繁，提现支付的金额和次数大量增加，为方便支付、节约费用，逐渐地人们就直接用保管凭条即金匠券进行支付，金匠券逐渐地演变为银行券。可见，保管凭条是银行券的原始形式。

二是保管业务的划款凭证演变为银行支票。金匠业根据顾客签发的书面指令为顾客提供划转金银货币服务，这种书面指令是一种划款凭证，第三人可据以支款。随着保管业务发展为存款业务，这种划款凭证也就随之演变为银行支票。

三是十足准备金转变为部分准备金。金匠业初期对所收存的金银货币保有100%的现金准备，放贷完全利用自有资本；后发现应付顾客提现不必经常保持十足的现金准备，于是将其中一部分用于放款，赚取利息，于是十足的保证准备金制度演变为部分准备金制度。这一转变使早期银行具有信用媒介、增减货币量的功能。

（二）现代商业银行的产生

现代商业银行的产生有两条途径：一是高利贷性质的银行逐渐转变为资本主义商业银行；二是按照资本主义经济的要求组织股份商业银行，这在英国表现得最为明显。

早期银行大都利息很高、规模不大，不能满足资本主义工商业发展的需要，客观上迫切需要建立起既能汇集闲置的货币资本、又能按适度的利息向资本家提供贷款的现代资本主义商业银行。为适应这一要求，英国从早期银行中独立出一些专门在资本家之间从事信用中介的银行。但早期高利贷银行贷款利率很高，年利率在20%~30%之间。这种情况无法满足工商业的需求。17世纪至18世纪间，新兴的资产阶级开展了反高利贷的斗争，要求以法律形式限制放款的利息水平。但高利贷者垄断了信用，降低利率的法令难以产生效果，为此新兴的资产阶级建立了资本雄厚、规模大、利率低的股份银行，并逐渐发展成为资本主义商业银行的主要形式。

世界上第一家股份银行是1694年在英国伦敦创办的英格兰银行，贴现率仅为4.5%~6%，大大低于早期银行业的贷款利率。英格兰股份银行是现代银行制度的建立标志，标志着高利贷在信用领域中的垄断地位已被动摇，推动了资本主义经济的发展。18世纪后欧洲各国先后建立了众多的资本主义银行。

随着经济金融业的发展，早期银行只融通短期性业务不能满足需要了，银行业务范围不断拓展，逐步发展成为一种综合性、多功能的业务，产生了全能银行。德国是率先实施这种综合性的银行体制的国家，其后，这种体制逐渐为世界上其他国家和地区认可和采取。随着科技进步、金融竞争加剧，现代社会各国商业银行组建综合性、多功能模式，以各种形式的金融创新为手段，多方面、全方位地经营各种银行和非银行金融业务。显然，现代商业银行的内涵和外延已远远超出它过去的特定范围，不再局限于短期性的资金融通，而以多种金融资产和金融负债为经营对象，提供比过去广泛得多的金融服务。

（三）我国商业银行体系形成

过去，我国中、工、农、建四大专业银行兼具政策性银行和商业性银行的双重身份，办理政策性和商业性两类信贷业务，职能、业务边界不清晰，风险责任不明确，国有专业银行难以达到银行法人的要求，难以办成真正的商业银行。1994 年金融体制改革的一个重要的内容就是创建三家政策性银行，专司政策性银行业务，促使专业银行分离政策性业务和商业性业务，向现代商业银行转变，并为改善中央银行对货币、信贷总量的调控创造条件。为了保护商业银行、存款人和其他客户的合法权益，规范商业银行的行为，提高信贷资产质量，加强监督管理，保障商业银行的稳健运行，维护金融秩序，促进社会主义市场经济的发展，1995 年 5 月 10 日第八届全国人民代表大会常务委员会第十三次会议通过了《中华人民共和国商业银行法》，自同年 7 月 1 日起施行（2003 年进行了修改）。

目前，我国在金融体制改革中逐步形成和发展了商业银行组织体系，这一体系包括：交通银行、中信实业银行、中国光大银行、中国民生银行、华夏银行、招商银行、福建兴业银行、广东发展银行、深圳发展银行、上海浦东发展银行等全国性或者区域性的商业银行；北京、上海、深圳、广州等地的城市商业银行；引进外资，开办了外资银行总行、外国银行分行和中外合资银行；更具有标志性的是在政策性银行业务分离出去以后，国有四大专业银行正在向商业银行转化，现在四大专业银行中中国工商银行、中国建设银行、中国银行已经完成了向商业银行转变的改革，成了股份制商业银行。

二、商业银行的概念、性质和职能

（一）商业银行的概念

商业银行是市场经济体制中金融组织体系的主体。商业银行是以金融资产和负债为经营对象、以利润最大化或股东收益最大化为主要目标，提供多样化服务的综合信用中介机构。商业银行最初所吸收的资本主要是活期存款，而这种资本主要适于发放短期的具有商业性质的自偿性贷款，故被称为“商业银行”。这里的“商业”既指明这类银行的业务范围，又表明银行的性质是商业性的，是追求赢利的。现代商业银行的业务经营活动范围极广，最能全面反映银行的基本特征。如今商业银行同其他金融机构的业务界限已日趋消失，但在许多方面是其他金融机构仍不能代替的，仍是银行体系的基本环节。如美国的商业银行对美国的经济、财政、货币、金融政策起着举足轻重的作用，其中 50 家大商业银行的资产总额和存放款总额约占全国的 1/3。

（二）商业银行的性质

从前述商业银行的概念可将商业银行的性质概括为三个方面：

（1）商业银行是企业。商业银行与一般工商企业一样，是以赢利为目的的企业。商业银行必须依法设立、依法经营、照章纳税、自担风险、自负盈亏。西方学者萨缪尔森称："商业银行是一种和其他企业非常相似的企业。"我国商业银行法也明确规定商业银行是企业法人，表明商业银行的企业性质。

（2）商业银行是金融企业。商业银行是不同于一般工商企业的特殊企业，其经营对象是特殊商品：货币和货币资本，是以各种金融资产和金融负债为经营对象的，所以商业银行是一种特殊的企业——金融企业。它的成立不仅要符合一般的现代企业的行为规范即《公司法》的规定，还要符合特殊的行为规范即《商业银行法》的规定——更为严格的法定要求。

（3）商业银行是一种特殊的金融企业。现代金融中介机构包括多种形式，如信托银行、投资银行、储蓄银行、保险公司、财务公司、融资租赁公司、证券公司，等等。这些金融中介机构也属于现代金融企业的范畴。与之相比，商业银行具有自己的特点：业务更综合、功能更齐全，经营一切"零售"业务（门市业务）和"批发"（大额信贷）业务，为顾客提供几乎所有的金融服务。专业银行只集中经营指定范围内的业务。其他非银行金融机构的业务范围更为狭窄、业务方式更为单一。不过，随着近年来西方各国金融管制的放松，各种金融中介机构之间的业务日益交叉，金融竞争也日趋加剧，相互间的差别日益缩小。但商业银行凭借其雄厚的实力，仍然在各国的金融体系中保持特殊的重要地位。

（三）商业银行的职能

商业银行作为金融组织体系的基本主体，其对现代经济生活的重要性集中反映在它的四个基本职能上：

（1）信用中介职能。信用中介职能是商业银行最本质、最基本的职能。这一职能的实质，是通过银行的负债业务（主要是吸收存款）把社会上闲散的各种货币资本集中到银行里来，再通过银行的资产业务（放款和投资等）投向各经济部门。在此过程中，商业银行是作为货币资本的贷入者和贷出者的中介人来实现资本的融通的；是从吸收资金的成本和发放贷款的利息收入、投资收益的差额中获取收入并形成银行利润的。商业银行遂成为买卖"资本商品"的大商人。

（2）支付中介职能。商业银行通过客户在银行开立的存款账户代理客户办理货币兑换、货币结算、货币收付等业务，成为工商企业、团体和个人的货币保管者、出纳者和收付代理人。这样，以商业银行为中心，形成了经济过程中无始无终的支付链条和债权债务关系。商业银行支付中介职能的发挥，使现金的使用大为减少、节约了社会流通费用、加速了资金结算和货币资本的周转。

（3）信用创造职能。商业银行在信用中介职能和支付中介职能的基础上，产生了信用创造职能：商业银行吸收各种存款；利用吸收的存款发放贷款；在支票流通和转账结算的基础上，贷款又转化为存款，在这种存款不提现或不完全提现的情况下，就增加了商业银行的资金来源，最后在整个银行体系，形成数倍于原始存款的派生存款。

（4）金融服务职能。随着经济的发展，居民的生活环境、工商企业的经营环境日益复杂化，银行间的业务竞争也日益剧烈。这样，商业银行只能通过拓展业务、提高服务品质来招徕顾客。现代商业银行利用其设施先进、联系面广、信息灵通和专业知识丰富等优势，为客户提供信息服务、咨询服务以及代交公共费用、代发工资、代理融资和保管箱等项服务。在现代经济生活中，金融服务已成为商业银行的重要职能。

三、商业银行的业务经营原则

（一）商业银行的业务经营原则的含义

商业银行的业务经营原则可概括为：赢利性、安全性和流动性，即三性原则。

（1）赢利性。获取利润是商业银行的经营动机，利润水平是商业银行经营管理水平的表现，采取各种措施以获取更多的利润是商业银行的经营管理目标。为此，银行必须采取如下经营管理措施：合理调度头寸，把银行的现金准备压缩到最低限度；大量吸收存款，开辟资金来源，把这些资金用于能够获得较多收益的贷款和证券投资上，并尽可能避免呆账的损失；加强经济核算，采用先进技术设备，提高劳工效率，降低费用开支，不断增加业务效益。

（2）安全性。安全性是指使银行资产避免风险损失。因为银行贷款发放和证券投资存在着信用风险、市场风险和利率风险，有可能发生贷款本金和利息不能按时按量收回和证券损失的情况。如果出现这种情况，必然影响存款不能按时按量兑付，引起客户减少存款，甚至出现挤兑现象，危及银行的经营。为此，银行要加强对客户的资信调查和经营预测；银行资产在种类和客户两方面要做到适当分散，并与负债的规模保持一定比例；遵守国家法令，执行中央银行的金融政策和制度，取得国家的法律保护和中央银行的支持。

（3）流动性。流动性是指银行能随时应付客户提取存款的支付能力。保持流动性，即保持银行一定的清偿力，应付日常提现需要。应付突然大量提现需要、保证银行信贷资金正常周转以及银行业务顺利经营是极其重要的。商业银行或在资产方面保持流动性，或在负债方面保持较高的流动性，都能达到商业银行流动性的目标。在商业银行的资产构成中，可以随时用于偿付客户提取存款的库存现金和在中央银行的存款，其流动性最强，一般称为一线准备；在短期内可以变现的国家债券，其流动性较好，一般称为二线准备；长期贷款、不动产抵押贷款和长期债券需要较长时间收回资金，流动性最差。如果商业银行资产流动性较差，它必须做到能随时主动获得足够的负债（即资金来源）以满足客户提现的需要和随时扩大贷款规模的需要。

值得注意的是，2003 年《商业银行法》已经将 1995 年《商业银行法》第 4 条“商业银行以效益性、安全性、流动性为经营原则，实行自主经营、自担风险、自负盈亏、自我约束”的规定，修改为第 4 条“商业银行以安全性、流动性、效益性为经营原则，实行自主经营，自担风险，自负盈亏，自我约束”，要求商业银行经营时把防范风险放在了第一位，这符合保护存款人利益和现代金融企业稳健经营的需要。

（二）三性原则的关系

商业银行的三性原则既有联系又有矛盾。

三者联系密切。安全性是前提，只有保证了资金安全无损，业务才能正常运转；流动性是条件，只有保证了资金的正常流动，才能确立信用中介的地位，银行各项业务才能顺利进行；赢利性是目的，银行经营强调安全性和流动性，其目的都是为了获得利润。

三者也存在矛盾。赢利性与安全性呈反方向变化：赢利水平高的资产，风险大，安全系数小，而较安全的资产，赢利水平却较低；赢利性与流动性也呈反方向变化：赢利水平高的资产流动性差，而流动性强的资产赢利水平则较低；安全性与流动性之间呈同方向变化：流动性强的资产安全性高，而流动性差的资产安全性也较低。

因此，银行要满足赢利性、安全性、流动性三方面的要求，就需要在经营管理中统筹兼顾、协调安排，实现三者之间的最佳组合。

四、商业银行的组织形式

（一）各国商业银行组织形式

各国商业银行的组织形式可分为五种类型：

(1) 单一银行制：指商业银行业务由各个相互独立的商业银行经营，商业银行不设或不允许设分支机构的一种组织形式。特点：商业银行各自独立经营，不设或限设分支机构。这在美国较为普遍。优点：有利于竞争；为地区经济发展服务；经营灵活；便于管理。缺点：风险大；规模小。

(2) 分支银行制：指允许银行在银行总行之外的国内外各地普遍设立分支银行的一种组织形式。特点：实行分支银行制的商业银行其总行一般都设在各大中心城市，分支银行的业务和内部事务统一遵照总行的规章和指示办理。实行这种制度最为典型的国家是英国。优点：风险分散；规模大；便于监管当局管理。缺点：易形成垄断；内控困难。

(3) 银行控股公司制：是近年来发展最为迅速的银行的组织形式。银行控股公司是为了持有至少一家银行的股票而成立的公司。这种组织模式能够带来规模经济效益和范围经济效益以及降低风险。银行控股公司制在美国最为流行。近年来，我国金融控股公司也有快速发展的势头。

(4) 连锁银行制：指某一个人或某一集团拥有若干银行的股权，以取得对这些银行的控制权的一种组织形式。这些银行在法律上是独立的，但其业务和经营权由某一个人或某一集团控制，形成连锁银行。连锁银行是在禁止实行分支行制银行和多家控股公司的美国各州发展起来的，经营活动大都在较小的地区，其成员多是小银行。

(5) 代理银行制，又称往来银行制：指银行相互间签订代理协议，委托对方银行代办指定业务的一种组织形式。一般来说，银行代理关系是相互的，因此互为对方代理行。

（二）我国商业银行的组织形式

依据商业银行法和公司法，我国商业银行的组织形式采取公司制，全国性银行实行分支行制，地方性银行大部分实行单一银行制。目前，我国商业银行从所有制形式来看主要有如下几种：

(1) 国有独资的商业银行。改制以后仅有中国农业银行仍为此类形式。

(2) 国有控股商业银行。这是国有独资银行改制后的形式，主要有中国工商银行、中国建设银行、中国银行。

(3) 以公有制为主体的股份制商业银行。主要有交通银行、中信实业银行、中国光大银行、华夏银行、招商银行、广东发展银行、福建兴业银行、深圳发展银行、上海浦东发展银行、海南发展银行以及烟台、蚌埠住房储蓄银行等。

(4) 民营股份制的商业银行。这是以私人企业集股组建为主的银行，如中国民生银行。

(5) 城市商业银行。城市商业银行的前身是城市合作银行，虽然冠以“合作”两字，城市合作银行实际上仍属于股份制商业银行性质。改革开放后，我国的合作金融机构——城市信用社有了很大发展。1995 年国家提出在城市信用社基础上成立城市合作银行，1998 年又改建为城市商业银行。

(6) 中外合资银行。有厦门国际银行、青岛国际银行和中国国际金融有限公司等。

第二节　商业银行业务概述

现代商业银行业务发展变化非常迅速。业务集中于短期性自偿性贷款的以英国为代表的原始意义的商业银行逐渐地被以德国为代表的综合式商业银行取代。这类综合式的全能商业银行，不仅发放短期商业贷款、提供周转资金，而且也融通长期性的固定资金，并直接投资于新兴企业、包销企业证券、参与企业决策和进行咨询服务等，人称“金融百货公司”。但具体到各个国家，由于经济、金融形势不一，因此，在法律上对其业务范围的界定有别：或采取列举方式，或采取定义加限制方式。

我国修改后的《商业银行法》第 3 条规定，经人民银行批准，商业银行可以经营下列部分或全部业务：吸收公众存款；发放短期、中期和长期贷款；办理国内外结算；办理票据贴现；发行金融债券；代理发行、代理兑付、承销政府债券；买卖政府债券；从事同业拆借；买卖、代理买卖外汇；提供信用证服务及担保；代理收付款项及代理保险业务；提供保管箱服务；经人民银行批准的其他业务。

上述商业银行业务，按资金来源和用途可归纳为三大类：

一是负债业务，主要的负债业务是吸收存款，包括活期存款、定期存款、储蓄存款、大额可转让定期存单、委托存款、保证金存款、通知存款、协定存款、协定透支存款等。在负债业务中，商业银行是债务人，各类存款人是债权人。

二是资产业务，包括发放贷款、进行投资（证券投资、现金资产投资、固定资产投资）、租赁业务、买卖外汇、票据贴现等，其中，最主要的资产业务是贷款业务（含短期、中期、长期贷款和高档消费品贷款）和投资业务。

三是中间业务或称表外业务，主要包括办理国内外结算、代理发行、代理兑付、承销政府债券、代理买卖外汇、提供信用证服务及担保、代理收付款以及代理保险业务等。信托业务也属中间业务，但在我国依“分业管理、分业经营”的原则，此类业务在商业银行法中，未作为法定业务加以规定。在经营中间业务时，商业银行并不运用自有资金或借入的资金，也即此类业务的开展不会引起商业银行资产与负债比例的变化，商业银行既非债权人，亦非债务人，而是代理人或金融中介人。

以上三类业务，负债业务和资产业务构成商业银行业务的基本内容，而中间业务的开展，通过提供优质、高效的服务，可为银行争取到更多的客户，更为有利地促进资产负债业务的开展。

一、商业银行存款业务

商业银行的负债业务是商业银行形成资金来源的业务，是商业银行资产业务和中间业务的基础，主要由自有资本、存款和借款构成。其中，自有资本仅占商业银行负债的很少部分；借款包括同业拆借、向中央银行借款、向国内外金融市场借款等，也只占银行负债的小部分。银行存款业务是商业银行最重要的负债业务，也是负债管理的重点。

（一）存款业务的分类

存款是银行接受客户存入资金，存款人可以随时或按约定时间支取款项的一种信用业务。这是银行的传统业务，在负债业务中占有最主要的地位，约占负债总额的70%以上。目前我国商业银行存款负债的比重高于70%。

商业银行存款分为活期存款、通知存款、定期存款和储蓄存款。商业银行的最大特点是可以接受活期存款。

1. 活期存款

活期存款是不规定存款期限、存户可随时提取、银行有义务随时兑付的存款。银行发给存款人支票簿，存款人可用支票从银行提取现款，但更多的是用支票向第三者支付货款或偿还债务。由于活期存款可用支票随时提存，存取数量大，流通速度快，银行需付出大量的人力和物力，因此，绝大多数的国家的银行对活期存款不付利息。在有些国家，甚至收取活期存款客户的手续费。我国商业银行目前对活期存款仍付给较低的利息。虽然活期存款客户经常提取存款，但同时也经常有新存款在补充，所以银行总有稳定的活期存款余额用于发放贷款。

参加活期存款的对象有工商企业、个人、政府以及外国客户等。他们把闲置资金作为活期存款存入银行不是为了获取利息，而是为了通过银行进行各种支付和结算。

2. 通知存款

通知存款是存款人在提取存款时，必须提前一定时间通知银行，以便银行准备资金，保证支付的存款。这项存款的利率一般高于活期存款而低于定期存款。

3. 定期存款

定期存款是有固定期限、到期才能提取的存款。这种存款凭存单提取，存单不能转让。定期存款具有稳定性，是银行吸收外来资金中相对稳定的部分，可用于长期贷款业务，所以银行均给予较高的利息。存款户如因急需，要求提前提取时，须按规定提前通知银行方能提取，并减少利息。对提前支取的定期存款，我国是按活期存款支付利息的。

在多数国家，金融当局或银行工会规定存款利率的最高限额，银行通过提高利率来扩大存款的空间十分有限，银行主要以提供有效服务来吸收存款。各国现代化银行均设有电子信息处理系统，使客户在存款和提款上尽量少花费时间。银行还装置 ATM 机，使客户可在任何时间提取一定数量的现金，还提供与存款、提款和付款有关的业务，包括国外兑现支票、本票、旅行支票、国内外汇款、国际存款、信用卡、电话转账，等等。

4. 储蓄存款

储蓄存款一般是个人为了积存货币和取得利息收入在银行开设账户的存款。储蓄存款不使用支票，而是使用存折、存单和银行卡，手续比较简单。

储蓄存款有活期和定期两种。活期储蓄存款存取无一定期限，只凭存折、银行卡即可提取，存折一般不能流通转让，存户不能透支款项。

（二）存款业务的法律监管

我国《商业银行法》对商业银行的负债业务的管理，强调了对债权人利益的维护。除了在总则中确定“商业银行应当保障存款人的合法权益不受任何单位和个人的侵犯”的基本原则外，第 3 章还特别规定“对存款人的保护”。其内容主要有：

(1) 商业银行办理个人储蓄存款业务，应当遵循存款自愿、取款自由、存款有息、为存款人保密的原则。①

存款自愿是指参加储蓄必须出于存款者的自愿，不得强制。个人是否参加储蓄，选择哪一家储蓄机构，选择何种储蓄方式，存储数额、期限等都要由储户个人来选择决定。

取款自由是指储户什么时候取款、提取多少存款、作何用途等，都由储户自己决定，银行不得加以干预和查问。即使是未到期的定期存款，储户因特殊情况，也可按规定手续提前提取，银行不得借故刁难或予以限制。

存款有息是指存款人对于其存入银行的储蓄存款，有按照规定利率和实际存期获得利息的权利。这反映了商业银行和储户之间的关系是一种经济关系，是平等、互利的关系。

为存款人保密是指商业银行对存款人的姓名、住址、存款金额、储种、存款次数、支取情况、印鉴式样、委托银行托收的款项以及各种有关的财务情况等都要严格地保守秘密，不得披露。应该明确，这种保密义务并非绝对，《商业银行法》第 29 条第 2 款规定：“对个人储蓄存款，商业银行有权拒绝任何单位或者个人查询、冻结、扣划，但法律另有规定的除外。”在法律明文规定的情况下，商业银行有协助国家有关机关如法院、工商、税务等部门进行查询、冻结、扣划的义务。

(2) 对单位存款，商业银行有权拒绝任何单位或者个人查询，但法律、行政法规另有规定的除外；有权拒绝任何单位或者个人冻结、扣划，但法律另有规定的除外。

① 详见《商业银行法》第 29 条第 1 款。

(3) 商业银行应当按照人民银行规定的存款利率的上下限确定存款利率，并予以公告。该规定目的有二：一是防止银行从事过度风险性的经营，因为银行通过高利率来吸收存款，为抵补利息成本必然会从事高赢利、高风险的资产业务，银行经营的安全性很难保证；二是有效防止银行擅自降低或变相降低存款利率，损害存款人的利益。《商业银行法》第47条进一步规定：商业银行不得违反规定提高或者降低利率以及采取其他不正当手段，吸取存款。

(4) 商业银行应当按照人民银行的规定，缴存存款准备金、留足备付金。

存款准备金是商业银行依据法律和中央银行的规定，按吸收存款的一定比例缴存于中央银行的存款。这种存款一般不计付利息。存款准备金是中央银行实施货币政策的重要工具之一，是中央银行对商业银行的业务实施监管的重要手段，也是对存款人利益保护的重要措施之一。我国自1984年起借鉴国际上商业银行的做法，实行存款准备金制度。2007年1月至2008年5月，先后14次调高存款准备金比例，每次幅度为0.5%，2007年1月15日为9.5%，2008年5月20日调高至16.5%，为历史之最。

备付金，或称支付准备金，指商业银行和其他金融机构为保证存款支付和资金清算而保留的清偿资金。备付金包括商业银行的库存现金、在中央银行的存款以及购买的国债及政策性银行债券，其中，最主要的是在中央银行的存款和商业银行的库存现金。备付金制度的核心是备付金率，即备付金占商业银行全部存款的比例，中国人民银行已经取消了对商业银行备付金比率的要求，将原来的存款准备金率和备付金率合二为一。目前，备付金是指商业银行存在中央银行的超过存款准备金率的那部分存款，一般称为超额准备金。

(5) 商业银行应当保证存款本金和利息的支付，不得拖延、拒绝支付存款本金和利息。

二、商业银行贷款业务

商业银行的资产业务是指商业银行运用其积聚的货币资金从事各种信用活动的业务，是商业银行取得收益的主要途径。其中，银行贷款业务和投资业务是商业银行最主要的资产业务。

(一) 商业银行贷款业务的分类

1. 根据偿还期限不同分短期、中期和长期贷款三类

短期贷款规定在1年之内归还，用于满足企业短期流动资金不足或季节性资金需要；中期贷款一般期限为1~5年，通常在贷款期限内分期偿还本息；长期贷款一般指偿还期在5年以上的贷款。

2. 根据贷款的用途不同分为经营性贷款、有价证券经纪人贷款和消费性贷款

(1) 经营性贷款是指商业银行对工商企业经营活动过程中的正常资金需要而发放的贷款，包括工商业贷款、农业贷款和不动产抵押贷款等。

工商业贷款是银行对工商企业的贷款，是银行贷款总额中所占比重最大，也是我国商业银行最主要的贷款种类。这类贷款主要包括短期流动资金、长期流动资本和项目等

贷款类型。

农业贷款是银行对农场或农民个人发放的用于生产的贷款。

不动产抵押贷款是以建筑物和土地为抵押品的贷款，包括住宅、工商农不动产等抵押贷款，目前在一些西方发达国家中较为普遍，在美国，其比重已达到贷款总额的30%左右。但由于这类贷款期限较长、流动性差，因而各国商业银行往往将其控制在一定贷款比例内。

（2）有价证券经纪人贷款是指银行向专门从事证券交易的经纪人提供的贷款，目的是解决证券交易过程中暂时资金短缺的需要。

（3）消费性贷款是指银行对消费者个人发放的、用于购买耐用消费品或支付其他费用的放款，目的是解决个人用于购买汽车、家电、房屋等方面的资金需要。消费性贷款的发放有直接发放和间接发放两种。直接发放是消费者和银行可以直接发生借贷关系。间接发放是银行通过某一商业企业与消费者间接发生借贷关系，即银行贷款给商店，商店将商品赊销给消费者，消费者根据协议分期还款。消费性贷款按用途可分为汽车、住宅、高档耐用消费品、教育与学费、旅行等类型贷款，可以分期偿还，也可一次性偿还。另外，消费性贷款也可通过信用卡透支发放。

3. 根据信用担保的性质可分为以票据、商品、股票、债券为担保的有担保贷款和信用贷款

（1）票据贴现和票据质押贷款。

票据贴现是指客户将未到期的票据提交银行，由银行扣除自贴现日起至到期前1日止的利息而取得现款，票据到期时由贴现银行按票面额向票据的债务人收回款项。

银行办理票据贴现，须按一定的利率计算利息。这种利率称为贴现率。未到期票据贴现付款额的计算公式是：贴现付款额 = 票据面额 ×（1 – 年贴现率 × 未到期天数 ÷ 365天）

贴现业务与贷款的区别如下：

贴现实际上是一种特殊的贷款。普通贷款是到期以后收取利息，贴现则是在贴现业务发生时从票据面额中预扣利息；贷款期限较长且常有展期情况，而贴现的票据期限一般较短，通常都是3个月到期，最长不会超过1年，到期即收回；贷款的申请人即为银行的直接债务人，而贴现的申请人并非银行的直接债务人，票据的出票人、承兑人和背书人均应对票据款项负责；贷款利率要略高于贴现率，因为贴现业务发生时银行要按票据面额预扣利息将余额付给客户，银行的实际付款额要低于票面额，所以，贴现利率要低于贷款利率。

票据质押贷款是指以各种票据为质押客体的贷款，贷款期限不得超过票据到期的期限。贷款到期时借款人应偿还贷款、赎回票据，如不赎回则银行有权处分票据。进行票据质押贷款时银行为了避免借款人不赎回票据而遭受损失，其贷款额总是低于票据的面额，一般为60%~80%，票据面额与贷款额的差额通常称为“垫头”。

（2）商品抵押贷款。

商品抵押贷款是指以各种商品和商品凭证（如货运提单、仓库栈单）作抵押客体的贷款。其特点在于：贷款不能按期归还时银行可以出售抵押的商品，以补偿贷款；银行贷款时垫头较大，商品估价大大低于市场价格，一般为商品市价的30%~50%，以防止

商品跌价或销售发生困难而遭受损失。

(3) 股票或债券担保贷款。

证券投机商以有价证券为质押，取得银行贷款，运用这笔贷款再去购买有价证券，然后再质押再购买，为有价证券的投机提供了大量的货币资本。他们用这些货币资本增加了对证券的需求、提高证券的行市，从中获得投机利润。

(4) 信用贷款。

信用贷款是指没有实物或有价证券为质押，仅由借款人出具签字的书面凭证作为依据的贷款。银行一般只对它所熟悉的借款人，并确信其具有偿还能力，才提供信用贷款，贷款利率较高，并且附加一定的条件，如要求企业提供资产负债表、报告借款的使用情况、不得向其他银行借款等，通过这些措施加强对企业的监督和控制。

4. 根据成本定价方法可分为固定利率贷款和浮动利率贷款

(1) 固定利率贷款，是指在合同存续期间利率不作调整的贷款。

(2) 浮动利率贷款分为两种：一是对资信状况较好又与银行有长久合作关系的客户，一般实行优惠利率，即在银行贷款基准利率基础上向下浮动；二是在市场利率不稳定的条件下为了使双方单方面承担利率风险，在贷款合同有效期内约定利率调整期限，到期贷款利率以基准利率为基础上浮或下浮。

(二) 商业银行贷款业务的法律监管

《商业银行法》对商业银行开展贷款业务的基本规则作了规定。此外，贷款业务的开展还要遵循《民法通则》、《物权法》、《合同法》、《贷款通则》、《担保法》、《个人住房贷款管理办法》、《经济适用住房开发贷款管理暂行规定》、《贷款风险分类指导原则》、《商业银行实行统一授信制度指引（试行)》、《银团贷款暂行办法》等法律法规、规章的规定办理；对商业银行的投资业务，则依据“分业管理、分业经营”的原则，作了限制性规定。

商业银行贷款业务质量的好坏，不仅关系到银行自身能否赢利，而且关系到银行存款人存款的安全和其他客户的经济利益，关系到整个社会的正常生产、生活秩序。《商业银行法》第 4 章专章规定了商业银行的贷款业务基本规则。

(1) 商业银行根据国民经济和社会发展的需要，在国家产业政策指导下开展贷款业务。这一贷款基本规则目的有二：

一是商业银行是办理货币和信用业务的金融企业。由于市场环境复杂、瞬息万变，使商业银行贷款的投向和规模的确定更加复杂、风险很大，这就要求商业银行在了解市场变化、微观经济状况的基础上，把握宏观经济的发展，在国家产业政策指导下开展贷款业务。这样，才能准确预测贷款项目的发展前景，保证信贷资金的安全和自身经济效益的实现。

二是我国商业银行的信贷具有调节社会经济的职能。宏观调节：商业银行通过贷款在各行业各部门之间的分配，确保短线产品的发展，促进产业结构和国民经济结构的调整。微观调节：商业银行通过贷款在不同企业之间的分配，实行区别对待、择优扶持，促进生产发展，提高企业的劳动生产力，指导企业按照市场需求的变化组织生产经营活动。正因为商业银行的贷款具有宏观和微观调节作用，所以，贷款必须以是否符合国民经济和社会发展的需要为依据，而国家产业政策是国民经济和社会发展需要在各个时期的具体体现。因此，商业银行的贷款业务，必须在国家产业政策的指导下进行。

(2) 商业银行贷款，应当对借款人的借款用途、偿还能力、还款方式等情况进行严格审查。商业银行贷款，应当实行审贷分离、分级审批制度。这一基本规则是对我国商业银行长期以来贷款管理经验的总结，目的是确保贷款的安全可靠。我国商业银行在长期的贷款实践中，建立了“三查”、“两分”制度，即贷前调查、贷中审查、贷后检查和审贷分离、分级审批。具体操作如下：

通过调查企业的资产负债表、损益表及产、供、销、库存情况，掌握企业贷款的真实用途，防止贷款被挤占挪用，做到专款专用。

通过检查企业的全部资金使用情况，分析资金变化原因，评价企业的偿债能力。

通过分析企业不同时期的逾期贷款率和不合理资金占有率，检查、分析贷款的运用质量和企业的信誉情况。

贷款审批严格执行“审贷分离、分级审批”制度，明确责任、确保贷款的安全。审批内容包括：贷款材料是否真实、有效、合法和齐备；贷款是否符合国家产业政策和银行贷款投向；贷款的直接用途及企业的经营、财务状况；企业的信用程度和偿债能力；担保及抵押情况等。

(3) 商业银行贷款实行担保原则。商业银行贷款应当要求借款人提供担保，应当对保证人的偿还能力，抵押物、质物的权属和价值以及实现抵押权、质权的可行性进行严格审查。经商业银行审查、评估，确认借款人资信良好，确能偿还贷款的可以不提供担保，确立了我国商业银行发放贷款时以担保贷款为原则、以信用贷款为例外的基本规则。

按《商业银行法》规定，商业银行在提供贷款时应要求借款人提供包括保证、抵押、质押在内的一种或多种担保。

保证担保是指保证人和债权人约定，当债务人不履行债务时，保证人按照约定履行债务或者承担责任的行为。它分为一般保证和连带责任保证两种，国家机关不得成为保证人。

抵押担保是指债务人或第三人不转移对抵押财产的占有，以该抵押财产作为保证债务人清偿债务的担保。当债务人不履行债务时，债权人银行有权将该财产折价或以拍卖、变卖该财产所得的价款优先受偿。

质押担保包括动产质押和权利质押，是指债务人或第三人将担保物（质物）移交债权人占有，以该财产作为保证债务人清偿债务的担保。当债务人不履行偿债义务时，债权人有权将质物折价、拍卖或变卖，并以所得价款优先受偿。

有关借款人设定担保的程序和担保债权的实现依《担保法》和《物权法》的规定。商业银行在发放贷款时应当对保证人的偿还能力，抵押物、质物的权属和价值以及实现抵押权、质权的可行性进行严格审查。

对于与商业银行有长期业务往来，资信状况良好，商业银行经审查评估确有还款能力的借款人，经商业银行同意可不提供担保，即可发放信用贷款。

(4) 商业银行贷款，应当与借款人订立书面合同，合同应当约定贷款种类、贷款用途、金额、利率、还款期限、还款方式、违约责任和双方认为需要约定的其他事项，确立了商业银行发放贷款需订立书面合同的基本规则，以便在发生纠纷时有据可查。贷款合同是借贷双方确立权利义务关系的法律文件，其内容包括：

明确贷款的种类。贷款种类依不同标准可作多种分类：如依贷款资金的用途分为固定资产贷款（基本建设贷款或技术改造贷款）和流动资金贷款；依贷款期限分为短期贷款（1 年以内）、中期贷款（1~5 年）和长期贷款（5 年以上）；依有无担保分为信用贷款、担保贷款（含保证贷款、抵押贷款、质押贷款）和票据贴现；依风险是否由贷款人自己承担分为自营贷款和委托贷款等。贷款合同中应明确类型。

明确贷款用途。这是专款专用原则的要求，以防借款人挤占挪用贷款。

明确贷款金额（包括币种）、利率以及计息方式，即以多少天为基数、多长时间计一次息。

对借款人的还款期限和还款方式要有明确规定。

违约责任和借贷双方认为需要明确的其他事项。通过明确违约责任及其处理措施以及其他事项，以确保双方的权益。

(5) 商业银行应当按照中国人民银行规定的贷款利率的上下限，确定贷款利率。按我国的有关法律法规的规定，人民银行是我国利率管理的主管机关，代表国家统一行使利率管理权。中央银行根据国民经济运行情况和银根松紧、物价涨落、货币回笼情况以及国家产业政策的需要，规定商业银行的法定贷款利率和部分法定贷款利率允许浮动的上下限，商业银行应据此确定各类贷款的利率，而不是实行自由利率，目的是杜绝商业银行间的“利率大战”，保障经济、金融正常秩序，保证商业银行之间开展公平合理的竞争，同时避免银行内部人员利用利率以权谋私。《商业银行法》第 47 条进一步作出了禁止性规定：“商业银行不得违反规定提高或者降低利率以及采取其他不正当手段，吸收存款，发放贷款。”

此外，鉴于我国商业银行在业务竞争中，还存在以手续费、发实物、有奖储蓄、贴水等形式变相提高存款利率，超越贷款利率浮动范围、浮动权限，超出规定擅自对企业贷款停息、减息和免息等问题，《商业银行法》第 47 条规定明令禁止以其他不正当手段，吸收存款，发放贷款。

(6) 商业银行贷款，应当遵守下列资产负债比例管理的规定。《商业银行法》关于贷款业务的基本规则的规定，引入了巴塞尔协议的精神，对商业银行实行资产负债比例管理，以控制、分散信贷风险，保障商业银行的清偿能力，消除银行间的不平等竞争，实现商业银行效益性、安全性、流动性的基本要求，从法律上保证商业银行的安全、稳健运行。

我国《商业银行法》中只规定了资本充足率、存贷款比例、流动性比例、单个贷款比例四个具体监控指标，其他指标由人民银行确定。

一是资本充足率指标。资本充足率不得低于 8%，是指资本总额与加权风险资产总额的比例不得低于 8%。资本充足率反映商业银行在存款人和债权人的资产遭到损失之前，该行能以自有资本承担损失的程度。规定该项指标的目的在于抑制风险资产的过度膨胀，保护存款人和其他债权人的利益。

商业银行的资本，包括核心资本和附属资本。其中，核心资本包括实收资本、资本公积、盈余公积和未分配利润，附属资本是指贷款呆账准备金。在计算资本总额时，应以商业银行的核心资本加附属资本之和扣除：第一，购买外汇资本金支出；第二，不合并列账的银行和财务附属公司资本中的投资；第三，在其他银行和金融机构资本中的投资；第四，呆账损失尚未冲销部分。

商业银行的加权风险资产，是根据风险权数（权重）计算出来的资产。1994 年 2 月人民银行发布的《关于对商业银行实行资产负债比例管理的通知》的附件《关于资本成分和资产风险权数的暂行规定》，把金融资产划分为现金、对中央政府和人民银行的授信、对公共企业（指邮电、水、电话、煤气、交通等基础部门）的债权、对一般企业和个人的贷款、同业拆放和居住楼抵押贷款六大类表内资产，按风险程度设定风险权数，风险权数划分为 0、10%、20%、50%和 100%五类。以此来计算商业银行的加权风险资产。

1988 年国际清算银行成员国的中央银行在瑞士的巴塞尔达成了《关于统一国际银行资本衡量和资本标准的协议》（即巴塞尔协议），要求成员国的银行资本分为核心资本和附属资本，其中核心资本应占整个资本的至少一半，资本充足率应达 8%，核心资本充足率不少于 4%。我国《商业银行法》关于资本充足率的规定体现了向国际惯例靠拢的精神。我国中央银行发布的《商业银行资产负债比例管理暂行监控指标》（以下简称《监控指标》），更明确规定资本充足率指标为：资本总额与加权风险资产总额的比例不得低于 8%，其中核心资本不得低于 4%。附属资本不得超过核心资本的 100%。

二是存贷款比例指标。贷款余额与存款余额之比不得超过 75%。商业银行法规定存贷款比例，目的在于保证商业银行必须吸收足够的存款，才能发放一定数量的贷款。

三是资产流动性比例指标。流动性资产余额与流动性负债余额之比不得低于 25%，目的是为了保证商业银行的短期偿债能力。所谓流动性资产，是指 1 个月内（含 1 个月）可变现的资产，包括库存现金、在人民银行的存款、存放同业款、国库券、1 个月内到期的同业净拆出款、1 个月内到期的贷款、1 个月内到期的银行承兑汇票、其他经中国人民银行核准的证券。所谓流动性负债，是指 1 个月内（含 1 个月）到期的存款、同业净拆入款。

四是单个贷款比例指标。对同一借款人贷款余额与商业银行资本余额之比不得超过 10%。这一规定，旨在分散贷款风险，防止贷款投放的过分集中。

我国《商业银行法》规定的单个贷款比例指标和人民银行规定的《监控指标》不同，《监控指标》规定：对同一借款客户的贷款余额与银行资本总额的比例不得超过 15%，是以银行资本总额来计算的。在《商业银行法》生效实施后，当以《商业银行法》的规定为准。关于单个贷款比例指标，《监控指标》还规定：对 10 家最大客户发放的贷款总额不得超过银行资本总额的 50%。

关于同一借款人的确切含义，我国《商业银行法》未作规定。从理论上而言，应指任何一个自然人或任何一个法人。

此外是人民银行的其他规定。依《监控指标》规定，尚有：

第一，中长期贷款比例指标。1 年期（含 1 年期）以上的中长期贷款与 1 年期以上的存款之比不得超过 120%。

第二，拆借资金比例指标。拆入资金余额与各项存款余额之比不得超过 4%，拆出资金余额与各项存款（扣除存款准备金、备付金、联行占款）余额之比不得超过 8%。

第三，对股东贷款比例指标。向股东贷款比例指标不得超过该股东已缴纳股金的 100%，贷款条件不得优于其他客户的同类贷款。这里所指的股东是指对银行股本（资本金）出资的单位和个人。

第四，贷款质量指标。逾期贷款余额与各项贷款余额之比不得超过 8%，滞贷款不得超过 5%，呆账贷款不得超过 2%。

在以上各项监控指标中，对商业银行存贷款比例按月考核，对其余指标按季考核。

(7) 商业银行不得向关系人发放信用贷款；向关系人发放担保贷款的条件不得优于其他借款人同类贷款的条件。关系人是指：①商业银行的董事、监事、管理人员、信贷业务人员及其近亲属；②前项所列人员投资或担任高级管理职务的公司、企业和其他经济组织。

这是对“内部贷款”的限制性规定，目的是为了防止发放人情贷款，以确保贷款质量，避免商业银行信贷资产的流失，保证商业银行稳健经营，防止破产倒闭。借鉴各国银行立法对内部贷款实行限制的通例：一方面规定商业银行对关系人只能发放风险较小的担保贷款，而不得发放风险较大的信用贷款，并规定向关系人发放贷款和向非关系人发放贷款应一视同仁，不得搞特殊化；另一方面对关系人的内涵进行了明确的界定，从而以立法的形式要求商业银行在公平、合法、合规的前提条件下，审批所有借款人的借款。

(8) 任何单位和个人不得强令商业银行发放贷款或者提供担保。商业银行有权拒绝任何单位和个人强令要求其发放贷款或者提供担保。

经国务院批准的特定贷款项目，国有独资银行应当发放贷款。因贷款造成的损失，由国务院采取相应补救措施。具体办法由国务院规定。

商业银行的“贷款自主权”，应把握两点：一是明确了商业银行与客户之间的关系是平等、自愿、公平、诚实信用的民事法律关系，从而为商业银行摆脱不正当的行政干预、自主按效益和安全原则运作提供了法律保障，也有利于促使银企关系从计划经济体制下的资金供给制向市场经济体制下的平等互利转变。所以，商业银行对强令发放贷款或提供担保的单位和个人有权拒绝。二是对于关系到国计民生的经国务院批准的特定贷款项目，明确规定国有独资银行应当发放贷款。此时国有独资银行不属于商业行为，而在更大程度上是在中央政府的指示下从事政策性行为，所以因贷款造成的损失，由国务院采取相应的补救措施。

(9) 借款人应当按期归还贷款的本金和利息。

借款人到期不归还担保贷款的，商业银行依法享有要求保证人归还贷款本金和利息或者就该担保物优先受偿的权利。商业银行因行使抵押权、质权而取得的不动产或者股票，应当自取得之日起 1 年内处分。

借款人到期不归还信用贷款的，应当按照合同约定承担责任。

《商业银行法》总则第7条确立了商业银行依法收回贷款本息的权利义务和实行担保贷款的原则。按期归还，是指借款人要在借款合同规定的还款日期或在贷款人批准展期的还款日期归还借款，未经商业银行同意，不得擅自拖延，否则，就构成借款人的违约行为。

(10) 对商业银行投资业务的禁止性规定。《商业银行法》第43条规定："商业银行在中华人民共和国境内不得从事信托投资和股票业务，不得投资于非自用不动产。商业银行在中华人民共和国境内不得向非银行金融机构和企业投资。本法施行前，商业银行已向非银行金融机构和企业投资的，由国务院另行规定实施办法。"这表明与其他西方国家允许商业银行多元化经营不同，我国现阶段实行严格的金融分业管理，即商业银行和投资银行（主要指信托公司、证券公司、房地产公司）业务不能交叉。

作出这种规定理由主要有二：一是股票投资和房地产都属于高风险业务，风险高，收益率也高。但商业银行的资金来源大部分是社会公众的存款，而绝大多数存款人首先希望的是存款安全。所以，限制商业银行从事这类高风险业务，既有利于商业银行经营的安全稳健，又有利于维护广大存款人的利益，这也是"三性原则"的基本要求。二是我国金融业虽然有了较大的发展，但是，在法规制度的建设、管理操作手段、市场条件、从业人员素质等方面与国外同业相比，还有很大的差距，因而对各种风险的预测、监督、防范能力相对较弱，业务交叉则会产生许多弊病。

三、商业银行结算业务

《商业银行法》第44条规定："商业银行办理票据承兑、汇兑、委托收款等结算业务，应当按照规定的期限兑现，收付入账，不得压单、压票或者违反规定退票。有关兑现、收付入账的规定应当公布。"这一条规定的理由是结算业务是商业银行的中间业务，是连接资金和经济活动的桥梁，是实现经济正常运行的必要手段。迅速、准确地办理好银行结算，对加快资金周转、提高经济效益、促进商品流通和经济发展具有重要作用。

中国人民银行就办理银行结算的时间标准作了规定：①向外发出的结算凭证必须于当天至迟次日寄发，收到的结算凭证，必须及时将款项支付给收款人。②结算的时间，同城一般不超过2天；跨省或省内直接通汇行之间，电汇一般不超过4天，信汇一般不超过7天。这些规定商业银行必须严格执行，以解决结算速度慢、资金在途时间长的问题，保证客户资金及时入账。

此外，中国人民银行还针对我国银行结算中存在的问题，如结算纪律松弛，擅自压单、压票和违反规定退票，挪用、截留客户资金等，提出了结算工作"三不准"的要求，第1条就是：不准以任何理由压票、任意退票和受理无理拒付。随意压票、退票、受理无理拒付、截留客户和他人资金是严重影响商业银行信誉的行为，并会造成整个结算秩序，乃至整个社会经济秩序的混乱，必须严加杜绝、严肃处理。

四、商业银行其他业务

《商业银行法》就商业银行的其他负债业务，在第45条、第46条还作出了以下规定：

(1) 商业银行发行金融债券或者到境外借款，应当依照法律、行政法规的规定报经批准。按国务院《关于进一步加强证券市场宏观管理的通知》的规定，金融机构发行金融债券由人民银行负责审批。也就是说，金融机构能否发行金融债券，在境内还是境外发行，发行债券的币种、期限、收益率、发行额度、以什么方式发行、能否转让上市等，都必须得到人民银行的批准。未经批准，任何银行不得擅自利用发行债券的方式筹集资金。

商业银行境外借款的管理机构是国家计委、国家外汇管理局等。国家计委确定每年境外借款的总规模并将其分配给各商业银行。人民银行是国际商业贷款的审批机关，人民银行依法授权国家外汇管理局及其分局负责对国际商业贷款的审批、管理和监督。

商业银行对外筹措中长期国际商业贷款，必须纳入国家利用外资计划。以商业银行总行名义对外签约借用中长期国际商业贷款的，由总行直接向国家外汇管理局提出申请，办理审批手续。凡以地方分行名义对外签约的，需经其总行授权，在报批时，除特殊情况外，应由地方分行向地方分局提出申请，由分局转报总局审批。商业银行不得突破控制成本对外筹资，也不得以任何方式变相提高筹资成本。

(2) 商业银行进行同业拆借，应当遵守人民银行规定的期限，拆借的最长期限不得超过4个月。禁止利用拆入资金发放固定资产贷款或者用于投资。拆出资金限于交足存款准备金、留足备付金和归还中国人民银行到期贷款之后的闲置资金。拆入资金用于弥补票据结算、联行汇差头寸的不足和解决临时性周转资金的需要。

同业拆借是指商业银行和金融机构相互之间为弥补临时性资金不足而进行的短期资金融通行为，主要用于支持资金周转。其特点是：期限极短、利率很低、用于弥补银行短期资金的不足。按1994年2月人民银行发布的《信贷资金管理暂行加法》的规定：商业银行之间的资金余缺调剂可采取同业头寸拆借和同业短期拆借的形式进行。前者是归还期在7天内的拆借，后者是归还期在7天以上4个月（含4个月）以下的拆借。同业头寸拆借以无形市场为主，参加同城票据交换的金融机构都可以通过同业头寸拆借调剂头寸余缺。同业短期拆借要通过人民银行牵头组织的融资中心，采取同业融通票、贴现、转贴现的方式办理。商业银行向证券公司、信托投资公司、企业集团财务公司、融资租赁公司拆出资金的期限不得超过7天，向人民银行牵头的融资中心可拆借4个月以内的短期资金。商业银行同业拆借的最长期限不得超过4个月，拆借利率不得超过人民银行对同业拆借规定的利率上限。

为把商业银行的拆借资金风险控制在银行自身可以承受的范围之内，防止短借长用，或把拆借资金用于放款而带来风险，人民银行规定：商业银行拆出资金余额与各项存款余额之比不得超过4%；拆入资金余额与各项存款（扣除存款准备金、联行占款）余额之比不得超过8%。

案例分析

【案情】

2001年Y在某银行办理了一张信用卡。2003年11月12日上午10时，Y在某商场购物时不慎丢失该信用卡，卡内尚有余额人民币2万元。Y立即赶往发卡银行，于当日上午11时办妥挂失手续。一周后他去银行更换新卡时发现补办的信用卡内只有余额12 000元。Y和银行共同查找各种特约商家交来的消费单据后发现：第一笔消费发生于12日中午12时，共2 100元；第二笔发生于12日下午3时，共2 300元；第三笔发生于13日上午10时，共2 000元；第四笔发生在13日中午12时，共1 600元，合计为8 000元人民币。经银行确认以上消费行为系被人冒充使用。Y认为以上四笔消费均发生在他挂失以后，应由银行赔偿他全部损失8 000元；银行表示同意赔偿他1 600元，理由是：根据发卡行信用卡章程和规定，信用卡挂失后24小时内，风险由持卡人承担，所以认为应由Y自行承担6 400元损失。双方争执不下，Y遂将银行告上法庭。

【解析】

原告在被告处申办了信用卡，原告和被告之间存在信用卡合同关系。原告2003年11月12日上午10时丢失信用卡，于12日11时在被告处办理信用卡挂失手续；挂失之后被他人分四次共消费8 000元。双方争议的焦点是：挂失后24小时之内，信用卡被盗用金额的损失由谁承担，即被告作为发卡银行出具的信用卡条款“信用卡挂失后24小时内，风险由持卡人承担”是否有效。对于第四笔即13日中午12时消费的1 600元由银行承担均无异议，对于另外6 400元责任承担的问题的解决成了本案的关键。

先看被告出具的信用卡条款的性质，很明显该条款属于格式条款。根据我国《合同法》第40条规定：格式条款具有本法第52条和第53条规定情形的，或者提供格式条款一方免除其责任、加重对方责任、排除对方主要权利的，该条款无效。因此被告的免责条款无效。该条款不可支持其抗辩原告的损害赔偿请求权。

再看原告是否存在过错。根据《民法通则》第131条的规定：受害人对于损害的发生也有过错的，可以减轻侵害人的民事责任。本案中原告未尽谨慎保管信用卡的义务，具有过错，可据此减轻被告责任。

综上所述可得出本案的结论：对于他人冒用8 000元的责任应由Y和银行共同承担。

第十二章　信托法

起源于13世纪的英国信托制度在现代商事领域中扮演了重要角色。目前在我国的法律框架下，信托制度是唯一可以连接资本市场、货币市场和产业市场的经济制度。因此，信托业与银行业、证券业、保险业一起被称为四大金融支柱。我国2001年4月28日第九届全国人大常委会第二十一次会议审议通过的《中华人民共和国信托法》是调整信托关系的基本法。

本章在借鉴英美法系、大陆法系国家信托法制传统和立法经验的基础上，重点阐述我国信托法律制度。内容包括：信托的基本原理、信托法的基本问题；我国信托关系的设立、变更和终止；信托财产；信托当事人以及公益信托等方面。本章的难点在于理解和把握信托财产所具有的独立性。

信托制度是在英国衡平法基础上形成发展的，我国主要继受大陆法系的民法传统，如何界定信托财产权的性质以及合理配置信托财产权利义务的内容成为信托法领域的学术热点问题。

第一节　信托基本原理

一、信托的定义

在经济学上，信托是一种经济制度，具有转移财产、管理财产、融通资金、社会福利方面的功能。法律制度不同于经济制度，它是经济制度在法律层面的反映，并用于调整经济制度，其结果是在当事人之间形成了法律关系。因此，法学上的信托是一种法律关系，是信托当事人围绕信托财产形成的各项权利义务关系。

由于历史渊源和文化传统的差异，英美法系和大陆法系下的信托含义不尽相同。即使在同一法系中，因为信托制度具有极大的弹性，而且信托的设立方式多样、应用领域宽广，使得信托有多种表述方式。

(一) 国外对信托的定义

1. 受托人义务说

英国法学家帕克和梅鲁斯认为，信托是指由受托人所负担的职责或累积而成的全部义务。这种义务关乎在其名下或在其控制范围内的财产。法院根据其衡平法管辖权可强制要求受托人按信托文件中的合法规定来处理该财产；如果书面上或口头上均无特别规定，或虽有规定但该规定是无效或不充分的，则法院会强制要求受托人须按衡平法的原则去处理该财产。这样的管理方式将使与财产有关的利益并非由受托人占有，而是由受益人享用（如果其人存在），或（如果没有受益人）按法律所认可之用途来处理。如果受托人同时也是受益人，则他可以受益人身份得到应得之利益。

2. 关系说

美国信托法权威 Bogert 认为，信托是当事人之间的一种信任关系，一方享有财产所有权，并负有衡平法上的为另一人之利益而管理或处分该项财产的义务。

《不列颠百科全书》将信托解释为：信托一词是指一种法律关系，在此项关系中，一人拥有财产所有权但同时负有受托人的义务，为另一人的利益而运用此项财产。

3. 协议说

《牛津法律大辞典》将信托解释为：信托，持有并管理财产的一种协议。据此，财产或法定权利的所有者（信托人）将财产或权力交给另一个人或几个人（受托人），后者据此代表或为另一方（受益人）或为其他人或为某一特定目的或者几个目的而持有财产和行使权利。信托之概念的本质在于法定所有权和收益所有权之间的分离，即财产合法地交给一个或者多个受托人，但在衡平法上或是为其他人持有或属于其他人的，而且只有在衡平法院才能强制履行。

4. 综合说

《美国信托法重述》（第二版）第 2 条规定的信托定义为：信托法重述所指的信托，在没有“慈善”、“归复”、“推定”等限制词的情况下，是一种有关财产的信义关系(fiduciary relationship)，产生于一种设立信托的明示意图，一个人享有财产的法定所有权并负有衡平法上的义务，为另一个人的利益处分该财产。

5.《魁北克民法典》中的信托

该法第 1260 条规定：信托产生于信托人的设立行为，依此行为，信托人从其财团中移转一定的资产于他设立的另一财团，他将此等财产用于特定目的，受托人以其接受行为保有并管理此等财产。这一规定并没有揭示信托的含义，其效果在于界定了信托财产的性质，即一项独立存在的目的财产。

6.《日本信托法》中的信托定义

《日本信托法》第 1 条规定了信托的定义：本法所称信托，系指将财产权转移或者为其他处分，使他人依一定之目的而管理或处分其财产。该信托法中的信托定义表明了信托关系的某些要素：委托人将财产权转移或以其他方式处分给受托人，受托人因此获得了依一定的目的管理或处分该项财产权的权利和义务。

（二）我国对信托的定义

我国《信托法》是从法律行为的角度给信托下的定义。该法第 2 条规定："本法所称信托，是指委托人基于对受托人的信任，将其财产权委托给受托人，由受托人按委托人的意愿以自己的名义，为受益人的利益或者特定目的，进行管理或者处分的行为。"我国《信托法》中的信托定义包含以下五个方面的含义：

(1) 信托关系以委托人对受托人的信任为基础。在信托起源时，委托人将财产转移给其信任的亲友或信誉较高的社会人士，使他们作为财产的管理人以规避法律对财产转移的限制；现代信托中，委托人由于自身时间、精力或者理财能力的限制，将其财产转移给其信任的专业理财机构管理信托财产，以实现财产的保值增值。基于这种信任，受托人一旦接受信托就应当忠诚、谨慎、尽职地管理信托财产，如果受托人违反了信义义务，信托法规定了较为严格的责任。

(2) 委托人将其财产权委托给受托人。为了实现信托财产的保值增值目的，委托人应将其财产的一部分或者全部转移给受托人，以便于受托人依其专业的理财能力和经验对信托财产进行管理和处分。委托人将自己财产的一部分或全部转移或以其他方式处分给受托人，即发生了财产权主体的变更行为，受托人以自己的名义享有信托财产权，并且通过财产权的转移使委托人对信托财产享有的财产所有权转化为信托法上的信托财产权。从信托财产的类型上看，凡具备金钱价值的东西都可以作为信托财产，如现金、动产、不动产、股票和有价证券等有形资产；属于财产权利的债权、著作权、专利权和商标权等无形资产。信托财产在委托人转移或处分给受托人的各类财产或权利的基础上经过受托人的积极管理，所获得收益、利息、赔偿金、保险金等也属于信托财产的范围。

委托人将其财产权转移给受托人后，除非信托文件保留了委托人对信托财产的权利，否则委托人不得任意干涉受托人对信托财产的管理和处分。

(3) 受托人是信托财产的名义主体。信托制度起源时就借助受托人的名义达到转移财产的目的，而且普通法从来都把受托人作为信托财产的所有权人，在大陆法系中无论信托财产所有权如何安排，由于受托人享有对信托财产的直接控制权，以受托人名义管理和处分信托财产是各国信托法的明确规定。我国《信托法》第 2 条同样规定受托人以自己的名义管理信托财产。

(4) 受托人为受益人利益或信托目的管理信托财产。信托制度是一种为他人管理财产的制度，虽然财产权自委托人转移给受托人，但该财产权的赋予不是为受托人本人利益，受托人以自己名义管理和处分信托财产所产生的全部利益，都将归属于受益人或用于特定目的，即受托人有为受益人利益和信托目的管理财产的义务。

(5) 信托财产的管理权和收益权相分离。信托一旦有效成立，信托财产持有和管理的权利即由受托人享有，受托人根据信托协议像信托财产的真正所有人那样占有、使用、处分信托财产，也可以排除他人（包括委托人和受益人）对信托财产的侵害和干涉。信托关系以外的第三人也都以受托人为信托财产的权利主体与其从事各种交易。但是，受托人并不享有信托利益，受托人不能为了自己的利益使用信托财产，而且其对信托财产享有的处分权不能扩张致使信托财产受到损害。信托财产利益的享有者是受益人或信托目的，受托人须将信托财产的利益交给受益人。这种财产管理权与收益权的分离性，即财产管理主体与获得收益主体不一致性，是信托的基本特征。

二、信托的分类

1. 积极信托与消极信托

信托依受托人的义务分为积极信托和消极信托。积极信托是指受托人具有应履行的积极管理和处分信托财产义务的信托。消极信托是指受托人通常仅为名义人的信托。消极信托的受托人并不履行任何积极义务，受托人有所行动时应得到受益人的许可，在信托届满时，受托人仅仅有按照信托证书上的指示将法律上的权利移转的义务。

2. 遗嘱信托与契约信托

信托依信托证书的性质分为遗嘱信托和契约信托。遗嘱信托是指遗嘱人将其财产交给受托人保有管理，为受托人以外的人的利益，以对受托人的指示，移转信托财产与受托人而设定。契约信托是指受托人将财产以信托的方式保有，且为受托人以外的人的利益，在管理财产的约定之下，财产的所有人按照契约，将财产交付、移转、转让给受托人而设定。

3. 意定信托与法定信托

信托依信托的设定方法分为意定信托与法定信托。意定信托是指财产所有人有明确的意思表示，将其财产转移给受托人，指定受托人以一定方式管理或处分信托财产，并将财产收益给付指定受益人的信托，意定信托是信托的主要设定方式。法定信托是指通过法律的强制，或者法律根据当事人意思的解释推定而产生的信托。

4. 商事信托与民事信托

信托依受托人的信托行为是否具有营业性分为商事信托（营业信托）和民事信托（非营业信托）。商事信托是指受托人以营业为目的而接受的信托，即使没有特别规定，商事信托的受托人就自己的受托行为也当然可以取得报酬。民事信托是指受托人接受信托并非以营业为目的，在民事信托中，受托人除非存在特别的规定，否则不可以收取报酬。因为商事信托的受托人的行为属于营业行为，所以，原则上商事信托除了适用信托法的规定以外还适用信托业法的有关规定，而民事信托原则上适用信托法和民法的有关规定。

5. 自益信托与他益信托

信托依信托利益是否归属于委托人本人分为自益信托与他益信托。自益信托是指委托人以自己为受益人，致使信托上的利益归属于其本人而设立的信托。在自益信托中发生委托人与受益人身份的兼容性。他益信托是指委托人以他人为受益人，致使信托上的利益归属于其他主体而设立的信托。目前在世界范围内适用最广的商业信托中的绝大部分是自益信托，而民事信托基本上是他益信托。

6. 私益信托与公益信托

信托依信托目的是否具有公益性分为私益信托与公益信托。私益信托是指以实现私人利益为目的的信托。公益信托，又称慈善信托，是指以实现公众利益为目的的信托。在对信托的监管方面，由于公益信托受益人的公众性，对其的监管要比私益信托严格得多。

7. 个别信托与集团信托

信托依信托是否集合大众资产分为个别信托和集团信托。个别信托是指受托人对所托的不同委托人的信托财产分别、独立地予以管理或处分的信托。集团信托是指受托人把所受托的众多委托人的信托财产集中成为一个整体予以管理或者处分的信托。集团信托由不特定的多数委托人按照格式信托合同，分别将数额不等的金钱委托给同一受托人进行管理和处分而设立。

三、信托与类信托制度的关系

信托作为一种法律制度，与其他许多相似的制度都有一些共同之处。特别是大陆法系移植现代信托制度之前，已经存在着许多与信托功能相似的制度，只有明确信托与其他制度在结构和功能方面的不同，即信托制度具有不可替代性，才能说明信托制度移植的必要性。

1. 信托与代理

信托与代理的相似性在于它们都是根据委托人意志产生的关系，而且都以对受托人或代理人的信任为基础。两者的主要区别在于：

(1) 财产转移与管理处分权不同。信托关系中，财产权由委托人转移给受托人，受托人以自己的名义享有信托财产权，而且只有受托人能直接占有、管理、处分信托财产。受托人在处理信托事务时，只要不违反信托目的，受托人有相当的裁量权。代理关系中，被代理人保留了财产所有权，而且继续占有财产，代理人以被代理人的名义进行财产交易。代理权范围由被代理人的意思决定，若本人意思不明，一般代理人只能进行保存、通常利用、改良等行为。

(2) 责任与权利归属不同。信托关系中，受托人的行为只能产生约束信托财产的效力，并不直接约束委托人。代理关系中，代理人以被代理人的名义而为的行为，其效力直接归属于被代理人。

(3) 受托人和代理人享有的优先权不同。信托关系中，当受托人对信托财产所负债务予以清偿时，受托人享有对信托财产优先受偿的权利，信托终止时，受托人还可以行使留置权。代理关系中，代理人不需要享有这种权利，因为不存在受托人为委托人清偿债务的情形。

(4) 关系的存续和终了不同。信托关系不会因为委托人或受托人丧失行为能力、死亡或破产而终止，而这些情形均会导致委托代理关系的终止。相对于代理来讲，信托的优势在于其长期性，非常适合几代人之间对于财产的安排。

(5) 适用的范围不同。信托不仅用于委托人的生前财产移转和管理，而且也适用于其遗产，但是代理不适用于遗产。

2. 信托与行纪

信托与行纪的相似之处在于，两者均以信任为基础，均以自己的名义处理事务，均可能发生委托物的转移。两者的区别主要在于：

(1) 适用范围不同。行纪主要从事的是贸易活动，而信托则更多地体现在对物的管理行为，其范围涉及财产的管理、处分、投资及利益的分配等诸多方面的事务，如遗嘱信托、公益信托等。

(2) 管理权限不同。行纪关系中，受托人须服从委托人的指示，对所委托的事务进行处理，使其具有更多的依附性。信托关系中，受托人基本上是以自己的意志来处理信托事务。

(3) 行纪是有偿的，而信托则既可以是无偿的，也可以是有偿的。

(4) 关系的存续和终了不同。当委托人或行纪人丧失行为能力、死亡或破产时，行纪关系终止。信托关系不会因这些情形的发生而终止，信托具有持久性，在实践中更加方便灵活。

(5) 标的物是否具有独立性不同。信托关系中，信托财产具有独立性，独立于委托人的一般财产。行纪关系中，行纪合同所涉及的财产没有这种独立性，仍然属于委托人财产的一部分。

3. 信托与第三人利益合同

第三人利益合同作为扩大私法主体意思自治的有效手段之一，在英美法系和大陆法系得到了广泛的承认。信托本质“契约”说观点认为，由于信托法旨在建立信托关系的三方当事人之间的关系，其与第三人利益的合同非常相似，很难将二者在功能上区别开来，因此信托关系在内部结构上属于第三人利益的合同。信托具有与第三人利益合同相同的某种属性，但是不能证明信托就是第三人利益合同，它们的区别主要在于：

(1) 信托制度的功能具有多样性，而第三人利益合同的功能具有单一性。为受益人利益管理财产是信托的功能之一，财产移转、资金融通、资本积累和社会福利方面的功能是第三人利益合同所不具有的。

(2) 信托内部结构远比第三人利益合同复杂。第三人利益合同当事人之间基本上是债权关系，包括债权人和债务人之间的基础合同关系，以及第三人和债务人之间的请求给付的权利。而信托内部结构不仅包括委托人和受托人之间的债权关系（如果信托契约保留了委托人的权利的话），重要的是受托人与受益人之间以信托财产为中心形成的复合型权义关系，这种复合型权义关系包括物权、债权、身份权等内容。

(3) 信托具有外部关系的对世性，而第三人利益合同一般没有对世性。信托关系以委托人移转其财产给受托人为成立的要件，该财产移转之后成为信托财产，由受托人和受益人分割享有其所有权，从而信托财产居于非由任何人完整享有的独立地位，使信托关系具有对世性。而第三人利益合同中，债权人和债务人之间财产的移转，并不是第三人利益合同成立的要件，而是随着基础合同的变化而变化，当事人之间一般只有债权关系，因此，只能在合同当事人之间产生效力而不发生对外的效力。

(4) 当事人意思表示要求不同。信托受益人如果不接受信托利益，只是放弃其权利，并不视为自始未取得权利；而且信托受益人即使没有表示要接受信托利益，委托人和受托人也不得因此而撤销信托。但是在第三人利益合同中的第三人如果对合同当事人一方表示不接受合同利益，则视为自始未取得权利；并且在第三人没有表示接受利益之前，合同当事人可以变更和撤销合同。

(5) 设立的方式不同。第三人利益合同只能通过生前的合同行为设定，而信托还可以通过死后行为（如遗嘱）设定。

4. 信托投资与信托存款

信托投资与信托存款都属于大众投资渠道，但信托投资是一种商事信托，其本质是信托，而信托存款是借款合同，其本质是合同。它们的主要区别在于：

(1) 管理方式不同。信托投资中，委托人所投资形成的信托资金，需要受托人履行分别管理的义务，而信托存款形成的存款不需要受托人分别予以管理。

(2) 收益的归属不同。信托投资中，投资所得收益归信托投资人。信托存款中，投资产生的收益归信托投资公司而不是存款人。

(3) 损失承担主体不同。信托投资中，信托投资公司获得酬金，信托基金的投资风险由信托投资人承担。信托存款中，存款人到期获得本金和固定的利息，投资损失由投资公司承担。其实，信托存款这种形式是信托投资公司早期的不规范行为，并不是典型的信托行为，各国在对信托投资公司进行整顿时，有的国家保留了信托投资公司的存款业务，有的国家规定存款业务只能属于商业银行。

5. 信托与有限公司

信托与有限公司有着相同的社会和经济功能。虽然信托与有限公司具有同源性，即公司是信托的一种形式，但是公司经过发展，它已经不同于信托了，信托与有限公司的区别主要在于：

(1) 是否具有法律人格不同。信托财产不具有独立的法律人格，在涉及信托财产的案件中由受托人以自己的名义起诉或应诉。而有限公司有独立的法律人格，是法律关系的主体，得以自己的名义对外行使权利。

(2) 管理特定财产的成本不同。信托财产的管理成本较低，信托可以只需要一个受托人负责处理信托事务。有限公司的管理往往需要有完备的管理机关，如股东会、董事会、监事会，等等。

(3) 特定财产的收益分配不同。信托制度中，受托人对于管理信托财产所得的收益，可以全数分配给受益人而毋庸保留一定比例为清偿债务之用。而各国公司法为保护公司债权人利益，对有限公司盈余的分配有着相当的限制。公司不仅没有盈余不得分派股利，而且需要提取一定比例的法定公积金，所剩余的部分才可以供投资人分配。

(4) 是否具有节税功能不同。利用信托制度可以达到节税的目的，按照通行英美的“管道原则”，受益人应当成为信托的纳税人。但对于有限公司则有双重课税的可能，先就公司所得须缴纳公司所得税，后再分配股利于股东时，股东须缴纳个人所得税。

(5) 成立目的不同。就成立目的而言，信托可以私益为目的，亦可以公益为目的，而有限公司必须以营利为目的。

第二节　信托法概述

一、信托法的概念

信托法是指调整信托关系的法律规范的总和。和其他部门法一样，信托法也有广义和狭义之分。狭义的信托法，即形式意义上的信托法，专指以成文法形式表现出来的信托法典。如1922年日本颁布的《日本信托法》，2001年我国颁布的《中华人民共和国信托法》等。广义的信托法，即实质意义上的信托法，指除了信托法典之外，还包括信托业法、调整信托关系的单行法、司法解释、具有约束力的法院判决以及我国参加或者缔结的国际条约等一切调整信托关系的法律规范。

二、信托法的特征

(1) 信托法是私法和公法的结合。

信托法调整的对象包括私益信托和公益信托。私益信托是为了信托当事人的利益，由信托当事人在自愿的基础上设立的，调整这种关系的基本原则是平等、意思自治、等价有偿和诚实信用。因此，调整私益信托的信托法具有私法性质。公益信托是为了社会公共利益设立的，尽管信托当事人在公益信托中的地位仍然平等，但是公益信托中的受益人往往为不特定的社会弱势群体，为了保障受益人的权利和信托目的的实现，公共权力机关可以直接介入信托关系中，公益信托的设立、变更和终止以及受托人的资格等均须得到公共事业管理机关的批准，调整公益信托的信托法具有公法性质。

(2) 信托法是任意法和强制法的结合。

如前所述，信托法调整私益信托以意思自治为基本原则，因此，在信托法中有大量的任意性规范；而信托法调整公益信托以保障社会公共利益为原则，信托当事人的意思自治受到限制，因此，信托法中有强制性规范。并且为了保障信托当事人按照信托文件和信托法享有权利、履行义务、承担责任，无论调整私益信托还是公益信托，信托法中必须设置强制性规范。

(3) 信托法是行为法和组织法的结合。

信托法是调整信托关系的法律规范的总和，它为信托当事人从事信托活动，享有信托权利，履行信托义务提供了行为准则，因此，信托法具有行为法的特性。当信托法律关系中的受托人为组织机构时，信托法还为信托组织的设立、经营范围、组织机构等事项作出了专门的规定，因此，信托法还具有组织法的特性。

三、我国《信托法》的内容及效力

2001 年 4 月 28 日我国九届全国人大常委会第二十一次会议审议通过了《中华人民共和国信托法》，自 2001 年 10 月 1 日起实施。我国《信托法》是调整信托关系的基本法，共有 7 章 74 条，其主要内容包括总则、信托的设立、信托财产、信托当事人、信托的变更和终止、公益信托和附则。

信托法的效力，即信托法的适用范围，是指信托法产生拘束力的范围，包括时间效力、空间效力和对人的效力。信托法的时间效力，是指信托法生效时间、失效时间以及是否有溯及力。我国《信托法》的生效时间为 2001 年 10 月 1 日，信托法的失效有三种情形：一因修改失效；二因颁布新法失效；三因废止失效，且信托法不具有溯及力。我国《信托法》的空间效力为域内效力，该法第 3 条规定："委托人、受托人、受益人（以下统称信托当事人）在中华人民共和国境内进行民事、营业、公益信托活动，适用本法。"我国《信托法》的对人效力表现为其适用于委托人、受托人和受益人和信托法中特别规定的人，如公益信托监察人等，不具有这些身份的人不适用信托法。至于委托人、受托人和受益人的范围，《信托法》第 19 条、第 24 条和第 43 条作了明确的规定。因此，除法律、行政法规另有特别规定以外，《信托法》适用于在中国境内从事民事、商事、公益信托活动的自然人、法人以及依法成立的其他组织。

第三节　信托的设立、变更与终止

一、信托的设立

（一）概念

信托的设立，是指委托人将其财产或财产权转移至受托人，使受托人按照一定目的（为受益人的利益或者某特定目的）管理和处分财产，从而在当事人之间确立信托关系的法律行为。

由于信托法律制度的起源和法律传统的差别，英美法系与大陆法系对设立信托的要求存在较大差异。英美法系传统上对设立信托采取宽容态度，只要委托人有确定的设立信托的意图，并转移财产，即可有效地设立信托。大陆法系对设立信托较为严格，通常只允许以合同、遗嘱或者其他书面文件的形式设立信托，以不动产、有价证券和特殊动产设立信托的，还需要进行信托登记。

（二）设立信托的条件

1. 信托目的确定、合法

信托目的是指由委托人确定的、通过受托人管理运用信托财产想要实现的目的。没有信托目的或者信托目的不明确，就不具备设立信托的条件。信托的目的具有多样性，是信托具有高度灵活性和广泛适用性的基础，美国信托法专家Scott甚至指出：创设信托所要实现的目的，与法学家们的想象力一样是无限的。但就某项信托而言，目的必须是明确或能确定的，否则受托人无法实施信托，信托自不能成立。同时，信托目的还必须合法，信托目的违法的，信托也不能成立，各国法律都要求设立信托必须有合法的目的。

2. 信托当事人合格

信托当事人合格，是指信托当事人具有相应的民事权利能力和民事行为能力。信托涉及委托人、受托人和受益人三方当事人，法律对这三方当事人的资格要求并不相同。对于委托人和受托人而言，他们是信托关系的设立者，因此，要求其具有法律认可的行为能力。对于受益人而言，由于其没有参与信托的设立，只是单纯的享有信托利益，因此，不需要有完全的行为能力，但同时要求受益人至少应该确定。委托人设立信托是为了受益人的利益，受益人不明确，受托人就不知向谁履行义务，就无法实施信托。受益人的确定性包含受益人或受益人范围的确定性和受益人信托利益的确定性。仅有受益人范围时，各受益人享有的利益适用衡平法的格言“均等即公平”。我国《信托法》第45条规定：“信托文件对信托利益的分配比例或者分配方法未作规定的，各受益人按照均等的比例享受信托利益。”

3. 信托财产确定，并且为委托人合法所有的财产

信托财产确定，是指信托财产必须是客观存在并能够确定其种类和范围的。信托财产一般应当能以金钱计算其价值，形式上既可以是有形财产也可以是无形财产以及财产权利。

信托财产为委托人合法所有的财产意味着：第一，信托财产是委托人合法取得并占有的财产。委托人对该财产享有所有权，其他人对该财产不得主张权利。第二，设立信托的财产只能是财产或财产权，不能是身份权、名誉权、姓名权等人身权利。第三，信托财产不得是法律禁止委托人处分的财产。如委托人及其家庭的生活必需品等不能强制执行的财产。第四，信托财产必须是法律允许自由流通的财产。

4. 设立信托的形式合法

设立信托的形式主要有合同、遗嘱和信托宣言三种。多数国家的信托法对信托设立的形式原则上不要求采取书面形式，但特殊的情况下必须采取书面形式。我国对信托设立采取要式主义。我国《信托法》第8条规定，设立信托应当采取书面形式。书面形式可以是文字或数据电文，包括信托合同、遗嘱或者法律、行政法规规定的其他书面文件。其他书面文件主要是指有关法律、行政法规规定的书面形式，例如，设立“公益信托”须经有关主要机构批准，设立信托的文件必须采取书面形式载明规定内容。采用信托合同形式设立信托的，信托合同签订时，信托成立。采取其他书面形式设立信托的，受托人承诺信托时，信托成立。

5. 信托财产依法登记

信托财产登记制度是信托法律制度与国家对财产的登记管理法律制度相结合的产物，旨在通过法定的登记或公示程序，对信托法律关系所指向的信托财产予以确认。

（1）信托财产登记的范围。

从我国《信托法》的规定来看，并不要求所有的信托财产都必须进行登记，而是以财产转移是否需要登记为标准确定信托财产的登记范围。目前，我国转移应当登记的财产主要有土地、房屋、机动车辆、船舶、航空器、机器设备、林木等，以这类财产设立信托的，应在土地管理部门、房地产管理部门、交通运输工具管理部门和林业部门等办理登记手续，并注明该财产为“信托财产”。此外，以有价证券进行信托的，应在证券登记机构进行登记，并在证券上载明为信托财产。

（2）信托财产登记的效力。

各国信托法对信托财产登记的效力主要有三类：第一类为不登记主义，即无须进行财产登记就可以产生信托效力，如瑞士；第二类为登记对抗主义，即不登记不得对抗第三人，未进行信托登记的，不影响信托的有效成立，如日本、韩国等；第三类为登记要件主义，即信托财产登记是信托关系的生效要件，不登记则信托不生效。我国采取的是登记要件主义，我国《信托法》第10条规定：“设立信托，对于信托财产，有关法律、行政法规规定应当办理登记手续的，应当依法办理信托登记。未按照前款规定办理信托登记的，应当补办登记手续；不补办的，该信托不产生效力。”

（三）无效信托

无效信托，是指信托自始当然不产生法律效力。各国信托法关于无效信托的规定基本相同。无效信托的财产处理原则一般为恢复原状或按委托人意愿处理。根据我国《信托法》第11条的规定，无效信托的情形主要有以下几种：

1. 信托目的违反法律、行政法规或者损害社会公共利益

信托目的是信托最重要的条款，是信托当事人所要实现的目标，虽然信托目的具有多样性，信托法没对信托目的的内容作出具体的规定，但各国信托法都认为如果信托目的违反法律，则当然不能产生效力。因此，各国信托法强制性规定，信托的目的不得违反法律的强行性规定或社会的公序良俗。我国《信托法》第11条第1款规定，信托目的违反法律、行政法规或者损害社会公共利益的，信托无效。

2. 信托财产不能确定

确定的信托财产是信托产生效力的基本要件之一，信托财产必须确定、合法，否则设立信托就缺乏物质基础。信托财产确定性的关键是确定信托财产的范围，以便与委托人、受托人的自有财产相区别，同时便于受托人准确地管理、运用和处分信托财产。如果一项信托的财产不能确定，信托上产生的权利和义务亦无法确定，信托目的就无法实现。我国《信托法》第11条第2款规定，信托财产不确定的信托无效。

3. 委托人以非法财产或者依法不得设立信托的财产设立信托

我国《信托法》第11条第1款规定，委托人以非法财产或者依法不得设立信托的财产设立的信托无效。非法财产是指委托人以非法方式取得的不享有所有权的财产，委托人无权以该财产设立信托。依法不得设立信托的财产，主要是指我国信托法禁止流通或者限制流通的财产。我国《信托法》第14条第3款、第4款规定：法律、行政法规禁止流通的财产，不得作为信托财产；法律、行政法规限制流通的财产，需经有关主管

部门批准才能作为信托财产。据此，以法律、行政法规禁止流通的财产设立的信托，以及未经有关主管部门批准以法律、行政法规限制流通的财产设立的信托，均属于无效的信托。

4. 专以诉讼或者讨债为目的设立信托

信托是一种受人之托代人理财的财产管理制度，专以诉讼或者讨债为目的设立的信托是以实现他人诉讼权利或特定债务为目的的行为，不属于通常意义上的财产管理活动。而且，这种诉讼信托容易导致滥诉，特别是容易使非律师人员以助诉、揽诉为目的介入他人之间的法律纠纷谋取不正当利益。因此，各国信托法普遍不承认诉讼信托的有效性。我国信托法同样禁止专门以诉讼或者讨债为目的设立的信托。但受托人为了实现信托目的，对信托财产进行管理而进行诉讼或者讨债的行为，不属于无效信托。

5. 受益人或者受益人范围不能确定

信托是为受益人的利益而设立的，设立信托如果没有确定的或可以确定的受益人，信托受益权的归属无法落实，信托的设立也就失去了意义。因此，无论英美法系国家还是大陆法系国家的信托法，都要求信托的设立必须有确定的或者可以确定的受益对象，否则信托无效。我国《信托法》第 11 条第 3 款规定，受益人或者受益人范围不能确定的信托无效。

6. 法律、行政法规规定的其他情形

这是一项概括性规定，一方面包括现行法律、行政法规中规定的其他信托无效情形，主要包括：行为人不具有行为能力所实施的信托行为，如无民事行为能力人实施的信托行为；意思表示不真实并损害了国家利益的信托行为；恶意串通损害国家、集体或者第三人利益的信托行为。另一方面，又为将来制定新的无效情形留下了衔接和协调的空间。

二、信托的变更

信托的变更，是指信托成立后，在信托的执行过程中，信托当事人依法对信托法律关系进行的改变。信托有效成立后，信托财产上的权利和义务即按照信托文件的规定由当事人享有和履行，一般情况下是不能变动的，这一原则在于保护信托目的的实现和受益人的利益。但是，由于社会生活的复杂性，有时会出现意外的情形，不变更信托法律关系将损害受益人利益，妨碍信托目的的实现，或者适当变更信托法律关系将更有利于维护受益人权益和实现信托目的。所以，信托法律关系有必要随特定情况的变化而变更。

1. 信托变更的方法

各国信托法中的信托变更方法主要包括两种：一种是承认信托文件中规定的变更；另一种是在信托法中规定法定的变更事由。

对于信托文件规定的变更，可以由信托设立人在信托文件中保留委托人的变更权或者规定受托人的变更权，包括对信托财产管理方法的变更及对信托受益权的变更。信托文件一般不能规定受益人对信托财产上权利义务的变更权。原因在于信托财产的管理权、控制权与受益权是分离的，受益人只享有信托利益而不能管理和控制信托财产本身，除非受益人兼有受托人身份。

信托文件规定的变更主要适用于当事人在设立信托时可以预见到的情况，当发生情势变更或出现设立信托时当事人没有预见到的情形时，法定的信托变更是对信托关系的有力保障。各国信托法都规定根据具体情况可以分别由委托人、受托人或者受益人对信托予以变更。

2. 信托变更的内容

信托变更的内容主要包括信托财产管理方法的变更和信托当事人的变更。

(1) 信托财产管理方法的变更。

在信托财产的管理方法不利于实现信托目的时，可以变更信托财产的管理方法。我国《信托法》第 21 条明确规定："因设立信托时未能预见的特别事由，致使信托财产的管理方法不利于实现信托目的或者不符合受益人的利益时，委托人有权要求受托人调整该信托财产的管理方法。" 此外，根据《信托法》第 49 条的规定，受益人也可以对信托财产的管理方法进行变更。

(2) 信托当事人的变更。

委托人的地位可因其继承人继承、转让而发生变更。

当法定情形发生时，委托人可以对受益人予以变更。根据我国《信托法》第 51 条的规定，变更受益人的法定情形包括：第一，受益人对委托人有重大侵权行为；第二，受益人对其他共同受益人有重大侵权行为；第三，经受益人同意；第四，信托文件规定的其他情形。

受托人可以因个人的原因辞任。同时，因受托人不履行职责或有影响其执行信托职责的其他重大事由发生，不利于实现信托目的或者给信托财产造成损失的，委托人或者受益人可以终止受托人的职责。根据我国《信托法》第 39 条的规定，受托人职责终止的法定情形包括：第一，死亡或者被依法宣告死亡；第二，被依法宣告为无民事行为能力人或者限制民事行为能力人；第三，被依法撤销或者被宣告破产；第四，依法解散或者法定资格丧失；第五，辞任或者被解任；第六，法律、行政法规规定的其他情形。受托人职责终止时，其继承人或者遗产管理人、监护人、清算人应当妥善保管信托财产，协助新受托人接管信托事务。

三、信托的终止

信托的终止，是指信托关系因法律或者信托文件规定的事由而归于消灭。信托关系与其他法律关系一样，都有产生、变更和消灭的过程。信托关系的终止标志着信托行为的依法结束。

1. 信托终止的情形

根据我国《信托法》第 35 条的规定，信托终止的情形有六种：信托文件规定的终止事由发生；信托的存续违反信托目的；信托目的已经实现或者不能实现；信托当事人协商同意；信托被撤销；信托被解除。

2. 信托终止的法律后果

信托终止后，信托当事人享有的权利和承担的义务均归于消灭，即原有的信托关系全部结束。同时，因信托的终止会导致一些将来的权利义务的发生，主要包括：

(1) 重新确定信托财产的归属。

我国《信托法》第 54 条规定："信托终止的，信托财产归属于信托文件规定的人；信托文件未规定的，按下列顺序确定归属：（一）受益人或者其继承人；（二）委托人或者其继承人。"

(2) 受益人与被执行人的确定。

我国《信托法》第 55 条、第 56 条规定，信托财产的归属确定后，在该信托财产转移给权利归属人的过程中，信托视为存续，权利归属人视为受益人。信托终止后，人民法院依据本法第 17 条的规定对原信托财产进行强制执行的，以权利归属人为被执行人。

(3) 受托人补偿权。

受托人实施信托过程中，因处理信托事务所支出的费用、税赋以及负担的第三人债务，应当以信托财产承担。信托终止后，受托人享有补偿权。我国《信托法》第 57 条规定："信托终止后，受托人依照本法规定行使请求给付报酬、从信托财产中获得补偿的权利时，可以留置信托财产或者对信托财产的权利归属人提出请求。"

(4) 受托人清算报告义务。

信托终止时，承担信托财产管理和处分义务的受托人应当作出信托事务的清算报告，说明信托财产的处分情况。同时，受托人可以通过清算报告说明管理信托事务的正当性，从而解除其责任。我国《信托法》第 58 条规定："信托终止的，受托人应当作出处理信托事务的清算报告。受益人或者信托财产的权利归属人对清算报告无异议的，受托人就清算报告所列事项解除责任。但受托人有不正当行为的除外。"

3. 信托不得终止的法定情形

除信托法或者信托文件另有规定以外，信托不得因委托人或者受托人的死亡、丧失民事行为能力、依法解散、被依法撤销或者被宣告破产而终止，也不因受托人的辞任而终止。这是信托财产管理连续性原则的体现。

第四节　信托财产

在信托关系中，信托财产处于核心地位，信托的成立、管理和存续都以信托财产为基础，我国《信托法》第 3 章专门对信托财产加以规定。

一、信托财产的含义

信托财产，是指委托人转移给受托人并由受托人进行管理和处分的财产。信托财产有广义和狭义之分：狭义的信托财产专指受托人因承诺信托而取得的财产，广义的信托财产除此之外还包括受托人因信托财产的管理运用、处分或者其他情形而取得的财产。

关于信托财产的范围，按照我国信托法的规定，除了法律、行政法规禁止流通的财产不得作为信托财产外，只要是可以转让的、可以用金钱计算价值的财产和财产权利都可以成为信托财产。财产如动产、不动产、股票、债券和其他有价证券、现金等；财产权利如著作权、商标权、专利权、股权、债权、表决权等。需注意的是，信托财产在性质上应为积极财产，单纯以消极财产或债务为标的物而设立的信托，因没有信托利益而给受益人增加负担，应属无效。对于信托财产同时包括积极财产与消极财产的，如果积极财产与消极财产为可分财产，则只认定积极财产有效、消极财产无效；如果积极财产与消极财产为不可分财产时，积极财产价值大于消极财产的应认定有效。

二、信托财产的法律特征

1. 信托财产的确定性

信托是财产管理制度，是以信托财产为中心的法律关系，离开信托财产信托就不会成立，所以，信托财产是必不可少的，而且它必须是确定的。受托人只能对确定的财产管理、运用或处分，我国信托法规定信托财产不能确定的信托无效。因此，信托财产具有确定性。

2. 信托财产的非现实性

英美法系并不强调信托财产的现实性，只是要求信托财产是确定的或可能确定的，因而允许委托人以将来取得的财产设立信托，委托人可以把将获得的某种财产（例如，将来可能继承的遗产）作为信托财产有效地设立信托。大陆法系信托法没有明确规定信托财产的现实性，但民法原理以标的的可能性、确定性和合法性为法律行为的生效要件，信托行为作为法律行为的一种，信托行为的标的物——信托财产只要确定、合法就可以成立有效信托，并非一定是现实存在的。因此，以可以确定的、能够转让的财产或财产权利，不论是现实存在的还是将来取得的，均可有效成立信托。

3. 信托财产的同一性

信托财产同一性，又称信托财产的物上代为性，是指信托关系存续期间，信托财产的形态和价值变化不影响信托财产的法律性质。受托人在实施信托过程中，因管理、运用、处分信托财产，或者信托财产因灭失或毁损，信托财产的原始形态已经不存在，先后转化为不同形态、具有不同价值的财产，转化后的财产仍然是信托财产。

4. 信托财产的独立性

信托财产的本质是一项目的财产，不论它以何种形式设立，均作为各种财产权利和义务的集合体而具有其独立性，这种独立并非指作为客体的财物的可见性，而是指来自外界的对这些财产权利的某种阻隔。

(1) 信托财产独立于信托当事人的自有财产。

信托财产独立于委托人未设立信托的财产。委托人将其财产的一部分或全部转移给受托人管理和处分，即丧失了对该财产的所有权。因此，信托关系设立后，委托人死亡或依法解散、依法被撤销、被宣告破产时，委托人是唯一受益人的，信托终止，信托财产作为其遗产或者清算财产；委托人不是唯一受益人的，信托存续，信托财产不作为其遗产或者清算财产。

信托财产独立于受托人的固有财产。受托人的固有财产是受托人享有真正所有权的非由委托人转移的自己的财产。受托人虽然享有对信托财产的管理、处分权，但这些权利的享有是为了实现信托目的而不是为了受托人自己的利益。因此，信托财产与属于受托人所有的固有财产相区别，信托利益不得归入受托人的固有财产或者成为固有财产的一部分。受托人死亡或者依法解散、被依法撤销、被宣告破产而终止，信托财产不属于其遗产或者清算财产。

信托财产独立于受益人的自有财产。受益人虽然享有信托财产的收益权，但这种权利不是完整的所有权，在信托关系存续期间，信托财产的占有权、使用权和处分权，受益人都不能享有，因此，信托财产不同于受益人所有的其他财产。在受托人将信托利益交付给受益人之前，信托利益是不确定的，受益人对信托利益同样没有支配权，受益人的债权人不能对信托财产进行强制执行，所以信托财产同样独立于受益人的自有财产。

(2) 强制执行的禁止。

信托财产独立于受托人的固有财产，无论是受托人个人的债权人还是受托人所管理的其信托财产的债权人，除法律另有规定外，不得对信托财产申请强制执行。除非发生以下几种情形：第一，设立信托前债权人已对该信托财产享有优先受偿的权利，并依法行使该权利的；第二，受托人处理信托事务所产生的债务，债权人要求清偿该债务的；第三，信托财产本身应担负的税款；第四，法律规定的其他情形。对于违反规定而强制执行信托财产，委托人、受托人或者受益人有权向人民法院提出异议。

(3) 抵消的禁止。

受托人作为信托财产的管理人是信托财产的名义主体，信托财产的债权和受托人个人的债务以及其他信托财产的债务形式上均归属于受托人。从民法的一般原理看，如果这些债权债务给付种类相同且均已届清偿期限时可以适用抵消。但在信托关系中，信托财产的本质是一项目的财产，其具有实体性，信托事务产生的债权实质上为信托财产本身的债权，如果允许信托财产债权与受托人的债务相互抵消，则必然产生受托人以信托财产清偿自己的债务的不公平结果。因此，我国《信托法》第 18 条规定："受托人管理运用、处分信托财产所产生的债权，不得与其固有财产产生的债务相抵消。受托人管理运用、处分不同委托人的信托财产所产生的债权债务，不得相互抵消。"

第五节　信托当事人

信托当事人，是指参与信托法律关系、享有信托权利、履行信托义务、承担信托责任的人，包括委托人、受托人和受益人。

一、委托人

委托人是将自己财产的一部分或者全部转移给受托人而创设信托法律关系的人，因此，委托人从信托的设立到信托的终止一直处于极其重要的地位。

1. 委托人的条件

委托人通过实施信托行为将有关财产转移给受托人以设立信托关系，这是一种对财产进行处分的民事行为。为此要求委托人必须具备一定的条件。从各国信托法的规定来看，委托人应当具备下列条件：第一，委托人必须具备相应的行为能力；第二，委托人应当拥有一定数量的财产，并对信托财产享有合法所有权；第三，委托人应有良好的资产负债状况。我国《信托法》第 19 条规定："委托人应当是具有完全民事行为能力的自然人、法人或者依法成立的其他组织。"

2. 委托人的权利

委托人作为信托的设定者，对信托的管理和运用有着直接或者间接的影响力，委托人的权利主要以保护受益人和信托财产为主要内容。而且，从委托人权利的内容上来看，它主要表现为对信托，特别是对受托人的监督权。我国信托法规定的委托人权利主要包括：

(1) 知情权。委托人有权了解其信托财产的管理运用、处分及收支情况，并有权要求受托人作出说明；有权查阅、抄录或者复制与其信托财产有关的信托账目以及处理信托事务的其他文件。

(2) 请求受托人调整信托财产管理方法的权利。当发生因设立信托时未能预见的特别事由，致使信托财产的管理方法不利于实现信托目的或者不符合受益人的利益时，委托人有权要求受托人调整该信托财产的管理方法。

(3) 违反信托目的处分信托财产的损害赔偿请求权和撤销申请权。受托人违反信托目的处分信托财产或者因违背管理职责、处理信托事务不当致使信托财产受到损失的，委托人有权申请人民法院撤销该处分行为，并有权要求受托人恢复信托财产的原状或者予以赔偿；该信托财产的受让人明知是违反信托目的而接受该财产的，应当予以返还或者予以赔偿。前款规定的申请权，自委托人知道或者应当知道撤销原因之日起 1 年内不行使的，归于消灭。

(4) 强制执行异议权。当人民法院违反信托法的规定强制执行信托财产时，委托人有向人民法院提出异议的权利，从而保障信托财产的独立性。

(5) 受托人的解任与重新选任权。受托人违反信托目的处分信托财产或者管理运用、处分信托财产有重大过失的，委托人有权依照信托文件的规定解任受托人，或者申请人民法院解任受托人。

(6) 解除信托的权利。委托人是唯一受益人的，委托人或者其继承人可以解除信托。信托文件另有规定的，从其规定。

(7) 信托财产的归属权。信托终止后，委托人可以享有信托财产的归属权。根据我国《信托法》第 54 条的规定，信托终止后对于信托财产的归属信托文件未规定的，委托人或者其继承人在受益人或受益人的继承人之后享有信托财产的归属权。

3. 委托人的义务

委托人作为信托设立人，其主要义务在于提供相应的信托财产并依法移转给受托人。同时依信托文件或者信托法的规定，委托人还需要承担支付报酬、提供补偿等其他义务。

二、受托人

受托人是指接受委托人的委托，依信托目的对信托财产进行管理或者处分的人。受托人是信托当事人之一，处于管理和处分信托财产的核心地位。受托人的产生一般取决于委托人的信赖程度，由委托人自主选择。

1. 受托人的条件

在信托存续期间，受托人要对信托财产进行管理和处分，给受益人带来信托收益，实现委托人的信托目的，因此，要求受托人必须具备一定的条件。

(1) 受托人的基本条件。

我国《信托法》第 24 条第 1 款规定，受托人应当是具有完全民事行为能力的自然人或者法人。这是对受托人最基本的、最主要的能力要求。无民事行为能力人或者限制行为能力人，不得作为受托人。对于资不抵债、濒临破产的人能否担任受托人，我国信托法没有明确的、严格的要求。但从信托法其他一些条文的规定看，受托人被依法解散、被依法撤销、被宣告破产或者丧失法定资格的，其职责终止。这就意味着，在信托存续期间，受托人不能陷于资不抵债的境地。推而知之，设立信托之时，受托人亦不能处于资不抵债的境地。

(2) 商事信托受托人的条件。

各国信托法对商事信托中的受托人资格具有特殊的要求。商事信托的受托人以营利为目的管理信托财产，这就要求受托人不仅要具备行为能力，而且在素质和经营能力等方面，也应当具备一定的条件。中国人民银行颁布的《信托投资公司管理办法》规定，信托投资公司的设立及经营，应当具备以下条件：一是有符合《中华人民共和国公司法》和中国人民银行规定的公司章程；二是有具备中国人民银行规定的入股资格的股东；三是注册资本要达到最低规定限额；四是具有合格的信托从业人员；五是具有健全的组织机构、信托业务操作规则和风险控制制度；六是有符合要素的营业场所、安全防范措施和与信托业务有关的其他设施，同时，还必须经中国人民银行批准，并领取信托经营机构法人许可证。

2. 受托人的权利

(1) 受托人对信托财产的管理、处分权。

受托人作为信托财产的名义所有人，对信托财产享有管理和处分的权利。大陆法系各国的信托法虽然规定受托人以自己的名义管理和处分信托财产，但没有规定具体的权利内容。英国 1925 年在《受托人法》中规定了受托人管理信托财产、处理信托事务的具体权利。一般认为，受托人对信托财产享有所有权中除收益权之外的占有、使用、处分的权利，为了表述的方便，可将该项权利概称为“财产控制权”。受托人对信托财产享有的“财产控制权”是各项物权的集合，具有对世性，包括委托人和受益人在内的其他主体也负有不侵犯其权利的义务。

(2) 获得报酬请求权。

英国1896年和1897年分别颁布了《官选受托人条例》及其实施细则，官选受托人处理信托事务对法院负责，同时官选受托人受托要有报酬，从此英国的信托从无偿逐渐转向有偿。一般来说，职业受托人或信托合同中有约定的，受托人可拥有报酬请求权。我国《信托法》第35条规定：“受托人有权依照信托文件的约定取得报酬。信托文件未作事先约定的，经信托当事人协商同意，可以作出补充约定；未作事先约定和补充约定的，不得收取报酬。约定的报酬经信托当事人协商同意，可以增减其数额。”

(3) 费用及损害补偿请求权。

受托人因处理信托事务所支出的费用、对第三人所付债务，以信托财产承担。受托人以其固有财产先行支付的，对信托财产享有优先受偿的权利。大陆法系信托法中受托人费用及损害补偿请求权的性质因行使对象的不同而不同，如果信托合同约定或依法律规定向受益人请求支付的，为债权请求权；如果直接由信托财产支付的或债权人提供担保的，属于对信托财产或担保物的优先受偿权。英美法系认为信托行为系委托人和受托人之间的协议，受益人仅享有受益权而不负担义务，因此受托人一般不向受益人请求支付费用和补偿其损害。

(4) 辞任权。

信托设立后，受托人按照信托文件从事信托事务。为保障信托目的的顺利实现，各国信托法均规定，受托人一般不得随意辞任。考虑到在有些情况下，受托人可能因为自己的情况发生变化而不能很好地履行受托人职责，或者与委托人、受益人发生一些关系上的变故，受托人已经不宜再从事信托活动，应当允许受托人辞任。我国《信托法》第38条规定：“设立信托后，经委托人和受益人同意，受托人可以辞任。本法对公益信托的受托人辞任另有规定的，从其规定。受托人辞任的，在新受托人选出前仍应履行管理信托事务的职责。”

3.受托人的义务

各国信托法律或者信托合同均赋予受托人对信托财产行使除收益权以外的所有权的各项权能，正因为如此，有必要要求受托人履行相当的义务，以确保受托人为受益人利益和特定目的行使权利。

(1) 给付信托利益的义务。

我国《信托法》第34条规定：“受托人以信托财产为限向受益人支付信托利益。”受托人的给付义务是受托人最基本的义务。委托人设立信托的根本目的是让受益人享受最大的信托利益，受托人应当承担向受益人支付信托利益的义务。否则，信托目的将无从实现。

(2) 忠实义务。

忠实义务，是指受托人应忠实于信托目的，遵守信托文件的规定，为受益人的最大利益处理信托事务。在任何情况下，受托人不得为自己的利益而损害信托财产从而损害受益人的利益。

(3) 善良管理人义务。

善良管理人义务，又称同等谨慎义务，是指受托人管理信托财产，必须恪尽职守，履行诚实、信用、谨慎、有效管理的义务。善良管理人的衡量标准，通常认为是受托人应当将信托财产视为自己的财产给予同等的重视。即受托人管理信托财产，负有与管理自有财产同等谨慎的义务。如果受托人为信托投资公司则应负有更高的谨慎管理义务，这是对营业受托人专业层次的要求。

(4) 信托财产的分别管理义务。

我国《信托法》第 29 条规定："受托人必须将信托财产与其固有财产分别管理、分别记账，并将不同委托人的信托财产分别管理、分别记账。"由于信托财产具有独立性，受托人应当将自己的固有财产与信托财产实施分别管理，这也是对受托人有效管理或处分信托财产的必然要求。这种分别管理的运作模式，不但有利于受托人管理信托财产的透明化，防止受托人对委托人和受益人实施不忠实行为，而且还有利于将来信托终止时对信托财产进行资产评估，另外由于信托财产不属于受托人的固有财产，所以，这种分别管理的运作模式，还可以严格划分两者之间的界限，保证受托人的债权人不得强制执行信托财产。

(5) 亲自处理信托事务义务。

受托人应当自己处理信托事务，但信托文件另有规定或者有不得已事由的，可以委托他人代为处理。受托人依法将信托事务委托他人代理的，应当对他人处理信托事务的行为承担责任。

(6) 共同受托人共同处理信托事务义务。

同一信托的受托人可以是一人，也可以是两个以上的人。受托人为一人时，信托财产属受托人一人，同一信托的受托人是两个以上的，每一个受托人都负有法律赋予受托人的全部义务。共同受托人应当共同处理信托事务，但信托文件规定对某些具体事务由受托人分别处理的，从其规定。共同受托人共同处理信托事务，意见不一致时，按信托文件规定处理；信托文件未规定的，由委托人、受益人或者其利害关系人决定。共同受托人处理信托事务对第三人所负债务，应当承担连带清偿责任。第三人对共同受托人之一所作的意思表示，对其他受托人同样有效。共同受托人之一违反信托目的处分信托财产或者因违背管理职责、处理信托事务不当致使信托财产受到损失的，其他受托人应当承担连带赔偿责任。

(7) 完整记录、报告及保密义务。

受托人必须保存处理信托事务的完整记录。受托人应当每年定期将信托财产的管理运用、处分及收支情况报告委托人和受益人。受托人对委托人、受益人以及处理信托事务的情况和资料负有依法保密的义务。

4. 受托人违反信托的责任

受托人承担着信托法和信托合同上的种种义务，如果受托人没有全面、适当地履行其应尽的义务，即构成了信托违反。受托人因此应承担一定的责任，即违反信托的责任。我国信托法规定的信托违反的情形以及应当承担的责任主要包括以下几种类型：

(1) 利用信托财产谋取利益的责任。

受托人除依照本法规定取得报酬外，不得利用信托财产为自己谋取利益。受托人违反前款规定，利用信托财产为自己谋取利益的，所得利益归入信托财产。

(2) 损害信托财产的责任。

受托人违反信托目的处分信托财产或者因违背管理职责、处理信托事务不当致使信托财产受到损失的，委托人有权申请人民法院撤销该处分行为，并有权要求受托人恢复信托财产的原状或者予以赔偿。

(3) 将信托财产转化为固有财产的责任。

受托人将信托财产转为其固有财产的，必须恢复该信托财产的原状；造成信托财产损失的，应当承担赔偿责任。

(4) 关联交易责任。

受托人不得将其固有财产与信托财产进行交易或者将不同委托人的信托财产进行相互交易，但信托文件另有规定或者经委托人或者受益人同意，并以公平的市场价格进行交易的除外。受托人违反前款这一规定，造成信托财产损失的，应当承担赔偿责任。

三、受益人

1. 受益人资格和范围

受益人是指在信托中享有信托受益权的人。由于受益人取得受益权不需要通过承诺或者为一定的法律行为，从生效之日起即享有信托受益权，而且受益人是信托关系中纯享利益之人，因此，法律并不要求受益人具备一定的行为能力，只要具有民事权利能力的人都可以成为受益人。我国《信托法》第 43 条规定："受益人可以是自然人、法人或者依法成立的其他组织。"

在信托关系中，受益人通常为委托人指定的第三人，委托人也可以设立自益信托，指定自己为唯一受益人，将其财产权委托给受托人，由受托人为自己的利益管理和处分信托财产，也可以指定自己与其他受益人为共同受益人，由受托人为自己和其他受益人的利益管理和处分信托财产。委托人还可以指定受托人为共同受益人之一，由其管理和处分信托财产。但是，委托人不得指定受托人为某一信托的唯一受益人，因为当受托人是某一信托的唯一受益人时，信托财产的管理、处分权和信托受益权归于同一人，信托就失去了其设立和存在的意义。因此，受托人可以是共同受益人之一，但不得是同一信托的唯一受益人。

受益人仅为一人的，称为单独受益人。受益人为两人以上的，称为共同受益人。共同受益人共同享有信托受益权，即信托受益权由数个受益人共有。

2. 信托财产受益权

信托是为实现受益人利益的财产管理制度，受益人的信托财产受益权是信托法律关系的重要内容。信托财产受益权有广义和狭义之分。狭义的受益权，仅指信托财产的收益权；广义的受益权，是指由"信托收益权"派生的多种权利，包括信托利益处分权、信托财产强制执行异议权、撤销权和赔偿请求权，等等。

(1) 信托财产收益权。

信托财产收益权，是指受益人享有信托收益的权利，信托收益包括在信托存续期间受托人管理、运用、处分信托财产所产生的收益，以及信托终止时，在信托文件没有特别规定信托财产归属人的情况下获得信托本金的权利。从法律性质上看，受益人的收益权属于物权范畴，具有对世性，即使享有信托财产管理、处分权的受托人也负有不得侵犯的消极义务。

(2) 信托利益处分权。

受益人既然对信托财产享有收益权，原则上可以对信托收益行使放弃、清偿债务以及转让、继承等处分权。

第一，受益权的放弃。我国《信托法》第46条规定："受益人可以放弃信托受益权。全体受益人放弃信托受益权的，信托终止。部分受益人放弃信托受益权的，被放弃的信托受益权按下列顺序确定归属：(一) 信托文件规定的人；(二) 其他受益人；(三) 委托人或者其继承人。"

第二，清偿债务。我国《信托法》第47条规定："受益人不能清偿到期债务的，其信托受益权可以用于清偿债务，但法律、行政法规以及信托文件有限制性规定的除外。"

第三，受益权的转让和继承。我国《信托法》第48条规定："受益人的信托受益权可以依法转让和继承，但信托文件有限制性规定的除外。"

(3) 与委托人共享的权利。

上述权利是受益人的专有权利，按照我国信托法的规定，受益人还有与委托人共同享有的权利，主要包括撤销权、赔偿请求权、知情权、信托财产管理方法调整权、受托人解任权、信托财产强制执行异议权、剩余信托财产归属权等。

3. 受益人与委托人关系的协调

英美信托法下，信托有效成立后，除非信托文件保留了委托人的权利，否则委托人即退出信托关系，因此，委托人与受益人不会产生冲突。大陆法系信托法规定，受益人的许多权利都由受益人与委托人共同享有。我国信托法中，委托人具有重要地位，除不能享有信托利益外，几乎享有与受益人同样的权利。当受益人与委托人行使权利意见不一致时，受托人享有申请人民法院作出裁定的权利；共同受益人之一申请人民法院撤销该处分行为的，人民法院所作出的撤销裁定，对全体共同受益人有效。

第六节 公益信托

一、公益信托的概念

公益信托是指委托人将其财产或者财产权转移给受托人，受托人管理该项信托财产并按照信托文件的规定，将信托利益用于公益事业以实现公益目的的信托。发展公益信托有利于推动社会公共事业的发展，改善和提高社会的物质、文化生活水平，有利于构建和谐社会。我国《信托法》第6章专门对公益信托作出规定，并将“国家鼓励发展公益信托”作为基本原则。

二、公益信托与私益信托的区别

1. 设立目的不同

信托设立目的不同是公益信托与私益信托的根本区别。公益信托的设立强调公益性目的，我国信托法规定的公益信托主要包括为了救济贫困；救助灾民；扶助残疾人；发展教育、科技、文化、艺术、体育事业；发展医疗卫生事业；发展环境保护事业，维护生态环境等公共事业设立的信托。私益信托的设立强调私人利益，只要信托目的合法，私益信托的目的范围非常广泛。

2. 设立方式的不同

在信托设立方面，公益信托涉及社会公共利益，国家必须干预，因此，规定公益信托设立实行许可审批制度。而私益信托一般不需要许可和审批，依据当事人的意思即可设立。

3. 对受益人要求不同

公益信托中，信托目的是主体不特定的社会公共利益，因此，受益人的不确定性是公益信托成立的必要条件。而私益信托中，受益人的确定性是信托成立的必要条件，不管受益人的人数多少都必须是确定的。

4. 对受托人要求不同

公益信托涉及社会公共利益，法律必须对公益信托的受托人设置更为严格的准入条件和监管措施。我国《信托法》第62条规定：“公益信托的设立和确定其受托人，应当经有关公益事业的管理机构（以下简称“公益事业管理机构”）批准。未经公益事业管理机构的批准，不得以公益信托的名义进行活动。”私益信托主要涉及信托当事人之间的利益关系，私益信托的受托人一般由委托人和受益人确定。在商事信托中，出于交易安全的考虑，对受托人的条件和资格设置了一些限制。

5. 对存续期限的限制不同

公益信托促进了社会公共事业的发展，有利于构建和谐社会，因此，对于公益信托的存续时间，法律不予限制，而且尽可能地保障公益信托能够长久存续。公益信托中的类似原则，就是为了实现这一目的。所谓类似原则，是指即使公益信托因信托目的实现或者无法实现，剩余的信托财产业可以由受托人将其适用于类似的公益目的，或者转移给其他具有类似公益目的的信托组织。就私益信托而言，英美法系普遍接受了英国信托法中的“禁止永久信托规则”，以防止信托财产长期受已去世的委托人的“死手”的控制，或者妨碍信托财产的流通。大陆法系国家的信托法未采纳“禁止永久信托规则”，但有些国家，如日本在学说和判例上确立了所谓“妨害物质流通的违反信托”，与英国的禁止永久信托的作用基本相同。

6. 监督管理不同

公益信托的委托人和受益人都可能是不特定的社会公众，由他们来监管受托人对信托财产的管理和处分，很难产生有效的监管效果。因此，各国信托法都在公益信托中设立了信托监察人制度。我国《信托法》第 64 条规定："公益信托应当设置信托监察人。信托监察人由信托文件规定。信托文件未规定的，由公益事业管理机构指定。"私益信托由委托人、受益人以及人民法院对受托人管理和处分信托财产进行监督。

7. 税收政策不同

公益信托所从事的公益活动，对国家和社会有利，国家鼓励发展公益信托，所以往往在税收上给予减免等优惠政策。私益信托在税收上不享有这方面的待遇，需要按照信托的性质缴纳相关的税赋。

三、信托监察人

1. 信托监察人的概念

信托监察人，是指公益信托中以自己名义对受托人的信托行为进行监督检查的信托关系人。公益信托监察人对于保全信托受益权、监督受托人处理信托事务以及保护公共利益、促进公益事业的发展具有重要意义。因此，公益信托应当设置信托监察人。信托监察人由信托文件规定。信托文件未规定的，由公益事业管理机构指定。

2. 信托监察人的权限

信托监察人的权限包括信托监察人所享有的权利和应当承担的义务。

(1) 信托监察人的权利。

信托监察人有权以自己名义，为维护受益人的利益，提起诉讼或者实施其他法律行为；查阅和处理信托事务的相关文件并要求受托人作出说明的权利；在公益信托终止时，对受托人作出的有关信托事务处理的清算报告书有认可或不予认可的权利。

(2) 信托监察人的义务。

信托监察人行使其权利时，必须忠实履行善良管理人义务，违反此义务给信托财产造成损害时，应当承担赔偿责任；信托监察人如从受托人处取得财物或者金钱时，必须将其转移给受益人，同时以自己名义为受益人取得的权利或者利益必须转移给受益人；信托监察人不得以私人消费为目的，擅自使用应该交付给受益人或者专门为受益人使用的金钱。

四、公益信托的监管

1. 公益信托的监管机构

私益信托被置于委托人、受益人和人民法院的监督之下，公益信托则受公益事业管理机构的监督和管理。我国的公益事业管理机构是按照行业管理划分的，如属于教育领域的公益信托，其监管机构是分管教育行政的政府主管部门；属于发展医疗卫生事业的公益信托，其监管机构是分管卫生行政的政府主管部门。因此，我国信托法没有规定统一的公益事业管理机构。

2. 公益信托的监管措施

公益事业管理机构对公益信托的监管主要表现在对受托人的监督和管理方面，主要的监管措施包括：①批准公益信托的设立和确定公益信托的受托人；②批准和支持公益信托的公益活动；③信托文件未规定公益信托监察人时，由公益事业管理机构指定信托监察人；④批准公益信托受托人的辞任；⑤检查受托人处理公益信托事务的情况及财产状况并要求受托人定期予以报告；⑥当公益信托的受托人违反信托义务或者无能力履行其职责时，由公益事业管理机构变更受托人；⑦公益信托成立后，发生设立信托时不能预见的情形时，公益事业管理机构可以根据信托目的，变更信托文件中的有关条款；⑧公益信托终止的，受托人作出的处理信托事务的清算报告，应当经信托监察人认可后，报公益事业管理机构核准，并由受托人予以公告；⑨公益信托终止，没有信托财产权利归属人或者信托财产权利归属人是不特定的社会公众的，经公益事业管理机构批准，受托人应当将信托财产用于与原公益目的相近似的目的，或者将信托财产转移给具有近似目的的公益组织或者其他公益信托。作为公益信托的监督管理机构，如果其监督管理活动违反信托法规定的，委托人、受托人或者受益人有权向人民法院起诉。

案例分析：信托财产独立性①

【案情】

某建筑公司和某房产开发公司为某服装公司承揽工程建设，因劳务费发生纠纷，遂根据仲裁条款进行仲裁，某仲裁庭裁决由服装公司付给建筑公司和房产开发公司 30 万元人民币，采用支票的付款方式。建筑公司与房产公司将该支票交付给某信托投资公司，委托其管理支票项下的资金。一年后，该信托投资公司停止营业并被宣告破产。建筑公司和房产开发商获悉，遂根据“信托协议”要求信托投资公司的清算人支付上述资金。信托投资公司的清算人以“汇票项下的资金已经和该信托投资公司的其他资金混合”为由，拒绝建筑公司与房产公司提出的优先受偿要求，只同意将其作为一般债权人参加破产财产分配。

【解析】

信托投资公司的清算人应当支付支票项下的资金。

(1) 资金的性质。

建筑公司与房产公司支票项下的资金为信托财产。我国《信托法》第 14 条规定：“受托人因承诺信托而取得的财产是信托财产。”建筑公司和房产公司与信托投资公司签订了信托协议，由信托投资公司管理支票项下的资金，该笔资金从信托协议生效之时起成为信托财产。

① 刘亚天. 金融法案例教程. 北京：知识产权出版社，2002. 264

(2) 资金的独立性。

建筑公司与房产公司支票项下的资金独立于信托投资公司的固有财产。我国《信托法》第16条第1款规定："信托财产与属于受托人所有的财产（以下简称"固有财产"）相区别，不得归入受托人的固有财产或者成为固有财产的一部分。"因此，建筑公司和房产公司支票项下的资金作为信托财产，独立于信托投资公司的固有财产。

(3) 信托财产别除权。

建筑公司和房产公司享有信托财产别除权。我国《信托法》第16条第2款规定："受托人死亡或者依法解散、被依法撤销、被宣告破产而终止，信托财产不属于其遗产或者清算财产。"建筑公司和房产公司基于信托协议对信托财产应该享有别除权，即在信托投资公司破产清算程序以外对支票项下的资金享有个别的、排他的优先受偿权。

综上所述，信托投资公司的清算人应当在信托投资公司的破产清算程序以外先行支付案中支票项下的资金给建筑公司和房产公司。

第十三章　票据法

本章重点是票据的特点、票据当事人、票据关系与基础关系的关系、票据行为独立性、票据权利相关概念、票据抗辩特点、我国的失票救济措施、汇票出票的记载事项、背书的分类和效力、票据保证的特点。

难点：票据关系与基础关系的关系、票据权利的善意取得、票据抗辩切断制度、特殊转让背书及非转让背书的效力。学术热点：票据无因性、失票救济制度的完善。

第一节　票据概述

一、票据的概念

在日常生活中我们经常和各种各样的称之为“票据”的东西打交道，如车票、船票、饭票、发票、股票、仓单、提单、汇票、本票、支票，等等。对票据的理解有广义和狭义之分。广义的票据指一切表彰财产性权利的凭证，上面所列举的均属广义的票据范畴，而票据法所称票据仅指狭义的票据。我国《票据法》第 2 条第 2 款规定：“本法所称票据，是指汇票、本票和支票。”德、日、法等国票据法所称票据仅指汇票和本票。

票据法所称票据是指由出票人签发的，委托付款人或者由出票人本人在见票时或者票载日期无条件支付确定的金额给收款人或者持票人，并且可以依法流通转让的有价证券。

出票人又称为发票人，可以是各种民事主体。票据中的汇票和支票不由出票人负直接付款义务，而是由出票人委托他人进行付款，并将此人的姓名或者名称记载在票据上。该付款人同样可以是各种民事主体。收款人是出票人在票据上记载的权利人。持票人是指持有票据的人。票据具有流通性，可能从最初的收款人手中流转到其他人手中。若票据未经转让，收款人与持票人为同一人。

二、票据的特征

票据作为有价证券的一种，具有区别于其他有价证券的基本特征，这也是票据被单独立法规制而不适用证券法的基本原因。票据的基本特征有以下几点：

1. 票据是完全有价证券

所谓有价证券，是指体现一定财产权利的文书。判断有价证券是否为完全有价证券的标准是权利与证券结合的紧密程度。票据权利的产生以作成票据为必要，所以，票据又称为设权证券，与证权证券相对应；票据权利的转让以交付票据为必要；票据权利的行使以提示票据为必要，所以，票据又称为提示证券。没有其他证券其权利与证券本身的结合能达到如此紧密的程度，须同时符合这三个要件。所以，票据是典型的完全有价证券。

2. 票据是金钱债权证券

票据权利是一种特殊债权，其权利的标的非常单一，就是金钱，所以，也称票据为货币证券。

3. 票据是文义证券

票据权利、义务的唯一依据是票据上记载的文义，文义之外的任何理由、事项都不得作为主张票据权利、义务的根据。所以，我们要求票据上的文义应该是确定的、清晰的，目的是为了最大限度确保交易安全。

4. 票据是要式证券

票据的格式要严格符合法定要求。一方面，票据本身就像货币一样由中国人民银行统一印制、统一编号。另一方面，书写内容、书写方法、书写用具都有严格规定，不符合规定的情形，我们称之为票据瑕疵，也称之为物的瑕疵。存在这样的瑕疵会对票据的效力有直接影响。

5. 票据是无因证券

票据是一种货币支付凭证，持有形式合法票据的持票人仅仅提示票据就可以向付款人请求付款，而无须证明自已取得票据的原因。而付款人通常也只需要尽到形式审查义务即可，而无须追问持票人取得票据的原因。

6. 票据是流通证券

票据可以在不特定的主体之间进行转让，票据的所有特性都是围绕这一特性而存在的。各国的票据法都秉持保护交易安全、促进票据流通的立法宗旨，票据法上的一切特殊制度也都是围绕这一特性制定的。

三、票据的分类

票据的分类有法理上的分类和学理上的分类两种分类方式。

1. 法理上的分类

各国都以立法的方式对票据的种类作出封闭式的立法规定，我国也不例外。我国

《票据法》第 2 条第 2 款规定："本法所称票据，是指汇票、本票和支票。"并且分别在《票据法》第 19 条、第 73 条、第 82 条对汇票、本票和支票作出定义。汇票是出票人签发的，委托付款人在见票时或者在指定日期无条件支付确定的金额给收款人或者持票人的票据。本票是出票人签发的，承诺自己在见票时无条件支付确定的金额给收款人或者持票人的票据。支票是出票人签发的，委托办理支票存款业务的银行或者其他金融机构在见票时无条件支付确定的金额给收款人或者持票人的票据。

2. 学理上的分类

(1) 委托票据与自付票据。

这种分类的依据在于付款人身份的不同。委托票据是由出票人委托他人予以付款的票据。票据中的汇票、支票为委托票据，其基本当事人（指随出票行为出现的主体）有三方。自付票据是由出票人自己承担无条件付款义务的票据。票据中的本票为自付票据，其基本当事人为两方。

(2) 即期票据与远期票据。

这种分类的依据在于付款时间的不同。即期票据是指票据上不记载付款时间，出票后权利人可以随时请求付款的票据，又称为见票即付票据。即期票据通常有效期较短，主要发挥支付功能，几乎没有信用功能。远期票据是指付款时间距离出票日有一段期间的票据。远期票据的有效期通常较长，信用功能突出，权利人应该在到期日到来之后请求付款。

(3) 信用票据与支付票据。

这种分类的依据在于功能侧重的不同。信用票据是指既能克服使用现金在空间上的障碍，又能克服使用现金在时间上的障碍的票据，也就是在没有现金的情况下也可以签发使用的票据。票据中的远期票据具有强大的信用功能。支付票据是指只能克服使用现金在空间上的障碍，不能克服使用现金在时间上的障碍的票据，即只有出票时有足额现金才能使用的票据。支付票据的功能限于支付，而不具有信用功能，均为见票即付的票据。

(4) 记名票据、不记名票据与指示式票据。

这种分类的依据在于出票时对收款人记载方式的不同。记名票据是指出票时明确记载收款人姓名或者名称的票据。不记名票据是指出票时不记载收款人姓名或者名称，或者在收款人处仅仅记载"持票人、来人"等字样。指示式票据是指出票时在收款人处记载"特定人或其指定之人"的字样。其中，我国票据法只认可不记名支票，汇票和本票出票时不得采用不记名方式。作这种学理分类的意义在于它们的转让方式不同。不记名票据转让时采用单纯交付方式，记名式、指示式必须采用背书加交付方式。

四、票据的功能

1. 支付功能

票据具有代表一定数额金钱的作用，在很大程度上可以替代货币发挥支付结算功能，并且使用票据进行支付结算可以避免携带大量现金的风险和点钞、验钞的麻烦，使用票据支付结算的安全性和便捷性使得票据成为越来越重要的支付工具。

2. 信用功能

票据的信用功能，通俗地讲，意味着出票人可以利用将来会取得资金的信用能力签发票据支付结算现在的交易。票据的信用功能体现在远期票据上。

3. 汇兑功能

票据的汇兑是指票据具有异地兑换货币或者转移货币的作用，这也是票据最初产生的动因，在使用金属货币的时代，票据的这一功能显得尤为突出，可以大大降低运送货币的成本和风险。

4. 融资功能

票据的融资功能主要是通过票据权利人将票据转让以及贴现实现的，通过将票据转让或者贴现，可以在票据付款日前将票据变现，获得资金。

第二节 票据法概述

一、票据法的概念

票据法是指调整票据关系以及与票据关系有关的其他社会关系的法律规范。票据关系是票据当事人之间因为票据行为而产生的票据权利义务关系。其他社会关系是指为保障票据关系的依法产生、变更、实现而产生的社会关系。

二、票据法的立法宗旨

《票据法》第 1 条规定：“为了规范票据行为，保障票据活动中当事人的合法权益，维护社会经济秩序，促进社会主义市场经济的发展，制定本法。”保护善意持票人利益，促进票据流通，既是票据法的立法宗旨，也是票据法的基本功能。如前所述，票据在许多方面具有优于货币的功能，各国都持鼓励各类经济主体使用票据的态度，我国也不例外。鼓励使用票据，促进票据流通的前提是保护票据当事人合法权益，尤其是保护善意持票人权利，有了法律制度的有力支持，人们才能放心使用票据、乐意使用票据，票据才能真正被广泛使用，才谈得上促进票据流通。票据法的一切制度均围绕这一立法宗旨建立。

第三节　票据关系及其基础关系

一、票据当事人

票据当事人指享有票据权利、承担票据义务以及与票据权利义务有密切关系的法律主体。根据当事人的地位不同可以分为权利主体、义务主体和关系主体。

权利主体通常是持有票据者，享有票据权利。义务主体指在票据上为票据行为（出票、背书、保证、承兑）者。关系主体是指在票据上记载有其名称，但是其既不享有票据权利，也不承担票据义务，其存在又与票据权利、义务有密切关系的主体。常见的关系主体有支票中的付款人、汇票中未承兑的付款人，另外，还有委托收款背书中的被背书人等。

此外，根据票据当事人是否随出票行为出现可以分为基本当事人和非基本当事人。基本当事人是指随着出票行为的完成出现的当事人。在汇票关系和支票关系中基本当事人有三方，分别是出票人、收款人和付款人。在本票关系中，基本当事人有两方，为出票人和收款人。非基本当事人是指随着其他票据行为出现的当事人。

二、票据关系

票据关系是指票据当事人之间基于票据行为所发生的票据权利义务关系。票据关系具有以下特征：

(1) 票据关系基于票据行为产生。票据行为是引起票据关系的前提条件。

(2) 票据关系具有多重性。这是因为票据的流通性特点，随着票据在不同的当事人之间流通，在不同的当事人之间产生不同的票据关系，在同一票据上会存在多重票据关系。比如因为出票行为产生的出票人与收款人之间的关系，因为背书而产生的背书人与被背书人之间的关系，等等。

(3) 票据关系的主体具有相对性。虽然票据关系具有多重性特点，但票据主体又具有相对性特点，因为票据当事人之间是票据债权债务关系，债具有相对性特点。

(4) 票据关系的内容是票据权利和票据义务。票据当事人之间可能还互负其他义务、互享其他权利，但那些都不属于票据关系的内容。

(5) 票据关系是金钱债权债务关系。票据债权的客体表现为金钱给付请求权，标的只能是金钱，不可以是其他的财产形态。

(6) 票据关系具有无因性和独立性。票据的无因性体现在票据关系与票据基础关系相对分离，票据关系通常不受基础关系的影响。票据的独立性体现在，不同的票据行为引起的票据关系之间通常相互独立。

三、票据基础关系

1. 基础关系的概念

票据基础关系是产生票据行为的基础的民法上的法律关系，又称为民法上的非票据关系。票据关系的产生基于票据行为的发生，并且以一定的金额支付为内容。而票据行为的实施总会依据已经存在的权利义务关系，这些权利义务关系往往不能从票据关系中得到体现。这里所说的票据关系以外的关系就是基础关系，但不被票据法调整，而是受民法调整，与票据关系有性质上的不同，也称为票据的实质关系。

2. 基础关系的种类

(1) 原因关系。

原因关系是指授受票据的直接当事人基于授受票据的理由而产生的法律关系。原因关系既有对价的，如支付价金或其他费用、借贷、票据本身的买卖、债权担保等；也有不对价的，主要是继承、赠与、税收等。

(2) 资金关系。

资金关系是指汇票和支票的出票人与付款人之间存在的债权债务关系。资金关系一定发生在出票人和付款人这一对特定的当事人之间，所以本票不存在资金关系。汇票、支票的出票人之所以委托付款人付款，付款人之所以愿意为出票人签发的票据付款，一般是因为他们之间有委托付款约定，约定通常基于这样一些情形：出票人在付款人处开有账户，存有资金；付款人对出票人欠有财产性债务；出票人与付款人之间有信用合同关系；出票人与付款人之间有交互计算合同等。当然，也不排除付款人出于无因管理而付款这种十分特殊的情形。

(3) 预约关系。

预约关系是指当事人之间预先约定使用票据的合同关系。预约关系是连接原因关系和票据关系之间的桥梁。具体而言，当事人之间基于一定的原因关系，需要授受票据，在授受票据前，会达成一个约定作为授受票据的依据，这个约定的内容涉及拟用票据的种类、票据金额、到期日、付款地等。在实务中，当事人多采用书面形式建立预约关系。这种书面票据预约有时被称为临时票据，不产生票据法上的效力，属民事合同的一种。

四、票据关系与基础关系的关系

基础关系并非票据关系的构成部分，它们是两种性质不同的法律关系，基于票据的无因性和文义性，两者之间的关系原则上是分离的，但票据关系毕竟是基于一定的基础关系发生的，所以，在特殊情况下又处于彼此牵连的状态。所谓“分离”，就是强调两者在效力、内容等方面相互独立，互不影响。所谓“牵连”，是指两者之间的效力互相影响的情形。三种基础关系与票据关系的关系均不例外，只是具体表现有所不同。下面通过对原因关系与票据关系的具体介绍帮助我们理解基础关系与票据关系的关系。

原因关系与票据关系一般情况下相互分离，表现在：

即使票据原因关系不存在或者无效、被撤销，只要票据行为依法成立，善意持票人的票据权利不受影响，依然有效。票据债务人不得以原因关系的瑕疵或不存在等事由对抗与其无直接原因关系的持票人。即使票据上记载的内容与原因关系的内容不一致，票据上的权利只依票据上的文义而定。只要持票人持有背书连续的票据，就可以依照票据文义主张票据权利，而无须证明自己取得票据的原因。票据债务人也无须对此作实质审查。

原因关系与票据关系特殊情况下相互牵连，表现在：

在授受票据的直接当事人之间，原因关系的有效与否直接影响到他们之间的票据关系的效力。一对当事人同时是基础关系的当事人和票据关系的直接当事人时，义务人就可以以基础关系中的抗辩事由对抗对方的票据权利请求。之所以会这样，是因为这是不会涉及与原因关系无关的其他善意持票人的票据权利。

在原因关系中无对价取得票据者，不能享有优于其前手的效力。《票据法》第 11 条规定，因税收、继承、赠与等无偿取得票据的，所享有的票据权利不得优于其前手的权利。持票人如果为取得票据支付了对价，通常会享有优于其前手的票据权利，债务人不能以对抗其前手的抗辩事由对抗他，即使他的前手并不是真正票据权利人，只要他取得时主观善意，又支付了对价，那么他的票据权利不受影响。但是当持票人以无对价方式取得票据时，则不发生抗辩切断，债务人可以对抗其前手的事由都可以用来对抗他。他取得票据的原因关系直接影响到了他的票据权利。

持票人若以不法手段取得票据，不得享有票据权利。票据的无因性决定了票据关系与基础关系通常处于分离状态，目的是为了保护善意持票人。所以无因性的适用并非绝对。若有证据表明持票人取得票据的手段非法，付款人应该拒付。

资金关系、预约关系与票据关系的关系也是一般情况下分离、特殊情况下牵连，原理与原因关系部分类似，具体表现不再一一赘述。

第四节　票据行为

一、票据行为的概念

狭义的票据行为是指以发生票据权利义务为目的而依照票据法所实施的法律行为。广义的票据行为是指以票据关系的发生、变更或者消灭为目的的法律行为。

世界各国票据法对票据行为的定义均采狭义为通说。狭义的票据行为仅出票、背书、保证、承兑和参加承兑五种。其中，我国没有参加承兑制度。所以，我国所称票据行为仅有出票、背书、保证和承兑四种。承兑为汇票特有的行为，保证是支票没有的制度。广义的票据行为在狭义票据行为的基础上另多出付款、参加付款、划线、见票、变更、涂销和保付等行为。我们将这些行为称为准票据行为，与票据行为相区别。

二、票据行为的分类

票据行为可以分为主（基本）票据行为和从（附属）票据行为，分类依据是票据行为的性质。

主（基本）票据行为是指出票行为，是创设票据权利的行为，是其他票据行为发生的前提和基础。从（附属）票据行为是指除出票行为之外的其他行为，在已经作出的票据上所为。当出票行为因为形式原因无效时，票据无效。出票行为的效力对票据效力的影响最大，其他行为因为形式原因无效不影响票据的效力，只影响该行为本身和发生在其后的行为的效力，所以，出票行为的地位最为重要。

三、票据行为的特点

票据行为有要式性、文义性、无因性、独立性的特点。前三个特点的内涵与票据的要式性、文义性、无因性特点原理和内容相同，不再赘述。票据独立性又可以表述为票据行为独立原则，即在已经具备基本形式的同一票据上如有数个票据行为，每一行为各依其在票据上所记载的文义分别独立发生效力，一行为无效不影响其他行为的效力。该原则是对票据行为独立性的阐释。这是一个在票据法上意义重大的原则，目的在于保护善意持票人的权利，保障票据交易安全，促进票据流通。

在我国《票据法》中，票据行为的独立性体现在以下几个方面：

(1) 民事行为能力欠缺者的签章无效不影响其他签章的效力。票据行为的构成要件之一就是要求行为人具有完全民事行为能力。无民事行为能力和限制行为能力两种情况，在票据法上不加区分一律视为无票据能力者。无票据能力者所为票据行为本身是无效的。但其行为能力状况属于从票面上难以查知的情形，对行为人的间接后手更是如此，属于导致行为无效的实质原因。如果民事行为能力欠缺者的行为无效直接影响到其他行为的效力，事实上不知道，也不可能知道这一情形存在的善意持票人的票据权利受到影响，对善意持票人是不公平的，也是不利于票据流通的。

(2) 票据上存在伪造签章的，不影响其他真实签章的效力。票据伪造指的就是假冒他人名义签章的行为，被假冒的人可以是真实存在的，也可以是伪造人凭空杜撰出来的。票据行为的生效必须由行为人签章，票据上某个行为的签章是伪造的，这个行为即无效。签章也是一般人甚至专业人士难以从形式上查知的瑕疵。票据上存在伪造，只是伪造的该行为本身无效，其他符合法定形式的行为依然有效，善意持票人的票据权利不受影响。

(3) 被保证人的债务因为实质原因无效，保证人仍然要承担保证责任。这一点与普通民事保证很不同。保证人与被保证人是同一票据上两个不同的票据行为人，也是两个独立的票据债务人。被保证人的债务即使无效，保证人的债务也不一定随之消灭，消灭与否取决于导致被保证人的债务无效的原因，如果出于实质原因，则保证人的保证行为依然有效，保证人依然要承担票据义务。导致票据行为无效的实质原因通常有：行为人无票据能力、行为签章属于伪造、票据行为属被人无权代理等。

四、票据行为的构成要件

票据行为是一种民事行为，同时又是一种特殊的要式民事行为，除了具备一般生效要件即这里所称的实质要件外，还需要具备特殊的形式要件。

（一）票据行为的实质要件

1. 票据能力

票据能力包括票据权利能力和票据行为能力，权利能力方面基本等同于民法的相关规定，稍有不同的是：在我国，自然人签发票据的能力受到极大限制；法人在票据权利能力上不因法人的不同而不同，不受法人章程的影响。法人的票据行为能力与法人的民事行为能力是一致的。关于票据能力主要想强调的是自然人的票据行为能力的问题，因为与自然人的民事行为能力有重要的区别。票据法要求票据行为人必须具有完全民事行为能力。限制民事行为能力者与无民事行为能力者一并视为无票据能力者。

2. 意思表示

在票据行为中同样强调行为人意思表示真实。与民法不同的是，判断标准为表示主义，即从形式上判断该行为人意思表示真实即可。

（二）票据行为的形式要件

1. 票据记载格式

《票据管理实施办法》第 5 条规定："票据当事人应当使用中国人民银行规定的统一格式的票据。"实际上，票据像货币一样，由中国人民银行统一印制、统一编号，任何人不得私自印制票据，也不得使用这些票据。

2. 票据记载内容

《票据法》对票据的记载事项有着严格的具体规定，主要分为如下几类：

(1) 绝对必要记载事项，就是依据票据法的规定必须记载的事项，如有欠缺将导致该票据行为无效。如我国票据法规定汇票出票时的绝对必要记载事项有：表明票据种类的字样；对付款人无条件付款的委托文句；票据金额；出票日期；收款人名称；付款人名称；出票人签章七项。缺少任何一项，或者书写不合法定要求，出票行为无效，票据当然也无效。

(2) 相对必要记载事项，就是依据票据法的规定应当记载的事项，如有欠缺，由票据法拟制出效果，不影响票据效力的事项。如出票时应当记载付款日、付款地、出票地；如无记载，出票行为仍然有效，对欠缺上述三项内容的依票据法分别推定法律效果。详见《票据法》第 23 条："付款日欠缺推定为见票即付；付款地欠缺推定为付款人的营业场所、住所地、经常居住地；出票地欠缺推定为出票人的营业场所、住所地、经常居住地。"

任意记载事项，就是票据法允许行为人选择是否记载，不记载不影响票据行为的效力，一旦记载，记载内容即产生票据法上的效力的事项。如我国票据法允许出票人出票时在票据正面记载“不得转让”字样，一旦记载，将对收款人形成约束，收款人不得再将票据转让他人。收款人仍然将票据转让的，不产生票据法上票据转让效力，出票人可以以此为由拒绝对收款人的后手承担票据义务。

不得记载事项，就是票据法规定当事人不应当记载的事项。根据记载这些事项对票据行为的影响又分为两种。一种是无益记载事项，是指票据法规定当事人不应该记载的某些事项，如有记载，该记载本身不产生票据法上的效力，但也不影响该票据行为的效力。如我国票据法规定出票人出票时不得预先免除自己的票据义务，有此类记载的，视为未记载，出票行为依然有效。另一种是有害记载事项，是指票据法规定当事人不应该记载的某些事项，如有记载，不仅该记载本身无效，而且，该票据行为也随之无效。

3. 票据交付

统一法系虽然都视票据行为为单方法律行为，但为了尽可能保障交易安全，又不约而同地规定票据行为的交付要件。所有票据行为都强调由记载完毕与交付两部分构成。

第五节　票据权利

一、票据权利相关概念

票据权利是指持票人向票据债务人或者关系人请求支付一定金额的权利，包括付款请求权和追索权。

票据权利和民法上的一般债权不同。一般债权通常只有一次请求权，而票据法为了尽可能保护持票人的权利实现，赋予其两次请求权，在第一次请求权因为法定原因无法实现时可以再向所有债务人主张第二次请求权。付款请求权是指持票人向票据第一债务人或者关系人请求支付票面金额的权利，也称为“第一次请求权”。追索权是指票据到期得不到付款或者在到期日前得不到承兑或者发生其他法定原因（付款人或者承兑人死亡、逃匿、被法院宣告破产、被行政部门责令终止业务活动）时，持票人向票据上的所有义务人请求支付票面金额、该金额在法定时期的利息以及法定必要费用的权利，也称为“第二次请求权”。

而票据法上的权利是指与票据权利相关的由票据法加以直接、特别规定，但又不是票据权利的权利，又称为“票据上的非票据权利”，如抗辩权、涂销权、更改权、利益返还请求权，等等。

二、票据权利的取得

（一）票据权利的取得条件

票据权利人通常是持票人，但持票人不一定都是票据权利人。只有符合下面两个条件的才是真正的票据权利人，我们也可以将其称为正当持票人。

1. 取得手段合法

《票据法》第 12 条规定，以欺诈、偷盗或者胁迫等手段取得票据的，不得享有票据权利。票据法这样规定与票据的无因性并不矛盾。票据无因性制度设立的目的是保护正当持票人的合法利益，而不在于保护非法取得票据者，否则正当持票人的利益保护将成为一句空话。

2. 取得时主观善意

善意是指持票人在取得票据时对票据从外观无法查知的瑕疵，事实上不知道，也不可能知道的一种主观心理状态。与善意相对的状态是恶意和重大过失。恶意是指取得票据时明知票据上存在瑕疵的主观状态。重大过失是指取得票据时如果负起普通人的谨慎义务就能得知票据上的瑕疵，但因为怠于审查而未知的一种主观状态。依照《票据法》第 12 条的规定，无论是恶意还是重大过失取得票据，都不享有票据权利。

持票人从票据外观难以查知的瑕疵主要有以下几类：虽然发生在票据的票面上，但持票人难以查知的，如伪造、变造；票据经受人利用票据进行违法交易的，如走私、贩毒、结算赌债；持票人的前手取得票据手段非法。

（二）票据权利的取得方式

1. 原始取得

原始取得是指因为出票行为取得票据或具备善意要件而从无票据处分权人处取得票据，从而取得票据权利的取得方式，包括因出票行为取得和善意受让。

善意受让是指票据持有人通过背书方式，善意地从无处分权人之手取得票据，从而取得票据权利的法律现象。必须是依背书方式取得，意味着善意受让制度只适用于记名票据和指示式票据，而不适用于不记名票据。原因是不记名票据非常类似于货币，将占有者推定为其真正权利者才可能实现流通。取得时应该支付对价的原因在于，根据票据法的规定，未支付对价取得票据的，其不得享有优于其前手的权利。未支付对价从无处分权人也就是非票据权利人之手取得票据，即使取得时完全不知情，该持有人同样不得享有票据权利。这是票据原因关系与票据关系牵连的一条重要体现。

2. 继受取得

继受取得是指受让人从票据权利人处以法定方式取得票据，从而取得票据权利的取得方式。常见的有权利人背书转让、交付转让、继承、概括继受，等等。

三、票据权利的行使和保全

票据权利的行使是指票据权利人请求票据义务人或者关系人支付一定金额的行为，包括提示付款和进行追索。票据权利的保全是指票据权利人为了防止票据权利丧失而为的一切行为。

票据保全和行使的方式首先是遵期提示，就是依照票据法规定的时间，向票据债务人现实地出示票据请求支付一定的金额的行为。这既是行使权利的方式，也是保全权利的方式。怠于行使权利一样会导致权利消灭。另外就是依法取证，是指持票人为了证明自己曾经依法行使票据权利而基于法定原因无法实现时依照法定时间和方式取得相关证据的行为。根据导致付款请求权得不到满足的原因的不同，应该向不同的对象要求不同的证据。

此外还有提起诉讼以及中断时效，这两种方式的具体做法在民法中已经学习过，不再赘述。

票据权利行使和保全权利的时间应该是当事人的营业时间，票据权利行使和保全权利的地点应该是主张对象的营业场所、办公地点等。

四、票据权利消灭

票据权利消灭是指票据上的付款请求权或者追索权因为法定事由的出现而归于消灭，包括部分消灭和完全消灭，前者为仅付款请求权消灭或者仅追索权消灭，后者为两者均告消灭。

票据法规定有以下事由将导致票据权利消灭：付款、经追索得到清偿、时效期届满、票据记载事项欠缺、保全手续欠缺。我们认为这个规定不妥。首先，时效经过应该包括在保全手续欠缺之中，两者是包含关系而不是并列关系；其次，记载事项欠缺会导致票据权利消灭吗？如果欠缺出票时的绝对必要记载事项，出票行为无效，票据权利尚未产生，何谈消灭？如果是其他票据行为绝对必要记载事项欠缺，只会导致该票据行为及其后的票据行为无效，票据依然是有效票据，票据权利也依然存在。

基于以上观点，我们认为导致票据权利消灭的事由应该归纳为：票据得到付款；持票人经过追索得到清偿；保全手续欠缺；民法上一般债权消灭的事由，如抵消、混同、提存、免除等；票据灭失。

第六节　票据抗辩

一、票据抗辩的概念和特点

1. 票据抗辩的概念

票据抗辩是指票据上记载的债务人提出一定合法事由对票据债权人提出的权利请求予以拒绝的行为。这个定义直接衍生自《票据法》第 13 条第 3 款："本法所称抗辩，是指票据债务人根据本法规定对票据债权人拒绝履行票据义务的行为。"

2. 票据抗辩的特点

票据抗辩属于民事抗辩，但是具有自身的一些特点：

（1）票据抗辩拥有独特的抗辩切断制度。在一般民法上，为了达到保护债务人的目的，权利上的瑕疵通常会随着权利的转移而转移。义务人对原权利人可以主张的抗辩，通常也可以用来对抗新的权利人，我们将其称为抗辩的延续性。在这种制度下，随着债权转让次数的增加，抗辩事由也可能会不断累积，对债权人相对不利。而各国票据法都持鼓励票据流通的态度，抗辩的延续性显然是不利于票据流通的，因为票据转让次数越多，持票人的风险越大。所以，《票据法》第 13 条第 1 款规定：“票据债务人不得以自己与出票人或者与持票人的前手之间的抗辩事由，对抗持票人。”

(2) 票据抗辩通常是对票据金额的全额抗辩。我国票据法规定，票据背书、承兑、保证、付款必须是全额背书、全额承兑、全额保证、全额付款，对票据权利的抗辩也必须是对票面金额的全额抗辩，这又是与普通债权抗辩的不同之处。

(3) 票据保证抗辩与一般民法上的保证抗辩有很大区别。票据保证均为连带责任保证，保证人都没有先诉抗辩权；此外，一般民法保证通常允许保证人以主债务人可以对抗债权人的抗辩事由对抗债权人。而在票据保证中，则受到很大限制。如果被保证人对抗债权人的抗辩事由来自实质原因，则发生抗辩切断，保证人不能以同样的事由对抗权利人。

二、票据抗辩原因

票据抗辩原因包括物的抗辩原因和人的抗辩原因。

1. 物的抗辩原因

物的抗辩又称为绝对的抗辩、客观的抗辩，是票据抗辩中一切债务人或者特定债务人可以对抗任何持票人的抗辩。抗辩事由来自票据本身的瑕疵或者来自特定债务人自身的特殊原因。这种抗辩原因与当事人之间的基础关系无关，具有客观性特点。这种抗辩事由可以用来对抗一切持票人，不因持票人的变更而受到影响。物的抗辩事由根据抗辩权人的范围不同分为：

(1) 任何债务人可以对抗任何持票人的抗辩。

这一类抗辩事由主要表现为两类。一类是票据不符合法定形式要求。如票据绝对记载事项欠缺导致票据无效；记载了有害记载事项导致票据无效等。另一类是权利人未依照票据文义主张票据权利。具体表现有：票据记载的付款日未至，持票人即要求付款；票据时效已过而请求付款；票据被法院依法作出除权判决而丧失效力；持票人请求付款的付款地与票据上记载的付款地不一致等。

(2) 特定债务人可以对抗任何持票人的抗辩。

这一类抗辩事由主要是来自特定债务人自身的原因，所以也只能由特定的债务人提出抗辩。具体表现有：票据上记载的某债务人属民事行为能力欠缺者，该债务人可以以此为由予以对抗；票据上记载的某债务人是被伪造人，该债务人可以以此为由予以对抗；票据上记载的某债务人系被人无权代理，该债务人可以以此为由予以对抗；票据上记载的某债务人被宣告破产，该债务人可以以此为由对抗；出票人记载了“不得转让”字样而被非收款人的持票人请求付款时，出票人可以以此为由对抗；背书人作了禁转背书的，对间接后手的权利请求可以予以对抗等。

2. 人的抗辩原因

人的抗辩又称为相对的抗辩、主观的抗辩，是票据抗辩中一切票据债务人或者特定票据债务人可以对抗特定持票人的抗辩。抗辩事由来自特定人的原因；通常与当事人之间的基础关系密切，具有主观性；此种抗辩仅能向特定的持票人提出。抗辩事由根据抗辩权人的范围不同分为：

(1) 任何债务人可以对抗特定持票人的抗辩。

主要为直接恶意抗辩，如持票人以欺诈、胁迫、偷盗、拾得等手段取得票据。

(2) 特定债务人可以对抗特定持票人的抗辩。

具体表现主要有基于基础关系的抗辩和违反特约的抗辩等。

三、票据抗辩权的限制

抗辩限制是指票据法规定的票据债务人对特定持票人不得抗辩的限制。

票据抗辩限制的核心原理是将票据抗辩中的人的抗辩限制在直接当事人之间适用，不允许特定债权债务人之间的抗辩扩大到其他人或者全部票据关系中去。实质作用是将票据的个别风险限制在直接当事人之间，不让其危及整体票据关系或扩大为全部票据关系的风险。其实就是我们前面提到过的抗辩切断制度的另一称法。抗辩限制的内容包括票据债务人不得以自己与出票人之间的抗辩事由对抗善意持票人；票据债务人不得以自己与持票人前手间的抗辩事由对抗善意持票人。

抗辩限制的反限制又称为抗辩限制的例外，即在某些情形下，票据债务人可以以自己与出票人或者持票人的前手间的抗辩事由对抗持票人。主要有三种情形：

1. 间接恶意抗辩

我国《票据法》第 12 条规定，明知有以欺诈、偷盗或胁迫等手段取得票据的情形，仍出于恶意而取得票据的，不得享有票据权利。即持票人明知其前手以非法手段取得票据，仍接受该票据的，因为其前手并无票据权利，债务人以此对抗其前手，也可以对抗该间接恶意持票人，抗辩不切断。

2. 无对价抗辩

根据《票据法》第 11 条的规定，无对价取得票据的持票人，不得享有优于其前手的票据权利，对其前手的抗辩可以延续至无对价取得票据的持票人。

3. 知情抗辩

《票据法》第 13 条规定："票据债务人不得以自己与出票人或者出票人的前手间的抗辩事由对抗持票人。但是，持票人明知存在抗辩事由而取得票据的除外。"与间接恶意抗辩应区别对待，这里的知情指的是除第 12 条规定情形之外的知情。

第七节 失票救济

票据丧失是指持票人并非出于自己的本意而丧失票据，也称为失票。根据丧失票据的原因不同分为绝对丧失和相对丧失。绝对丧失，又称为票据的灭失，是指票据的物质形态发生根本变化，不复为一张票据，如烧成灰，洗成沫。票据权利随之消灭，票据金额不存在被冒领的危险。相对丧失，又称为票据的遗失，是指票据在物质形态上未发生变化，只是脱离了原持有人的占有，如票据被盗、被抢、遗失等。票据权利并未当然消灭，票款易被他人取得，存在较大风险。

构成票据丧失需要具备三个要件：必须存在票据丧失的客观事实；必须是出于失票人意志以外的原因造成的票据丧失的事实；所丧失的票据必须是未获付款的有效票据。

失票救济是指银行、出票人或者人民法院应失票人的及时请求，按照法定程序，解决失票所发生的财产关系，维护失票人合法利益的制度。

失票救济可以分为司法救济与非司法救济，分类的依据是实施救济的主体的性质不同。司法救济是由司法机关实施的失票救济方法，如公示催告、失票诉讼等。非司法救济是由非司法机关提供的失票救济措施，如挂失止付、出具复本等。

依据救济手段的效力不同还可以分为保全救济与复权救济。保全救济是只能起到暂时防止票款被冒领的作用，但无法使失票人的权益得到真正实现的救济方法，如挂失止付。复权救济是能够最终使得失票人的票据权利得到恢复的救济方法，如公示催告、失票诉讼、提供复本，等等。

我国的失票救济制度由三大措施构成：

1. 挂失止付制度

挂失止付是指失票人将失票情况及时通知付款人，请求付款人停止支付所失票据的款项，付款人在票据金额未被冒领前满足失票人请求的失票救济方法。

《票据法》第 15 条第 1 款规定，未记载付款人或者无法确定付款人及其代理人的票据不可以挂失止付。但这一规定毫无意义，因为根据《票据法》第 22 条、第 85 条的规定，未记载付款人的汇票和支票是无效票据，无效票据无疑是废纸一张，没有挂失的必要；此外，未记载付款人或者无法确定付款人，那又该向谁去挂失？《支付结算办法》中具有可操作性的规定，其第 48 条规定：“已承兑的商业汇票、支票、填明现金字样和代理付款人的银行汇票以及填明现金字样的银行本票丧失，可以由失票人通知付款人或者代理付款人挂失止付。未填明现金字样和代理付款人的银行汇票以及未填明现金字样的银行本票丧失，不得挂失止付。”所以，在我国适用挂失止付的票据是支票、已经承兑的商业汇票、现金银行汇票、现金银行本票。

只有符合以下条件失票人才可以适用挂失止付：所失票据为有效票据，并且丧失方式为相对丧失；所失票据为准用挂失止付方式的；失票人须及时通知付款人；挂失止付必须按照中国人民银行关于挂失止付的规定办理。

适用挂失止付时失票人首先应该向付款人（代理付款人）发书面通知。挂失止付通知的格式有统一规定。通知必须以书面形式作出，并且必须载明以下记载事项：票据丧失的时间、地点、原因；票据的种类、号码、金额、出票日期、付款日期、付款人名称、收款人名称；挂失止付人的姓名、营业场所或者住所以及联系方式。若通知书中欠缺这些记载，付款人可以拒绝受理。付款人收到止付通知后，查明挂失票据确未付款时，应该暂停付款。

挂失止付作为一种失票救济手段首先具有一定的独立效力：付款人于有效期间内不

得付款。失票人应该在通知挂失止付 3 日内向法院提请公示催告或者提起诉讼；否则 3 日届满即失效。其次还具有一定的接续效力：在挂失止付有效期间，法院在受理失票人提请的公示催告或是提起诉讼后应失票人的请求可以对付款人下达止付通知。法院签发的止付通知书有接续挂失止付通知的效力。

2. 公示催告制度

公示催告是指人民法院依据可背书转让票据失票人的申请，以公示方法，催告利害关系人于一定期间内，向法院申报权利；到期无人申报，法院即作出所失票据无效的判决。失票人得依判决请求付款人支付原票据金额的制度。公示催告是一种特别民事程序，在民事诉讼法中也有专门规定。

根据票据法的规定，公示催告适用于可背书转让的票据的失票救济以及被盗、遗失、灭失的失票救济。限于最后持票人丧失票据并且提出申请的情形。

实务中，失票人应该依法向法院申请公示催告，法院对申请进行调查，在决定受理后，向付款人下达止付通知书，并且予以公告。公告期间不得少于60 日，实务中通常为 3 个月。公告期间内若有人申报权利，则进行权利审查。失票人对申报人的权利若无异议，公示催告程序终止；发生争执，以诉讼解决。公告期间届满，无人申报权利，公示催告程序终止。期间届满，无人申报权利或者虽有人申报经审查并非所失票据权利，失票人即可请求法院作出除权判决。失票人可以凭该判决行使票据权利。公示催告的效力在于防止第三人善意取得，付款人停止付款。催促利害关系人申报权利，失票人依除权判决可请求付款人付款。

3. 提起诉讼制度

失票诉讼是一种普通民事诉讼，不以挂失止付或者公示催告为必要前提，在民事诉讼法中有直接的相关规定。这种失票救济手段应该说是非常重要的，适用于所有失票情形。我们注意到，前面介绍的两种手段都有一定的局限性，失票诉讼作为救济手段之一是必不可少的。但是遗憾的是，我国相关立法还相当不完备，甚至无法操作。

第八节　汇票

一、汇票概述

1. 汇票的概念与特点

汇票是由出票人签发的，委托付款人在见票时或者在指定日期无条件支付确定的金额给收款人或者持票人的票据。

与本票、支票相比，汇票具有以下特点：汇票是委托票据，具有三方基本当事人；汇票是具有承兑程序的票据，承兑是汇票特有的制度，但是并非所有汇票都需要承兑，承兑只是远期汇票的必经程序，而即期汇票无须承兑；付款人可以是金融机构以外的主体。支票的付款人必须是银行或者其他法定金融机构。而本票虽然理论上有商业本票，但我国票据法只规定了银行本票，也即由银行作为出票人的本票，付款人当然也只可能是银行。只有汇票，我国票据法既规定银行汇票也规定了商业汇票，商业汇票中的商业承兑汇票的付款人就是非金融机构主体。

2. 汇票的分类

(1) 根据出票人的身份不同汇票可以分为银行汇票与商业汇票。

银行汇票是指经商业汇款人交款申请后，由出票银行签发的，由该银行的异地本系统银行机构或者异地的跨系统签约银行机构在见票时向收款人或者持票人以现金方式或者转账方式支付确定金额的汇票。

银行汇票出票人限于获得授权的银行机构，即参加了“全国联行往来”的银行机构；银行汇票属见票即付票据，其提示付款期限很短，为自出票日起1个月；银行汇票的付款人是与出票行具有关联性法律关系的异地银行组织，《支付结算办法》规定，银行汇票的付款人原则上为出票行本系统的异地银行机构，在有跨系统代理支付款合同的情况下，银行汇票的付款人可由出票行签约的异地跨系统代理付款人（银行）担当；银行汇票的收款人可以是汇款人自己，也可以是汇款人指定的人；银行汇票分为现金银行汇票和转账银行汇票。

我国对现金银行汇票的适用有着严格的规定，根据《支付结算办法》第59条的规定，签发现金银行汇票只适用于收款人和申请人均为个人的情形，收款人或者申请人为单位的，不得为其签发现金银行汇票。

商业汇票是指由非银行出票人签发的，委托付款人在指定日期无条件支付确定的金额给收款人或者持票人的汇票。

商业汇票的出票人为银行之外的主体，事实上，在我国，商业汇票不允许个人签发，所以，商业汇票的出票人只能是非银行组织；商业汇票为远期汇票，商业汇票的付款期限较银行汇票长，但最长不得超过6个月；商业汇票根据承兑人的不同，又分为银行承兑汇票和商业承兑汇票。

签发银行承兑汇票的出票人必须具备一定条件。根据《支付结算办法》和《票据管理实施办法》的规定，一个组织必须在承兑行开立存款账户，并在到期日前交存足额资金；具有良好资信记录，并且具有支付汇票金额的可靠资金来源。承兑行应该按照票面金额的万分之五收取手续费。出票人未能在到期日前交存足额资金时，已经承兑的银行在无条件付款的同时可以向出票人按票面金额收取每天万分之五的利息。而商业承兑汇票，由于出票人、付款人均为非银行主体，而我国目前的信用制度还很不完善，商业信用无法脱离银行独立存在。所以，由于商业承兑汇票的风险太大，在我国目前的票据实务中实际上是没有商业承兑汇票的。

(2) 根据汇票基本当事人的资格是否发生兼充可以分为一般汇票与变式汇票。

一般汇票是指汇票关系中的三方基本当事人分别由不同的主体充当，互不重叠兼任。

变式汇票是指汇票关系中的一个主体同时兼任两方或者两方以上的汇票基本当事人身份的汇票。

根据资格兼充的不同情形，变式汇票又分为：出票人与收款人为同一人的已受汇票；出票人与付款人为同一人的己付汇票；收款人与付款人为同一人的付受汇票以及出票人、收款人、付款人均为同一人的己受己付汇票。

二、出票

1. 出票的概念

出票是指出票人签发票据并将其交付给收款人的票据行为，也称为发票。这一概念来自《票据法》第20条。出票行为是创设票据权利的行为，又称为基础票据行为。出票行为由签发和交付两部分构成。所有票据行为均具有单方行为属性，出票也不例外。汇票的出票意味着一种单方支付委托，给予了付款人付款资格，但并不能设置付款人的付款义务。

2. 出票的款式

票据是一种要式证券，奉行严格形式法定主义，其款式必须严格符合法定要求。有效的出票行为应当遵循以下记载事项及记载方式的要求：

一是绝对必要记载事项。绝对必要记载事项的形式瑕疵将导致出票行为无效。汇票出票时的绝对必要记载事项包括表明票据种类的文句、无条件支付的委托、确定的金额、付款人名称、收款人名称、出票日和出票人签章。

二是相对必要记载事项，包括付款日期，若欠缺，视为即期票据见票即付，不影响票据的效力；付款地，若欠缺，推定为付款人的营业场所、住所地或者经常居住地为付款地；出票地，若欠缺，推定为出票人的营业场所、住所或者经常居住地为出票地。

三是任意记载事项，包括“禁止转让”字样的记载和对支付货币种类的约定。

四是无益记载事项，包括免除担保付款责任的记载和免除担保承兑责任的记载。

五是有害记载事项，主要是指附条件委托支付记载。

3. 出票的效力

随着出票行为的完成，票据的基本当事人全部出现。出票行为对基本当事人产生不同影响。

出票人成为票据义务主体。其票据义务包含两方面内容：其一是担保承兑，担保承兑是汇票出票人特有的义务。汇票出票人出票时，首先应该担保自己所签发的汇票能够在到期前得到承兑。如果基于法定原因（如付款人拒绝承兑、付款人死亡、下落不明、破产、被责令停业等）汇票得不到承兑时，汇票出票人必须承担清偿义务。在我国，担保承兑是出票人的法定义务，不允许当事人约定免除。其二是担保付款，出票人在出票时应该担保持票人持有自己签发的票据能够得到付款。票据到期得不到付款时，票据的出票人必须履行清偿义务，满足持票人的追索权。在我国，出票人的担保付款义务也是出票人必须承担的法定义务，不得约定免除。免责的记载视为无益记载。

付款人获得付款资格，成为票据关系主体。出票时付款人姓名或者名称是绝对记载事项，出票人在票据上记载付款人姓名或名称，意味着对付款人的单方付款委托，但付款人未在票据上为任何票据行为。所以他只是取得了对票据付款的资格，有付款或者拒绝付款的自由，而不承担当然的票据义务。拒绝付款也不用承担票据法律责任，只需承担违反资金关系的相应责任。但是在汇票关系中，付款人一旦承兑，就成为票据义务人，承担到期无条件付款的票据义务。

收款人成为票据权利主体，享有票据权利以及票据法上规定的相关权利。

三、背书

1. 背书的概念

背书是持票人为了将票据权利转让给他人或者将一定的票据权利授予他人行使，在票据背面或者粘单上记载有关事项并签章，然后将票据交付给被背书人的一种票据行为。

2. 背书的种类和效力

根据背书是否记载被背书人的姓名或者名称，分为记名背书与不记名背书。记名背书，又叫做完全背书，即背书人签章并且记载被背书人姓名或者名称和背书目的的背书。不记名背书又叫做空白背书，即背书时被背书人姓名或者名称欠缺的背书。我国不认可不记名背书。在认可不记名背书的国家中，不记名背书的转让可以在单纯交付和记名背书中选择一种方式。如果选择单纯交付，则出让人就此退出票据关系。

根据票据背书的目的是否转让票据权利，将背书分为转让背书和非转让背书。转让背书又称为实质背书、正则背书、固有背书，指以转让票据及票据权利为目的的背书。

各个方面都没有特殊情形的转让背书称为一般转让背书。其记载事项有以下几类：绝对必要记载事项，包括背书人签章、被背书人的姓名或者名称。相对必要记载事项，是指背书日期，未记载背书日期的背书推定为在票据到期日前完成。任意记载事项，是“不得转让”文句，背书人可以在背书时记载“不得转让”或者相同含义的其他文句。一旦记载即产生效力，成为禁转背书。无益记载事项是附条件背书。有害记载事项包括部分背书、分别背书。

一般转让背书有三重效力：权利转移效力，即转让背书完成后即发生票据权利转移的效力，被背书人作为绝对权利主体取得全部票据权利。权利担保效力，背书人随着转让背书行为的完成，从权利主体转变为义务主体，对其所有后手承担担保承兑和担保付款的义务。权利证明效力，又称为资格授予效力，持票人所持票据上的背书只要符合形式上的连续性，就推定其为正当票据权利人。

在某方面具有特殊情形的转让背书称为特殊转让背书，包括禁转背书、无担保背书、回头背书和期后背书。

禁转背书是指背书人在背书时记载“不得转让”或者其他相同含义的文句从而对所转让的权利予以一定限制的背书。禁转背书的被背书人依然将票据背书转让的，背书依然有效。禁转背书的被背书人对所有后手承担票据义务，但禁转背书人只对禁转背书的被背书人承担票据义务，对被背书人的后手不承担票据义务。持票人为合法票据权利人，付款人不得以此为由拒绝付款。

无担保背书是指背书人在背书时记载免除担保承兑或者担保付款责任的背书。在我国，免除担保责任的记载属于无益记载，视为一般转让背书。在认可无担保背书的国家，意味着背书人将不对所有后手承担担保责任。这对持票人相当不利，我国不允许。

以上两类通常被称为限制背书。

回头背书是指以票据上记载的原债务人为被背书人的背书，又称为“逆背书”。发生回头背书时，原债务人取得票据权利，同时又是票据权利人。这两种法律地位归于一人，在民法上称为“混同”。在民法上发生混同通常导致债权债务关系消灭的后果。但在票据法上，为了促进票据流通，发生这种混同的情形时，通常并不导致票据关系消灭，被背书人仍然可以将票据背书转让，只是在效力上有些特殊之处。

回头背书具有一般转让背书的三大效力。另外，回头背书的被背书人再追索范围受到限制。因为这些被背书人的身份具有双重性，享有票据权利的同时也对一些当事人承担票据义务。在追索时不能向自己的义务人主张，否则将发生重复追索。那些不能主张追索的对象就是这些被背书人需要承担票据义务的对象。

期后背书是指票据被拒绝承兑、被拒绝付款或者超过付款提示期限所为的背书。判断背书是否属于期后背书，应该根据背书日期而定。在各国均将此规定为相对必要记载事项，欠缺时推定为期前背书。期后背书为无效背书，仅仅产生一般债权让与效力。我国《票据法》第 36 条对期后背书的效力的规定前后矛盾，一方面规定在票据被拒绝承兑、被拒绝付款或者超过付款提示期限时“不得”背书转让；另一方面又规定在这种情况下背书转让的，背书人应当承兑“汇票责任”。这一法条的立法本意应该是尽可能保护持票人利益，但是在实践中并不能达到目的，且牺牲了立法的逻辑性，非常不妥当。

以上所讲均为转让背书。还有一大类背书不以让渡票据权利为目的，仅仅将一定票据权利授予他人行使，这样的背书就是非转让背书又称为形式背书、变则背书、非固有背书，包括委托收款背书和质押背书两种。

委托收款背书，又称为委任背书，是指以委托他人代替自己行使票据权利、收取票据金额为目的而为的背书。背书人与被背书人之间是一种以背书方式表现的委托代理关系。被背书人作为代理人代理收款行为，后果由被代理人也就是背书人承受。背书人仍然是票据权利人。“委托收款”字样必须记载在票据背面，否则推定为转让背书。委托收款背书的效力体现为：

代理权授予效力。被背书人取得代理背书人行使票据权利的权利。至于行使范围，我国票据法未作明确规定。根据《日内瓦统一汇票本票法》第 18 条的规定，被背书人可以行使票据权利的全部内容，既包括付款请求权，也包括追索权。从委托收款背书的目的出发，我们认为，在我国，委托收款背书的被背书人同样可以行使这两次请求权。

权利证明效力。被背书人可以凭借背书的连续性证明自己是合法的代理权人，不必另外举证。

不切断抗辩。票据债务人或者关系人可以以与背书人间的抗辩事由对抗被背书人；但票据债务人或者关系人不能以自己与被背书人间的抗辩事由对抗被背书人代理背书人行使票据权利。关于后一点，我国票据法没有规定，《日内瓦公约》中则有明确规定。

被背书人的背书权受到限制。被背书人由于不是真正票据权利人，不能作处分性质的背书，即不能作转让背书和质押背书，但在一定情况下可以作委托收款背书。

质押背书是以设定质权、提供债务担保为目的而为的背书，又称为设质背书、质权背书。质押背书的效力体现为：

质权设定效力。被背书人取得票据时即取得质权。质押背书并不发生票据权利转移的效力，背书人仍然是票据权利人，被背书人在一定情形下代理背书人行使票据权利，但目的是为了实现自己的利益。

权利证明效力。被背书人凭借票据背书的连续性即可证明自己是合法的质权人，无须另外举证。

权利担保效力。背书人应当向被背书人承担担保承兑和担保付款的票据责任。

切断抗辩效力。票据债务人或者关系人不能以自己与背书人之间的抗辩事由对抗被背书人；但债务人或者关系人与被背书人之间存在抗辩事由的，可以对抗被背书人。

被背书人的背书权的限制。被背书人可以为委托收款背书，但为质押背书和转让背书受到限制。如果主债权到期日在前，并且未得到清偿时，被背书人可以为转让背书以实现自己的债权，或者在一定条件下转质。如果主债权到期日在后，担保事由尚未发生，则质权人仅可以以代理人身份行使票据权利。

3. 背书的特点

背书具有不可分性，票据背书时必须就票据金额的全部进行背书，不得将票据金额部分背书给他人或者将票据同时背书给两人以上。部分背书和分别背书会导致背书行为无效。此外，背书还具有单纯性，背书时不得附有任何条件，若附有条件，该条件无效。

四、承兑

1. 承兑的概念

承兑是指远期汇票的付款人在票据正面记载有关事项并签章，然后将票据交付请求承兑之人，承诺在汇票到期日无条件支付汇票金额的票据行为。

2. 承兑的方式

承兑必须由付款人在汇票的正本的正面指定位置进行承兑，承兑时应该注意以下有关记载事项的规定：绝对必要记载事项，包括承兑文句和承兑人签章。相对必要记载事项，指承兑日期，若欠缺，则以付款人收到提示承兑汇票之日起的第 3 日为承兑日期。有害记载事项，是附条件承兑。

3. 承兑的原则

承兑行为应该遵循以下原则：

(1) 承兑自由原则。一方面，付款人有是否承兑的自由。付款人由于并不是票据义务人，不附有必须承兑的责任，是否承兑取决于付款人的意志。付款人拒绝承兑也不承担票据法律责任。另一方面，持票人也有是否提示承兑的自由。提示承兑是付款人的权利，可以选择是否行使。应该提示承兑而放弃提示承兑将丧失追索权。

(2) 完全承兑原则。在我国，承兑时，必须对汇票金额的全部予以承兑，部分承兑视为拒绝承兑。

(3) 单纯承兑原则。该原则强调承兑时严格按照票据文义进行，不得附条件或者变更文义。

4. 承兑的程序

(1) 提示承兑。

提示承兑是指持票人向付款人出示汇票，并要求付款人在票据上表示在票据到期日愿意对票据付款的行为。持票人必须将票据现实地出示给付款人验看，并向付款人表达请求承兑的意思。付款人收取汇票后应该向持票人签发回单，回单上应该记明提示承兑日期并签章。回单的作用主要有两个：一是起到证明持票人已经遵期提示承兑的证据作用，二是当付款人承兑未记载承兑日期时起到确定承兑日期的作用。可以推定为回单上记载日期起第 3 日为承兑日。

(2) 承兑或者拒绝承兑。

持票人遵期提示承兑后，付款人应该在承兑期间内作出是否承兑的决定。予以承兑则在票据上作相关记载。不予承兑应当出具拒绝证明，说明拒绝理由，便于持票人提起期前追索。关于承兑期间，《票据法》第 41 条规定："付款人对向其提示承兑的汇票，应当自收到提示承兑的汇票之日起 3 日内承兑或者拒绝承兑。" 3 日内未有任何意思表示的，应该视为拒绝承兑。

(3) 交还汇票。

无论承兑与否都必须将票据交还持票人。

5. 承兑的效力

付款人作出承兑并将票据交还持票人，承兑行为即生效，对相关当事人产生不同影响。

付款人成为承兑人，并且成为第一义务主体，承担到期无条件付款的义务，并且将承担最终的追索责任。持票人的付款请求权从期待权变为现实权，因为付款人有选择是否承兑的自由，持票人的付款请求权的实现与否取决于付款人的意志。但承兑后，付款人的身份发生变化，成为债务人，必须进行付款。持票人的付款请求权也因此成为现实权。对持票人而言，票据关系多了一个债务人，权利实现更有保障。其他债务人免于被期前追索。

五、票据保证

1. 票据保证的概念

票据保证是指票据债务人以外的人，为担保票据债务的履行，以负担同一内容的票据债务为目的，在票据上记载有关事项并签章，然后将票据交还请求保证之人的一种票据行为。

票据保证是汇票和本票共有的制度，支票不适用票据保证制度。

2. 票据保证的特点

相对于普通民法保证，票据保证有许多自身特点：

(1) 设立方式不同。票据保证是一种票据行为，必须在票据上记载一定事项并签章方生效。普通民事保证的设立通过订立书面合同实现。两者都是要式行为，但法律对它们的形式要求不同。

(2) 性质不同。票据保证作为一种票据行为，是一种单方法律行为。普通民事保证是一种合同行为，是双方法律行为。

(3) 与被担保债务关系不同。票据保证具有更大的独立性，被保证人的债务如果是因为实质原因无效，保证责任继续存在。被保证人可以向权利人主张的抗辩，如果属于人的抗辩，保证人不能以同样的事由进行抗辩。

(4) 保证方式不同。票据保证不存在一般保证方式，全是连带保证。所以，相应的，票据保证不谈先诉抗辩权。

(5) 保证人受偿方式不同。票据保证人清偿保证债务后，得向被保证人及其前手以及承兑人（如果有的话）追索受偿。债务人有多个时，追索对象也呈复数。而普通民事保证中，保证人清偿债务后只能取得对主债务人的代位求偿权。

3. 票据保证的方式

保证行为需要进行以下记载：

绝对必要记载事项，包括“保证”字样和保证人签章。相对必要记载事项，包括被保证人名称。票据债务人均可以是被保证人。如果欠缺，《票据法》第47条作如下推定：“保证人未在汇票上记载被保证人姓名的，已承兑的汇票，承兑人为被保证人；未承兑的汇票，出票人为被保证人。”保证人住所，欠缺时依其签章推定。保证日期，欠缺时以出票日为保证日期。无益记载事项是指附条件记载。

4. 票据保证的效力

保证人承担与被保证人同样的义务。保证人所承担的义务无论是性质、内容还是范围都与被保证人一致。保证人与被保证人之间是连带责任关系。保证人的义务具有独立性，保证是一种票据行为。根据票据行为独立原则，票据保证义务相对独立于被保证义务。保证人清偿债务后，被保证人的后手解除票据义务。保证人清偿债务后，对被保证人及被保证人的前手以及承兑人享有追索权。

六、付款

1. 付款的概念

广义的付款，泛指一切票据债务人或者关系人依据票据文义对持票人进行的金钱给付。它既包括付款人或者承兑人在票据到期时对持票人所进行的支付，即一次支付；也包括追索发生时，债务人对追索权人进行的金钱给付，即二次给付。狭义的付款，仅指付款人（承兑人）或者代理付款人依据票据文义在票据到期时，对持票人所进行的票据金额的支付。

通常情况下，我们所说的付款是指狭义的付款，即一次支付。在票据法理论上，我们把一次支付又称为票据付款，把二次支付称为票据偿还。

2. 付款的程序

(1) 提示付款。

提示付款是指持票人或者其代理人向付款人（承兑人）或者代理付款人现实地出示

票据请求其付款的行为。其中，持票人或者其代理人又称为提示人，而付款人或者代理付款人又称为被提示人。在某些情况下，持票人也可以通过票据交换系统进行提示付款，具有同样的效力。

提示付款是保全追索权的重要途径。但是，在某些情况下，持票人不必提示付款：对票据丧失占有的权利人；被拒绝承兑的持票人；因为承兑人、付款人死亡、逃匿或其他原因无法获得拒绝证明而得到相关事实证明的持票人；因为承兑人、付款人被宣告破产、被责令停业的，取得相关司法文书以及处罚决定的持票人都无须提示付款。

根据票据法的规定，即期汇票应该在出票日起 1 个月内提示付款。远期汇票应该自到期日起 10 日内提示付款。我国的本票均为见票即付，应该在出票日起 2 个月内提示付款。支票在我国也限于见票即付，应该在自出票日起 10 日内提示付款。超过提示付款期限的，付款人可以拒绝付款，但只要权利时效尚未经过，承兑人或者出票人不能免责。

(2) 付款审查。

付款人在持票人提示付款后，应尽到一定审查义务。

首先是形式审查义务。形式审查主要包括对持票人形式资格的审查和对票据本身形式上的审查。对持票人的形式资格审查的内容有：审查票据背书的连续性，判断持票人是否为连续背书的最后被背书人，如果是就应该推定其为合法的权利人。对票据本身的形式审查的主要内容是对票据记载事项的审查。

其次是实质审查义务。根据票据的无因性特点，通常情况下，付款人只负有形式审查义务。只在进行某种特别付款时才需要履行实质审查义务。实质审查义务的内容主要有对持票人是否为真实持票人进行审查，对背书人签章的真伪进行审查等，涉及票据关系外的法律关系。根据票据法的规定，远期票据的持票人在到期日前提示付款的，付款人应该进行实质审查。

最后是附带审查义务。附带审查义务就是对提示付款人的证件的审查义务。附带审查的性质属于票据法规定的票据以外的审查内容，既不属于形式审查，也不属于实质审查。

(3) 付款或者拒绝付款。

付款人决定付款，则应该要求持票人在票据上签收并收回票据，结束票据关系，以防票据又流入善意持票人之手。付款人若拒绝付款，则出具拒绝证书，将票据返还持票人。

3. 付款的效力

到期付款，票据权利人的票据权利实现，票据关系消灭。

期前付款的效力特殊一点。根据票据的文义性特点，持票人不应该在提示付款期限前提示付款，付款人也有权拒绝付款。如果发生期前付款的，法律并不禁止，依然产生票据到期付款的效力。票据法规定，对期前付款，由付款人自行承担所产生的责任。期前付款的付款人须进行实质审查。如果发生向无权持票人付款的情况，付款人即使主观善意也不能免责。

期后付款的效力要分情况。对承兑人来说，只要票据权利时效未过，就负有付款义务，在权利时效期间以内的期后付款效力等同于到期付款。对付款人来说，未承兑的汇票付款人以及本票、支票的付款人期后付款效力相同，即期后付款如果发生在出票人的票据义务因时效届满解除前，应该视为有效的付款，等同于到期付款。如果发生在出票人票据义务解除后，则不产生票据法上的付款效力，视为持票人的不当得利。

第九节　本票

一、本票的概念和特征

本票是由出票人签发的，承诺自己在见票时无条件支付确定金额给收款人或者持票人的票据。

本票具有以下基本特征：

首先，本票是自付票据，基本当事人只有两方。

其次，本票没有承兑制度但有见票制度。见票制度是本票特有的制度，适用于见票后付款的远期本票，用以确定到期日。

最后，我国目前只有见票即付的银行本票。

二、本票的分类

根据出票人身份的不同本票分为银行本票与商业本票，我国只有银行本票。

根据本票上记载的金额是否固定，本票分为定额本票与不定额本票。定额本票的票据金额已经预先印刷在票据上，我国的定额本票有 1 000 元、5 000 元、10 000 元、50 000 元四种面额。不定额本票的票据金额由当事人协商后记载在票据上。

第十节　支票

一、支票的概念和特征

支票是由出票人签发的，委托银行机构在见票时无条件支付一定金额给收款人或者持票人的票据。

支票有一些自身的特点。支票的付款人限于金融机构。在我国只有见票即付的即期支票。支票是支付票据，出票时出票人与付款人之间必须有真实有效的资金关系。支票无承兑和保证制度。在我国只认可支票的空白授权出票，其他两种票据均不能以空白授权的方式出票。我国只认可不记名支票，没有不记名本票和不记名汇票。支票有特殊的划线和保付制度，保付支票是指付款人在支票上为保证付款的记载并签章，对支票负绝对付款责任的支票。付款人为保付行为后，其他支票债务人的票据债务解除，付款人成为支票的唯一债务人。划线支票，也叫平行线支票，由票据行为人在支票正面划平行线两条，将收款人限定为银行机构或者特定的金融机构。我国目前尚未引入划线和保付制度。

二、支票的分类

根据支票的用途不同分为普通支票、转账支票与现金支票。

普通支票就是票面上既没有记载“转账”字样，也没有记载“现金”字样，既可用于转账，也可用于支取现金的支票。转账支票是只能用于转账不能支取现金的支票，票面上印有“转账”字样。现金支票是只能用于支取现金的支票，票面上印有“现金”字样。

案例分析

【案情】

王某（15 周岁）之父开设一批发零售中心。1998 年 7 月 5 日，银河家电城从该批发零售中心购货一批，价值 1 000 元，银河家电城向王某之父签发了一张转账支票，付款人为工行河东办事处，出票人是银河家电城。当月 8 日，王某偷偷将其父之转账支票以及印章盗出，到百货商店购买脚踏车一部，并将该转账支票加盖其父印章后背书转让给百货公司。同年 7 月 10 日，王某之父因找不到支票而以该支票遗失为由，要求付款行停止付款。百货公司于同年 7 月 11 日，到付款人处转账，得知该支票已被挂失止付。在向工行河东办事处请求付款未果的情况下，百货公司于当月 25 日以工行河东办事处、银河家电城以及王某之父为被告提起诉讼。

王某之父辩称自己没有在票据上签章，不应负任何票据责任；而其子王某尚未成年，所为的票据行为无效，要求百货公司返还票据。

问题：根据票据法的规定，无民事行为能力人或限制民事行为能力人所进行的票据行为，是否具有票据法上的效力？此行为对同一票据上的其他票据行为的效力有无影响？

【解析】

(1) 年仅 15 周岁的王某，未经法定代理人同意将其父所有之转账支票偷出并背书转让给百货公司，其该票据行为依法应为无效行为，不能发生票据法上的效力；王某之父没有在票据上真实签章，其签章系王某伪造，故王某之父是被伪造人，按照票据法规定，被伪造人没有在票据上签章，不承担任何票据上的责任。因此，百货公司不能向王某之父行使票据追索权。

(2) 无票据能力人在票据上签章的，其签章无效，但是不影响票据上其他签章的效力；出票人银河家电城在票据上的签章是真实的，持票人可向其行使追索权；而支票的付款人工行河东办事处并没有在票据上签章，不承担票据责任，其根据失票人要求办理的停止支付手续是正确的。

结论：本案的持票人百货公司只能以出票人银河家电城为被告，行使追索权。

第十四章 保险法

保险法是集众人之力以分担风险的一种经济保障制度，是商法学的基本组成部分。本章内容包括保险法概述、保险合同、财产保险、人身保险、保险业及其监督管理五个部分。通过本章教学，要求学生了解保险的概念、特征、类型以及保险法的产生和发展，掌握保险法的基本原则、保险合同。本章重点是财产保险、人身保险、保险业的监管。本章难点是如何理解最大诚信原则、保险利益原则、近因原则。热点集中在如何界定投保人和保险人的诚信义务、保险立法修改。

第一节 保险法概述

一、保险的概念、特征和类型

1. 保险的概念和特征

保险指为保障社会经济生活的安定，运用多数机构和个人的集合力量，根据合理的计算，共同建立基金，对因特定危险事故所造成的财产损失给予补偿或对人身约定事件的出现实行给付的一种经济保障制度。其实质不是保证危险不发生、不遭受损失，而是对危险发生后遭受的损失给予经济补偿，具有减少社会问题、维持社会安定、促进经济繁荣的作用。

保险的特征有二：

第一，保险是一种经济保障制度。从概念可以看出，保险是为保障社会经济生活的安定而运用多数社会成员的集合力量，用于补偿少数社会成员因特定危险事故或因特定人身事件发生而造成的经济损失，是“集众人之力以救助少数人灾难”的经济保障制度，目的在于分散风险、消化损失。

第二，保险是一种双务有偿的合同关系。保险是一种因合同而产生的债权债务关系。这种债权债务关系是基于保险法律规范和保险事实而产生的保险法律关系，其实质是当事人互为约定承担给付义务，即投保人承担给付保险费的义务，保险人承担保险赔偿或给付保险金的责任。

第三，保险是一种具有经济补偿性质的法律制度。在保险法律关系中，保险人承担赔偿或给付保险金的责任与一般民事法律关系中的损害赔偿责任是不同的：一般民事赔偿责任是由当事人的违约行为或侵权行为所导致的法律后果，除了具有补偿性之外，对当事人的违约行为或侵权行为还具有一定程度的惩罚性质；保险法律关系中投保人所遭受的损失并非由保险人的行为所致，而是由不可抗力等危险事故造成的，所以保险人承担的保险赔偿责任和给付责任，是基于保险合同设定的一种义务，具有对损失进行经济补偿的性质。

2. 保险的分类

保险按照不同的划分标准可作多种分类：

(1) 按照保险设立是否以营利为目的可将保险分为社会保险和商业保险。社会保险是指国家基于社会保障政策的需要，不以营利为目的而举办的一种福利保险。社会保险属法定保险，一般由社会保障立法予以规范，其费用主要来源于国家财政资金或企事业单位资金和经费。商业保险是指社会保险以外的普通保险，它以营利为目的，其资金主要来源于投保人交纳的保险费，一般受保险法规范。我国保险法规定的保险即以商业保险为限。

(2) 按照保险标的性质可将保险分为财产保险和人身保险，这是我国保险法规定的基本险别。财产保险是以物质财产或财产性利益为保险标的，以实物的毁损和利益的灭失为保险事故的各种保险。它主要包括普通财产保险、农业保险、保证保险、责任保险和信用保险等。人身保险是以人的生命或健康为保险标的，以人的意外事故作为保险事故的保险。人身保险细分为人身意外伤害保险、健康保险和人寿保险等。

(3) 按照保险责任发生的效力依据可将保险分为自愿保险和强制保险。自愿保险是投保人与保险人双方平等协商、自愿签订保险合同而产生的一种保险。这种保险责任发生的效力依据是保险合同，投保人享有投保或不投保的自由，保险人则可决定是否承保。强制保险，又称法定保险，是指国家法律法规直接规定必须进行的保险。其保险标的多与人民生命健康和国家重大经济利益有关。这种保险关系依据法律规定而产生，具有法定性特点。

(4) 按照保险人是否转移保险责任可将保险分为原保险和再保险。原保险，又称第一次保险，是指保险人在保险责任范围内直接由自己对被保险人负赔偿责任的保险。再保险，又称分保或第二次保险，是指原保险人为减轻或避免所负风险把责任的一部分或全部转移给其他保险人的保险。再保险的目的主要是分散风险、扩大承保能力、稳定经营。

(5) 按照保险人的人数可将保险分为单保险和复保险。单保险是投保人对于同一保险标的、同一保险利益、同一保险事故，与一个保险人订立保险合同的行为。复保险是指投保人对于同一保险标的、同一保险利益、同一保险事故，与数个保险人分别订立数个保险合同的行为。

此外，按照保险是否具有涉外因素可将保险分为国内保险和涉外保险；按照保险标的的价值可将保险分为定值保险和不定值保险。

二、保险法的产生和发展

保险法是调整保险关系的法律规范的总称。保险法有广义和狭义之分。狭义的保险法是指保险法典；广义的保险法除了保险法典外，还包括其他法律法规中有关保险的规定。保险法内容一般包括保险业法、保险合同法和保险特别法。

保险法是当代商法的重要内容之一，源远流长。公元前2500年的《汉谟拉比法典》关于“海上冒险借贷制度”的规定，是最早的保险法萌芽；公元前罗马法对“共同海损”作的规定是早期有关海上保险的规范。

现代意义上的保险法形成于14世纪以后的海上保险法。1601年英国女王颁布了《英国海上保险法》，使英国成了当时海上保险和保险法律的中心。当今世界，各国均制定了较为完善的保险法。目前，世界上存在以德国保险法为代表的德国保险法系、以法国保险法为代表的法国保险法系、以英美等国保险法为代表的英美保险法系。

中国的保险是舶来品。1805年英国人在广州设立的“广州保险会社”是中国最早出现的保险公司；1865年成立的上海“义和保险行”是最早由中国人自己开办的保险公司；1885年中国轮船招商局在上海创办的“仁济和保险公司”是最具实力的民族资本保险公司。与保险公司的出现相适应，清朝末期和北洋政府时期亦曾起草过保险法但未公布实行；国民党政府时期制定有较完备的保险法，如1929年公布的《保险法》、1935年公布的《保险业法》、1935年公布的《简易人寿保险法》等。

1949年10月20日新中国设立了保险业的管理机关——中国人民保险公司。建国初期登记复业的华商保险公司有63家、外商保险公司41家，为此中央政府颁发了一系列保险行政法规以规范各种保险业务。1958年以后，受“左倾”思想影响，保险业陷入停顿状态。1980年中国人民保险公司恢复办理国内保险业务、大力开展涉外保险，中国的保险事业才得以复苏和发展。尤其是1993年以来保险业进行大改革：中国人民保险公司完成了财产险、人寿险和再保险业务的分离工作，改组设立了中国人民保险（集团）公司（含中保财产保险公司、中保人寿保险公司和中保再保险公司三家子公司），其他保险公司亦大量出现。与保险业的恢复、发展相适应，保险立法也得到了快速发展，如1981年的《中华人民共和国经济合同法》将保险合同作为10种经济合同中的一种加以规定；1983年国务院颁布的《财产保险合同条例》对《经济合同法》中关于保险合同的规定进一步具体化；1985年国务院颁布的《保险企业管理暂行条例》对保险企业的设立、保险公司的权利和义务、偿付能力、保险基金及再保险业务等作了规定；1992年公布的《中华人民共和国海商法》对海上保险这一特定保险作了特别规定。

为适应新时期保险事业发展的需要，1995年6月30日第八届全国人大常委会第十四次会议通过了我国第一部完备的保险基本法——《中华人民共和国保险法》，自1995年10月1日起施行。

基于保险业的发展和加入WTO的要求，2002年第九届全国人大常委会第三十次会议通过了《全国人民代表大会常务委员会关于修改〈中华人民共和国保险法〉的决定》，对保险法作了第一次大的修改，修改了共计38个法条。时隔一年，我国保险法的第二次修改工作又正式启动。2004 年 11 月 18 日保监会在其网站发布相关公告，向各保险机构、专家学者及社会各界广泛征求意见和建议，保监会将在收集整理反馈意见和建议的基础上，确立修改重点。目前相关立法修改工作尚在进行之中。

三、保险法的基本原则

保险法的基本原则是指集中体现保险法本质和精神的原则。它既是保险立法的依据，又是保险活动中必须遵循的准则，对保险立法和司法都有指导意义。保险法的基本原则有：保险与防灾相结合原则；最大诚信原则；保险利益原则；补偿原则；近因原则；合法、自愿、公平竞争等民事活动基本原则。在此主要讨论保险法特有的基本原则：

1. 保险与防灾相结合原则

保险从根本上说是一种危险管理制度，目的是通过危险管理来防止和减少危险事故，把危险事故造成的损失缩小到最低程度，由此产生此原则。这一原则要求：

第一，保险与防灾相结合。适用于保险事故发生前的事先防范，要求保险方对承保的危险责任进行管理，具体内容包括：①调查分析承保的保险标的大的危险情况，据此向投保人提出合理化建议，促使投保人采取防范措施，并进行检查监督；②向投保人提供必要的技术指导和支援，共同完善防范措施和设备；③与社会各方互相配合采取各种措施防止和减少危险事故的发生；④必要时，经被保险人同意，由保险方采取安全预防措施；⑤对不同的投保方采取差别费率制，以促使投保方加强对危险事故的管理。同时这一原则要求投保方遵守国家有关消防、安全生产操作、劳动保护等方面的规定，履行善意所有人、管理人应尽的义务，并履行危险增加通知义务，即当保险标的出现保险合同约定以外的危险情况时，投保方要及时通知保险方。

第二，保险与减损相结合。适用于保险事故发生后的事后减损，据此原则，如发生保险事故，投保方应尽最大努力积极抢救，避免事故蔓延、损失扩大；而保险方则通过承担施救及其他合理费用，承担投保方因施救产生的损失。

2. 最大诚信原则

诚即诚实，指当事人的一方对另一方不得隐瞒、欺骗；信即信用，指任何一方当事人都应当善意地、全面地履行自己的义务。诚实信用的原则是民法的基本原则，适用于一切民事活动。保险合同行为属于一种民事法律行为，合同双方当事人当然要受诚信原则的强行规范。由于保险是一种特殊的民事活动，它对当事人所具有的诚信程度的要求比其他民事活动更为严格，要求其达到最大诚信，这就是保险的最大诚信原则。

保险合同必须建立在双方最大诚信的基础上，任何一方如有违反，另一方有权提出合同无效。从理论上讲，最大诚信原则对保险合同的双方当事人都有约束，但在实践中，最大诚信原则更多地体现为对投保人或被保险人的要求（我国的海商法对此有明确的规定）。因为保险标的具有多样性和复杂性，在决定承保之前，保险人不可能做到对标的进行全面彻底的持续了解，即使要做到也需要投保人主动全面地配合。保险人通常是依据投保人告知的情况来决定承保与否及承保条件的，这就要求投保人本着最大诚信原则履行如实告知保证的义务。当然，最大诚信原则，对保险人也有约束，保险人也必须遵守。因为保险合同是一种附合合同，即保险合同的条款往往是由保险人单方面拟定的，保险合同的技术性、复杂性都很强，一般投保人难以充分了解和掌握，这就要求投保人从最大诚信原则出发，履行合同规定的责任和义务。最大诚信原则的主要内容就是告知与保证。

告知指投保人在申请签订保险合同时，必须将有关保险标的危险的重要事实如实告诉保险人，如告知不实，漏报或误报，保险人有权解除合同或拒绝赔偿。

保证指投保人或被保险人对保险人所作的特定担保事项，即保险合同中的保证条款，是被保险人在合同有效期内应遵循义务的一部分。保险人对投保人或被保险人同样负有告知和保证的责任和义务，其主要形式是保险条款的告知，它一般都印在投保单和保险单的背面，保险人还负有及时、合理、准确的赔偿责任。

对于投保人而言，遵循诚实信用原则，主要应承担两项义务：①如实告知保险标的和被保险人的各种情况。其告知范围为足以影响保险人决定是否承保和提高保险费率的重要情况。②向保险方作出承诺，保证在保险期内遵守作为或者不作为的某些规则或担保某一事项的真实性。

对于保险人而言，遵循诚实信用原则，主要也应承担两项义务：①履行说明义务。订立保险合同时，保险人应向投保人说明保险合同的条款内容，特别是有关责任免除的条款，应当明确说明，未明确说明的，免责条款不发生效力。②保险人应有足够的能力履行约定的支付保险金的义务。保险人的诚信义务还体现为“弃权和禁止抗辩”，如果在合同中放弃了某项权利，将来就不得反悔而向对方再申请这项权利。这主要适用于保险人和保险代理人。如保险人或保险代理人明知不能承保或者因收取高额保险费而冒险签发保险单，就属于弃权行为。发生保险事故后，保险人不得以此为由拒绝赔偿或给付。

3. 保险利益原则

保险利益原则是指投保人对保险标的具有法律上承认的经济利益，投保人投保时必须对保险标的具有保险利益。保险利益在财产保险和人身保险中有不同的表现形式：

财产保险的保险利益。财产保险的保险标的是财产及相关利益，其保险利益是指投保人对保险标的的经济利益，应具备三个条件：①必须是法律承认的合法利益；②必须是具有经济价值的利益；③必须是能够确定的利益。

人身保险的保险利益。人身保险的保险标的是人的寿命和身体，其保险利益是指投保人对被保险人的寿命和身体所具有的利害关系。这种利害关系往往由保险法规定，主要包括本人、配偶、子女、父母；与投保人具有赡养和抚养关系的家庭其他成员和近亲属；同意投保人为其投保的被保险的人。此外，劳动关系、合伙关系、债权债务关系的当事人之间，也可能产生保险利益。

4. 补偿原则

保险标的发生保险事故时，保险人赔偿被保险人的损失以被保险人在经济上恢复到受损前的同等状态为限，被保险人不能获得额外收益。

补偿原则主要体现在以下几个方面：①被保险人只有在保险合同的约定期限内，遭受约定的保险事故所造成的损害时，才能得到赔付；②赔付依据是被保险财产的实际损失或被保险人的实际损害，按照赔付和损失等量的原则进行；③按照权利义务对等原则发生保险事故时，投保方有施救义务，而保险方承担施救及其他合理费用，数额以保险金额为限；④索赔要求提出后，保险人应及时、准确地核定损失额，与索赔人达成赔付协议，履行赔偿或者给付义务。

5. 近因原则

近因原则是保险当事人处理保险案件或法庭审理有关保险赔偿的诉讼案，在调查事件发生的起因和确定事件责任的归属时所遵循的原则。

按照近因原则，当保险人承保的风险事故是引起保险标的损失的近因时，保险人应负赔偿（给付）责任，也就是说，保险的赔偿限于以保险危险的发生为原因、造成保险标的损失为结果，只有在两者之间具有直接的因果关系时，才能构成保险人对于损失赔偿的责任。

所谓近因，是指造成损失的直接的有效的原因，并不是指时间上最近的原因。目前对"近因"比较一致的解释是：近因不是指最初的原因也不是最终的原因，而是一种能动而有效的原因，既指原因和结果之间有直接的联系，又指原因十分强大而有力，以致在一连串事件中，人们从各个阶段上可以逻辑地预见下一事件，直到发生意料中的结果。如果有多种原因同时起作用，近因是其中导致结果的起决定作用的或强有力的原因。

第二节 保险合同

一、保险合同概述

1. 保险合同的概念及特征

保险合同是投保人与保险人约定保险权利义务关系的协议。投保人是指与保险人订立保险合同，并按照保险合同负有支付保险费义务的人。保险人是指与投保人订立保险合同，并承担赔偿或者给付保险金责任的保险公司。

保险合同的特征有以下五点：

（1）保险合同是双务有偿合同。保险人在合同约定的保险事故发生时或者在保险期限届满时，向投保人（或被保险人、受益人）支付赔偿金或保险金；投保人按约定向保险人交纳保险费，并以此为代价将一定范围内的危险转移给保险人。

（2）保险合同为非要式合同。《保险法》第 13 条规定："投保人提出保险要求，经保险人同意承保，并就合同的条款达成协议，保险合同成立。保险人应当及时向投保人签发保险单或者其他保险凭证，并在保险单或者其他保险凭证中载明当事人双方约定的合同内容。经投保人和保险人协商同意，也可以采取前款规定以外的其他书面协议形式订立保险合同。"可见，保险合同的书面形式不限于保险单形式，也可以采用其他保险凭证或书面协议形式。英国、美国、德国、日本都将其认定为非要式合同。将保险合同视为非要式合同有利于保护被保险人。

(3) 保险合同是格式合同。在现代保险业务中，保险单及保险条款一般由保险人备制和提供，投保人在投保时，通常只能决定是否接受保险人制定的保险条款，一般没有拟定或磋商保险条款的自由。

(4) 保险合同是射幸合同。在保险合同中，投保人交付保险费的义务是确定的，但保险人是否承担保险赔偿责任则是不确定的，是机会性的。只有当特定的不确定的危险发生时或者在合同约定的给付保险金的其他条件具备时，保险人才承担给付保险金的义务。危险发生的偶然性决定了保险合同的射幸性质。

(5) 保险合同是补偿合同。保险并不能保证危险的不发生，也不能恢复已受损失的保险标的。只是通过货币给付来补偿投保人或被保险人的经济利益，弥补其遭受的损失。

2. 保险合同当事人、关系人与辅助人

(1) 保险合同当事人。保险合同当事人指订立保险合同的双方，包括投保人和保险人。投保人，指与保险人订立保险合同，并按照保险合同负有支付保险费义务的人。投保人应具备两个要件：一是具备民事权利能力和民事行为能力；二是对保险标的须具有保险利益。保险人，指与投保人订立保险合同，并承担赔偿或者给付保险金义务的保险公司。

(2) 保险合同的关系人。保险合同的关系人包括被保险人和受益人。被保险人是指其财产或者人身受保险合同保障、享有保险金请求权的人，投保人可以是被保险人。受益人是指人身保险合同中由被保险人或者投保人指定的享有保险金请求权的人，投保人、被保险人可以是受益人。

(3) 保险合同的辅助人。保险合同的辅助人包括保险代理人、保险经纪人和保险公估人。

3. 保险利益

保险利益，又称可保利益，是指投保人对保险标的拥有的法律上承认的利益。它反映了保险标的对投保人或被保险人的利害关系：投保人或被保险人因保险事故的发生，致保险标的不安全而受损；因保险事故的不发生，致保险标的的安全而受益，此种损益关系，就是保险利益。

《保险法》第 12 条规定："投保人对保险标的应当具有保险利益。投保人对保险标的不具有保险利益的，保险合同无效。"可见，对保险标的有无保险利益是投保人能否投保和保险合同是否有效的评定标准。

在财产保险合同中，凡是因财产发生危险事故而可能遭受损失的人，均为对该项财产具有一定的保险利益的人，包括财产所有人、经营管理人或对某项财产有直接利害关系的人。财产保险合同保险利益有财产上的现有利益、由现有利益而产生的期待利益和责任利益三种。

在人身保险合同中，凡一方的继续生存对他方具有现实的或预期的经济利益，即认为具有保险利益。《保险法》第 53 条规定，投保人对下列人员具有保险利益：①本人；②配偶、子女、父母；③前项以外与投保人有抚养、赡养或者扶养关系的家庭其他成员、近亲属。除前款规定外，被保险人同意投保人为其订立合同的，视为投保人对被保险人具有保险利益。

二、保险合同的订立

1. 保险合同订立的程序

订立保险合同的程序主要为投保和承保两个阶段。

投保，指投保人提出保险请求的行为即保险要约。承保，指保险人同意接受投保人投保请求的行为即保险承诺。实践中保险合同的订立一般须经以下步骤：

(1) 投保人提出申请，索取并填写投保单。

(2) 投保人与保险人商定支付保险费的方法。

(3) 承保。保险人审查投保单，向投保人询问、了解保险标的的各种情况或被保险人的身体状况，决定接受投保后即在投保单上签章。

(4) 出具保险单，其形式可以是保险单、暂保单，还可以另出保险凭证。

2. 保险合同的形式

保险法规定保险合同应采用书面形式。具体形式包括：

(1) 保险单，简称“保单”，指投保人与保险人订立保险合同的正式书面凭证，由保险人或其代理人制作并签发给投保人，一般印有保险条款。当保险标的遭受损失时，保险单就成为被保险人向保险人索赔的主要凭证，同时也是保险人向被保险人理赔的主要依据。

保险单是订立保险合同的书面形式，但并非保险合同本身，而是保险合同成立的正式凭证。《保险法》第13条规定：“投保人提出保险要求，经保险人同意承保，并就合同的条款达成协议，保险合同成立。”据此，如在正式保险单签发之前发生保险事故，保险合同仍具有法律效力，保险人应按合同约定负赔偿责任；除非当事人事先约定以正式签发保险单为合同成立条件，保险人才能免除赔偿义务。

(2) 暂保单，又称“临时保单”，指保险人或其代理人在同意承保风险而又不能立即出具保险单时，向投保人签发的临时保险凭证。暂保单不同于保险单，但在有效期限内在保险单作成并交付之前，具有与保险单相同的效力。签发暂保单不是订立保险合同的必经程序，但在以下情况下可使用暂保单：一是保险代理人争取到保险业务，但尚未向保险人办妥保险单之前；二是保险公司的分支机构接受投保须经上级公司或总公司的审批，而未获批准前；三是保险人和投保人就标准保险单的条款达成一致，但就标准保单记载以外的个别事项尚未达成一致，而保险人原则上同意承保时；四是保险人与投保人在不能确定保险条件是否符合承保标准前。

(3) 保险凭证，又称“小保单”，是对内容和格式进行了简化的保险单，不列明具体的保险条款，只记载投保人和保险人约定的主要内容。保险凭证上记载的内容虽非保险合同的全部内容，但与保险单具有同等的法律效力。对于保险凭证未列明的内容，以相应的保险单记载为准，当保险凭证记载的内容与相应的保险单列明的内容发生抵触时，以保险凭证的记载为准。保险人向投保人出具保险凭证的，不再签发保险单。

(4) 投保单，指保险人预先制作以供投保人提出保险要约时使用的格式文书，内容包括：投保人姓名（名称）、地址；投保人的职业或经营性质；保险标的及其坐落位置；

保险标的的实际价值或保险价值的确定方法；保险金额或保险责任限额；保险期间；投保人签章；投保日期。

投保单本身既非保险合同也非保险合同的正式组成部分。但投保单经投保人如实填写并由保险人签章承保后，就成为保险合同的组成部分之一，补充保险单的遗漏。

(5) 其他书面形式，指以上述四种方式以外的书面形式订立的保险合同，如投保人和保险人约定特殊事项的保险，并经过公证的保险合同。

3. 保险合同的内容

根据《保险法》第 19 条的规定，保险合同应当包括下列事项：

(1) 保险人名称和住所。

(2) 投保人、被保险人名称和住所，以及人身保险的受益人的名称和住所。

(3) 保险标的。保险标的必须明确记载于合同，据以判断投保人对其有无保险利益，并确定保险人的保险责任范围。

(4) 保险责任和责任免除。保险合同应当明确保险责任和责任免除。保险合同规定有关于保险人责任免除条款的，保险人在订立保险合同时应当向投保人明确说明，未明确说明的，该条款不产生效力。

(5) 保险期间和保险责任开始时间。只有在保险期间发生保险事故或出现保险事件，保险人才承担赔偿或给付责任。保险责任开始时间即保险人开始履行保险责任的时间。

(6) 保险价值，指保险标的的价值。保险价值是确定保险金额的依据：保险金额不得超过保险价值，超过保险价值的，超过部分无效；保险金额低于保险价值的，除合同另有约定外，保险人按照保险金额与保险价值的比例承担赔偿责任。

(7) 保险金额，指保险合同当事人约定，并在保险单中载明的保险人应当赔偿的货币额。保险金额是保险人在保险事故发生时应当承担的损失补偿或给付的最高限额，也是计算保险费的标准。

(8) 保险费以及支付办法。保险费是建立保险基金的源泉。保险费的多少，取决于保险金额的大小、保险费率的高低和保险期限的长短。保险合同应该约定保险费的支付办法。

(9) 保险金赔偿或者给付办法，一般以金钱给付为原则。

(10) 违约责任和争议处理。

(11) 订立合同的日期。

投保人和保险人可以在法律规定的保险合同事项之外，就与保险有关的其他事项作出约定。

4. 告知义务

《保险法》第 17 条规定，订立保险合同，保险人应当向投保人说明保险合同的条款内容，并可以就保险标的或者被保险人的有关情况提出询问，投保人应当如实告知。

投保人故意隐瞒事实，不履行如实告知义务的，或者因过失未履行如实告知义务，足以影响保险人决定是否同意承保或者提高保险费率的，保险人有权解除保险合同。投保人故意不履行如实告知义务的，保险人对于保险合同解除前发生的保险事故，不承担赔偿或者给付保险金的责任，并不退还保险费。

投保人因过失未履行如实告知义务，对保险事故的发生有严重影响的，保险人对于保险合同解除前发生的保险事故，不承担赔偿或者给付保险金的责任，但可以退还保险费。

保险事故是指保险合同约定的保险责任范围内的事故。

三、保险合同的履行

保险合同的履行，指合同主体依据生效合同约定全面、适当完成各自义务的行为。从内容上看，履行包括投保人、被保险人和保险人的合同义务的履行；从赔偿角度看，履行包括索赔、理赔、代位求偿三个环节。

（一）投保人、被保险人和保险人的义务

投保人、被保险人的义务主要有：投保人应按照约定交付保险费，这是投保人最基本的义务；投保人、被保险人应履行出险通知、预防危险、索赔举证的义务；被保险人应履行危险增加通知、施救的义务。

保险人的义务主要有：在保险事故发生后或保险合同规定的事项发生后对损失依据合同给予赔偿或向受益人支付约定的保险金；保险人或者再保险接受人对在办理保险业务中知道的投保人、被保险人、受益人或者再保险分出人的业务和财产情况及个人隐私，负有保密的义务。

（二）索赔、理赔与代位求偿

1. 索赔与理赔

索赔，指被保险人或受益人在保险事故发生后或保险合同中约定的事项出现后，按照保险合同约定，在法定期限内向保险人请求赔偿损失的行为。理赔，指保险人在被保险人或受益人提出索赔后，根据保险合同的规定，对保险财产的损失或人身伤害进行调查并处理有关保险赔偿责任的活动。

我国保险法就索赔与理赔的程序作了如下规定：

(1) 出险通知。投保人、被保险人或者受益人知道保险事故发生后，应当及时通知保险人。

(2) 提供索赔单证。保险事故发生后，依照保险合同请求保险人赔偿或者给付保险金时，投保人、被保险人或者受益人应当向保险人提供其所能提供的与确认保险事故的性质、原因、损失程度等有关的证明和资料。保险人依照保险合同的约定，认为有关的证明和资料不完整的，应当通知投保人、被保险人或者受益人补充提供有关的证明和资料。

(3) 核定赔偿。保险人收到被保险人或者受益人的赔偿或者给付保险金的请求和有关资料后，应当及时核定。

对属于保险责任的，在与被保险人或者受益人达成有关赔偿或者给付保险金额的协议后 10 日内，履行赔偿或者给付保险金义务。保险合同对保险金额及赔偿或者给付期

限有约定的，保险人应当依照保险合同的约定，履行赔偿或者给付保险金义务。保险人未及时履行赔偿或者给付保险金义务的，除支付保险金外，应当赔偿被保险人或者受益人因此受到的损失。

对不属于保险责任的，应当向被保险人或者受益人发出拒绝赔偿或者拒绝给付保险金通知书。

保险人自收到索赔要求及索赔单证之日起 60 日内，对其赔偿或者给付保险金的数额不能确定的，应当根据已有证明和资料可以确定的最低数额先予支付；保险人员最终确定赔偿或者给付保险金的数额后，应当支付相应的差额。

对于保险合同的条款，保险人与投保人、被保险人或者受益人有争议而进入法律程序的，人民法院或者仲裁机关应当作有利于被保险人和受益人的解释。

索赔时效：人寿保险的索赔时效为自知道保险事故发生之日起 5 年内；其他保险的索赔时效为自知道保险事故发生之日起 2 年内。

2. 代位求偿权

《保险法》第 45 条第 1 款规定：“因第三者对保险标的的损害而造成保险事故的，保险人自向被保险人赔偿保险金之日起，在赔偿金额范围内代位行使被保险人对第三者请求赔偿的权利。”代位求偿权存在于财产保险中，人身保险中不存在代位求偿权。

代位求偿权是指在财产保险业务中保险人赔偿了被保险人的损失，而保险事故的责任者是第三者，那么被保险人在向保险人索赔后应将保险标的有关权益转让给保险人，且有义务协助保险人向第三者追偿。该权利是民法中代位原则在保险法中的体现，其依据是保险损失补偿原则。

代位首先是权利的代位，即对第三者的权利由被保险人向保险人转移。换言之，如保险事故是由第三者行为造成的，则被保险人可以向第三者请求赔偿，也可以向保险人请求补偿；如果被保险人选择了后者，那么保险人在履行了保险赔偿责任之后，便从被保险人那里取得了以赔偿金额为限的向第三者请求赔偿的权利。

行使代位求偿权时应该注意三点：一是在保险赔偿时应要求被保险人签发权益转让书；二是保险人行使代位追偿权时一般以保险人自己的名义进行；三是代位追偿权以实际支付的保险赔偿金额为限。

其次是物上的代位，即保险标的所有权向保险人转移。物上代位通常发生于全损或推定全损的保险事故的处理，即保险人对于保险标的所发生的损失，在赔付了全部保险金额后，即可获得保险标的的所有权。物上的代位有两种情况。一是委付，在推定全损时被保险人在向保险人请求全部损失赔偿的同时，应将保险标的委付给保险人；保险人在履行赔偿责任时可以接受委付也可不接受委付，如接受委付便取得了物上代位权，被保险人这时不能再撤回委付书。二是实际全损，保险人按实际损失对被保险人进行足额赔偿之后，对保险标的享有所有权。

四、保险合同的转让、变更和解除

保险合同存续期间，其主体、内容、效力会发生以下变化：

1. 保险合同的转让

保险合同的转让指合同主体的变更，即保险合同当事人和关系人的变更，一般是投保人或被保险人的变更，而不是保险人的变更。主体的变更通常是由于保险标的所有权的转让而引起的，如汽车转让而致汽车保险合同转让。

2. 保险合同变更

《保险法》第 21 条规定，在保险合同有效期内，投保人和保险人经协商同意，可以变更保险合同的有关内容。保险合同的变更主要包括：

内容的变更：指在主体不变的情况下，保险标的的数量、品种、价值或存放地点发生变化，或货物运输合同中的航程变化、船期变化以及保险期限、保险金额的变更等。

效力的变更：指保险合同全部或者部分无效，或失效后又复效。

转让、变更保险合同的，应当由保险人在原保险单或者其他保险凭证上批注或者附贴批单，或者由投保人和保险人订立转让、变更的书面协议。

再保险不属于保险合同变更。保险法规定，保险人将其承担的保险业务以分保形式部分转移给其他保险人的，为再保险；应再保险接受人的要求，再保险分出人应当将其自负责任及原保险的有关情况告知再保险接受人；再保险接受人不得向原保险的投保人要求支付保险费。原保险的被保险人或者受益人，不得向再保险接受人提出赔偿或者给付保险金的请求；再保险分出人不得以再保险接受人未履行再保险责任为由，拒绝履行或者迟延履行其原保险责任。

3. 保险合同的解除

保险合同的解除是指在保险合同关系有效期内，当事人依据法律规定或合同约定，提前消灭保险合同的权利义务的行为。一般由有解除权的一方向他方为意思表示，使已经成立的保险合同失效。

保险合同的解除权一般由投保人行使，因为保险合同从根本上说是为分担投保人的损失而设，故赋予投保人以保险合同解除权可以更有效地维护其利益。《保险法》第 15 条规定："除本法另有规定或者保险合同另有约定外，保险合同成立后，投保人可以解除保险合同。"第 16 条则严格限制了保险人的合同解除权，除保险法另有规定或者保险合同另有约定外，保险合同成立后，保险人不得解除保险合同。

第三节　财产保险

一、财产保险的分类

财产保险是以财产及其有关利益为保险标的的保险，主要分为财产损失险、责任保险和信用保险三大类险种。

1. 财产损失险

财产损失险分为家庭财产保险、企业财产保险、机动车辆保险、建筑工程保险、安装工程保险、货物运输保险等。

(1) 家庭财产保险，简称家财险，指以公民个人家庭生活资料作为保险标的的保险。家财保险可分为普通家财险和长效还本家财险两种。有些地区还辟有城镇居民安全用电保险、家用电器超电压责任特约险、家庭财产附加柴草火灾险等险种。

(2) 企业财产保险，指以企业财产作为保险标的的保险。投保企业应根据保险合同向保险人支付相应的保险费；保险人则对于保险合同中约定的保险事故发生而造成被保险人的损失，承担赔偿责任。

(3) 建筑工程保险，指以建筑和安装工程项目为主要保险标的的保险，承保工程期间一切意外的物质损失和对第三者应负的人身伤害与财产损失。工程保险均按一切险承保。它包括建筑工程一切险和安装工程一切险。其具体保险标的为：①工程项目的主体(各种建筑物或被安装的机器设备)；②工程用的机械设备；③第三者责任，指在保险合同中，遭受到人身伤亡和财产损失的受害方，或造成被保险人人身伤亡、财产损失的肇事方。第三者在财产保险合同中是一个重要的方面，直接关系到保险理赔的处理。此外，还有一些附带项目，如工地上原有的建筑、其他财产、临时工程设施及场地清理费用等。

(4) 机动车辆保险，指以机动车辆为保险标的的保险，包括汽车、电车、电瓶车、摩托车、拖拉机、各种专用机械车、特种车。机动车辆保险分为车辆损失险和第三者责任险，以及它们的附加险。

(5) 货物运输保险，简称货运险，是针对流通中的商品而提供的一种保险保障。开办这种保险，是为了使运输中的货物在水路、铁路、公路和联合运输过程中，因遭受保险责任范围内的自然灾害或意外事故所造成的损失能够得到经济补偿，并加强货物运输的安全防损工作，以利于商品的生产和商品的流通。

依据法律规定，凡在我国境内水域，依照我国的法律法规和主管部门的规章进行合法登记注册，从事合法营运或作业航行的船舶，包括海船、河船和其他可视为船舶的水上移动或浮动的装置，都可以投保国内沿海内河船舶保险，简称国内船舶险，适用《沿海内河船舶保险条款》。船舶险所指的船舶包括船体和依据有关规定应该配备的机器、设备、仪器和索具。船舶险包括沿海内河船舶保险和它的附加险；船主对旅客责任保险；船东对船员责任保险；1/4 碰撞、触碰责任险；螺旋桨、舵、锚、锚链及子船单独损失保险；3/4 碰撞、触碰责任险；共同海损、施救及救助保险等。

船上燃料、物料、给养、淡水等财产和渔船不属于船舶险的范围；用于军事目的的船舶和渔业船舶不适用《沿海内河船舶保险条款》。

2. 责任保险

责任保险是指承保致害人（被保险人）对受害人（第三者）依法应承担的损害赔偿责任，即当被保险人依照法律需要对第三者负损害赔偿责任时，由保险人代其赔偿责任损失的一类保险。在生活中比较常见的是机动车辆保险中的第三者责任险、产品上标明的产品责任险。

责任保险主要分为：公众责任保险、产品责任保险、雇主责任保险、职业责任保险等。

3. 信用保险

信用保险从广义上说，是保险公司经营的担保业务。它们的保险标的都是被保证人的信用风险，当被保证人的作为或不作为致使权利人遭受经济损失时，保险人负经济赔偿责任。

信用保险主要分为合同保证保险、忠实保证保险、产品保证保险、出口信用保险、商业信用保证保险等。

二、财产保险合同

财产保险合同和人身保险合同是保险法规定的主要险别的合同。财产保险合同是以财产及其有关利益为保险标的的保险合同。保险法专门规定了财产保险合同的基本内容：

1. 投保人的权利义务

投保人享有合同解除权，即保险标的发生部分损失的，在保险人赔偿后 30 日内，投保人有权终止合同。

投保人的义务有：

(1) 因解除合同支付手续费。保险责任开始前，投保人要求解除合同的，应向保险人支付手续费。

(2) 重复保险的通知。重复保险的投保人应将重复保险的有关情况通知各保险人。

2. 被保险人的义务

(1) 守法防险。被保险人应遵守国家有关消防、安全、生产操作、劳动保护等方面的规定，维护保险标的的安全。

(2) 危险增加通知。

(3) 紧急施救。

(4) 配合保险人代位求偿。

3. 保险人的权利义务

(1) 对保险标的的检查、建议权。

(2) 投保人、被保险人违约时的增加保险费或合同解除权。

(3) 经被保险人同意采取安全预防措施权。

(4) 危险增加而增加保险费或合同解除权。

(5) 代位赔偿请求权。

(6) 除合同有相反约定外，保险标的部分损失时，保险人有权终止合同。保险人终止合同的，应提前 15 日通知投保人并退还相应的保险费。

第四节 人身保险

一、人身保险的概念和特点

（一）人身保险的概念

人身保险是指以人的生命和身体为保险标的，当被保险人发生死亡、伤残、疾病、等事故或保险期满时给付保险金的保险。人身保险的保险标的为人的生命或者身体。

当人的生命作为保险标的时，保险标的以生存和死亡两种状态存在。在定期保险中，如果被保险人在保险期间内死亡，根据保险合同有关条款，保险人给付保险金；在生存保险中，如果被保险人生存至某一约定时点，则保险人给付保险金。

当人的身体作为保险标的时，它是以人的健康和生理能力、劳动能力等状态存在。在健康保险中，如果被保险人的身体遭受疾病或意外伤害而导致损失，根据保险合同，保险人给付保险金。

人身保险的保险责任包括生、老、病、死、伤、残等各个方面。这些保险责任不仅包括人们在日常生活中可能遭受的意外伤害、疾病、衰老、死亡等各种不幸事故，而且包括与保险人约定的生存期满等事件。

人身保险的给付条件是，当被保险人遭受保险合同范围内的保险事件，并由此导致死亡、伤残、疾病、丧失工作能力或保险期满、年老退休时，保险人根据保险合同的有关条款，向被保险人或受益人给付保险金。

（二）人身保险的特点

1. 保险金额的确定

人身保险的保险标的是人的生命和身体，而人的生命或身体不是商品，不能用货币衡量其实际价值大小，因此保险金额确定不能用财产保险方法衡量，主要有“生命价值确定”方法和“人身保险设计”方法。一般情况下，保险金额由投保人和保险人共同约定，其确定取决于投保人的设计需要和交费能力。

2. 保险金的给付

人身保险属于定额给付性保险（个别险种除外，如医疗保险可以是补偿性保险），保险事故发生时，被保险人既可以有经济上的损失，也可以没有经济上的损失，即使有经济上的损失，也不一定能用货币来衡量。因此，人身保险不适用补偿原则，也不存在财产保险中比例分摊和代位求偿原则的问题。被保险人可同时持有若干份相同的有效保单，保险事故发生后，即可从若干保单同时获得保险金。如果保险事故是由第三方造成，并依法应由第三方承担赔偿责任，那么被保险人可以同时获得保险人支付的保险金和第三方支付的赔偿金，保险人不能向第三方代位求偿。

3. 保险利益的确定

人身保险的保险利益不同于财产保险，主要表现在：

(1) 在财产保险中，保险利益具有量的规定性；而在人身保险中，人的生命或身体是无价的，保险利益也不能用货币估算。因此，人身保险没有金额上的限制。

(2) 在财产保险中，保险利益不仅是订立合同的前提条件，而且是维持合同效力、保险人支付赔款的条件；而在人身保险中，保险利益只是订立合同的前提条件，并不是维持合同效力、保险人给付保险金的条件。

4. 具有长期性

财产保险如火险等保险期限大多为1年，而人身保险大都为长期性保单，长则十几年、几十年或人的一生。

5. 具有储蓄性

财产保险的保险期间一般较短，根据大数法则，在保期间内（有些情况例外，如保险期间内无法确定损失程度等），保险人向同一保单的所有投保人收取的纯保费等于保险人的赔付总额。因此，保险人无法将纯保费用于长期投资，财产保险不具有储蓄性。人身保险，尤其是人寿保险，具有明显的储蓄性。一般而言，人寿保险期间较长，采取了不同于自然保费的均衡保费的交费方法，这使得在投保后的一定时期内，投保人交付的纯保费大于自然纯保费，对于投保人早期交付的纯保费大于自然纯保费的部分，保险人可以充分利用，并且取得投资收益。被保险人或投保人在保单生效的一定时间后，就可以对其保单享有一定的储蓄利益，如保单贷款、领取退保金或其他选择。

具有储蓄性但又与银行储蓄不同，如储蓄人可以是任何单位或个人，而投保人必须符合保险人的承保条件，经过核保可能会有一些人被拒保或有条件地承保；人寿保险集合众多单位和个人面临的同质风险分摊少数单位和个人发生的损失，需要复杂的精算技术，而储蓄则是使用本金加利息的公式，无须特殊的计算技术；人寿保险在合同约定期间无论何时发生保险事故受益人均可以得到约定的保险金，而储蓄只有累积了一定的期间才能得到预期的利益即储存的本金及利息；人寿保险的主要目的是应付风险事故造成的经济损失和给付保险金，而储蓄的主要目的是为了获得利息收入。

二、人身保险的类型

人身保险主要有以下类型：

(1) 健康保险，也叫疾病保险，指以非意外伤害而由被保险人本身疾病导致的伤残、死亡为保险条件的保险。

(2) 人寿保险，简称寿险，是一种以人的生死为保险对象的保险，是被保险人在保险责任期内生存或死亡，由保险人根据契约规定给付保险金的一种保险。其中人寿保险的业务包括三类：一是生存保险，以约定的保险期限届满时被保险人仍然生存为保险条件，由保险人给付保险金的保险，如养老年金保险；二是死亡保险，以保险期限内被保险人死亡为保险条件，由保险人给付保险金的保险；三是两全保险，以保险期限内被保险人死亡和保险期满时被保险人仍然生存为共同保险条件，由保险人给付保险金的保险，如简易人身险。

(3) 人身意外伤害保险，指以人的身体遭受意外伤害为保险条件的保险。

三、人身保险合同

人身保险合同是以人的寿命和身体为保险标的的保险合同。保险法专门规定了人身保险合同的基本内容：

1. 投保方的权利和义务

投保方包括投保人、被保险人和受益人，其权利包括：

(1) 投保人有解除保险合同的权利。除非合同中明确约定不得解除，保险合同成立后，投保人可以解除保险合同。

(2) 以死亡给付保险金条件的合同，未经被保险人书面同意认可保险金额，合同无效；父母为其未成年子女投保的人身保险不受此规定的限制。

(3) 依照以死亡为给付保险金条件的保险合同所签发的保险单，未经被保险人书面同意，不得转让或者质押；父母为其未成年子女投保的人身险不受此规定的限制。

(4) 被保险人与投保人都有指定和变更受益人及受益顺序的权利，但投保人这一权利行使须经被保险人同意。无民事行为能力的人作为被保险人时，应由其监护人指定受益人。

(5) 合法和生存的受益人享有受益权。

投保方的义务包括：

(1) 告知的义务。投保人需按最大诚信原则履行如实告知的义务，否则将严重地影响合同的合法性。如出现虚假告知情况，严重的将使合同失去法律效力，最终使投保人的经济利益遭受损失。告知的内容一般在投保单上均已详细列明，特别要注意的是，保险只能保有可能发生的风险，对已发生的或肯定将要发生的风险是不能投保的。凡是已处于危险状态，或已发生保险事故的标的，或者是不具有保险利益的标的，是不能投保的。如已患绝症或重病的人员，不能隐瞒真相去投保，否则，情节严重的将受法律的惩罚。

(2) 交纳保险费的义务。按约定交纳保险费，既是投保人应尽的基本义务，也是保险合同成立的一个重要条件。

2. 保险人的主要义务和权利

保险人对人身保险的保险费，不得以诉讼方式要求投保人支付；被保险人死亡后，在没有指定受益人、受益人先于被保险人死亡又无其他受益人、受益人依法丧失受益权或者放弃受益权又无其他受益人的情况下，保险金作为被保险人的遗产，由保险人向被保险人的继承人履行给付保险金的义务。

对于投保人、受益人故意造成被保险人死亡、伤残或者疾病的；以死亡为给付保险金条件的合同，被保险人自杀的；被保险人故意犯罪导致其自身伤残或者死亡的，保险人不承担给付保险金的责任。

第五节　保险业及其监督管理

一、保险业与保险业的组织形式

保险业是指依据法律组建、专门经营保险的组织。保险业法又称保险事业法或保险事业监督法，是关于保险业的组织及其监督管理的法律规范。

保险业的组织形式依其经营主体的不同，可分为以下四种类型：

国家经营保险组织：又称公营保险，指国家、地方政府或者其他公共团体所经营的保险机构。

公司经营保险组织：属民营保险组织之一。根据责任形式不同，公司包括有限责任公司、股份有限公司、无限公司等形态。股份保险公司组织具有经营灵活、业务效率高的特点，但由于公司的控制权操纵在股东手中，被保险人的权益易受到限制和忽略，因而各国立法上均对公司经营保险组织进行监督管理。

保险合作组织：属民营保险中非公司形式的一种，是一种由社会上需要保险保障的人或单位共同组织起来采取合作方式办理保险业务的组织。有相互保险合作社、相互保险公司、保险合作社等形式。

个人经营保险形式：世界上只有英国法律允许个人为主体承保保险业务。个人承保保险业务是通过劳合社这一组织开展的。劳合社是保险市场上的一种特殊现象，它自1871年以劳埃德公司的名义向政府注册以来存在至今。

我国过去保险事业的组织体制是由国家保险管理机关、中国人民保险公司、其他保险企业和农村互助保险合作社组成的。

二、我国保险公司的组织形式

（一）保险公司的组织形式

《保险法》第69条、第150条规定，保险公司应当采取股份有限公司和国有独资公司两种组织形式，设立其他性质的保险组织，由法律、行政法规另行规定。据此，国有独资保险公司和股份有限保险公司设立，除保险法有特别规定的外，适用我国公司法的有关规定；保险公司的其他组织形式，如相互保险公司等，可以根据保险业改革和发展的情况，由法律、行政法规另行规定。根据国务院批准的改革方案，中国人民保险公司已改建成中国人民保险（集团）公司（简称“中保集团”），以适应社会主义市场经济的需要。改建后的中保集团下设三个子公司，即中保财产保险有限责任公司、中保人寿保险有限责任公司和中保再保险有限责任公司，分别经营财产保险、人身保险和再保险业务。中保集团将体现商业化原则，坚持集团化经营和实行分业经营。

股份有限保险公司是指依照保险法和公司法的规定设立的、全部资本分为等额股份的经营保险业的企业法人。由于保险企业是经营风险的特殊行业，故股份有限保险公司的设立，不仅应具备公司法规定的一般条件，而且应符合保险法规定的特殊要求。如公司法规定，股份有限公司发起人（2 人以上 200 人以下）最少应为 2 人，而金融监督管理机关在审批股份有限保险公司时一般要求最少应有发起人 10 人；公司法规定，成立普通股份有限公司最低实收资本为人民币 500 万元，而按保险法的规定，设立股份有限保险公司注册资本最低限额为人民币 2 亿元。总体上看，股份有限保险公司的设立条件比普通股份有限公司严格得多。

国有独资保险公司是指由国家授权投资的机构或部门单独投资设立的有限责任保险公司。其投资部门一般为中央财政部门。

（二）保险公司的设立、变更和终止

1. 保险公司的设立

(1) 保险公司的设立条件。依《保险法》第 71 条、《保险管理暂行规定》第 5 条的规定，设立保险公司必须具备下列条件：

有符合保险法和公司法的章程。

有符合规定的注册资本最低限额。《保险法》第 72 条规定，经营保险业务的保险公司最低实收资本为人民币 2 亿元。保险监督管理部门根据保险公司业务范围、经营规模，可以适当调高最低资本限额。据此，《保险管理暂行规定》第 5 条规定："在全国范围内开办业务的保险公司，实收货币资本金不低于 5 亿元人民币；在特定区域内开办业务的保险公司，实收资本金不低于 2 亿元；设在省、自治区、直辖市、计划单列市政府所在地的分公司，营运资金不得低于人民币 5 000 万元。"

有具备任职专业知识和业务工作经验的高级管理人员。高级管理人员是指保险公司的董事长、副董事长、总经理、副总经理，分支公司总经理、副总经理等。这些人员必须符合中国保监会规定的任职资格。从业人员中应有 60%以上从事过保险工作和大专院校保险专业或相关专业的毕业生。经营寿险业务的保险公司，至少有 1 名经中国人民银行认可的精算人员。

有健全的组织机构和管理制度。健全的组织机构是指具有健全的权力、经营、监督机构，股份有限保险公司应有股东大会、董事会和监事会，国有独资保险公司应有董事会和监事会。公司还应有完善的管理制度，如财务会计制度、人事管理制度、劳动工资制度、保险营销制度、代理制度、再保险制度等。

有符合要求的营业场所和与业务有关的其他设施。

(2) 申请和审批。申请设立保险公司，应当提交下列文件、资料进行初审：设立申请书；可行性研究报告；金融监督管理部门规定的其他文件、资料。

初审合格后，申请人应依照保险法和公司法的规定进行保险公司的筹建。具备保险法规定的设立条件的，向金融监督管理部门提交正式申请表和下列有关文件、资料：保险公司的章程；股东名册及其股份或者出资人及其出资额；持有公司股份 10%以上的股东的资信证明和有关资料；法定验资机构出具的验资证明；拟任职的高级管理人员的简历和资格证明；经营方针和计划；营业场所和与业务有关的其他设施的资料；金融监督管理部门规定的其他文件、资料。

金融监督管理部门自收到申请文件之日起 6 个月内应当作出批准或者不批准的决定。

(3) 办理工商登记。经批准设立的保险公司，由批准部门颁发经营保险业务许可证，并凭经营保险业务许可证向工商行政管理机关办理设立登记，领取营业执照。保险公司自取得经营保险业务许可证之日起 6 个月内无正当理由未办理公司设立登记的，其经营保险业务许可证自动失效。

2. 保险公司的变更

《保险法》第 81 条规定，保险公司变更名称、变更注册资本、变更公司或分支机构的营业场所、调整业务范围、公司分立或者合并、修改公司章程、变更出资人或者持有公司股份 10%以上的股东等，须经金融监督管理部门批准；保险公司更换董事长、总经理，应当报经金融监督管理部门审查其任职资格。

3. 保险公司的终止

根据保险法的规定，保险公司终止的主要原因有：

解散。保险公司因分立、合并或者公司章程规定的解散事由出现，经金融监督管理部门批准后解散。经营有人寿保险业务的保险公司，除分立、合并外，不得解散。

被撤销。保险公司违反法律、行政法规，被金融监督管理部门吊销经营保险业务许可证的，依法撤销。

破产。保险公司不能支付到期债务，经金融监督管理部门同意，由人民法院依法宣告破产。

保险公司依法被解散、撤销和宣告破产的，应当进行清算，终止其业务活动，注销其经营保险业务许可证。

（三）保险公司的业务范围

保险公司的业务范围由金融监督管理部门核定，保险公司只能在被核定的业务范围内从事保险经营活动。并且同一保险公司不得同时兼营财产保险业务和人身保险业务，亦即实行分业经营。保险法规定保险公司的业务范围有：

1. 财产保险业务

财产保险业务包括财产损失保险、责任保险、信用保险等保险业务。

2. 人身保险业务

人身保险业务包括人寿保险、健康保险、意外伤害保险等保险业务。

3. 再保险业务

经金融监督管理部门核定，保险公司可以经营前列财产险、人身险业务的分出保险和分入保险等再保险业务。分出保险是指保险公司将自己直接承保的业务部分转让给其他保险公司承保的保险业务。分入保险是指保险公司接受其他保险公司承保的部分业务而开展的保险业务。

三、保险代理

1. 保险代理人和保险经纪人的概念及地位

保险代理人是根据保险人的委托，向保险人收取代理手续费，并在保险人授权的范围内代为办理保险业务的单位和个人。它一般包括专业代理人、兼业代理人和个人代理人。

保险经纪人包括保险经纪人和再保险经纪人。前者是基于投保人的利益，为投保人与保险人订立保险合同提供中介服务，并依法收取佣金的单位。后者是指基于原保险人利益，为原保险人与再保险人安排分出、分入业务提供中介服务，并依法收取佣金的单位。保险经纪人必须采取有限责任公司形式设立。

保险代理人和保险经纪人是保险公司的辅助人，依照保险法的规定，按照保险人的委托代办保险业务或者为投保人（或原保险人）的利益提供保险中介服务。保险公司开展业务，很大程度上需要借助于保险辅助人的活动，因此，保险辅助业务是保险业务的重要组成部分。《保险法》第 6 章对保险代理人和保险经纪人进行规范。

2. 保险代理人、保险经纪人的设立和责任

(1) 设立条件。

保险代理人、保险经纪人应当具备金融监督管理部门规定的资格条件，并取得金融监督管理部门颁发的经营保险代理业务许可证或者经纪业务许可证，向工商行政管理机关办理登记，领取营业执照，并缴存保证金或者投保职业责任保险，方可开展业务。保险代理人、保险经纪人应当有自己的经营场所，设立专门账簿记载保险代理业务或者经纪业务的收支情况，并接受金融监督管理部门的监督。

(2) 责任承担。

保险代理人根据保险人的授权代为办理保险业务的行为，由保险人承担责任；保险经纪人在办理保险业务中因自己的过错，给投保人、被保险人或者保险人造成损失的，由保险经纪人承担赔偿责任。

四、保险业的监督管理

（一）中国保险监督管理委员会及其职权、目标

保险监管是政府为保护被保险人的合法利益对保险业依法监督管理的行为。保险监管是政府对保险业监督管理的简称，目的在于保护被保险人和保险当事人的合法权益，保证保险业的安全、稳健运营。过去保险业的监督管理部门是中国人民银行。目前，按“分业管理”原则，我国于 1999 年 1 月 1 日正式挂牌成立了中国保险监督管理委员会（简称“中国保监会”），作为保险业的监督管理部门。它依照保险法的有关规定对保险业进行监督管理，具体行使以下职权：

批准保险公司的设立、变更和终止。《保险法》第 71 条规定：“设立保险公司必须经保险监督管理机构批准。”第 80 条第 1 款规定：“保险公司在中华人民共和国境内外

设立分支机构，须经金融监督管理部门批准，取得分支机构经营保险业务许可证。”第81条规定：“保险公司在中华人民共和国境内外设立代表机构，须经保险监督管理机构批准。”第82条、第85条、第87条又分别规定了保险公司变更、保险公司解散、宣告破产等须经金融监督管理部门批准、同意等。

核定保险公司的业务范围。《保险法》第92条第3款规定：“保险公司的业务范围由金融监督管理部门核定。保险公司只能在被核定的业务范围内从事保险经营活动。”

监督保险准备金的提取等。按保险法有关规定，保险公司没有按照规定提取或者结转各项准备金，或者未按照规定办理再保险，或者违反有关资金运用的规定的，由金融监督管理部门责令该保险公司限期改正，并依法处以罚款；对情节严重的，可以限制其业务范围，直至吊销经营保险业务许可证。在限期内未予改正的，亦可依法对其进行整顿。

依法接管保险公司。《保险法》第115条第1款规定：“保险公司违反本法规定，损害社会公共利益，可能严重危及或者已经危及保险公司偿付能力的，保险监督管理机构可以对该保险公司实行接管。”

规定保险公司偿付能力的最低限度。《保险法》第98条规定：“保险公司应当具有与其业务规模相适应的最低偿付能力。保险公司的实际资产减去实际负债后的差额不得低于金融监督管理部门规定的数额；低于规定数额的，应当增加资本金，补足差额。”

监督、检查保险公司的业务状况、财产状况及资金运用状况，有权要求保险公司在规定的期限内提供有关的书面报告和资料。《保险法》第109条和第119~122条对此作了规定。

对违反保险法或者其他法律、行政法规的行为采取行政强制措施，如责令改正、罚款、限制营业范围、责令停业整顿、没收非法所得、吊销营业执照等。

保险业的监督管理目标是确保保险公司的偿付能力、维护保险当事人的利益、维持保险市场的公平竞争。

（二）保险监督管理的内容

保险监管的内容主要是根据保险监管的目标来设立的。从原则上来说，保险监管要达到监督保险人履行偿付承诺、实现公平和效率等目标。

人们购买保险的最主要的目的就在于，在发生保险事故的时候，他们能够得到经济上的保障。如果保险人无偿付能力，它就无法提供这种保障，这无疑就失去了保险的本意。因此，许多国家都将偿付能力监管列为第一位的目标。

公平的目标是保证被保险人、保险人、受益人和第三方索赔者、债权人、股东和所有其他与保险交易有关的当事人都能够平等地参与市场交易。

效率目标的本意是向投保人提供优惠保险。因为公司经营得越有效率，保费就可以越低，这无疑对消费者是十分有利的。

保险监管主要包括以下内容：

1. 对保险人的监管

对保险人进行监督管理的主要目的在于确保保险人具有从事保险业务的资格和能力。我国对保险人的监管主要体现在以下方面：

(1) 保险人的资格限定。各国的法律均对保险人的资格作了限定，这些资格主要包括法定的组织形式和一定的资本条件。

(2) 营业统计报表的报送。我国的法律规定，保险公司应当于每一个会计年度终了后3个月内，将上一年度的营业报告、财务会计报告及有关报表报送监管部门。保险公司编制的营业报告必须如实反映其经营状况，不得弄虚作假，否则应承担相应的法律责任。

(3) 保险人的整顿。正是由于保险是一项涉及千家万户的活动，保险公司在社会经济生活中处于一种特殊的地位，如果经营管理不善，导致其偿付能力下降，甚至破产倒闭，必然危害广大被保险人的利益。因此，各国的保险法通常都规定，在特定情况下，可对其进行整顿。例如，我国的法律规定，保险人若未按照法律的规定提取或者结转各项准备金，或者未按照规定办理再保险；或者严重违反法律关于资金运用的规定的，由金融监督管理部门责令该保险公司采取措施限期改正。这些措施包括：依法提取或者结转各项准备金；依法办理再保险；纠正违法运用资金的行为；调整负责人及有关管理人员。如果在金融管理部门作出限期改正的决定后，保险公司在限期内未予改正的，由金融监督管理部门作出决定，选派保险专业人员，指定该保险公司的有关人员组成整顿组织，对该保险公司进行整顿。

(4) 保险人的接管。如果保险公司违反保险法的规定，损害社会公共利益，可能严重危及或者已经危及保险公司的偿付能力，金融监督管理部门可以对该保险公司实行接管。接管的目的是对被接管的保险公司采取必要措施，制止保险公司危害社会公共利益的行为，以保护被保险人的利益，恢复保险公司的正常经营。

2. 对费率和险种的监管

合同应当由当事人自由签订，这是契约自由原则的本质要求。但在绝大多数情况下，保险合同当事人双方的经济地位是不平等的，保险人常处于有利地位。如果保单条款完全由保险人自由拟订，就有可能损害投保人或被保险人的利益。各国立法规定由政府监管部门制定基本保险条款或由其备案，其目的正是为了限制保险人、保障社会公众利益。

对保险费率的监管应适当、公道和没有歧视。

适当指费率必须高到足以保证公司的偿付能力。因此，在制订费率的时候，需要考虑损失的概率、公司经营的费用和投资等各项因素。

公道指适当的费率是要保证保险人的正常经营，但不能为其带来过高的利润。

没有歧视指费率高低是由风险大小决定，对相同或相似的风险应当收取相同的费率。

对基本险种条款的监管主要是审查保险条款是否矛盾，是否产生歧义、误导等。有的国家的法律甚至要求保单的制作必须符合一定形式的要求。

3. 对保险公司财务的监管

该类监管旨在确保保险公司的偿付能力。偿付能力是指保险公司对其所承担的保险责任在发生赔款给付时所具有的经济补偿能力。保险法规定，保险公司应当具有与其业务规模相适应的最低偿付能力。保险公司的实际资产减去实际负债的差额不得低于监管部门规定的数额；低于规定数额的，应当增加资本金，补足差额。保险公司成立后，应当按照其注册资本总额的20%提取保证金，存入金融监督管理部门指定的银行，除保险公司清算时用于清偿债务以外，不得动用。各国对偿付能力的监管主要体现在规定和监督各种准备金的提取和投资活动上。

(1) 各种准备金的提存。

准备金是对被保险人的负债，如果没有足够的准备金，就不能保证对被保险人的赔偿和给付。《保险法》规定，除人寿保险业务以外，保险业务应当从当年自留保险费中提取未到期责任准备金；提取和结转的数额，应当相当于当年自留保险费的50%。经营人寿保险业务的保险公司，应当按照有效的人寿保险金的全部净值提取未到期责任准备金。

此外，保险公司还应当依法提取公积金，如依照公司法提取法定公积金；按照中国人民银行的规定提取保险保障基金，以保障被保险人的利益、支持保险公司稳健经营。如果保险公司未按要求提取或结转各项准备金，监管部门可责令保险公司限期依法提取或结转各项准备金，还可根据实际情况，调整保险公司的负责人及有关管理人员。

(2) 投资。

对投资的监管主要体现在两个方面：资金的投向和数量。如规定保险公司的投资限于哪些方面、多大比例。一般来说，对寿险公司的投资监管较产险公司更为严格。寿险合同的期限大部分都较长，有的甚至可以长达被保险人的一生，因此，寿险公司的投资期限一般也都较长、数量大。

4. 对保险中介人的监管

大部分国家的法律规定，保险中介人必须取得营业执照；在取得执照之前必须通过考试；在从事保险中介工作期间，必须接受继续教育等。

案例分析

【案情】

某厂女工叶某2000年6月22日为其公公丁某投保10年期简易人身保险15份，保额2 055元，指定受益人是丁某的孙子A，现年12岁。保险费按月从叶某工资中扣交。交费1年零3个月后，叶与被保险人之子B离婚，法院判决A由B抚养。离婚后叶仍自愿按月从自己工资中扣交这笔保险费，从未间断。2003年4月23日被保险人丁某病故，6月叶向保险公司申请给付保险金2 055元。与此同时，B提出被保险人是他父亲，指定受益人A又是由他抚养的，应由他作为监护人领取这笔保险金。叶则认为投保人是她，缴费人是她，而且她是受益人A的母亲，也是合法的监护人，这笔保险金应由她领取。而保险公司主张保险事故发生时，叶已不具有保险利益，因而保险合同无效，保险公司拒付保险金。

【解析】

保险利益是确定保险合同投保人合法主体资格的唯一依据和标准。根据保险法的规定，保险利益的意义旨在避免道德风险，成就保险合同的法律效力。本案中，叶某给其公公投保时无疑具有保险利益，因此，保险合同已经有效成立。在保险合同存续期间，除非投保人解除保险合同，否则，无论投保人是否继续具有保险利益，并不构成导致保险合同丧失法律效力的法定事由。因此，尽管保险事故发生时投保人已丧失保险利益，但这并不影响合同的效力，保险公司应如约给付全部保险金。

第十五章　破产法

本章主要介绍企业破产法的基本内容。重点掌握破产法的基本概念、范畴、破产程序的基本框架及破产实体制度的主要规则，包括破产及破产法的概念和作用、破产原因、破产财产、破产债权、债权人会议、重整制度、和解制度以及破产清算制度。学习难点在于破产原因的适用、破产财产的变价与分配。

第一节　破产法概述

一、破产的概念与特征

破产作为一种经济现象，是商品经济条件下信用关系建立和发展的产物，通常是指债务人不能清偿到期债务且可能导致债权人不能完全实现债权的一种事实状态。而作为一个法律范畴，破产则是指债务人不能清偿到期债务，并且资产不足以清偿全部债务或者明显缺乏清偿能力时，依法将其所有的财产按法定清偿顺序公平地偿还给所有债权人的一种清算制度。

破产制度本质上是一种在特定情况下实现债权的特殊程序，其特征主要表现在：①破产债务人出现不能清偿到期债务并且资产不足以清偿全部债务或者明显缺乏清偿能力的情形；②债权人是两个以上的多数人；③破产制度的目的是为了公平地偿还债务；④既涉及实体问题，又涉及程序问题。

二、破产法的概念与作用

破产法是规范破产关系的法律规范的总称，即关于债务人不能清偿到期债务时而适用和解程序、重整程序或者破产清算程序处理债务关系的法律规范的总称。形式意义的破产法是指专门规定破产程序及其实体制度的单行立法，如《中华人民共和国企业破产法》；实质意义的破产法则包括民法、刑法、诉讼法等法律规范中有关破产问题的规定。通常所说的破产法是指形式意义上的破产法。

作为破产制度法律表现形式的破产法，其核心作用在于对债权的公平保护，但破产法还体现了对债务人的救济以及对整个社会经济运行的维护。综观各国破产法律制度，其作用主要表现在以下几个方面：

（1）公平地保护债权人利益。公平地保护债权是破产法的首要制度目标，在破产法律制度中主要体现在所有债权在破产程序开始时均视为到期债权、所有按规定申报债权的债权人都有权参加债权人会议、所有债权按顺序和比例接受分配等方面。破产法改变了先主张先清偿的债务偿还方式，避免个别诉讼和执行，从而公平地保护债权人利益，可以弥补传统民事救济手段的不足。

（2）给予债务人重生的机会。传统破产制度以保护债权人为主，破产程序的目的仅仅是使各债权人获得公平清偿，但债务人在破产后并不能获得免除债务的优惠。这样，就使得债务人没有申请破产的积极性和原动力，其结果是即使出现了破产原因，债务人也不申请破产，而使得财产继续减少，最终对债务人不利。现代破产法既体现了对债权人的保护，也体现了对债务人的保护，其最大的特点在于对于符合法定条件的诚实的债务人进行免责，使其摆脱债务，开始新生活。

（3）及时切断债务膨胀，保障经济秩序的良好运行。现代交易是一个相互联系的体系，各交易主体均是交易体系中的一环，某一个主体破产，往往会影响其他主体，从而引起连环破产。对不能清偿到期债务的债务人及时宣告破产，防止其与更多的主体发生交易，切断其债务的膨胀，有利于保护经济秩序良性运行。

三、破产法的立法准则

破产法的立法准则是指破产立法过程中应当遵循的基本准则和重要方针。由于破产立法必须与不同时期和不同国家的社会条件以及法制背景相适应，所以，各国破产法在破产的适用范围、破产财产的构成、破产宣告的效力等方面采用了不同的立法准则。了解这些立法准则，可以进一步理解破产制度的历史背景和理论基础。理论上大致将破产法的立法准则归纳如下[①]：

1. 商人破产主义与一般破产主义

商人破产主义，是指破产法只适用于商人而不适用于非商人的立法原则。这一原则起源于法国商法典。法国法系的大多数国家，如比利时、意大利、西班牙等，均继承了法国商人破产主义的立法传统，只承认商人的破产能力，将商人制度视为商人特有的制度。

一般破产主义，是指破产法适用于不能清偿债务的所有债务人，债务人的破产能力不因其为商人或非商人而有所差别。这一原则为近代英国、德国立法所倡导，现已推广到许多国家，成为现代破产立法的趋势。一般破产主义不限定破产法的适用范围，其实质在于承认所有民事主体的破产能力。不能清偿债务的自然人、法人乃至遗产，均可宣告破产。我国现行破产制度只适用于企业法人，我国《合伙企业法》第 92 条规定合伙

① 李永军. 商法学. 北京：中国政法大学出版社，2004. 552~553

企业也具有破产能力，但合伙企业破产与企业法人破产在破产原因方面应该有所区别。

2. 自力救助主义与公力救助主义

债权人依靠自己的力量占有、变价债务人的财产而自我受偿的行为，称为自力救助；破产程序贯彻自力救济的结果，便产生了自力救助主义。自力救助主义源自古代罗马法的债务执行制度，中世纪的西班牙等国家曾实行这种制度。由于自力救助主义往往导致权利的滥用，损害债务人的利益，近现代各国（尤其是英美法系国家）破产法大多对自力救助加以限制，实行法院严格监督下的自力救助主义，即由债权人选任破产管理人的制度。公力救助主义是指由法院对债务人的财产进行占有、管理、变价和分配的制度。在这种体制下，破产管理人的选任属于法院的职权。现代各国破产法实行绝对公力救助主义的并不多见。我国企业破产法实行公力救助主义，并辅之以债权人自治原则。

3. 破产程序受理开始主义与破产程序宣告开始主义

破产程序的开始以法院受理破产申请为标志，称为破产程序受理开始主义。基于这种立法原则，破产程序一般包括受理程序、审理程序、宣告破产程序和破产清算程序，其中可能包括和解程序和重整程序。英美法系国家的破产法普遍实行这种立法原则。我国企业破产法也采用这一原则。破产程序宣告开始主义，是指破产程序开始于法院宣告债务人破产之时，破产宣告为破产程序开始的唯一标志，没有破产宣告便没有破产程序。在这种立法原则下，破产程序由破产宣告程序和破产清算程序构成，其中可能包括和解程序和重整程序。多数大陆法系国家采用此种立法原则。

4. 破产宣告申请主义与破产宣告职权主义

法院宣告债务人破产应当依债权人或债务人的破产申请为之，此种立法原则称为破产宣告申请主义。法院可不依债权人或债务人的申请，一旦查明债务人有不能清偿债务的事实，即有权宣告债务人破产，此种立法原则称为破产宣告职权主义。近现代破产法的观念发生很大的变化，认为债务人破产归根结底只同债务人和债权人间的“私权”有关，并不当然产生危害社会的后果，国家不应过多地加以干涉，故破产宣告申请主义成为近现代破产法的主导原则之一。但这一原则也有不足之处，当债务人无清偿能力又无破产宣告申请时，法院如不依职权干预，则不能充分保障全体债权人的公平受偿权利。因此，多数国家破产法以破产宣告职权主义加以补充。我国现行破产制度采取破产宣告申请主义，人民法院不依职权宣告债务人破产。

5. 和解前置主义与和解分离主义

和解前置主义是指在向法院申请债务人破产前，应当先试行和解，和解不能成立时才可宣告债务人破产。英国破产法采用这一立法原则。和解分离主义与之不同的是，和解程序和破产程序分别为独立的程序，债务人向法院申请和解或破产，有选择的自由，法律不加以限制。多数大陆法系国家的破产法采用和解分离主义，有些国家还分别制定了和解法和破产法。债务人向法院申请宣告破产，不以先进行和解为要件。

6. 程序普及主义与破产属地主义

程序普及主义主张破产宣告具有域外效力，内国法院所为的破产宣告的效力，不仅及于破产人在内国的全部财产，而且及于破产人位于国外的财产。这一原则坚持“一人一破产”的观念，为破产债权人提供了更多的实际利益和受偿保障，但它忽略了各国的主权原则及不同的经济利益，使得内国法院破产宣告的效力难以取得他国的承认。破产属地主义则认为内国法院破产宣告只对破产人在内国的全部财产有效，而不及于破产人在国外的财产。

7. 破产溯及主义与破产无溯及主义

破产宣告剥夺破产人管理处分其财产的效力，溯及于破产宣告前临界期间内债务人的行为而使之归于无效，此种立法原则称为破产溯及主义。破产溯及主义是为了防止或纠正债务人所实施的诈害债权人一般利益的行为，维护破产程序公平受偿宗旨而创设的制度。破产无溯及主义主张破产宣告剥夺破产人管理处分其财产的效力只能及于破产人在破产宣告后所为的行为，不影响破产人在破产宣告前所为的行为。由于破产无溯及主义不能制约破产宣告前的诈害行为，难以保证债权人的公平受偿利益，故破产法又创设撤销权制度作为补救。

8. 固定主义与膨胀主义

固定主义与膨胀主义都是用于限定破产财产的范围的立法原则。依固定主义，破产财产以破产人在破产宣告时所有的全部财产为限，不包括破产人在破产宣告后所取得的财产。膨胀主义则主张破产财产不以破产宣告时破产人所有的财产为限，破产宣告时破产人所有的财产及破产宣告后至破产程序终止前破产人所取得的财产构成破产财产。固定主义与膨胀主义的区分，只对自然人破产的情形才有意义。

9. 破产免责主义与破产不免责主义

破产人在破产程序终结后，符合一定的条件并经法院许可，对债权人未依破产程序受偿的债权不再负清偿责任，此种立法原则称为破产免责主义。与此相对立的破产不免责主义则主张，破产人对债权人未能依破产程序受偿的债权，在破产程序终结后负有继续清偿的责任。这两种立法原则都只能适用于自然人被宣告破产的情形，对法人破产则无实际意义。由于不免责主义不能调动债务人申请破产的积极性，最终不利于债权人债权的实现及社会经济秩序的稳定，故现代各国一般采用有条件的破产免责制度，即在破产法中规定债务人不能免责的消极条件（如恶意转移财产或为不利于债权人的财产处分行为等），如果债务人不具有这些消极条件的，即可免责，或经过一定期间后可以免责。

10. 惩戒主义与非惩戒主义

惩戒主义，是指将破产视为犯罪行为而加以处罚的立法原则。按此原则，破产法不仅对破产人的人身自由进行限制，而且对破产人的职业地位及公法权利的行使也予以限制。破产人所受的公法与私法上的限制，只有在具备法定条件时通过复权程序予以恢复。所谓非惩戒主义，是指破产程序仅针对债务人的财产进行，对债务人的人身不予以公法或私法上的限制。在历史上，各国破产法多采取惩戒主义，但现代各国多以非惩戒主义为原则，而以有条件的惩戒主义为例外。

四、我国破产立法的沿革

破产制度于清朝末年引入我国，清政府、民国政府都曾制定和颁布过破产法。新中国成立后，由于我国长期实行高度集中的计划经济体制，破产立法一直未受到重视。随着改革开放的推进和深入，破产问题开始引起理论界和实务部门的重视，国家有关部门于1985年正式成立了企业破产法起草小组。1986年12月《中华人民共和国企业破产法（试行）》获得通过，并于1988年11月1日起实施。由于该法只适用于全民所有制企业，其他类型企业的破产仍然无法可依，因此，1991年4月修订《中华人民共和国民事诉讼法》时，增设了企业法人破产还债程序一章，用于规范非全民所有制企业的破产行为。

为适应社会经济发展和法院审理破产案件的需要，最高人民法院制定了一系列有关破产的司法解释文件，包括《关于贯彻执行企业破产法若干问题的意见》、《关于当前人民法院审理企业破产案件应当注意的几个问题的通知》、《关于审理企业破产案件若干问题的规定》、《破产案件规定》等，对我国建立优胜劣汰的市场竞争机制起到了极大的促进作用。

近年来，我国与破产法相关的法律制度正逐步完善。但是，由于《企业破产法(试行)》制定于计划经济时期，与市场经济体制的要求存在差距，难以适应我国经济体制改革的需要。因此，新的破产法的起草工作于1994年开始，历经12年，2006年8月27日十届全国人大常委会第二十三次会议通过了新的《中华人民共和国企业破产法》。该法确立了企业有序退出市场的法律制度，规范了企业破产程序，对于公平清理债权债务，保护债权人和债务人的合法权益，维护社会主义市场经济秩序具有重要的意义。《企业破产法》在制度和理念方面也有诸多创新。本章主要介绍《企业破产法》的主要内容。

第二节　破产程序的开始

一、破产原因

破产原因，又称破产界限，是法律规定的债务人具备的能够对其宣告破产的事实，是企业适用破产程序的必要条件。由于破产原因是法院受理破产申请和实施破产宣告的根据，直接关系到企业法人申请与被申请破产的难易度，因此，破产原因是各国破产立法中最基本、最重要的内容之一。根据我国《企业破产法》第2条的规定，企业适用破产程序的原因有下列两种情况：

（1）不能清偿到期债务，并且资产不足以清偿全部债务。“不能清偿到期债务标准”又称“现金流标准”，是债务人已全面停止偿付到期债务，而且没有充足的现金流量偿付正常营业过程中到期的现有债务的客观状况。不能清偿到期债务是指：①债务的履行期限已届满；②债务人明显缺乏清偿债务的能力。债务人停止清偿到期债务并呈连续状态，如无相反证据，可推定为“不能清偿到期债务”。[①]

“资产不足以清偿全部债务”，即资不抵债，或者称作“资产负债表标准”，主要是

① 详见2002年最高人民法院《关于审理企业破产案件若干问题的规定》第31条。

指通过企业的资产负债表反映出来的企业全部资产之和小于其对外的全部债务的客观状况。该标准与"不能清偿到期债务"的客观状态不完全相同，因为资不抵债只是根据债务人的资产与负债来衡量的，即只是单纯地从财产因素上来判断，而没有考虑债务人的信用、技术力量以及知识产权等因素。当债务人资不抵债时，如能以财产、借贷等信用方式还债，并不一定会丧失对到期债务的偿还能力。所以，资不抵债必须与不能清偿到期债务共同构成破产原因。

(2) 不能清偿到期债务，并且明显缺乏清偿能力。把"明显缺乏清偿能力"作为"不能清偿到期债务"的并列条件，实质上是为了防止对资金周转暂时困难但仍有偿付能力的企业适用破产程序。债务人无力清偿到期债务，可能只表明现金流量或清偿能力暂时出现问题，如果债务人在其他方面是健全的，就有可能改变"不能清偿到期债务"的状况，把"明显缺乏清偿能力"作为法院判断企业是否达到启动破产程序的指导原则，是要求法院综合考虑债务人其他方面的因素，避免债务人过早进入破产程序。

除了上述两种不能清偿到期债务的情形可以提出破产申请之外，《企业破产法》第7条增加了一种可以提出破产申请的情形，即"企业法人已解散但未清算或者未清算完毕，资产不足以清偿债务的，依法负有清算责任的人应当向人民法院申请破产清算"。在这种情形下申请破产并不要求是未清偿到期债务。

二、破产案件的管辖

破产案件的管辖是指破产案件应该如何确定受理法院的问题。《企业破产法》第3条规定了破产案件的地域管辖原则，即破产案件由债务人住所地人民法院管辖，其中，"债务人住所地"是指债务人的主要办事机构所在地。我国破产案件没有适用"原告就被告"的民事案件一般管辖原则，原因在于债务人住所地人民法院更方便对债务人财产进行清理、变价和分配。关于破产案件的级别管辖和移送管辖，根据《审理企业破产案件规定》，基层人民法院一般管辖县、县级市或者区的工商行政管理机关核准登记企业的破产案件；中级人民法院一般管辖地区、地级市（含本级）以上的工商行政管理机关核准登记企业的破产案件；纳入国家计划调整的企业破产案件，由中级人民法院管辖。上级人民法院审理下级人民法院管辖的企业破产案件，或者将本院管辖的企业破产案件移交下级人民法院审理，以及下级人民法院需要将自己管辖的企业破产案件交由上级人民法院审理的，依照《民事诉讼法》第39条的规定办理；省、自治区、直辖市范围内因特殊情况需对个别企业破产案件的地域管辖作调整的，须经共同上级人民法院批准。

三、破产案件的申请

破产案件的申请是破产申请人请求人民法院受理破产案件的意思表示，是启动破产程序的初始步骤。我国实行受理开始主义，人民法院不得依职权主动开始破产程序，所以破产申请是人民法院启动程序的必要条件。按照《企业破产法》的规定，债务人、债权人以及依法负有清算责任的人可以依法向人民法院提出破产申请。破产申请应该采用书面形式，载明申请人和被申请人的基本情况、申请目的、申请的事实和理由以及人民法院认为应当载明的其他事项。债务人提出申请的，还应当向人民法院提交财产状况说明、债务清册、债权清册、有关财务会计报告、职工安置预案以及职工工资的支付和社会保险费用的缴纳情况。法院受理破产申请前，申请人可以请求撤回申请。

由于我国《企业破产法》适用于企业法人，所以，国有企业、私营企业与三资企业、有限责任公司与股份有限公司以及上市公司与非上市公司等企业法人都可以作为债务人提出破产申请，而债权人既可以是上述各种形式的企业法人，也可以是个人独资企业、合伙企业或者自然人。需要指出的是，目前合伙企业作为债务人适用《企业破产法》还存在一些问题。按照我国《合伙企业法》的规定，普通合伙人对合伙企业债务承担无限连带责任，如果合伙企业把不能清偿到期债务作为破产原因，就会排除合伙人的无限连带责任，与合伙企业的本质特征相矛盾。因此，合伙企业如何适用《企业破产法》的有关规定，有待最高人民法院作出司法解释。

在经营正常的情况下，债务人一般是不愿意申请破产的，但是，在特殊情况下，债务人也有可能主动提出破产申请，通过破产免责程序摆脱债务危机；对于债权人而言，通常是民事执行程序无法满足其债权时才会采用破产程序；清算人只能在一般民事清算程序中，发现被清算对象资不抵债且达到破产界限时，才产生向法院提出破产申请的权利和义务。所以，在我国破产审判实践中，大多数破产案件都是债务人提出的破产申请。

值得注意的是，在实践中，可能会出现有的债务人为了逃避债务而启动破产程序的现象，也可能会出现债权人滥用破产申请权的行为。为了保护相关人的利益、避免司法资源的浪费，一方面应该充分利用破产程序防范债务人损害债权人利益，另一方面应该适当限制债权人的破产申请权，只有债权人的财产性债权达到一定的数额、已至清偿期而未获清偿时才有权提出破产申请。

四、破产案件的受理

破产案件的受理，又称立案，是法院在收到破产案件申请后，认为申请符合法定条件而予以接受，并由此开始破产程序的司法行为。法院收到破产申请之后，应当在法定期限内对破产申请进行形式审查和实质审查。如果破产申请是由债权人提出的，法院则应当自收到申请之日起 5 日内通知债务人。债务人对申请有异议的，应当自收到人民法院的通知之日起 7 日内向人民法院提出。人民法院应当自异议期满之日起 10 日内裁定是否受理。

法院经审查认为破产申请符合法定条件的，应当裁定受理破产申请，并在 5 日内送达申请人。如果法院裁定受理的破产申请是由债权人提出的，应当自裁定作出之日起 5 日内送达债务人，债务人则应当自裁定送达之日起 15 日内，向法院提交财产状况说明、债务清册、债权清册、有关财务会计报告以及职工工资的支付和社会保险费用的缴纳情况。

如果法院经审查认为破产申请不符合法定条件或者申请理由不成立的，则应裁定驳回破产申请，在5日内送达申请人并说明理由。申请人对裁定不服的，可以自裁定送达之日起10日内向上一级法院提起上诉。

法院受理破产申请后至破产宣告前，经审查发现债务人不符合破产原因规定情形的，可以裁定驳回申请。申请人对裁定不服的，可以自裁定送达之日起10日内向上一级法院提起上诉。

为了使破产企业的各种利害关系人能够及时参加破产程序行使权利或者按照破产程序的要求履行义务，法院应该在受理破产申请的裁定作出后，尽快地通知债权人并以公告的形式通知所有的利害关系人。债务人的有关人员自收到受理破产申请的裁定之日起至破产程序终结之日止，必须按照法律的规定履行相关的义务，配合破产程序的进行。在破产程序进行过程中，债务人对个别债权人的债务清偿无效。

法院裁定受理破产申请的，应当同时指定破产管理人，负责破产企业的财产清理、营业维持、权利行使和财产处分等。破产管理人应当按照法律的规定勤勉尽责，忠实执行职务，向法院报告工作，并接受债权人会议和债权人委员会的监督。债权人会议认为破产管理人不能依法、公正执行职务或者有其他不能胜任职务情形的，可以申请法院予以更换。

进入破产程序后，原则上所有债权债务关系都应该通过破产程序处理。但是，法律规定，为破产程序进行以及为破产财产的管理、变价和分配等产生的破产费用和为全体债权人的共同利益而负担的共益债务可以由债务人财产随时清偿。

第三节　破产宣告

破产宣告是法院对债务人具备破产原因的事实作出的有法律效力的认定。破产宣告标志着破产案件经法院审查之后，认为不具备拯救的事由和条件，实质性地进入清算程序。在传统的破产法中，破产清算是破产制度的唯一价值目标，破产宣告因此居于核心环节；而在以价值多元化为基本特征的现代破产法中，破产清算并非破产制度的唯一价值目标，破产宣告也不再被视为不可或缺的必经程序，而只被当作破产案件的一种发展趋势而已，并不能包括破产制度的全部价值和终极意义。①

一、破产宣告的原因

由于我国立法采取破产宣告申请主义，法院不得依职权宣告债务人破产，所以必须经利害关系人提出申请，人民法院才可以作出破产宣告。依据我国《企业破产法》第7条的规定，债务人可以向人民法院提出重整、和解或者破产清算申请。但是，并非只有债务人提出破产清算申请法院才能作出破产宣告，在重整和和解期间，法院也可以作出

① 汤维建. 破产程序与破产立法研究. 北京：人民法院出版社，2002.172

破产宣告。按照《企业破产法》的规定，法院宣告破产具体包括以下几种情况：

(1) 当事人提起破产申请，并且具备破产原因。即债务人不能清偿到期债务，并且资产不足以清偿全部债务或明显缺乏清偿能力的，人民法院裁定宣告债务人破产。

(2) 债务人在重整期间，有下列情形之一的，经管理人或利害关系人请求，人民法院应当裁定终止重整或和解程序，并宣告债务人破产：①债务人的经营状况和财产状况继续恶化，缺乏挽救的可能性；②债务人有欺诈、恶意减少债务人财产或者其他显著不利于债权人的行为；③由于债务人的行为致使管理人无法执行职务。

(3) 重整计划草案未获得通过且未依照本法第 87 条的规定获得批准，或者已通过的重整计划未获得批准的，人民法院应当裁定终止重整程序，并宣告债务人破产。

(4) 和解协议草案经债权人会议表决未获得通过，或者已经债权人会议通过的和解协议未获得人民法院认可的，人民法院应当裁定终止和解程序，并宣告债务人破产。

(5) 因债务人的欺诈或者其他违法行为而成立的和解协议，人民法院应当裁定无效，并宣告债务人破产。

(6) 债务人不能执行或者不执行和解协议的，人民法院经和解债权人请求，应当裁定终止和解协议的执行，并宣告债务人破产。

二、破产宣告的障碍

破产宣告的障碍是指当事人提出破产申请后，法院不能宣告债务人破产的法定原因。一般而言，破产程序的启动并不意味着一定会导致破产宣告。具备破产原因只是破产宣告的必要条件。债务人在具备破产原因的情况下，在破产宣告前，有以下情形之一的，法院应当裁定终结破产程序，并予以公告：①第三人为债务人提供足额担保或者为债务人清偿全部到期债务的；②债务人已清偿全部到期债务的。由于一旦法院作出破产宣告，债务人就不可逆转地进入破产程序，因此，在破产宣告之后，即使出现上述情形，法院也不能裁定终结破产程序。所以，破产宣告的障碍只有出现在破产宣告之前，才能起到阻止破产宣告的作用。

三、破产宣告的效果

破产宣告的裁定作出后，产生多方面的效果。首先，破产案件即转入破产清算程序，不能再通过重整、和解或者其他方式避免破产清算；其次，债务人成为破产人，法律资格及民事权利受破产程序限制，丧失对其财产和事务的管理权，其财产成为破产财产，由管理人占有、处分并用于破产分配；最后，对债权人而言，破产宣告使其获得了行使权利的特别许可，法院受理破产申请时其对债务人享有的债权成为破产债权，可以依照破产程序的规定接受清偿。其中，有财产担保的债权人即别除权人可以由担保物获得优先清偿，如果行使优先受偿权利未能完全受偿的，其未受偿的债权作为普通债权；放弃优先受偿权利的，其债权作为普通债权；无财产担保的债权人只能依照法律规定的清偿顺序和集体确定的分配方案，由破产财产获得清偿。

按照《企业破产法》第107条的规定，法院宣告债务人破产应当以裁定的方式作出，裁定书应自裁定作出之日起分别在5日内送达债务人和管理人、10日内通知已知债权人，并予以公告。

第四节 破产法上的机构

一、债权人会议

1. 债权人会议的概念

破产程序以债务人不能正常清偿债务为出发点，以债权人的公平受偿为宗旨，平等保护债权人利益客观上要求所有债权人都参加破产程序，避免债权人之间产生利益冲突。债权人会议是在破产程序中，由全体债权人组成的，维护债权人共同利益、表达债权人意志的决议机构。债权人会议作为债权人的自治组织，有权根据大多数债权人的意志通过表决程序来决定破产程序中与债权人利益有关的重大事项，有权监督破产管理人的行为，通过对破产程序中重大事项的决定和对破产程序的监督，维护自身利益。

2. 债权人会议的组成和职权

所有依法申报债权的债权人都是债权人会议的成员，有权参加债权人会议，享有表决权。但在特殊情况下，部分债权人的表决权受到限制。例如，债权尚未确定的债权人，除人民法院能够为其行使表决权而临时确定债权额的外，不得行使表决；对债务人的特定财产享有担保权的债权人，未放弃优先受偿权利的，对于和解协议和破产财产的分配方案不享有表决权。债权人会议主席是负责主持和召集债权人会议的人，债权人会议主席由人民法院从有表决权的债权人中指定。由于债权人会议的内容可能会涉及职工债权的清偿分配方案，涉及职工聘用、工资和生活保障等利益问题，所以，法律规定，债权人会议应当有债务人的职工和工会的代表参加，对涉及职工利益的事项发表意见。

根据《企业破产法》第61条的规定，债权人会议的职权主要是：①核查债权；②申请人民法院更换管理人，审查管理人的费用和报酬；③监督管理人；④选任和更换债权人委员会成员；⑤决定继续或者停止债务人的营业；⑥通过重整计划；⑦通过和解协议；⑧通过债务人财产的管理方案；⑨通过破产财产的变价方案；⑩通过破产财产的分配方案；⑪人民法院认为应当由债权人会议行使的其他职权。

3. 债权人会议的召开和决议程序

按照《企业破产法》的规定，第一次债权人会议由人民法院召集，自债权申报期限届满之日起15日内召开。以后的债权人会议，在人民法院认为必要时，或者管理人、债权人委员会、占债权总额1/4以上的债权人向债权人会议主席提议时召开。召开债权人会议，管理人应当提前15日通知已知的债权人。

除法律另有规定之外，债权人会议的决议，由出席会议的有表决权的债权人过半数通过，并且其所代表的债权额占无财产担保债权总额的1/2以上。这种双重表决标准中的人数标准，赋予债权人中的多数人对表决结果的控制权，而债权额标准则保证占债权额多数的债权人对表决结果的控制权。由此形成多数中小债权人与少数大债权人之间的相互制衡局面。

债权人会议的决议是债权人团体为共同意思表示的结果，所以，债权人会议的决议，对于全体债权人均有约束力。一般情况下，债权人会议决议符合全体债权人的利益，因为债权人会议具有维护债权人共同利益的基础。但在某些情况下，债权人会议决议可能损害部分债权人的合法权益。如果债权人认为债权人会议的决议违反法律规定，损害其利益的，可以自债权人会议作出决议之日起 15 日内，请求人民法院裁定撤销该决议，责令债权人会议依法重新作出决议。

二、债权人委员会

由于债权人会议不是一个常设机构，一般不能经常性地召集和作出决议，也不可能对债务人财产的日常管理进行经常性监督，还不足以保护债权人的团体利益。因此，国际上通行的做法是设立一个常设机构作为债权人会议的代表机构，负责对破产管理进行日常监督。我国《企业破产法》也规定，债权人会议可以决定设立债权人委员会。债权人委员会就是代表债权人会议行使对债务人财产的管理、处分和破产财产变价、分配的监督权及其他权利的常设机构，是债权人会议的代表机关。

1. 债权人委员会的设立

债权人委员会的设立，国际上普遍实行的是任意设立主义，即根据破产案件的具体情况决定是否设立。一般都是在债权人的人数多、利益分歧大，或者债务人财产规模大、交易关系复杂以及存在继续营业的情况下设立债权人委员会。从国际上看，债权人委员会的设立方式有债权人指定和法院指定两种，我国采用的是债权人指定后法院认可的制度。

按照《企业破产法》第 67 条的规定，债权人委员会由债权人会议选任的债权人代表和 1 名债务人的职工代表或者工会代表组成，其成员不得超过 9 人。法律之所以强制性地要求债权人委员会的成员中必须有债务人的职工代表或工会代表，是为了贯彻和落实保障企业职工权益的精神，保障债务人职工在破产程序中的知情权、参与权和监督权，切实保护破产企业职工的合法权益。至于将债权人委员会的成员限制在 9 人以内，是为了防止人数过多影响办事效率、增加监督成本。

2. 债权人委员会的职权

《企业破产法》第 68 条对债权人委员会的职权作出了明确的规定，根据该条规定，债权人委员会的职权主要包括：监督债务人财产的管理和处分；监督破产财产分配；提议召开债权人会议；债权人会议委托的其他职权。债权人委员会在执行职务时应以全体成员过半数通过形成决议。其决定或决议与债权人会议的决议不一致时，服从债权人会议的决议。债权人委员会执行职务时，有权要求管理人、债务人等有关人员对其职权范围内的事务作出说明或者提供有关文件。管理人、债务人等有关人员违反规定拒绝接受监督的，债权人委员会有权就监督事项请求人民法院作出决定，人民法院应当在 5 日内作出决定。

三、管理人

管理人又称破产管理人，其含义有广义和狭义之分。狭义上的破产管理人，是指法院受理破产申请后，接管债务人的财产，并在破产清算程序中负责破产财产的管理和其他事务的个人和组织。广义上的破产管理人，是指在破产和解、重整、清算等破产程序中负责管理、处分债务人财产和其他事务的个人或组织。《企业破产法(试行)》中的清算组即是狭义的管理人，而我国的《企业破产法》中规定的管理人则属于广义的破产管理人。管理人制度起源于古罗马。在破产法上，管理人制度是一项非常重要的制度，各国的破产法都规定了管理人制度。

1. 破产管理人的法律地位

破产管理人的法律地位在破产法上具有重要意义，它关系到破产管理人制度的具体构建。关于破产管理人的法律地位，法律学界一直以来观点不一。占主流地位的观点有以下几种：

(1) 代理说。该学说将民法上的代理人理论引入破产管理人制度之中，认为破产管理人实质上是代表被代理人的利益、以被代理人的名义参与破产事务的代理人。

(2) 职务说。该学说将破产管理人视为法院选任的负责破产财团的管理和处分的公务员，破产管理人基于职务参与破产程序，既不代表债权人，也不代表破产人。对于破产财团的诉讼，管理人基于职务而为原告或被告。

(3) 破产财团代表说。又称“机关说”，该学说认为债务人的财产因破产宣告而成为以破产清算为目的的独立财产，这些财产有人格化的倾向，形成了类似于财团法人性质的破产财团。破产管理人就是该人格化财团的代表机关。

(4) 受托人说。此学说为英美法系学者所倡导。该学说将信托关系引入破产法中，认为破产管理人为破产财团的受托人，以受托人的名义执行职务。

我国破产法对破产管理人的法律地位没有作出明确规定。要明确破产管理人的法律地位，需从破产管理人参与的法律关系来分析。在破产程序的绝大部分法律关系中，破产管理人都起到了重要作用。但是，破产管理人的地位又是十分独特的：为债权人利益而工作，但又不代表债权人；代表破产人起诉或应诉，但又要维护第三人合法利益，协调各方关系。其在破产程序中的一切行为均是围绕破产财产展开的，并不以维护任何一方的利益为唯一目的。破产管理人是依照法律、规则来管理破产财产的，其代表的是参与到破产程序中来的各方的共同利益——破产财产。所以，破产财团代表说更符合破产管理人的法律地位。该学说赋予破产管理人以独立的人格，成为破产财团的代表人，以破产财团的名义执行职务，管理和处分破产财团，行使权利和负担义务。该学说使破产管理人在利害关系上独立于破产人和破产债权人，为破产程序的公正合法进行提供了保证，有利于破产管理人充分发挥破产财产的作用，协调好破产程序中的各方利益。

2. 管理人的选任

根据各国破产法立法实践，破产管理人的选任主要有三种立法模式：一是由法院指定，该模式主要以日本、法国等国为代表。二是由债权人会议选任，该模式以美国、加拿大为代表。三是双轨制，这种体例存在两种方式。一种是以债权人会议为主，如果债权人会议在规定期间内未选出，或是经过债权人会议的授权，由法院任命。另一种是以法院选任为主，但是，债权人会议对于法院的选任有权撤换。不同的破产管理人选任方式，各有优缺点。由法院指定破产管理人，有利于迅速组成破产管理人，效率高，但是存在无法充分体现债权人利益、可能造成不公正的弊端。而完全由债权人会议选任模式，虽能体现债权人在破产程序中的意思自治，但是往往效率不高。因此，二者结合才能够体现立法的目的。我国《企业破产法》采取的是法院指定和债权人会议选任相结合的模式，在破产申请受理时，由法院指定破产管理人。但是，如果法院指定的破产管理人不能依法、公正执行职务或者有其他不能胜任职务情形时，债权人会议可以申请人民法院予以更换，但最终更换谁为破产管理人，仍然由法院决定。

根据《企业破产法》第 24 条的规定，破产管理人可以由有关部门、机构的人员组成的清算组或者依法设立的律师事务所、会计师事务所、破产清算事务所等社会中介机构担任。人民法院根据债务人的实际情况，可以在征询有关社会中介机构的意见后，指定该机构具备相关专业知识并取得执业资格的人员担任破产管理人。其中，社会中介机构主要是指依法设立的律师事务所、会计师事务所、破产清算事务所等。根据最高人民法院制定的《关于审理企业破产案件指定管理人的规定》，人民法院一般应指定管理人名册中的社会中介机构担任破产管理人；选任自然人为破产管理人一般适用于事实清楚、债权债务关系简单、债务人财产相对集中的企业破产案件。指定清算组为破产管理人主要限于以下几种情况：①破产申请受理前，根据有关规定已经成立清算组，并且清算组的组成符合法律规定的要求。②审理《企业破产法》第 133 条规定的案件。③有关法律规定企业破产时成立清算组。④人民法院认为可以指定清算组为破产管理人的其他情形。但是，存在因故意犯罪受过刑事处罚、曾被吊销相关专业执业证书、与本案有利害关系、人民法院认为不宜担任破产管理人的其他情形时，禁止担任破产管理人。

3. 管理人的职责

破产管理人的职责分为一般职责和特定职责两类。设置破产管理人的目的决定了凡是与破产程序有关并与破产管理人作为破产财产代表机构相关的一切行为，都应当属于破产管理人的职责范围。但是，为了使破产管理人更加了解自己的职责，方便相关人对破产管理人履行职责的行为进行监督，各国破产法都通过列举的方式规定了破产管理人的职责。我国《企业破产法》同样对破产管理人的职责进行了列举。该法第 25 条第 1 款规定，破产管理人履行下列职责：①接管债务人的财产、印章和账簿、文书等资料；②调查债务人财产状况，制作财产状况报告；③决定债务人的内部管理事务；④决定债务人的日常开支和其他必要开支；⑤在第一次债权人会议召开之前，决定继续或者停止债务人的营业；⑥管理和处分债务人的财产；⑦代表债务人参加诉讼、仲裁或者其他法律程序；⑧提议召开债权人会议；⑨人民法院认为管理人应当履行的其他职责。这些职责属于破产管理人的一般职责。

除了上述一般职责之外，《企业破产法》还有多个条款规定了破产管理人在破产程序各个环节中有一些特定的职责，具体包括：破产申请受理与债权申报程序中追缴出资、追回被侵占的财产、申请破产程序终结、特殊债权的调查与公示、债权申报的审查、登记与保存等；破产重整与和解程序中移交财产和营业事务，制作、提交和说明重整计划草案，提请批准重整计划，监督和报告重整计划的执行情况等；破产清算程序中拟订和提交财产变价方案、财产分配方案、执行财产分配方案、提存和处理特殊债权分配额、请求终结破产程序和办理注销登记等。

4. 对管理人的监督

破产管理人在破产程序中具有特殊的地位，其执行职务公正、客观与否，直接关系到破产人和债权人的利益，关系到破产程序的正常进行，因此，各国破产法都非常重视破产管理人监督机制的建立和完善。我国《企业破产法》也规定了破产管理人监督制度，按照监督主体可以分为以下三个方面：

(1) 法院的监督。法院监督的方式主要是对破产管理人的管理行为进行认可、裁定和接受其事务报告等。

(2) 债权人会议的监督。债权人会议作为全体债权人的意思自治机关和共同利益维护机关，有权对破产管理人的行为实施监督。按照《企业破产法》的规定，债权人会议可以通过行使下列职权监督管理人：申请人民法院更换破产管理人，审查破产管理人的费用和报酬；通过重整计划；通过和解协议；通过债务人财产的管理方案；通过破产财产的变价方案；通过破产财产的分配方案等。

(3) 债权人委员会的监督。债权人委员会作为债权人会议的常设机关和代表机关，在债权人会议闭会期间，应当承担债权人会议监督破产管理人的工作。债权人委员会具有监督债务人财产的管理和处分、监督破产财产分配方案等方面的职权，并有权对破产管理人实施的对债权人利益有重大影响的财产处分行为进行监督。债权人委员会执行上述监督职权时，有权要求管理人对其职权范围内的事务作出说明或者提供有关文件。破产管理人违反规定拒绝接受监督的，债权人委员会有权就监督事项请求人民法院作出决定，人民法院应当在5日内作出决定。

第五节　破产债权

破产债权是指债权人在破产程序开始前对债务人享有的，并依法按照破产程序申报和受偿的财产权利。破产债权一般基于破产申请受理前的原因而成立，是针对债务人享有的财产请求权。破产债权有广义和狭义之分。广义的破产债权包括所有与破产债务人有关的债权，无论其是否设有财产担保；狭义的破产债权则仅包括与破产债务人之间发生的无担保债权。我国采用的是狭义的破产债权。

破产债权从不同的角度分析，有不同的意义。从程序法的角度看，破产债权是依破产程序受偿的财产请求权，学理上称为形式意义上的破产债权。从实体法的角度看，破产债权是在破产程序开始前成立的对债务人享有的金钱债权或得以金钱评价的债权，学理上称为实质意义上的债权。[①]实质意义上的破产债权反映的是破产债权的内容与本质，形式意义上的债权揭示了债权的实现方式。一般都将实质意义上的破产债权作为其概念，而将形式意义上的破产债权作为其要件予以规定。

按照《企业破产法》的有关规定，破产债权包括无财产担保的债权、有财产担保而未能优先受偿的债权、附条件的债权、附期限的债权、诉讼或仲裁未决的债权、票据付款人的追索权、因委托关系产生的债权、管理人或债务人解除合同所发生的损害赔偿请求权以及涉及连带债务责任的破产债权。

在破产程序开始后，还会产生一些费用与债权，如除了共益债权和共益债务外，还有破产程序开始后的利息、债务不履行所产生的损害赔偿金及违约金等。这类债权有的国家将其作为"劣后债权"，受偿顺序劣于一般债权。有的国家将其作为"除斥债权"，排除在破产法之外。我国破产法及相关规定中，也采取了类似除斥债权的处理办法。例如，《企业破产法》第46条第2款规定："附利息的债权自破产申请受理时起停止计息。"

破产制度的主要目的之一是对债权人公平清偿，但在法院受理破产申请时，债务人所负的各种债务性质和时间都不同，必须确认哪些债权享有受偿的权利。因此，破产债权必须经过申报、调查和确认三个环节，才能有资格参与破产分配，确保公平清偿。破产债权的申报，是指法院受理破产申请后，债权人本人或其代理人在法定期限内向受理债权申报的机构提示并证明其债权应依照破产程序受偿的制度。破产债权调查是指调查人对申报的债权是否符合申报规则及其真实性、合法性、有效性进行审查分析的一种程序。破产债权确认是指债权申报后经过调查，最后由法定机关认定该债权可以通过破产程序受偿的程序。破产债权的申报、调查和确认等相关事宜在破产法上都会明确规定。

第六节　破产费用与共益债务

债务人进入破产程序之后，在破产程序进行中，会发生一些需要随时支付的费用和债务，称为破产费用与共益债务。

1. 破产费用

所谓破产费用是指破产程序开始后，为破产程序的进行以及为全体债权人的共同利益而从债务人财产中优先支付的费用。破产程序是一种集体清偿程序，而破产费用是旨在保护全体债权人的共同利益而支出的成本性费用，所以，可以从债务人财产中优先清偿和随时清偿。根据《企业破产法》第41条的规定，破产费用主要包括三类：破产案件的诉讼费用；管理、变价和分配债务人财产的费用；破产管理人执行职务的费用、报酬和聘用工作人员的费用。

① 李勇军. 破产法律制度. 北京：中国法制出版社，2000. 172

2. 共益债务

所谓共益债务，是指人民法院受理破产申请后，为全体债权人的共同利益而管理、变价和分配财产过程中产生的债务。对共益债务的相对方而言，就是共益债权。从发生原因看，破产债权是基于民法上债的发生原因或其他法律规定而发生的债权，而共益债权是基于破产法的规定而产生的；从产生时间看，破产债权发生在破产程序开始之前，而共益债权产生于破产程序开始之后；从清偿方式看，破产债权必须通过破产清算程序公平受偿，而共益债权可以用债务人财产随时清偿。

我国《企业破产法》并没有直接规定共益债权，而是通过列举的方式规定了共益债务，包括因管理人或者债务人请求对方当事人履行双方均未履行完毕的合同所产生的债务；债务人财产受无因管理所产生的债务；因债务人不当得利所产生的债务；为债务人继续营业而应支付的劳动报酬和社会保险费用以及由此产生的其他债务；破产管理人或者相关人员执行职务致人损害所产生的债务；债务人财产致人损害所产生的债务。

3. 破产费用与共益债务的区别

破产费用与共益债务都发生在破产程序中，都是为了保障破产程序的顺利进行以及全体破产债权人的利益而需要随时清偿、优先清偿的费用。两者的区别主要表现在两个方面：

(1) 内容不同。破产费用是为破产程序的顺利进行，为管理、变卖和分配债务人财产而必须付出的成本性费用，其发生具有必然性；共益债务是因破产程序中发生的各种行为如合同、侵权、不当得利等而负担的债务，其发生具有或然性。

(2) 目的不同。破产费用的意义在于保证破产程序的进行，即为了实现全体债权人的公平清偿以及企业拯救；共益债务是为了保护债务人财产的民事相对人的利益，即实现债务人财产对外民事关系中的利益平衡。比较而言，破产费用在地位上相对优越于共益债务，反映在清偿顺序中，破产费用的受偿相对优先于共益债务。①

第七节 债务人财产和破产财产

破产法的基本价值在于将破产债务人的财产公平地分配给债权人，因此，确定债务人可分配的财产是破产法上的一个重要问题。债务人财产是指在破产程序中被纳入破产管理的债务人所拥有的财产。在破产宣告以前，管理人对债务人财产的管理都服从于债务清理和企业拯救两个目的。但在破产宣告以后，债务人的财产则成为仅以清算分配为目的的破产财产。与一般的企业财产相比，破产财产具有显著的特征。破产财产是以清偿债权为目的的财产，由破产管理人直接控制和掌握，可以扣押和强制执行，并具有一定的地域性。从世界范围看，不同的国家在确定破产财产范围时通常有两个重要的基准：时间标准和空间标准。选择不同的时间、空间标准，体现了不同的立法准则，学理

① 王卫国. 破产法精义. 北京：法律出版社，2007. 122~123

上称为固定主义与膨胀主义、程序普及主义与破产属地主义。由于此立法准则的内涵与区别前文已经叙及，此处不再赘述。

在破产领域，我国过去一直贯彻的是清算主义立法理念，并采用破产财产的概念。一般意义上的破产财产是破产程序开始时由破产人所有的财产及财产权利所构成的财产性集合体。而现行《企业破产法》贯彻的是再建主义的立法理念，不仅对债务人的财产实行统一管理，而且尽可能为债务人提供拯救的机会，所以采用了债务人财产这一概念。按照《企业破产法》的规定，债务人财产是指破产申请受理时属于债务人的全部财产，以及破产申请受理后至破产程序终结前债务人取得的财产。债务人被宣告破产后，债务人称为破产人，债务人财产称为破产财产，人民法院受理破产申请时对债务人享有的债权称为破产债权。所以，破产财产是破产宣告后应当由破产管理人占有、支配的破产人的全部财产的总称。破产财产虽然是债务人财产，但破产财产在性质、目的和范围上都与债务人财产有所不同。破产财产属于执行财产，其存在以破产分配为目的，不包括债务人财产中已设定担保物权的财产。而债务人财产属于保全财产，其存在既服务于继续营业和企业拯救的目的，也服务于最大限度地实现债权清偿的目的，原则上包括已设置担保物权的财产。①

债务人财产的范围包括破产申请受理时属于债务人的全部财产，以及破产申请受理后至破产程序终结前债务人取得的财产。其中，破产申请受理时属于债务人的全部财产是指属于债务人所有的固定资产、流动资产、专项基金、无形财产和投资收益；破产申请受理后至破产程序终结前债务人取得的财产是指债务人在法院受理破产申请时并不享有，而在破产程序进行过程中新取得的财产或财产权利，是我国在破产财产问题上采用膨胀主义的体现。新得财产包括：因继续履行合同而取得的财产；债务人享有的投资收益，如分红等；债务人财产所生的孳息；破产程序进行过程中继续营业的收入；取得的其他合法财产等。

按照我国有关企业破产的法律法规和司法解释的规定，下列财产不属于破产财产：债务人基于仓储、保管、加工承揽、委托交易、代销、借用、寄存、租赁等法律关系占有、使用的他人财产；债权人财产中已设定担保物权的财产，但权利人放弃优先受偿权或者优先偿付特定债权剩余的部分除外；特定物买卖中，尚未转移占有但相对人已完全支付对价的特定物；尚未办理产权证或者产权过户手续但已向买方交付的财产；债务人在所有权保留买卖中尚未取得所有权的财产；所有权专属于国家且不得转让的财产；依法禁止扣押执行的财产；债务人的党、团、工会等社团组织的经费及其购置的财产；债务人投资兴办的托儿所、幼儿园、学校、医院等机构；产权属于债务人的职工宿舍、住房；债务人以划拨方式取得的国有土地使用权等。

---

① 王卫国. 破产法精义. 北京：法律出版社，2007. 308~309

第八节 破产程序中的别除权、抵消权、取回权与撤销权

一、别除权

别除权是大陆法系国家破产法上的一个概念，是指就属于破产财团的特定的财产，不按照破产程序而优先得到清偿的权利。[①]破产宣告以后，破产人的财产由管理人接管并依照破产程序分配，但在进入破产程序之前已经设定担保物权的财产不属于破产财产，担保权人对该财产享有别除权。别除权以实现担保物所担保的债权为目的，所以各国破产立法都将担保物权作为别除权最重要的基础权利，只有少数国家如德国、日本还将共有权作为别除权的基础。

我国《企业破产法》虽然没有明确使用别除权的概念，但其第 109 条仍然属于别除权的规定，即“对破产人的特定财产享有担保权的权利人，对该特定财产享有优先受偿的权利”。按照该条规定，我国只承认以担保物权为基础的别除权。

作为别除权基础的担保物权及其所担保的债权必须成立于破产宣告以前，这是别除权成立的一个重要条件。在破产案件受理后至破产宣告前，一般不允许以债务人财产设立新的担保。但是，在重整期间为继续营业借款而设定担保的，在重整程序转为破产清算程序后，该担保物权可以作为别除权的基础；管理人为待履行合同的继续履行而提供的担保，以及管理人为取回质物、留置物而提供的替代担保，在破产宣告后亦享受别除权的地位。此外，作为别除权基础的担保物权及其所担保的债权必须合法成立并生效，担保物必须属于破产人的财产，担保物权所担保的债权已依法申报并被确认为破产债权。

别除权人虽然对破产人的特定财产享有优先受偿的权利，但仍然应当按照法律的规定在债权申报期内向破产管理人申报债权，提供有关债权和担保的证据，并经过债权人会议核查、由人民法院确认。原因在于别除权人所享有的财产担保并不一定能全部满足别除权人的债权，而不足清偿的部分债权仍需要通过破产清算程序作为一般破产债权参与破产分配，所以享有别除权的债权人必须按照破产法的规定申报债权。

自破产宣告裁定作出之日起，别除权人即可行使别除权，不受破产程序的约束。别除权标的物折价或者拍卖、变卖后，其价款超过债权数额的部分，应当作为破产财产；不足以偿付的债权则作为普通的破产债权参与破产分配。别除权人放弃别除权或者别除权的标的物灭失，其债权也作为普通债权参与破产分配。

---

① ［日］石川明. 日本破产法. 何勤华，周桂秋译. 北京：中国法制出版社，2000. 80

二、抵消权

破产抵消权是指破产债权人在破产申请受理前对破产人负有债务的，无论债的种类和到期时间，得于清算分配前以破产债权抵消其所负债务的权利。破产法上的抵消制度，是破产债权只能依破产程序受偿的例外。在破产程序中承认抵消权的理由，"一是抵消制度是为了担负担保性功能，通过行使抵消权，而不根据破产手续就能优先得到清偿；二是如果不允许抵消，就会产生不公平的现象，即自己欠破产财团的债务，被要求作出全面地履行；与此相对，自己拥有的债权则作为破产债权，只能受到按比例的平均的分配（清偿）"[①]。相同的当事人之间，同样的债权却处于不平等的清偿地位，有违公平原则。所以，基于"自然的公平"原则，一些国家在破产法中专门设立了破产抵消权，以保障破产债权人的上述权益。也有的国家不允许进行破产抵消，如法国、比利时、卢森堡等国。反对破产抵消的观点认为，破产抵消的作用在于使享有抵消权的债权人实际上达到担保其债权实现的目的，这违背了按比例分配债务人财产的原则，因为享有抵消权的债权人通过抵消得到了对其债权的充分偿付，这使得抵消类似于一种未公开的担保权，对其他债权人而言是不公平的。[②]所以，这些国家在立法原则上是禁止破产抵消的，但其禁止的范围主要限定在两个相互独立的请求权之间，对于一些相互关联的特殊交易形成的交叉债权往往也是允许抵消的。如否定破产抵消的法国，也允许保险费与保险金的抵消，以及破产人所交付货物的应收价款与迟延履行或瑕疵履行产生的损害赔偿权的抵消。[③]

我国《企业破产法》第 40 条规定："债权人在破产申请受理前对债务人负有债务的，可以向管理人主张抵消。"由于破产抵消权能够使债权人得到优于破产分配的结果，因此，破产抵消权的行使不仅关系到破产抵消权人的利益，而且关系到破产财产及全体破产债权人的利益。为了防止破产抵消权被滥用，从而损害其他债权人的合法权益，破产抵消权的行使应该受到一定的限制。我国《企业破产法》规定，债务人的债务在破产申请受理后取得他人对债务人的债权，不得申请抵消；除了因为法律规定或者有破产申请一年前所发生的原因外，债权人已知债务人有不能清偿到期债务或者破产申请的事实，对债务人负担债务，或者债务人的债务人已知债务人有不能清偿到期债务或者破产申请的事实，对债务人取得债权的，也不得申请抵消。

行使破产抵消权应该向管理人提出抵消的主张，管理人承认后即发生抵消的后果。但是，申请抵消的债权必须是按照法定程序在规定的期限内已经申报并经债权人会议确认的债权，否则，不得申请抵消。如果债权人的债权大于其所负债务，抵消之后债权超过被抵消债务的部分，可以参加破产分配；如果债权人的债权小于其所负债务的，抵消之后债务超过债权的部分属于债务人财产，破产企业的管理人有权就该超过部分债务请

---

① ［日］石川明. 日本破产法. 何勤华，周桂秋译. 北京：中国法制出版社，2000. 133

② 石静遐. 跨国破产的法律问题研究. 武汉：武汉大学出版社，1999. 300~301

③ 张学安. 银行跨国业务中的抵消问题研究. 北京：中国政法大学出版社，2001. 61

求该债权人清偿。

三、取回权与撤销权

为了保障破产管理人实际占有、管理的财产与法定分配的破产财产之间保持一致，准确认定破产财产的范围，各国破产法一般都会规定取回权和撤销权制度。其中，取回权是为了保护取回权人的利益，而撤销权是为了保护破产债权人的利益。

1. 取回权

取回权是指破产债务人占有他人财产，该财产的权利人可不依破产程序，经破产管理人同意而直接将财产取回的权利。取回权作为破产程序中一项重要权利，是基于物权的绝对性而产生的一种优先的排他性权利，故权利人可以通过破产管理人直接取回属于自己的财产，不需要经过破产清算程序。

我国破产法没有明确规定取回权的财产范围，只是概括规定债务人占有的不属于债务人的财产，该财产的权利人可以通过管理人取回。"不属于债务人的财产"在实践中可以分为债务人合法占有和非法占有的他人财产。其中，合法占有的他人财产包括共有财产、委托管理财产、租赁财产、借用财产、保管财产、仓储财产、加工承揽财产、委托财产、代销财产、寄存财产、依所有权保留买卖取得占有但尚未取得所有权的财产。但是，国有企业破产时，除了所有权属于国家且不得转让的财产外，国家对企业财产不享有取回权。债务人非法占有的他人财产是指债务人无合法根据而占有的属于他人的财产，如非法侵占的财产等。[①]

根据《企业破产法》第 38 条的规定，破产申请受理后，破产程序终结前，取回权人可以随时向管理人请求取回财产。管理人收到取回权人的请求后，经查明属实的，应予以返还。如果原物在破产申请受理前被处分或者因债务人的责任毁损灭失的，权利人应以直接损失额为限申报债权，作为破产债权受偿；如果原物在破产申请受理后被处分或因管理人的责任毁损灭失的，权利人按共益债务获得赔偿。[②]

2. 撤销权

撤销权则是指破产管理人对破产债务人在破产程序开始之前一定期限内所为的有损于债务人财产利益的行为予以撤销，使之归于无效的权利。债务人在处于破产状态或者预期将处于破产状态的情况下，从事的使债务人财产不当减少或不公平清偿的交易，具有恶化债务人的资产和信用，损害多数债权人和其他利益相关者的作用，历来为各国破产法所严加限制。破产撤销权即是人民法院享有的限制债务人从事有损于其财产利益的行为的权利，目的在于通过对债务人财产利益的保护，最大限度地实现债权人的利益，确保债权人通过集体清偿程序公平地实现债权。

我国《企业破产法》第 31 条和第 32 条明确规定了破产撤销权适用的范围，具体包括：人民法院受理破产申请前 1 年内，涉及债务人财产的下列行为，管理人有权请求

① 王卫国. 破产法精义. 北京：法律出版社，2007. 106

② 王卫国. 破产法精义. 北京：法律出版社，2007. 107

人民法院予以撤销：①无偿转让财产的；②以明显不合理的价格进行交易的；③对没有财产担保的债务提供财产担保的；④对未到期的债务提前清偿的；⑤放弃债权的。人民法院受理破产申请前 6 个月内，债务人不能清偿到期债务，并且资产不足以清偿全部债务或者明显缺乏清偿能力，仍对个别债权人进行清偿的，管理人有权请求人民法院予以撤销。但是个别清偿使债务人财产受益的除外。

撤销权应当以向人民法院提起诉讼的方式行使。我国破产法不允许债权人启动对债务人破产前交易的撤销诉讼。如果债权人认为债务人的某项破产前交易可能减少债务人财产或者存在个别清偿的可能，可以要求管理人调查。破产管理人应通过向法院提起诉讼的方式行使撤销权，而不能直接主张撤销交易行为，目的是为了给予相对人维护自己权利的机会。通过诉讼的方式行使撤销权，双方可以提供证据证明各自的主张，相对人也有权提出抗辩理由对抗撤销权的行使。

第九节　破产财产的管理与分配

一、破产财产的管理

破产财产的良好管理是破产财产分配的前提。破产财产的管理职责由破产管理人行使，破产管理人通过自己的管理行为使破产财产实现其完整性，达到保值甚至增值的效果，以使债权人获得更好的清偿。破产管理人要尽到善良管理人的注意义务，采取妥善的措施。对因破产管理人的过错而造成破产财产受损的，破产管理人要承担赔偿责任。①

破产管理人对破产财产的管理必须以债权人会议的决定或法院的决定为依据。我国《企业破产法》规定，破产财产的管理方案必须经由出席债权人会议的有表决权的债权人过半数通过，并且其所代表的债权额占无财产担保债权总额的 1/2 以上。如果债权人会议对破产的管理方案未通过的，破产管理人可以提交法院作出裁定，对法院裁定不服的，债权人还可以提起复议。破产管理人此时可以根据法院作出的裁决对破产财产进行管理。

具体而言，破产管理人对破产财产的管理包括积极管理和消极管理。积极管理主要是指破产管理人积极地主张债务人享有的债权，收回按照破产法的规定属于债务人的财产，主持破产期间的营业活动；消极管理主要是指破产管理人接受债务人的履行、对破产债务人财产及债权债务进行清理、调查、登记造册，聘请必要的工作人员辅助财产管理等。

① 汤维建. 新企业破产法解读与适用. 北京：中国法制出版社，2006. 334

二、破产财产的变价

由于破产财产的分配应当以货币形式进行，所以，破产财产分配之前必须通过一定方式使破产财产货币化。破产财产变价是指管理人将非货币的破产财产通过合法方式转化为货币形态，以便于清算分配的过程。破产财产变价是清偿破产债权的基础，破产财产变价所得数额将直接影响债权人所能获得清偿的比例。

破产宣告后，管理人应当立即接管债务人财产，并及时拟订破产财产变价方案，提交债权人会议讨论。破产财产变价方案经过债权人会议通过或者人民法院依法裁定通过后，管理人应当选择最合适的方式适时变价出售破产财产。除债权人会议另有决议的外，变价出售破产财产都应当通过拍卖的方式进行。为了最大化地实现破产财产的价值，破产企业可以根据需要全部或者部分变价出售，还可以将其中的无形资产和其他财产单独变价出售。按照国家规定不能拍卖或者限制转让的财产，则应当按照国家规定的方式处理。破产管理人在变价完成后应将变价结果告知全体债权人。

三、破产财产的分配

破产财产的分配是指破产管理人将变价后的破产财产，根据法定顺序并经过合法程序确定的分配方案，对全体破产债权人进行公平清偿的程序。破产分配的关键在于如何公平地确定分配方案，其中的核心问题是债务清偿的顺序。破产分配方案应该由管理人拟订，经债权人会议讨论通过后提请人民法院裁定认可，才具有执行力。

我国《企业破产法》第113条规定，破产财产在优先清偿破产费用和共益债务后，依照下列顺序清偿：①破产人所欠职工的工资和医疗、伤残补助、抚恤费用，所欠的应当划入职工个人账户的基本养老保险、基本医疗保险费用，以及法律、行政法规规定应当支付给职工的补偿金；②破产人欠缴的除前项规定以外的社会保险费用和破产人所欠税款；③普通破产债权。破产财产不足以清偿同一顺序的清偿要求的，按照比例分配。该条款规定的清偿顺序既是管理人拟订分配方案的重要依据，也是债权人会议和人民法院决定是否认可分配方案的重要衡量标准。

管理人按照分配方案实施财产分配时，应该向全体债权人发出公告或通知，逾期不受领视为放弃受领分配的权利，管理人应当将放弃的分配额分配给其他债权人。

第十节　破产程序的终结及法律后果

破产程序的终结是指由于一定的法律事实出现而导致的破产程序的结束。可以导致破产程序终结的原因有多方面，既包括破产财产分配完毕等正常原因，也包括债权人不申报债权等非正常原因。由于多方面因素的影响，各国关于破产程序终结原因的规定有所不同。我国《企业破产法》规定，债务人无财产可供分配、破产财产不足以支付破产费用、债务人与全体债权人就债权债务处理自行达成和解协议、第三人为债务人提供足额担保或者为债务人清偿全部到期债务、债务人已清偿全部到期债务等情形都可以导致破产程序终结。

法院作出破产程序终结的裁定之后，破产管理人应在10日内，持该裁定向债务人原登记机关办理注销登记。如果债务人不存在尚未终结的仲裁程序或诉讼程序，管理人就不再执行职务。债权人尚未获得清偿的债务不得再向债务人或其出资人主张，但债务人的保证人、连带责任人应就债务人未能清偿的有保证的债务或者连带债务向债权人承担清偿责任。

由于破产债务人无财产可供分配而导致破产程序终结后，如果自破产程序终结之日起2年内，发现有依法应当追回而未被追回的财产，或者发现破产人有应当供分配的其他财产的，债权人可以请求法院按照破产财产分配方案进行追加分配。

破产程序终结产生以下法律后果：破产管理人应在10日内，持法院作出的破产程序终结的裁定向债务人原登记机关办理注销登记；破产管理人的工作结束；债权人未获清偿的债务不得再向债务人或其出资人主张；债务人的保证人、连带责任人应对债务人未能清偿的债务向债权人承担清偿责任。

第十一节　和解制度

一、和解的概念和意义

和解是指具备破产原因的债务人为了避免破产清算，与债权人经过协商谈判，就债务人延期清偿债务、减少债务数额等事项所达成的协议，其目的在于防止债务人破产。

传统的破产以破产清算为唯一目的。破产清算程序固然能保证各债权人公平受偿，但费时耗力、清算费用很高，债权人实际受偿的债权往往并不多，而债务人因为破产解体，不仅会造成大量失业，也会造成社会财富和生产力的浪费。和解制度可以克服破产清算制度的上述缺陷，一方面和解协议的执行有助于债务人通过改善生产经营活动实现财产的保值增值，维护债务人的合法权益，另一方面可以通过提高债务人的偿债能力实现债权人利益最大化。同时可以节约清算费用，避免破产导致的工人失业，有利于兼顾个体利益与社会利益，维持社会稳定。

二、和解程序

1. 和解申请的提出和审查

按照《企业破产法》的规定，和解申请由债务人提出。债务人可以在法院受理破产申请前提出和解申请，使破产案件在启动的同时进入和解程序，也可以在法院受理破产申请后、宣告破产前提出和解申请，使破产案件转入和解程序。债务人在申请和解时必须提交和解协议草案，说明清偿债务的财产来源、办法和期限。债务人提出和解协议草案即是向债权人发出调整债权的邀约。

法院经审查认为和解申请符合《企业破产法》有关规定的，应当裁定和解，予以公告，并召集债权人会议讨论和解协议草案。由于和解制度只涉及债权的调整而不包括债务人营业保护的措施，所以进入和解程序后并不限制担保物权的行使，对债务人的特定财产享有担保权的权利人，自法院裁定和解之日起可以行使权利。

2. 和解协议草案的表决

债权人会议通过和解协议的决议适用双重表决标准，即由出席会议的有表决权的债权人过半数同意，并且其所代表的债权额占无财产担保债权总额的 2/3 以上。债权人会议通过和解协议草案即是针对债务人邀约作出的承诺，所以，和解协议经债权人会议通过草案后成立，由法院裁定认可后生效，法院应该终止和解程序并予以公告结案。管理人则应当向债务人移交财产和营业事务，并向法院提交执行职务的报告。

若和解协议草案经债权人会议表决未获得通过，或者已经债权人会议通过的和解协议未获得法院认可的，表明和解协议未成立或者未生效，法院应当裁定终止和解程序，并宣告债务人破产。

3. 和解协议的执行

经人民法院裁定认可的和解协议，对债务人和全体和解债权人均有约束力，债务人应当按照和解协议规定的条件清偿债务。和解债权人是指法院受理破产申请时对债务人享有无财产担保债权的人。和解债权人未依照本法规定申报债权的，在和解协议执行期间不得行使权利；在和解协议执行完毕后，可以按照和解协议规定的清偿条件行使权利。

因债务人的欺诈或者其他违法行为而成立的和解协议，由于不具备合同有效要件，法院应当裁定无效，并宣告债务人破产。

债务人不能执行或者不执行和解协议的，经和解债权人请求，法院应当裁定终止和解协议的执行，并宣告债务人破产。法院裁定终止和解协议执行的，和解债权人在和解协议中作出的债权调整的承诺失去效力。和解债权人因执行和解协议所受的清偿仍然有效，和解债权未受清偿的部分作为破产债权。按照和解协议减免的债务，是债权人同意免除的债务，自和解协议执行完毕时起，债务人不再承担清偿责任。

第十二节　重整程序

一、重整的概念和意义

重整是指具有一定规模的企业出现破产原因或有出现破产可能，同时又具有继续营业的可能时，为了防止企业破产，经企业或其利害关系人申请，在法院的干预下，对企业实施强制治理以促使其复兴的制度。

现代市场经济就其本质而言是整体化、社会化、规模化、资本集中化、结构控制化与生产科技化的经济，各经济单位之间的联系日趋紧密，某一经济组织的经济崩溃和解体分化，不仅会导致工人失业、生产要素浪费，而且可能导致其他经济组织的经济困难、生产停业、产品滞销，对国民经济的发展无疑是不利的。重整程序正是对那些具有较大社会影响力的债务人在其濒临破产之际，集合各利害关系人的力量，采用各种手段对其进行生产经营上的整顿和债权债务关系的清理，使债务人摆脱经济和财务困境，以防止债务人解体造成的生产力浪费，工人失业引起的社会动荡。因此，在破产法体系中，重整制度是以社会整体利益为本位的，其实现方式带有较强的国家干预的色彩。

二、重整程序

1. 重整申请的提出和受理

启动重整程序的法定方式是债权人或债务人提出重整申请。重整申请是破产申请的一种，根据申请提出的时间，重整申请可以分为初始申请和后续申请。初始申请是债务人出现破产原因或有出现破产的可能时，债务人或者债权人直接向法院提出的重整申请。后续申请是指债权人已经提出破产清算申请，法院在受理破产申请后、宣告破产前，债务人或者出资额占企业注册资本 1/10 以上的出资人向法院提出的重整申请。法院经审查认为重整申请符合破产法规定的，应当裁定债务人重整，并予以公告。

2. 重整计划的提出、表决和批准

在重整期间，既可以由破产管理人负责管理财产和营业事务，也可以由债务人在管理人的监督下自行管理财产和营业事务。不管是债务人还是管理人都应当在法定期限内向人民法院和债权人会议提交重整计划草案，否则法院可以裁定终止重整程序并宣告破产。收到重整计划草案之后，法院应当在 30 日内召开债权人会议，组织债权人按照债权分类分组对重整计划草案进行表决，表决结果有以下三种情况：

⑴ 各表决组均通过重整计划草案，重整计划即为通过，债务人或者管理人应当在法定时间内向法院提出批准重整计划的申请。法院经审查认为重整计划符合法律规定的，应当自收到申请之日起 30 日内裁定批准，终止重整程序，并予以公告。

⑵ 部分表决组未通过重整计划草案，债务人或者管理人可以同未通过重整计划草案的表决组协商并再次表决。如果未通过重整计划草案的表决组拒绝再次表决或者再次表决仍未通过重整计划草案，但重整计划草案符合法定条件，债务人或者管理人可以申请法院批准重整计划草案。法院经审查认为重整计划草案符合法律规定的，应当裁定批准，终止重整程序，并予以公告。经法院裁定批准的重整计划，对债务人和全体债权人均有约束力。

⑶ 重整计划草案未获得通过且不具备申请法院批准的条件，或者已通过的重整计划未获得批准的，法院应当裁定终止重整程序，并宣告债务人破产。

3. 重整计划的执行

获得批准的重整计划由债务人在管理人的监督下负责执行。在监督期内，债务人应当向管理人报告重整计划执行情况和债务人财务状况，管理人应当在监督期届满时向法院提交监督报告，债务人的利害关系人可以查阅该报告。重整计划执行完毕，达到维持债务人事业、恢复清偿能力的重整目的，重整程序即告终结。按照重整计划减免的债务，自重整计划执行完毕时起，债务人不再承担清偿责任。

如果债务人不能执行或者不执行重整计划的，经管理人或者利害关系人请求，法院应当裁定终止重整计划的执行，并宣告债务人破产。法院裁定终止重整计划执行的，债权人在重整计划中作出的债权调整的承诺失去效力，债权人因执行重整计划所受的清偿仍然有效，债权未受清偿的部分作为破产债权。

案例分析

【案情】

2008年3月20日中国银行A县分行向A县中级人民法院申请A县粮食局面粉厂破产。经查，该面粉厂现有资产97.8万元，债务为196.8万元，亏损额达99万元。法院3月21日立案后指定了管理人，在规定时间内通知债权人，并于2008年4月20日在报纸上公告要求债权人申报债权，债权申报截止时间为5月10日，并定于5月30日召开第一次债权人会议。法院发出公告后，部分债权人为了全额清偿债权，从面粉厂仓库提走部分产品抵债。5月30日法院主持召开第一次债权人会议，确认债权人共有18个，各种债务累计196.8万元，其中银行的部分债务有抵押担保。6月1日法院裁定破产。随后，管理人提出财产分配方案，所有财产集体拍卖，全体债权人按比例受偿。债权人会议讨论通过后，管理人委托拍卖公司公开拍卖，获得79.6万元。拍卖程序结束后，银行提出异议，认为设定了抵押权的财产不应该参与整体拍卖，要求就抵押财产优先受偿。法院裁定异议不成立，扣除破产费，按原方案分配后，裁定终止破产程序。

问题：

(1) 中国银行A县分行申请破产应向法院提交哪些材料？

(2) 如果该面粉厂申请破产，应向法院提交哪些材料？

(3) 如果银行的债权都有财产抵押担保，其是否有权申请面粉厂破产？

(4) 企业破产原因是什么？

(5) 法院受理破产申请后对于该案件在时间安排上是否正确？

(6) 进入破产程序后，个别清偿是否有效？

(7) 银行的部分债权有抵押担保，以上处理合法吗？你认为应该如何处理？

(8) 如果破产程序终结后又发现面粉厂还有应收债权，应如何处理？

【解析】

(1) 根据我国《企业破产法》第8条的规定，银行向法院提出破产申请，应该提交破产申请书和有关证据。破产申请书应该载明申请人和被申请人的基本情况、申请目的、申请的事实和理由以及法院要求载明的其他事项。

(2) 面粉厂作为债务人申请破产，除了提交破产申请书和有关证据外，还应当向人民法院提交财产状况说明、债务清册、债权清册、有关财务会计报告、职工安置预案以及职工工资的支付和社会保险费用的缴纳情况。

(3) 若银行债权都有财产抵押担保，且抵押财产足以清偿该面粉厂所欠银行债务，则银行无权申请面粉厂破产；若抵押财产不足以清偿银行债务，银行有权申请债务人破产。因为法律规定债权人提出破产申请的条件是债务人不能清偿到期债务。

(4) 根据我国《企业破产法》第 2 条的规定，企业适用破产程序的原因有下列两种情况：①不能清偿到期债务，并且资产不足以清偿全部债务；②不能清偿到期债务，并且明显缺乏清偿能力。

(5) 法院 4 月 20 日才发出债权登记公告是错误的，应该自裁定受理破产申请之日起 25 日内公告，即应当最迟于 4 月 14 日发出公告；债权申报截止时间定为 5 月 10 日也不正确，债权申报期限自人民法院发布受理破产申请公告之日起计算，最短不得少于 30 日，最长不得超过 3 个月；第一次债权人会议定于 5 月 30 日召开也不正确，应该自债权申报期限届满之日起 15 日内召开。

(6)《企业破产法》第 16 条规定，人民法院受理破产申请后，债务人对个别债权人的债务清偿无效。但是，如果破产企业继续经营，在营业过程中因经营行为产生的债务为共益债务，破产人可以随时清偿。

(7) 银行部分债权设定了抵押担保，应该享有别除权，有权将抵押财产变价优先受偿。所以，法院裁定银行异议不成立是错误的。可以把抵押财产单独拍卖，但如果单独拍卖会使财产价值减少，也可以整体拍卖。无论是单独拍卖还是整体拍卖，都应该保证抵押财产的拍卖价款优先偿还银行的部分抵押债权。

(8) 如果破产程序终结后又发现面粉厂还有应收债权，债权人可以请求法院实现该债权并按照债权人会议通过的分配方案进行追加分配。

第十六章　担保法

本章内容包括担保法概述、保证、抵押、质押、留置、定金六个部分。通过本章教学，要求学生了解担保法的意义和作用，担保的类型、特征，理解物权担保的类型、特征，掌握各种担保原理和特点。本章重点为保证、抵押、质押。本章难点是保证的诉讼时效与主债务的诉讼时效的关系、担保人的责任、最高额担保、浮动抵押。学术热点集中在《物权法》中物权担保规定对抵押、质押、留置的影响。

第一节　担保法概述

一、担保法对商法主体经济流转的重大意义

某种程度上说，在我国现阶段，担保是商法主体经济运行不可缺少的前提。担保法对商法主体经济流转的意义在于：

第一，保障债权实现、确保交易安全。

交易活动是市场经济中最基本的经济活动，反映在法律上就体现为债权债务关系。为了维持和确保交易的安全，法律制度必须对债权债务关系进行规范。担保制度正是以担保债权的实现为宗旨的法律行为制度：某一合同一旦设立了担保，就会对债务人产生物质上和心理上的双重压力，而债务人排除压力的最好办法便是提高履约的自觉性；对债权人来说，则可以通过行使债权请求权的方式以及凭借担保物权来对抗物之所有人或用益人的方式来保障债权实现。这就能够确切保证交易的安全，最大限度地减少贷款以及商品交易中的不安全因素。

就现阶段来说，由于我国处在市场经济不成熟阶段，市场主体的诚信状况整体来说还不够好，完全依靠债务人的履约来实现债权是不可靠的，实践中债务人不如期履行债务的情形比比皆是。救济债权损失是担保的最基本的作用。因此，与市场经济发展程度比较成熟的国家的经济运转相比，我国商法主体经济运转中的债权保障问题显得更为重要。某种程度上可以说，在我国，离开了担保债权债务关系就难以发生，从而经济运转就会失灵。

第二，保障债权实现、确保交易安全关系到我国的金融安全。

总体来说，在我国，最大的债权人无疑是商业银行，鉴于金融债权关系国家经济安全，我国法律对债权的保障予以了特别关注。

1995 年的《商业银行法》第 4 条规定“商业银行以效益性、安全性、流动性为经营原则”，2003 年该条修改为“商业银行以安全性、流动性、效益性为经营原则”，要求商业银行经营时把防范风险放在第一位。为保障商业银行贷款安全，商业银行法规定了商业银行的业务经营原则之一就是实行担保贷款。《商业银行法》第 7 条规定：“商业银行开展信贷业务，应当严格审查借款人的资信，实行担保，保障按期收回贷款。商业银行依法向借款人收回贷款本金和利息，受法律保护。”这一原则要求银行在发放贷款时，应当对借款人的借款用途、偿还能力、还款方式等资信情况进行严格的审查，除经审查、评估，确认借款人资信良好确能偿还贷款，可不提供担保者外，一般都要求借款人提供担保，概括地说，就是商业银行经营以担保贷款为原则，以信用贷款为例外。

为此，刑法规定了违法发放贷款罪作为这一贷款原则的刑法保障。《中华人民共和国刑法》第 186 条规定：“银行或者其他金融机构的工作人员违反法律、行政法规规定，向关系人发放信用贷款或者发放担保贷款的条件优于其他借款人同类货款的条件，造成较大损失的，处五年以下有期徒刑或者拘役，并处一万元以上十万元以下罚金；造成重大损失的，处五年以上有期徒刑，并处二万元以上二十万元以下罚金……单位犯前两款罪的，对单位判处罚金，并对其直接负责的主管人员和其他直接责任人员，依照前两款的规定处罚。”

与上述法律相适应，我国在进行担保法立法时对担保权人的保护也予以了特别的倾斜，可以说对担保权人的倾斜保护是我国担保法的一个重要特点。如《担保法》规定：当事人未约定保证方式或者保证方式约定不明时推定为担保人承担连带责任保证，当事人未约定担保范围的推定为对全部债务承担担保责任等。《借款合同条例》第 8 条明文规定保证人承担的还款责任是连带责任保证，这对增强债权人的债权保障具有特殊意义，可以说连带责任保证的法定性是我国借款合同保证的一个显著特点。

二、担保的概念和特征

1. 担保的概念

从最广泛意义上说，担保是指对某一事项作出的承诺保证。从法律上说，担保是指对某一法律义务的履行或责任的承担所作出的保证，如对刑事被告作的保外就医的担保，对某人担当某一职务的品行和能力所作的人事担保等。民法上的担保，有时是指对某一事项的保证，如对商品质量的担保，但一般是指狭义的担保，即债的担保。

债的担保是保障债务人履行债务的制度，包括债的一般担保和债的特别担保。债的一般担保，是债的效力的自然结果，是债的法律效力的表现之一。因为债是一种信用关系，债务人原本就是以自己的信用来保证债务的履行的，债务人必须以自己的全部财产来清偿其全部的债务。为保证债务人能以其全部财产清偿其全部债务，1999 年 10 月 1 日实施的《合同法》还明确赋予债权人两项权利，即债权人的代位权和撤销权。这两项权利，是债的法律效力的自然延伸，又称债务的保全。

债的特别担保，用通俗的话来说，就是增强债务人的还债能力的措施。它是指法律为保证特定债权人利益的实现而特别规定的保障措施，是以第三人的信用（以增加次债务人的方法来增强主债务人的还债能力）或者在特定财产上设定的权利（以特定的财产来增强债务人的还债能力）来保证债权实现的一种手段，《担保法》上的担保就是指这种特别担保，而不是指债的一般担保或债的保全。

综上所述，可将担保定义为：担保是指在特定财产上设定的权利或以第三人的信用来确保特定债权人债权实现的法律制度。

2. 担保的特征

担保有以下三方面的特征：

第一，担保的目的是保障特定债权人的特定债权的实现，而不是保障所有债权人的债权的实现。此为担保与债的保全的根本区别。债的保全则是担保债务人的一切债权人的全部债权的，而不是担保特定债权人的特定债权。

第二，担保的标的可以是第三人的信用，也可以是第三人的或者债务人的特定财产，但不能是债务人的信用。以债务人的信用作担保，则属于债的保全的范畴，而不是属于担保。

第三，担保是对债的效力的一种加强和补充，是对债务人信用的一种保证措施。所以，在担保关系中，债权人所享有的担保权则是债权人的从权利，而债权人的债权为主债权。

三、担保的类型

根据不同的标准，可分为不同种类的担保。在 1995 年《担保法》颁布之前，在过去的经济合同法以及 1986 年的民法通则当中，担保有保证、抵押、留置、定金四种，抵押包含了质押。担保法则区分了抵押和质押，是把原来的抵押一分为二了，分成了现在的抵押和质押。1995 年的担保法是以担保的标的物来划分的。据此可分为保证、抵押、质押、留置、定金五种形式。

（一）保证

人的担保形式就是保证，是指第三人以其自己的信用担保债务人的债务履行。提供担保的保证人是以自己的信用来担保债务人的债务履行的。保证是一种或然债务关系，只有当债务人不履行债务时债权人才能请求保证人履行，以通过保证人对债务的清偿来保障债权的实现；如果债务人履行了债务，保证人的保证责任也就解除了。所以，保证不一定必然引起保证人履行债务。保证的成立，使债权的清偿有了债务人财产和保证人财产的保障，客观上扩大了债务人清偿债务的责任财产范围。因此，人的担保对于债权人行使权利以保障其利益的实现，无须像物权担保那样需要评估、登记、变卖等烦琐手续，简便易行。一般来说，对于那些资金实力雄厚、融资能力强的，如上市公司、金融机构等提供的保证是可以接受的。但是，人的担保有其自身的弱点，即债权人的利益能否得到保障还取决于第三人即保证人的信用。而第三人的信用在市场经济中具有浮动性，因为第三人的财产是处在不断变动之中的，不是那么可靠。尤其是我国，由于历史原因，企业负债率普遍比较高，信用较低，因此，总的来说，债权人更愿意选择物的担保。

（二）物的担保

物的担保是指以特定的财产作为债权的担保的一种担保方式。物的担保又分为抵押、质押、留置、优先权等形式。担保法规定的抵押、质押、留置即属于此类。

根据《中华人民共和国物权法》（以下简称《物权法》）和《担保法》的规定，债权人在借贷、买卖等民事活动中，为保障实现其债权，需要担保的，可以依法设立担保物权。担保物权人在债务人不履行到期债务或者发生当事人约定的实现担保物权的情形时，依法享有就担保财产优先受偿的权利，但法律另有规定的除外。设立担保物权，应当依照《物权法》和其他法律的规定订立担保合同。

担保物权特征包括：

第一，担保物权是一种物权。

物权的最根本特征就在于对物的支配性和对人的排他性。

这里的支配，并不是指对财产实体的支配，而是指控制、利用财产的价值。担保物权的权利人可直接支配财产的价值并排除他人的干涉，即权利人不需借助他人的给付行为就可以实现其债权内容的一种权利（如以抵押物价值受偿的权利人不必给抵押人以对价就可实现这种清偿）。

担保物权的权利人不仅可以向提供财产担保的义务人主张权利，而且可以向其他一切人主张权利，此即是排他性（除非是善意取得抵押物，其他任何人均不得侵犯抵押权，否则，抵押权人有权向侵权者主张权利）。

担保物权的支配性和排他性决定了担保物权不同于须借助他人的给付行为才能实现，且只能向特定的义务人主张权利的债权，而是属于物权。债权为债权人与债务人之间的关系，债权人须借助债务人的给付行为（支付对价）才能支配标的物，而担保物权是以担保物权人可以以担保物直接取得价值受偿为目的，因此，担保物权不是以直接对物的所有人请求给付（作为或不作为）为内容。这点与保证不同。

担保物权的物权性主要体现在以下几点：

(1) 从权利、内容上来说，担保物权的权利人可以直接对物的价值加以支配并排除他人的干涉，即使是不占有担保标的物的抵押权，抵押权人也是以控制抵押物的价值并从中优先受偿为目的的。担保物权不以请求义务人为一定行为或不为一定行为为内容，这就决定了担保物权的效力及于标的物的变价形态，也就是说担保物权是支配权，而不属于请求权。

(2) 从权利实现方式来说，担保物权人可以直接从担保物的价值受偿以实现权利，而不需要借助义务人的给付行为，即使担保物权人请求法院以拍卖担保物实现权利，也是对标的物的价值直接受偿，无须依靠义务人来实施某种给付行为。

(3) 从权利范围来说，担保物权之权利人，不仅可向提供担保物的义务人主张权利，而且可以向其他一切人主张权利，即担保物权具有对抗第三人的效力。因此，担保物权尽管是在当事人双方之间设定或发生的，但却具有物权的绝对性特点。

(4) 从权利的保护方法来说，担保物权受到侵害时，既可适用债权的保护方法，也可以适用物权的保护方法，而在债权受侵害时则只能适用债权的保护方法。

第二，担保物权是一种限定物权。

物权有完全物权和限定物权之分。完全物权，是指所有权人对物的关系拥有予以全面支配的权利，即对物的所有、占有、使用、收益、处分（包括使用价值和价值方面的处分）予以全面支配的权利。限定物权，又称不完全物权，是指权利人不具有物权的全部内容，即不能对物的关系予以全面的支配，只能对物的价值方面或使用价值方面拥有支配权。具体地说，就是担保物权仅是对标的物的价值加以支配的权利——在价值方面享有优先受偿权，而不能对标的物的使用价值加以支配（此为用益物权的特点）。因此，担保物权并不具有对标的物的使用收益的内容，只能属于限定物权。

第三，担保物权是一种价值权和变价权。

担保物权属于限定物权，但限定物权并不都是担保物权。与其他限定物权（如用益物权）相区别的主要特征是：担保物权属于价值权，是以取得担保物的交换价值为内容的。因此，担保物权不是以取得标的物使用价值为目的，不是以对标的物的占有、使用、收益为内容，而仅是在债务不履行时以担保物的价值来受偿。同时，担保物权又不同于一般的价值权，而是一种在债务不履行条件下以标的物价值优先受偿的变价权或换价权。

第四，担保物权为从权利，具有从属性。

担保物权与其他担保方式一样，以确保债权实现为目的，因此，它与所担保的债权形成从属关系，担保物权为从权利，所担保的债权为主权利。具体地说，就是主债权无效（如赌博、贩毒所形成的债权），决定了担保物权也无效；担保物权无效，却不能说主债权也肯定无效。值得注意的是，主债权有效，也不能必然推出担保物权也必然有效，如担保物权的设立本身不合法则担保物权无效，这种无效与主债权是否有效无关。

第五，担保物权具有不可分性，这是由担保物权的作用决定的。

担保物权的不可分性是指担保权人于其全部债权受清偿前，可以就担保物的全部行使其权利。换言之，担保物权的权利人可以支配担保物的价值，以保障自己的全部债权受偿：在担保物一部分灭失时，其余的部分仍然担保债权的全部；在担保物因共有的分割分别属于数人时，其分割的各部分仍旧担保着债权的全部；担保物权与所担保的债权不得分开单独让与——两者只能是或者共同让与或者债权转让而担保物权消灭；债权的一部分因清偿、抵消、混同等原因消灭时，担保权人仍可以就担保物的全部行使担保物权；债权的一部分让与时，担保物权并不能因之而分割。

第六，担保物权具有物上代位性。

担保物权既以支配标的物的价值为内容，以取得标的物的价值受偿为目的，其效力也就及于标的物的替代物上，因此，在担保物因毁损灭失或公用征收而受有赔偿或补偿时，担保物权从获得的赔偿或补偿的价值中优先受偿。

正因担保物权有上述特征，风险较小，所以，商业银行一般来说是把抵押、质押作为担保贷款的首选。但是，抵押、质押担保与保证相比也有不足之处，主要表现在：手续比较烦琐，一般需要经过评估、登记，在实现债权时还有一个变现的问题。因此，在保证人资金实力雄厚、融资能力强的情况下，是可以采取保证担保的，否则，则采取物权担保或者同时采取物的担保和人的担保来确保债权。

四、反担保

反担保是指被担保的债务人或第三人对为债务人履行债务提供担保的担保人所提供的担保。

担保可以是债务人自己提供的，即债务人就是担保提供人，但债务人自己提供的担保只能是物的担保；也可以是债务人以外的第三人提供的，即第三人为担保提供人。第三人为担保人的，在债务人不能履行债务时，担保人须以自己的财产或以其提供作为担保的特定财产的价值清偿债务人应清偿的债务。担保人为债务人清偿债务后，即取得代位求偿权，在其为债务人清偿的债权范围内代以债权人的地位向债务人追偿。

担保人向债务人追偿时，担保人为债权人。然而，担保人追偿的权利能否得到实现取决于到期债务人的信用状况。因此，担保人为保证其追偿权的实现，保障其利益不受损失，就需要债务人向其提供担保。在这种情况下，债务人应担保人的要求由自己或第三人向担保人提供的担保，即为反担保。《担保法》第4条规定：“第三人为债务人向债权人提供担保时，可以要求债务人提供反担保。”“反担保适用本法担保的规定”。反担保所担保的是担保人对被担保人的追偿权；担保则是担保主债权。

五、保函

在担保种类中，我国主要有抵押、质押、保证三种。保函是特殊类型的保证，是指金融机构作为保证人，应某商业交易一方当事人或某种合约或某种经济关系的一方（即申请人）的要求，以其自身的信誉向商业交易另一方或某种经济关系的另一方（即受益人），为担保该商业交易项下或某种合约关系中或某种经济关系中的某种责任或义务的履行而作出的一种具有一定金额、一定期限、承担某种支付责任或经济赔偿责任的书面信用保证。如果保证人为银行，银行开出的保函叫做“银行保函”。在实务中，以金融机构作为担保人的担保关系，由于其资金实力雄厚、融资能力强、信用关系良好，通常是通过出具保函形式来提供担保的，权利人一般来说愿意接受。

我国的保函主要包括投标保函、履约保函、预付款保函（又称银行保函，多用于对外经济关系中的担保、还款保函）、预留金保函、借款保函、透支保函、保释金保函、付款保函、延期付款保函、补偿贸易保函、来料加工保函、租赁保函、票据保付保函等。

六、担保合同的效力

担保合同的效力在于，合同一经生效即在当事人之间产生担保权利义务，担保人须依照法律规定和合同约定承担担保责任，债权人为担保权人，享有担保的权利。

但是，并非所有的担保合同都能发生上述效力。担保合同也有有效与无效之分。只有有效合同才能发生合同的法律效力，无效合同不能发生当事人预期的法律后果。因此，确定担保合同的效力，首先确定担保合同是否有效。担保合同是为担保债权而订立的，担保合同是从合同，所担保的债权合同是主合同。从合同的效力与主合同的效力密切相关：主合同无效，担保合同肯定无效；但主合同有效，担保合同不一定有效。所以，担保合同的效力，既决定于担保合同自身是否有效，也决定于所担保的债权是否有效。

担保合同被确认无效时，债务人、担保人、债权人三方有过错的，应当根据其过错各自承担相应的民事责任，即承担《合同法》规定的缔约过失责任。

1. 被担保的主合同无效导致担保合同无效及其处理

《担保法》第 5 条规定："担保合同是主合同的从合同，主合同无效，担保合同无效，担保合同另有约定的，按照约定。"主合同无效，被担保的债权也就属于非法债权，担保非法债权的担保合同也因此无效，所以，担保合同发生效力的条件之一是主合同有效。值得一提的是，担保合同以主合同有效为前提，并不意味着担保合同成立时必须主合同存在；先订立担保合同后订立主合同，并不影响担保合同效力，但担保权利行使时，被担保的债权必须有效存在。

主合同无效而导致担保合同无效的处理：①担保人无过错的，担保人不承担民事责任；②担保人有过错的，担保人承担民事责任的部分不应超过债务人不能清偿债务部分的 1/3。

2. 主合同有效而担保合同本身无效及其处理

担保合同为合同的一种，因而必须有效存在。担保合同被确认无效时，当然不能发生担保合同有效的法律后果，因而，担保合同在担保合同双方当事人之间也就不能发生担保的权利义务，债权人不能享有担保权，担保人也无担保责任。

主合同有效而担保合同无效的处理：债权人无过错的，由债务人和担保人对主合同债权人的经济损失承担连带赔偿责任；债权人、担保人有过错的，担保人承担民事责任的部分不应超过债务人不能清偿债务部分的 1/2。

3. 担保无效时反担保人的责任与条件

担保人因无效担保向债权人承担赔偿责任后，可向债务人追偿；或在承担赔偿责任的范围内，要求有过错的反担保人承担赔偿责任。

4. 其他情况下担保人的责任

同一债权上数个担保物并存时，债权人放弃债务人提供的物的担保的，其他担保人在其放弃权利的范围内减轻或免除担保责任。

主合同解除后，担保人对债务人应承担的民事责任仍应承担担保责任。但担保合同另有约定的除外。

担保法司法解释规定，登记的担保期间，对担保物权的存续，不具有法律约束力。

《物权法》规定：抵押权人应当在主债权诉讼时效期间行使抵押权；未行使的，人民法院不予保护。

第二节　保证

一、保证的概念和特征

1. 保证的概念

保证是由保证人与债权人合意而成的诺成的法律行为。《担保法》第 6 条规定："本法所称保证，是指保证人和债权人约定，当债务人不履行债务时，保证人按照约定履行债务或者承担责任的行为。"

从逻辑上来说，保证合同应在主合同成立之后订立，有了主合同的存在，才有对主合同进行担保的问题；但是实践中，为了使债权人放心，顺利签订主合同，保证合同常常在主合同成立之前或者同时订立，这是合理、现实的做法；但承担保证债务的前提，必须是主债权合法有效地存在。

此外，改革开放以来，随着世界经济关系的发展，在我国的国际贸易中也出现了凭要求即付等一些新的保证方式如银行保函。这些方式的保证合同可以独立于主合同存在，而不以主合同的存在为前提，而且这种保证合同往往是不能享有抗辩权的。为适应国际经济贸易活动发展的需要，我国《担保法》第 5 条作出相应的规定，担保合同是主合同的从合同，担保合同另有约定的，按照约定。因此，当事人可以在经济活动中适用《担保法》第 5 条的规定，约定独立于主合同的保证担保形式。

2. 保证的特征

保证具有如下特征：

(1) 保证人是主合同法律关系以外的第三人。这是保证区别于抵押、质押的特征之一。在抵押、质押关系中，担保的提供人既可以是债务人自己，也可以是第三人。因为在这种关系中，担保人是以提供特定财产来担保债务的履行的，只要这种特定财产存在，被担保的债权就有相应的保障，至于这种特定财产是由债务人还是由第三人提供，对债权担保没有多大的影响。而在保证贷款关系中，保证的提供人只能是主合同法律关系以外的第三人，因为担保设立的目的就是为了增强对债权安全的保障，如果由债务人自己提供保证担保，则担保就变得毫无意义——债务人作不作保证，都要以其全部财产来保障贷款债务的清偿，这是债的自然效力，无须由担保法律关系来调整，而且债务人自己提供保证就根本起不到对债权安全保障的增强作用。在这里，第三人本来与主合同的当事人毫无关系，但他承诺为债务人履行债务作保证，便成为担保法律关系的当事人，与债权人发生担保法律关系。

(2) 保证是以保证人的信誉和清偿能力作保证的。与物权担保以提供特定财产作为债权担保的方式不同，保证担保是通过债务人和保证人的财产来保障债权的安全的，即债务人不履行债务时，债权人可以请求债务人和保证人以他们拥有的全部财产来清偿债权。这就要求保证人拥有的财产起码要大于其所承诺担保的债务的数额，也就是说，保证人必须具有足够的清偿能力，并且守合同、讲信用。这样，保证人才能在债务人不履行债务时，代为履行债务，债权人的债权才能得到更好的保障。

(3) 保证只享有一般债权的效力。根据担保法原理，担保物权具有优于其他债权得到偿还的效力；而保证所形成的债权，债权人只能与其他债权人一样，平等地受偿。

二、保证人的资格

担任保证人须具有一定的资格。

(1) 可以成为保证人：具有代为清偿债务能力的法人、其他组织或者公民可以作保证人。但不具有完全代偿能力的法人、其他组织或者自然人，以保证人身份订立保证合同后，不能以自己没有代偿能力为由要求免除保证责任。

(2) 不得成为保证人：除经国务院批准为使用外国政府或者国际经济组织贷款进行转贷担保外，国家机关不得为保证人。学校、幼儿园、医院等以公益为目的的事业单位、社会团体不得为保证人，但从事经营活动的事业单位、社会团体可以为保证人。

(3) 企业法人的分支机构、职能部门的保证：

一是企业法人的分支机构不得为保证人。

企业法人的分支机构有法人书面授权的，可以在授权范围内提供保证，该分支机构经营管理的财产不足以承担担保责任的，由企业法人承担民事责任。

企业法人的分支机构未经法人书面授权或者超出授权范围与债权人订立保证合同，导致该合同无效或者超出授权范围的部分无效，债权人和企业法人有过错的，应当根据其过错各自承担相应的民事责任；债权人无过错的，由企业法人承担民事责任。

如授权不明，分支机构应对全部债务承担保证责任。

二是企业法人的职能部门也不得为保证人。

企业法人的职能部门提供保证的，保证合同无效。

债权人知道或者应当知道保证人为企业法人的职能部门的，因此造成的损失由债权人自行承担。

债权人不知保证人为企业法人的职能部门，因此造成的损失，由企业法人承担民事责任。

三、共同保证

同一债务有两个以上保证人的，为共同保证，分为按份共同保证和连带共同保证。

保证人与债权人在保证合同约定保证份额承担保证责任的，为按份共同保证。

保证人与债权人没有约定的，应为连带共同保证。连带共同保证时，债权人可以要求债务人履行债务，也可以要求任何一个保证人承担全部责任。连带共同保证的保证人不能以其相互之间约定（私下约定、非合同中约定）自己承担的份额对抗债权人。一人或数人清偿后，可以按内部约定比例向其他人追偿。保证人相互之间没有约定的，平均分担。

四、最高额保证

最高额保证是指债权与保证人之间就债务人在一定期间内连续发生的若干笔债务，确定一个最高限额，由保证人在此限额内对债务人履行债务作保证的协议。最高额保证的特点有：主债务为将来一定期间内发生的债务；主债务为连续发生的若干笔债务；保证人的责任为期限届满时的责任并且具有限额。

最高额保证通常适用于债权人与债务人之间具有经常性的、同类性质业务往来，多次订立合同而产生的债务，如经常性的借款合同或者某项商品交易合同关系等。对一段时期内订立的若干合同，以订立一份最高额保证合同为其担保，可以减少每一份主合同订立一个保证合同所带来的不便，同时仍能起到债务担保的作用。

五、保证合同和保证方式

1. 保证合同

保证的内容应当由保证人与债权人在以书面形式订立的保证合同中加以确定。内容包括：主债权种类、数额，债务人履行债务的期限，保证方式，保证担保范围，保证期间。

签订保证合同时每项内容都应约定明确；没有约定或约定不明确一般会发生有利于债权人的法律后果。

保证方式没有约定或约定不明，推定为连带责任保证。

保证范围没有约定或约定不明，保证范围有主债权及利息、违约金、损害赔偿金和实现债权的费用五项；但当事人对保证担保的范围没有约定或约定不明的，推定保证人对全部债务承担责任。

保证期间没有约定，保证期间为主债务履行期届满之日起6个月。

保证期间约定不明，保证合同保证人承担保证责任直至主债务本息还清时为止等类似内容，视为约定不明，保证期间为主债务履行期届满之日起2年。

2. 保证方式

保证的方式有一般保证和连带责任保证两种。

当事人在保证合同中约定，在债务人不能履行债务时，由保证人承担保证责任的，为一般保证。一般保证人享有先诉抗辩权。

当事人在保证合同中约定保证人与债务人对债务承担连带责任的，为连带责任保证。连带责任保证人不享有先诉抗辩权，只要发生债务人不履行债务的事实，债权人即可以要求保证人承担保证责任。当事人对保证方式没有约定或者约定不明确的，按照连带责任保证承担保证责任。这是对债权保障十分有利的法律推定。

3. 一般保证人享有的先诉抗辩权

一般保证是指当事人约定，在债务人不能履行债务时，由保证人承担保证责任的一种保证方式。据此，债权人向一般保证人请求其履行保证责任时，还必须证明债务人已不能履行债务的事实，而不能仅仅证明债务人未履行债务的事实。因为一般保证人享有先诉抗辩权，即保证人在主合同纠纷未经审判或仲裁，并就主债务人的财产强制执行仍不能履行债务前，对债权人拒绝承担保证责任的权利。只有对主债务人的财产依法强制执行仍不能完全清偿债务人的债务时，保证人才承担保证责任，因此，保证人的保证债务并不以主债务履行期限届至而立即发生效力。这是一般保证人享有、连带责任保证人所不具有的先诉抗辩权。因此，在保证人行使先诉抗辩权期间，债权人也不得以自己与保证人的债务而主张与保证人的保证债务相抵消。

如何确认主债务人“不能履行债务”呢？司法实践是：债权人与债务人的主合同纠纷经过了人民法院的审理或者仲裁机构的仲裁，并且通过人民法院对债务人的财产执行完毕后，仍然不能清偿债务时，即可以认定为债务人不能履行债务。此时，保证人才对未受清偿的部分承担保证责任。这是保证债务的补充性特点的具体体现。

但是保证人行使先诉抗辩权是有限制的。《担保法》规定了如下三种情形出现时不得行使先诉抗辩权：①债务人住所的变更，致使债权人要求其履行债务发生重大困难的。②人民法院受理债务人破产案件，中止执行程序的。③保证人以书面形式放弃先诉抗辩权的。

六、保证责任

保证责任的法律规定比较分散、复杂，在此归纳如下要点：

1. 保证担保的责任范围

保证担保的责任范围包括主债权及利息、违约金、损害赔偿金和实现债权的费用。当事人对保证担保的范围没有约定或约定不明的，保证人应对全部债务承担责任；有约定的，从约定。

2. 债权转让

债权人转让债权的，保证债权同时转让，保证人在原范围内对受让人承担保证责任，但合同约定不得转让的除外。

3. 债务转让

债务人转让债务的，应取得保证人的书面同意，否则，不承担保证责任。

4. 主合同内容变更与保证责任

保证期间，变更主合同的，应当取得保证人书面同意，未经保证人书面同意的，保证人不再承担保证责任。但在司法实践中：①未经保证人同意的主合同变更，如减轻债务人的债务的，保证人仍应对变更后的合同承担保证责任；如加重债务人债务的，保证人对加重的部分不承担保证责任；②债权人与债务人对主合同履行期限作了变动，未经保证人书面同意，保证期间为原期间或法律规定的期间；③债权人与债务人协议变更主合同内容，但并未实际履行的，保证人仍应承担保证责任。

5. 保证期间及其法律效果

(1) 保证期间指保证人承担保证责任的时间期限。①保证人与债权人在合同中明确约定的，从约定；②未约定保证期间的，保证期间为主债务履行期届满之日起 6 个月；约定保证期早于或等于主债务履行期限的，视为没有约定；③保证合同中有保证人承担保证责任直至主债务本息还清时为止等类似内容的，视为约定不明，保证期间为主债务履行期届满之日起 2 年；④保证期间是一种除斥期间，不因任何事由而发生中断、中止、延长的法律后果；⑤最高额保证合同对期间没有约定或约定不明的，如约定有保证人清偿债务期限的，为清偿期限届满起 6 个月；没约定，为最高保证终止之日或债权人收到保证人终止保证合同的书面通知之日起 6 个月。

(2) 保证期间的法律效果。①在保证期间，债权人未对一般保证的债务人提起诉讼或者申请仲裁的，保证人免除保证责任；债权人已提起诉讼或者申请仲裁的，保证的诉讼时效中断，从判决或者仲裁裁决生效之日起，开始计算保证合同的诉讼时效。②在保证期间，债权人未要求连带责任保证的保证人承担保证责任的，保证人免除保证责任；要求保证人承担保证责任的，从债权人要求保证人承担责任之日起，开始计算保证合同的诉讼时效。

6. 主债务诉讼时效与保证债务诉讼时效

(1) 一般保证中，主债务诉讼时效中断，保证债务诉讼时效中断；连带责任保证中，主债务诉讼时效中断，保证债务诉讼时效不中断。

一般保证中，债务清偿和保证责任有先后顺序，主债务法律程序不终结，就不能进行一般保证的法律程序，因此，应同时中断。

但连带责任中，债务清偿和保证责任没有先后顺序，属于并行的法律程序，因此，保证责任的诉讼时效不随主债务的诉讼时效中断。于是，很可能出现连带责任主债务诉讼时效恢复后，保证的诉讼时效已经到期的情况。

(2) 一般保证和连带责任保证中，主债务诉讼时效中止的，保证债务的诉讼时效同时中止。

(3) 担保物权应当在主债权的诉讼时效内行使。

7. 连带共同保证

连带共同保证只要有一人承担保证责任后，就有权要求其他保证人清偿应承担的份额，不管债权人是否在保证期间内向他们主张过保证责任。

8. 保证人享有债务人的抗辩权

债务人放弃时保证人仍有抗辩权，如债务人对超过诉讼时效的债权放弃抗辩，保证人仍可以拒绝承担保证责任。

保证人对已经超过诉讼时效期间的债务承担了保证责任或又提供了保证的，不得以超过诉讼时效为由提出抗辩。

9. 保证与物的担保同时并存时的规定

(1) 债务人提供物的担保时。①应优先执行物的担保，如债权人放弃物的担保，保证人仅对物的担保以外的债权承担保证责任。②物的担保合同被确认无效或者被撤销，或者担保物因不可抗力的原因灭失而没有代位物的，保证人仍应当按合同的约定或者法律的规定承担保证责任，不能因为物的优先执行规定而免除保证责任；③如债权人在主合同履行届满后怠于行使担保物权，致使担保物的价值减少或者毁损、灭失的，视为债权人放弃部分或者全部物的担保，保证人在债权人放弃权利的范围内减轻或者免除保证责任。

(2) 第三人提供物的担保时。物权法对第三人提供物的担保的情况，排除在优先执行范围之外。第三人提供物的担保时，债权人享有选择权：既可以先执行担保物，也可以先要求保证人承担责任，不一定优先执行物的担保。

10. 专款专用的保证

第三人向债权人保证监督支付专款专用的，在履行此项义务后，不再承担责任（没有期满后6个月的期限）；未尽监督义务造成资金流失的，就对流失的资金承担补充赔偿责任。

11. 注册资金的保证

保证人对债务人的注册资金提供保证，注资不足或不符或转移的，在保证范围内承担连带保证责任。

12. 保证人免责的规定

根据《担保法》规定，在下列情形下保证人不承担民事责任：

(1) 主合同当事人双方串通，骗取保证人提供保证的。

(2) 合同债权人采取欺诈、胁迫等手段，使保证人在违背真实意思的情况下提供保证的。

根据《担保法解释》的规定，在下列情形下保证人不承担民事责任：

(1) 主合同债务人采取欺诈、胁迫等手段，使保证人在违背真实意思的情况下提供保证，债权人知道或者应当知道欺诈、胁迫事实的，保证人不承担民事责任。

(2) 债务人和保证人共同欺骗债权人，订立主合同和保证合同的，债权人可以请求法院予以撤销。

(3) 主合同当事人双方协议以新贷偿还旧贷，除保证人知道或者应当知道者外，保证人不承担民事责任，但新贷与旧贷系同一保证人的除外。

13. 保证人追偿权的行使

保证人对债务人行使追偿权的诉讼时效，自保证人向债权人承担责任之日起计算。

保证人自行履行保证责任时，其实际清偿额大于主债权范围的，保证人只能在主债权范围内对债务人行使追偿权。

保证期间，债权人知道或应知道债务人破产，不申报债权时应当通知保证人；债权人既未申报债权也未通知保证人，致使保证人不能预先行使追偿权的，保证人在该债权在破产程序中可能受偿的范围内免除保证责任。

债权人要求保证人对其在破产程序中未受清偿部分承担保证责任的，应在破产程序终结后6个月内提出。

第三节　抵押

一、抵押的概念

抵押是指债务人或者第三人不转移对其确定的财产的占有，将该财产作为债权的担保。当债务人不履行债务时，债权人有权依照法律规定，以该财产折价或者以拍卖、变卖该财产的价款优先受偿。

债务人或者第三人为抵押人，债权人为抵押权人，提供担保的财产为抵押财产。

抵押与质押的区别：

(1) 物权设定的条件不同。抵押权的设定无须转移抵押物的占有；质权的设定必须转移质物的占有。

(2) 对物的占有主体不同。抵押权设定后，抵押物仍由抵押人占有、使用；而质权设定后，质物须移交占有人占有。

(3) 客体不同。抵押权的标的主要为不动产，也可以是特定的动产；质权的标的物只能是动产和财产权利。

二、抵押财产

抵押人只能以法律规定可以抵押的财产提供担保；法律规定不可以抵押的财产，抵押人不得用于提供担保。

1. 可抵押的财产

根据《物权法》和《担保法》的规定，债务人或者第三人有权处分的下列财产可以抵押：

(1) 建筑物和其他土地附着物。

(2) 建设用地使用权。

(3) 以招标、拍卖、公开协商等方式取得的荒地等土地承包经营权。

(4) 生产设备、原材料、半成品、产品。

(5) 正在建造的建筑物、船舶、航空器。

(6) 交通运输工具。

(7) 法律、行政法规未禁止抵押的其他财产。

抵押人可以将上述所列财产一并抵押。

以建筑物抵押的，该建筑物占用范围内的建设用地使用权一并抵押。以建设用地使用权抵押的，该土地上的建筑物一并抵押。

乡镇、村企业的建设用地使用权不得单独抵押。以乡镇、村企业的厂房等建筑物抵押的，其占用范围内的建设用地使用权一并抵押。

2. 不可抵押的财产

下列财产不得抵押：

(1) 土地所有权。

(2) 耕地、宅基地、自留地、自留山等集体所有的土地使用权，但法律规定可以抵押的除外。

(3) 学校、幼儿园、医院等以公益为目的的事业单位、社会团体的教育设施、医疗卫生设施和其他社会公益设施。

(4) 所有权、使用权不明或者有争议的财产。

(5) 依法被查封、扣押、监管的财产。

(6) 法律、行政法规规定不得抵押的其他财产，如以法定程序确认为违法、违章的建筑物抵押的，抵押无效。

三、抵押合同和抵押物登记

1. 抵押合同

设立抵押权，当事人应当采取书面形式订立抵押合同。

抵押合同一般包括下列条款：①被担保债权的种类和数额；②债务人履行债务的期限；③抵押财产的名称、数量、质量、状况、所在地、所有权归属或者使用权归属；④担保的范围，包括主债权及利息、违约金、损害赔偿金和实现抵押权的费用；⑤当事人认为需要约定的其他事项。

2. 抵押权登记及其效力

抵押权登记是导致抵押权获取公信力的必要途径。它对于维护市场经济条件下交易的安全，保护抵押财产关系人和第三人的利益，强化抵押担保的社会功能，避免纠纷的发生，具有重要的法律意义。

对抵押权之登记效力的主张，有登记要件主义和登记对抗主义两种。登记要件主义是指抵押权的成立除当事人之间存在抵押合同外，还必须进行登记，否则不产生抵押权成立之效力。该学说偏重交易安全，但忽视了抵押设立的效率和当事人意思自治，因而存在着较大的缺陷。登记对抗主义是指抵押权的成立只须在当事人间达成抵押合意即可，但对第三人不产生公信力，若要对抗善意第三人，必须进行抵押权登记。这一学说兼顾交易安全和效率，符合合同自由原则。

我国《物权法》对《担保法》第41条、第42条进行了修正，规定应当登记的而没有登记，抵押合同有效，但不能取得抵押权。

《物权法》采取了以登记要件主义为主、以登记对抗主义为辅的原则：

(1) 以建筑物和其他土地附着物；建设用地使用权；以招标、拍卖、公开协商等方式取得的荒山、荒沟、荒丘、荒滩等土地承包经营权；正在建造的建筑物抵押的，应当办理抵押登记，抵押权自登记时发生效力。

(2) 以生产设备、原材料、半成品、产品；交通运输工具或者正在建造的船舶、飞行器抵押的，抵押权自抵押合同生效时发生效力，未经登记，不得对抗善意第三人。

(3) 企业、个体工商户、农业生产经营者以现有的以及将有的生产设备、原材料、半成品和产品进行动产抵押的，应当向动产所在地的工商行政管理部门办理登记。抵押权自抵押合同生效时发生效力；未经登记，不得对抗善意第三人，也不得对抗正常经营活动中已支付合理价款并取得抵押财产的买受人。

当事人以法律规定的需要办理抵押物登记的财产作抵押的，应当向有关部门办理抵押物登记。办理抵押物登记的部门如下：

(1) 以无地上定着物的土地使用权抵押的，为核发土地使用权证书的土地管理部门。

(2) 以城市房地产或者乡（镇）、村企业的厂房等建筑物抵押的，为县级以上地方人民政府规定的部门。

(3) 以林木抵押的，为县级以上林木主管部门。

(4) 以航空器、船舶、车辆抵押的，为运输工具的登记部门。

(5) 以企业的设备和其他动产抵押的，为财产所在地的工商行政管理部门。

以其他财产抵押的，可以自愿办理抵押物登记，抵押合同自签订之日起生效。抵押物登记记载的内容与抵押合同约定的内容不一致的，以登记记载的内容为准。

四、抵押的效力

订立抵押合同前抵押财产已出租的，原租赁关系不受该抵押权的影响。抵押权设立后抵押财产出租的，该租赁关系不得对抗已登记的抵押权。

抵押期间，抵押人未经抵押权人同意，不得转让抵押财产，但受让人代为清偿债务消灭抵押权的除外。抵押期间，抵押人经抵押权人同意转让抵押财产的，应当将转让所得的价款向抵押权人提前清偿债务或者提存。转让的价款超过债权数额的部分归抵押人所有，不足部分由债务人清偿。

抵押权不得与债权分离而单独转让或者作为其他债权的担保。债权转让的，担保该债权的抵押权一并转让，但法律另有规定或者当事人另有约定的除外。

抵押人的行为足以使抵押财产价值减少的，抵押权人有权要求抵押人停止其行为。抵押财产价值减少的，抵押权人有权要求恢复抵押财产的价值，或者提供与减少的价值相应的担保。抵押人不恢复抵押财产的价值也不提供担保的，抵押权人有权要求债务人提前清偿债务。

抵押人可以放弃抵押权或者抵押权的顺位。债务人以自己的财产设定抵押，抵押权人放弃该抵押权、抵押权顺位或者变更抵押权的，其他担保人在抵押权人丧失优先受偿权益的范围内免除担保责任，但其他担保人承诺仍然提供担保的除外。

五、抵押权的实现

1. 抵押权的行使

《物权法》第 195 条规定：“债务人不履行到期债务或者发生当事人约定的实现抵

押权的情形，抵押权人可以与抵押人协议以抵押财产折价或者以拍卖、变卖该抵押财产所得的价款优先受偿。协议损害其他债权人利益的，其他债权人可以在知道或者应当知道撤销事由之日起 1 年内请求人民法院撤销该协议。抵押权人与抵押人未就抵押权实现方式达成协议的，抵押权人可以请求人民法院拍卖、变卖抵押财产。抵押财产折价或者变卖的，应当参照市场价格。”

该条规定简化了抵押权的实现程序，降低了抵押权行使的成本，更有利于抵押权人的利益保护。依据该条规定，当事人没有就抵押权实现方式达成协议的，抵押权人可以直接请求人民法院拍卖、变卖抵押财产，即抵押权人无须通过诉讼事件来实现抵押权，而是可以在初步证明抵押权和主债权存在之后直接申请法院拍卖、变卖抵押财产。此种申请拍卖的性质属于非诉讼案件，法院对当事人的申请仅进行形式上的审查，至于抵押权、被担保的债权是否存在等内容属于实体问题，法院不予审查。经过审查后，法院就可以作出强制执行的裁定，该裁定就是执行依据。如果债务人或者抵押人对于抵押权以及被担保的债权是否存在等实体法律关系有异议，那么，应当由债务人或抵押人提起诉讼，并支付相应的诉讼费用。

抵押物折价或者拍卖、变卖所得的价款，当事人没有约定的，按下列顺序清偿：①实现抵押权的费用；②主债权的利息；③主债权。

债务人不履行到期债务或者发生当事人约定的实现抵押权的情形，致使抵押财产被人民法院依法扣押的，自扣押之日起抵押权人有权收取该抵押财产的天然孳息或者法定孳息，但抵押权人未通知应当清偿法定孳息的义务人除外，孳息应当先充抵收取孳息的费用。

抵押财产折价或者拍卖、变卖后，其价款超过债权数额的部分归抵押人所有，不足部分由债务人清偿。

此外，《物权法》对抵押权人行使抵押权的期限进行了规定：抵押权人应当在主债权诉讼时效期间行使抵押权；未行使的，人民法院不予保护。

2. 物权担保重合时的清偿顺序与责任承担

(1) 同一财产向两个以上债权人抵押的。①规定抵押合同自登记之日生效的按登记先后顺序清偿，抵押物登记的顺序相同的，按债权比例清偿。②抵押合同不需要登记的，抵押合同自签订之日生效的，按合同生效时间的先后顺序清偿，顺序相同的，按债权比例清偿。

(2) 登记的先于未登记的受偿；因登记部门原因致使连续登记的，抵押第一次登记的日期，视为抵押登记的日期，并依此确定抵押权的顺序。

(3) 动产抵押的特殊规定。同一动产向两个以上债权人抵押的，当事人未办理抵押物登记，实现抵押权时，各抵押权人按债权比例受偿。

(4) 同一债权有两个以上抵押人的。①债权人放弃债务人提供的抵押担保的，其他抵押人可请求法院减轻或免除其应承担的担保责任。②当事人对所担保的债权份额或顺序没有约定或约定不明的，抵押权人可就其中任一或各个财产行使抵押权。

(5) 同一动产向两个以上债权人抵押的。①顺序在先的抵押权与该财产的所有权归属一人时，该财产的所有权人可以其抵押权对抗顺序在后的抵押权。②顺序在后的抵押权的债权先到期的，抵押权人只能就价值超出顺序在先的抵押担保债权部分受偿。

(6) 抵押权人先于质权人受偿，留置权人优于抵押权人受偿。

六、最高额抵押

最高额抵押是指为担保债务的履行，债务人或者第三人对一定期间内将要连续发生的债权提供担保财产的，债务人不履行到期债务或者发生当事人约定的实现抵押权的情形，抵押权人有权在最高债权额限度内就该担保财产优先受偿。

《物权法》第 206 条规定，抵押权人的债权在下列情况下确定：①约定的债权确定期间届满；②没有约定债权确定期间或者约定不明确的，当事人自最高额抵押权设定之日起满 2 年后请求确定债权；③新的债权不可能产生；④抵押财产被查封、扣押；⑤债务人、抵押人被宣告破产或被撤销；⑥法律规定债权确定的其他情形。

抵押权人实现最高额抵押权时，如果实际发生的债权余额高于最高限额的，以最高限额为限，超过部分不具有优先受偿的效力；如果实际发生的债权余额低于最高限额的，以实际发生的债权余额为限对抵押物优先受偿。

七、浮动抵押制度

《物权法》第 181 条首次规定了浮动抵押制度：经当事人书面协议，企业、个体工商户、农业生产经营者可以将现有的以及将有的生产设备、原材料、半成品、产品抵押，债务人不履行到期债务或者发生当事人约定的实现抵押权的情形，债权人有权就实现抵押权时的动产优先受偿。

该条首次于我国立法体系中确立了浮动抵押制度，这是我国担保法律制度上的一次重大立法突破，弥补了传统抵押之不足。由于该类新型的抵押对于社会经济生活势必会带来积极的影响，在此作简单介绍。

(一) 浮动抵押的概念和特征

1. 浮动抵押的概念

浮动抵押是于 19 世纪在英国发展起来并广泛应用于英、美、加、澳等普通法国家的。这种担保方式通常出现在国际商业贷款，特别是项目融资领域中。它的出现避免了抵押、质押等担保方式在国际融资物权担保领域给借贷双方带来的不便。比如，对于采用抵押担保的国际贷款，由于借贷双方处于不同的国家，贷款人无法监督借款人对抵押物的使用是否适当，若限制过严又有碍于借款人对抵押物的正常使用。同时，浮动担保不同于传统的物权担保形式，其担保物在固定化之前，一直处于浮动状态，从而给贷款人尽可能大的保护。尤其在国际项目融资领域，对巨额贷款采取浮动担保方式，既减轻了项目主办人的责任，又易于为贷款人所接受。因此，浮动担保在国际融资领域特别是项目融资中的卓越功能显得越来越为重要，且被世人所广泛接受。在我国国际融资实践中也不时出现。我国担保法并未对此作任何规定，由此造成的法律漏洞和法律障碍，对我国的当事人十分不利。物权法的规定，填补了这一空白。

浮动抵押是指企业将属于其所有的动产和不动产（有形资产）及属于其所有的权利、知识产权（无形资产）的整体作为抵押权客体而进行的抵押。由于企业整体的财产在经营过程中总是处于变动之中，所以，这种抵押称为浮动抵押。浮动抵押又称财团抵押，也就是以财团（属于企业所有的财产整体）为标的物设定抵押权。所谓财团是指企业或公益事业单位的整体财产，即其全部财产集合而成的整体，特殊性就在于其抵押权标的物不是某一项或几项独立的财产。一般抵押权依照"一物一权主义"，而财团抵押以企业、事业单位的整体财产设定一个抵押权。

2. 浮动抵押的特征

同抵押、质押等担保物权相比，浮动抵押具有许多自身特征：

（1）浮动抵押的担保物包括借款人现有和将来取得的全部财产和权利。一些国家规定为某一类财产，一旦出现借款方违约或其他特定事由，贷款人可以指令接管规定范围内的任何财产。

（2）浮动抵押物价值形态的变化并不影响其作为抵押物的性质，无论其从货币转化为实物，从无形物转化为有形物，还是从动产转化为不动产。

（3）浮动抵押物借款人对抵押物享有处分的权利。在借款人实际违约、破产前，他可对财产行使各种权利，如行使处分权把财产转让给别人，这种转让无须征求贷款人的同意。经过借款人处分的物会自动从抵押物中脱离出来，成为非抵押物；反之，若借款人取得某项财产时，则取得的财产也就自动进入担保状态，无须另外约定。其他担保方式则对此严格限制。

（4）担保物于抵押权实现之时才能予以确定。在抵押权实现之前，用于担保的财产处于不断变动之中，资产可能随时退出担保范围，也可能随时有新资产进入担保范围。

（5）浮动抵押在某些条件下可以固定，如借款违约或破产，贷款人可以决定以借款人的全部财产或某一类财产来偿还债务，这时抵押物被固定下来。

（二）浮动抵押的设立

1. 设立主体

许多国家规定只有公司才可以设定浮动抵押，但美国对设定浮动抵押的抵押人之主体资格不作任何限制。我国物权法将设立浮动抵押的主体规定为企业、个体工商户和农业生产经营者，这充分反映了解决中小企业贷款难、促进经济发展的立法目的。这一规定敞开了中国动产担保融资之门，对于缓解中小企业和农民融资难问题无疑具有十分重要的意义。

2. 浮动抵押物

浮动抵押的标的物是企业全部或者一类财产的集合物。有的国家规定设立浮动抵押的财产可以是公司的全部财产，包括债权和知识产权，也可以是公司的部分财产。根据《物权法》第 181 条的规定，我国设立浮动抵押的财产限于生产设备、原材料、半成品、产品，对企业的其他动产和不动产不得设立浮动抵押。之所以作此种限制，其原因是便于设立和公示，并避免该制度过于复杂而造成理解和适用上的困难。

3. 设立方式

如前所述，浮动抵押权属于担保物权的一种，而物权的绝对性决定了其设立不仅要遵循法定原则，还须公示：通过公开通知或其他行为方式将权利存在的事实告诉第三人，由此产生对抗第三人的绝对权效力。

根据上述原则，浮动担保物权的种类、内容、变动方式都必须依照物权法的规定，不能由当事人自由创设。而浮动担保物权的公示，目的在于产生对抗力和公信力。对抗力是指浮动抵押人可凭借已公示的浮动抵押权来排斥任何权利，以保护抵押权人的利益。公信力是指外界信赖这一公示的权属状况之真实、合法、有效，是公示在法律上的逻辑结果，依此而为的交易受法律保护。

关于担保物权的设立方式，我国物权法采取公示对抗主义。《物权法》第 189 条规定："企业、个体工商户、农业生产经营者以本法第一百八十一条规定的动产抵押的，应当向抵押人住所地的工商行政管理部门办理登记。抵押权自抵押合同生效时设立；未经登记，不得对抗善意第三人。"这一规定简便易行，并充分尊重了当事人的意思自治。

还要注意的是，浮动担保必须要以登记作为对抗第三人的根据。这里的"对抗"，是指阻止借款人在同一物上设定另一个浮动担保。但登记并不能阻止借款人在该物上设定固定担保物权，按照英国法规定，固定物权担保，优于设在同一担保物上的物权担保。因此，贷款人要考虑采取其他措施保护其担保的优先权。比如，在浮动担保合同中规定借款人不得在已设定浮动担保的物上设定固定担保，以此成为借款人的义务。同时把合同在法定登记机关登记，使合同更具备对抗的效力。但这种方法不是特别有效，若借款人隐瞒真实情况，在已设定浮动担保的物上又设定了固定物权担保，则该固定物权担保照样有效，效力同样优先。所以，建议贷款人在借款人某些特定价值较高的物上设定某些固定担保，就剩下的财产设定浮动担保，使之具有双重保障。

（三）浮动抵押权的行使

浮动抵押权的行使是指当债务人不履行到期债务或者发生当事人约定的实现抵押权的情形，浮动抵押权人就抵押物优先受偿的行为或过程。

关于浮动抵押权的实现条件、方式，《物权法》第 170 条、第 179 条明确规定抵押权人在两种情形下可以依法实现抵押权：①债务人不履行到期债务；②发生当事人约定的实现抵押权的情形。

这种规定充分体现了私法领域的意思自治，有利于债权人预先于合同中设定抵押权实现的条件，以防范和控制风险，强化了抵押权的担保功能。如债权人与抵押人可以约定这样的条款：债务人擅自改变借款用途的，则债权人有权立即要求债务人偿还贷款，如果不能偿还即可实现抵押权。

根据《物权法》第 196 条的规定，导致抵押财产确定的情形主要存在以下几种：①债务履行期届满，债权未实现；②抵押人被宣告破产或者被撤销；③当事人约定的实现抵押权的情形；④严重影响债权实现的其他情形。

相比于一般抵押权的实现条件，浮动抵押财产的确定情形增加了抵押人被宣告破产或者被撤销和严重影响债权实现的其他情形这一兜底条款，显然是立法者针对浮动抵押财产的浮动性和管理权不发生转移这些特性而专门作出的规定。

我国物权法的浮动抵押被规定于一般抵押之中，对其实现方式和程序并未作出特别的规定，即与普通抵押权的实现方式并无不同。根据《物权法》第195条的规定，归纳起来主要有二：一是协议折价、拍卖、变卖抵押物；二是请求人民法院拍卖、变卖抵押物。

第四节 质押

一、质押的概念和特征

1. 质押的概念

质押是指债务人或者第三人将其动产或者权利移交债权人占有，将该财产作为债的担保，当债务人不履行债务时，债权人有权依照法律规定，以该财产折价或者以拍卖、变卖该财产的价款优先受偿。该债务人或者第三人为出质人，债权人为质权人，移交的财产为质物。

2. 质押的特征

(1) 债权人实际占有质物，质物只包括动产（抵押物包括不动产）。

(2) 质押合同为实践合同，自质物移交于质权人时合同生效。

(3) 质权人对质押物有保管义务。

(4) 质权人有权收取质物的孳息（抵押物被法院依法扣押之日起抵押权人才有权收取孳息）。

(5) 动产质押的可以转质，转质权效力优于原质权（抵押权属于从权利，不单独转让）。

(6) 质权人到期不获清偿的，可以继续留置质物，与出质人协议折价、拍卖、变卖来偿债（抵押协议不成的，可以向法院申请拍卖）。

(7) 同一动产，只向一个债权人出质（可向多人抵押）。

(8) 质押标的物可以是权利。

二、动产质押

为了担保债务的履行，债务人或者第三人可以将其动产出质给债权人占有，债务人不履行到期债务或者发生当事人约定的实现质权的情形时，债权人有权就该动产优先受偿。

债务人或者第三人为出质人，债权人为质权人，交付的动产为质押财产。

质权自出质人交付质押财产时设立。

设立质权，当事人应当采取书面形式订立质权合同，并且只能以法律、行政法规允许转让的动产出质。

质权合同一般包括下列条款：①被担保债权的种类和数额；②债务人履行债务的期限；③质押财产的名称、数量、质量、状况；④担保的范围，包括主债权及利息、违约金、损害赔偿金、质物保管费用和实现质权的费用；⑤质押财产交付的时间；⑥当事人认为需要约定的其他事项。

质押合同自质物移交于质权人占有时生效。

质权人在债务履行期届满前，不得与出质人约定债务人不履行到期债务时质押财产归债权人所有。质权人有权收取质押财产的孳息，但合同另有约定的除外，孳息应当先充抵收取孳息的费用。

质权人在质权存续期间，未经出质人同意，擅自使用、出租、处分质押财产，给出质人造成损害的，应当承担赔偿责任。

质权人负有妥善保管质押财产的义务；因保管不善致使质押财产毁损、灭失的，应当承担赔偿责任。质权人的行为可能使质押财产毁损、灭失的，出质人可以要求质权人将质押财产提存，或者要求提前清偿债务并返还质押财产。因不能归责于质权人的事由可能使质押财产毁损或者价值明显减少，足以危害质权人权利的，质权人有权要求出质人提供相应的担保；出质人不提供的，质权人可以拍卖、变卖质押财产，并与出质人通过协议将拍卖、变卖所得的价款提前清偿债务或者提存。

质权人在质权存续期间，未经出质人同意转质，造成质押财产毁损、灭失的，应当向出质人承担赔偿责任。

质权人可以放弃质权。债务人以自己的财产出质，质权人放弃该质权的，其他担保人在质权人丧失优先受偿权益的范围内免除担保责任，但其他担保人承诺仍然提供担保的除外。

债务人履行债务或者出质人提前清偿所担保的债权的，质权人应当返还质押财产。

债务人不履行到期债务或者发生当事人约定的实现质权的情形，质权人可以与出质人协议以质押财产折价，也可以就拍卖、变卖质押财产所得的价款优先受偿。质押财产折价或者变卖的，应当参照市场价格。

出质人可以请求质权人在债务履行期届满后及时行使质权；质权人不行使的，出质人可以请求人民法院拍卖、变卖质押财产。出质人请求质权人及时行使质权，因质权人怠于行使权利造成损害的，由质权人承担赔偿责任。质押财产折价或者拍卖、变卖后，其价款超过债权数额的部分归出质人所有，不足部分由债务人清偿。

三、权利质押

1. 权利质押的概念

权利质押是为了担保债权清偿，就债务人或第三人所享有的权利设定的质押。权利质押是一种准质押。权利质押的标的是权利，其特点主要有三：①必须是财产权。②必须是可以让与的财产权；若该权利不能让与，不仅不能就该权利的变卖价金受偿，也不能由质权人取得权利。③必须是不违背质权性质的财产权。质权是动产质权，不动产原则上不能设定质权。

根据《物权法》和《担保法》的规定，债务人或者第三人有权处分的下列权利可以出质：①汇票、支票、本票；②债券、存款单；③仓单、提单；④可以转让的基金份额、股权；⑤可以转让的注册商标专用权、专利权、著作权等知识产权中的财产权；⑥应收账款；⑦法律、行政法规规定可以出质的其他财产权利。

《物权法》首次规定可以转让的基金份额和应收账款也可以成为权利质押的标的。

2. 权利质押的设立

以汇票、支票、本票、债券、存款单、仓单、提单出质的，当事人应当订立书面合同。质权自权利凭证交付质权人时设立；没有权利凭证的，质权自有关部门办理出质登记时设立。

以基金份额、股权出质的，当事人应当订立书面合同。以基金份额、证券登记结算机构登记的股权出质的，质权自证券登记结算机构办理出质登记时设立；以其他股权出质的，质权自工商行政管理部门办理出质登记时设立。

以注册商标专用权、专利权、著作权等知识产权中的财产权出质，当事人应当订立书面合同。质权自有关主管部门办理出质登记时设立。

以应收账款出质的，当事人应当订立书面合同。质权自信贷征信机构办理出质登记时设立。应收账款出质后，不得转让，但经出质人与质权人协商同意的除外。出质人转让应收账款所得的价款，应当向质权人提前清偿债务或者提存。

3. 出质后转让的规定

(1) 以汇票、支票、本票、公司债券出质的，出质人与质权人没有背书记载“质押”字样，票据、债券的出质不得对抗善意第三人。即质权人可以再转让；如果注明质押字样，不得再转让或转质。

(2) 以票据、债券、存款单、仓单、提单出质的，质权人不得再转让或转质。

(3) 股票出质后，不得转让，但质权人同意的除外（区别于以上的票据）。出质人转让股票所得的价款应当向质权人提前清偿所担保的债权或者向与质权人约定的第三人提存。

(4) 以依法可以转让的商标专用权、专利权的财产权出质后，出质人不得转让或许可他人使用，但质权人同意的除外。出质人未经质权人同意而转让或许可他人使用已出质权利的，无效。出质人所得转让费、许可费应向质权人提前清偿所担保的债权或向与质权人约定的第三人提存。

4. 上市公司非流通股股东办理股权质押的特别规定

(1) 上市公司持股5%以上（含）的股东将其股份质押时，应提交上市公司出具的董事会已获知该事项的函件。

(2) 质押股份的性质是国有股的，出质方须出具国有资产管理部门的批文。

(3) 质押股份的性质是发起人股的，上市公司须成立满3年，应提供成立时间证明及营业执照复印件。

(4) 金融类上市公司非流通股股权质押达10%以上（含）的，应当有中国人民银行总行的批文，10%以下的须出具该上市公司董事会同意质押的文件。

(5) 质押股份是工会持股的，须出具全体职工大会决议。

(6) 国有股东只限于为本单位及其全资或控股子公司提供质押，用于质押的国有股数量不得超过其所持该上市公司国有股总额的50%。

第五节　留置与定金

一、留置

留置是指债权人按照合同约定占有债务人的动产，债务人不履行到期债务，债权人可以留置已经合法占有的债务人的动产，并有权就该动产优先受偿。留置担保的范围包括主债权及利息、违约金、损害赔偿金、留置物保管费用和实现留置权的费用。

债权人为留置权人，占有的动产为留置财产。

债权人留置的动产，应当与债权属于同一法律关系，但企业之间留置的除外。法律规定或者当事人约定不得留置的动产，不得留置。留置财产为可分物的，留置财产的价值应当相当于债务的金额。

留置权人负有妥善保管留置财产的义务；因保管不善致使留置财产毁损、灭失的，应当承担赔偿责任。留置权人有权收取留置财产的孳息。孳息应当先充抵收取孳息的费用。

债务人可以请求留置权人在债务履行期届满后行使留置权；留置权人不行使的，债务人可以请求人民法院拍卖、变卖留置财产。留置财产折价或者拍卖、变卖后，其价款超过债权数额的部分归债务人所有，不足部分由债务人清偿。

同一动产已设立抵押权或者质权，该动产又被留置的，留置权人优先受偿。

留置权人对留置财产丧失占有或者留置权人接受债务人另行提供担保的，留置权消灭。

应该注意如下几点：

(1) 留置是指债权人按照合同约定占有债务人的财产，债务人不按照合同约定的期限履行债务，债权人有权留置该财产，以该财产折价或者以拍卖、变卖该财产的价款优先受偿。但是要注意两个期限，即债权期限和交付义务期限，债权期限要先于交付义务期限，才能行使留置权。

(2) 留置构成要件：债权期限已到；债权人合法占有债务人的动产；债权与财产的占有存在牵连关系。这是与动产质押的区别，质押的动产与债没有牵连关系，因此不能留置。

(3) 适于实践合同——保管合同、运输合同、加工承揽合同、行纪合同。

(4) 债权人债权未届清偿期，而其交付占有标的物的义务已届清偿期的，不能行使留置权，但债权人能证明债务人无支付能力的除外。

(5) 债权人与债务人应在合同中约定，债权人留置财产后，债务人应在不少于2个月的期限内履行债务。未约定的，债权人留置债务人财产后，应确定2个月以上的期限，通知债务人在该期限内履行债务。未通知债务人履行义务，直接变价处分的，承担赔偿责任。债务人逾期仍不履行的，债权人可以与债务人协议以留置物折价清偿债务，也可依法拍卖、变卖留置物清偿债务。

(6) 留置担保范围：主债权、利息、违约金、损害赔偿金、留置物保管费用、实现留置权的费用。

二、定金

定金是指合同当事人约定一方向对方给付一定数额的货币作为债权的担保。

债务人履行债务后，定金抵作价款或者收回。给付定金的一方不履行约定的债务的，无权要求返还定金；收受定金的一方不履行约定的债务的，应当双倍返还定金。

定金应当以书面形式约定。当事人在定金合同中应当约定交付定金的期限。定金合同从实际交付定金之日起生效。定金的数额由当事人约定，但不得超过主合同标的额的 20%。

应注意把握如下几点：

(1) 定金应当以书面形式约定。定金的数额由当事人约定，但不得超过主合同标的额的 20%。当事人在定金合同中应当约定交付定金的期限。定金合同从实际交付定金之日起生效。

(2) 实际交付定金多于或少于约定的，视为变更定金合同。收受定金一方提出异议并拒绝接受的，定金合同不生效。

(3) 当事人约定以交付定金作订立主合同担保的，给付定金方拒绝订立主合同的，无权要求返还定金，收受定金方拒绝订立主合同的，应双倍返还。当事人约定以交付定金作主合同成立或生效要件的，未支付定金，但主合同已履行或已履行主要部分，不影响主合同的成立或生效。

(4) 定金法则的适用。①因当事人一方迟延履行或者有其他违约行为，致使合同目的不能实现，可以适用定金罚则，但法律另有规定或者当事人另有约定的除外。②当事人一方不完全履行合同的，应当按照未履行部分所占合同约定内容的比例，适用定金罚则。③因不可抗力、意外事件致使主合同不能履行的，不适用定金罚则。

(5) 最高法解释。出卖人向买受人收受定金作为订立商品房买卖合同担保的，如因当事人一方原因未能订立的，适用定金罚则。因不可归责于当事人双方的事由，导致商品买卖合同未能订立的，出卖人应返还定金。

案例分析

【案情】

李某是养鸡专业户，为改建鸡舍和引进良种需资金 20 万元。李向陈借款 10 万元，以自己的一套价值 10 万元的音响设备抵押，双方立有抵押字据，但未办理登记。

李又向朱借款 10 万元，又以该设备质押，双方立有质押字据，并将设备交付朱占有。

李得款后，改造了鸡舍，且与县良种站签订了良种鸡引进合同。合同约定良种鸡款共计 2 万元，李预付定金 4 000 元，违约金按合同总额的 10%计算，李以销售肉鸡的款项偿还良种站的货款。合同没有明确约定合同的履行地点。后县良种站将良种鸡送交李，要求支付运费，李拒绝。因发生不可抗力事件，李预计的收入落空，李因不能及时偿还借款和支付货款而与陈、朱及县良种站发生纠纷。

诉至法院后，法院查证上述事实后又查明：朱在占有该设备期间，不慎将该设备损坏，送蒋处修理。朱无力交付修理费 1 万元，该设备现已被蒋留置。

问题：如何解决本案？

【解析】

本案看似复杂，但通过法律关系分析是可以迎刃而解的。

先看李与陈之间的抵押关系。李、陈双方立有抵押字据，且抵押物并非必须办理登记的土地使用权、房地产、林木等，故该字据有效，即抵押有效。

其次看李与朱之间的质押关系。双方立有质押字据，且质物已移交质权人占有，显然质押有效。朱损坏设备，应该赔偿李损失，是一般债权。

再看朱与蒋之间的法律关系。朱与蒋之间显然是承揽合同关系、留置关系，留置权成立。

最后看李与县良种站的法律关系。这是一般合同纠纷。县良种站要求李支付送鸡运费无理，《合同法》第 62 条明确规定：履行费用的负担不明确的，由履行义务一方负担。李对县良种站提出不可抗力的免责抗辩，不能成立，案例中的“不可抗力”不属于合同履行中的不可抗力，而属于经营风险范畴。

分析了各种法律关系后，即可以解决本案问题了：根据法律原理，担保物权优先于一般债权清偿；留置权优先于抵押权、质权清偿；抵押权优先于质权清偿。因此，解决方案为：用设备拍卖款清偿债务，清偿的顺序是留置权、抵押权、质权、一般债权。

参考文献

[1] 任先行，周林彬. 比较商法导论. 北京：北京大学出版社，2000
[2] 董安生. 中国商法总论 . 长春：吉林人民出版社，1999
[3] 范健，王建文. 商法基础理论专题研究. 北京：高等教育出版社，2005
[4] 郑远民. 现代商人法研究 . 北京：法律出版社，2001
[5] 何勤华，魏琼. 西方商法史. 北京：北京大学出版社，2007
[6] 张民安，龚赛红. 商法总则. 广州：中山大学出版社，2004
[7] 赵中孚. 商法总论（第二版）. 北京：中国人民大学出版社，2003
[8] 李宜琛. 民法总则. 台北：中正书局，1997
[9] 苗延波. 中国商法体系研究. 北京：法律出版社，2007
[10] 范健. 商法（第三版）. 北京：高等教育出版社，北京大学出版社，2007
[11] 柳经纬，刘永光. 商法总论. 厦门：厦门大学出版社，2004
[12] 赵旭东. 商法学教程. 北京：中国政法大学出版社，2004
[13] 王保树. 中国商事法 . 北京：人民法院出版社，2001
[14] 覃有土. 商法学. 北京：高等教育出版社，2004
[15] 王保树. 商法总论. 北京：清华大学出版社，2007
[16] 赵万一. 商法基本问题研究. 北京：法律出版社，2002
[17] 史尚宽. 民法总论. 北京：中国政法大学出版社，2000
[18] 李永军. 商法学（修订版）. 北京：中国政法大学出版社，2007
[19] 徐学鹿. 商法总论. 北京：人民法院出版社，1999
[20] 王璟. 商法特性论. 北京：知识产权出版社，2007
[21] 顾功耘. 商法案例法规选编 . 北京：北京大学出版社，2008
[22] 张民安. 商法总则制度研究. 北京：法律出版社，2007
[23] 施天涛. 商法学（第三版）. 北京：法律出版社，2006
[24] 李晓安. 经济法教程. 北京：首都经济贸易大学出版社，2006
[25] 甘培忠. 企业与公司法学. 北京：北京大学出版社，2001
[26] 江平. 法人制度论. 北京：中国政法大学出版社，1994
[27] 蒋大兴. 公司法的展开与评判. 北京：法律出版社，2001
[28] 柯芳枝. 公司法论. 北京：中国政法大学出版社，2004
[29] 李友根. 人力资本出资问题研究. 北京：中国人民大学出版社，2004
[30] 刘俊海. 公司的社会责任 . 北京：法律出版社，1999
[31] 刘俊海. 股份有限公司股东权的保护. 北京：法律出版社，1997

[32] 刘连煜. 公司法理论与判决. 北京：中国政法大学出版社，2002
[33] 刘连煜. 公司法原理. 北京：法律出版社，2002
[34] 罗培新. 公司法的合同解释. 北京：北京大学出版社，2004
[35] 王天鸿. 一人公司制度比较研究. 北京：法律出版社，2003
[36] 王文杰. 公司法发展之走向. 北京：清华大学出版社，2004
[37] 王文宇. 公司法论. 北京：中国政法大学出版社，2004
[38] 王文宇. 新公司与企业法. 北京：中国政法大学出版社，2003
[39] 吴建斌. 现代日本商法研究. 北京：人民出版社，2003
[40] 张民安. 公司法上的利益平衡. 北京：北京大学出版社，2003
[41] 何立慧. 金融法原理. 兰州：兰州大学出版社，2004
[42] 倪浩嫣. 证券法律制度研究. 北京：中国检察出版社，2006
[43] 万国华. 证券法学. 北京：中国民主法制出版社，2004
[44] 刘连生. 保险法教程. 成都：西南财经大学出版社，2005
[45] 李玉泉. 保险法. 北京：法律出版社，2003
[46] 赵万一. 商法学. 北京：中国法制出版社， 2006
[47] 李有星. 金融法教程. 杭州：浙江大学出版社，2006
[48] 柳经纬. 信托法. 厦门：厦门大学出版社，2004
[49] 何宝玉. 信托法原理研究. 北京：中国政法大学出版社，2005
[50] 赖源河，王志诚. 现代信托法论. 北京：中国政法大学出版社，2002
[51] 中野正俊，张军建. 信托法. 北京：中国方正出版社，2004
[52] 姜建初. 票据法. 北京：北京大学出版社，2000
[53] 房绍坤，郭明瑞. 票据法案例教程. 北京：北京大学出版社，2003
[54] 王小能. 中国票据法律制度研究. 北京：北京大学出版社，1999
[55] 张德荣. 票据诉讼 . 北京：法律出版社，2002
[56] 曾世雄，曾陈明汝，曾宛如. 票据法论. 北京：中国人民大学出版社，2002
[57] [美] 杰弗里·N. 戈登等. 公司治理：趋同与存续. 赵玲，刘凯译. 北京：北京大学出版社，2006
[58] [美] 保罗·W. 麦卡沃伊等. 公司治理的循环性危机. 赵玲译. 北京：北京大学出版社，2006
[59] [美] 汉密尔顿. 公司法概要. 李存捧译. 北京：中国社会科学出版社，1998
[60] [加] 柴芬斯. 公司法：理论、结构和运作. 林华伟等译. 北京：法律出版社，2002
[61] [日] 末永敏和. 现代日本公司法. 金洪玉译. 北京：人民法院出版社，2000
[62] [韩] 李哲松. 韩国公司法. 吴日焕译. 北京：中国政法大学出版社，2000
[63] [德] C.W. 卡纳里斯. 德国商法. 杨继译. 北京：法律出版社，2006
[64] 印度教伦理规范：摩奴法论（第二版）. 蒋忠新译. 北京：中国社会科学出版社，1987
[65] [美] 哈罗德·J. 伯尔曼. 法律与革命. 贺卫方等译. 北京：中国大百科全书出版社，1993

[66]［德］拉德布鲁赫. 法学导论. 米健，朱林译. 北京：中国大百科全书出版社，1997
[67]［日］美浓部达吉. 公法与私法. 黄冯明译. 北京：中国政法大学出版社，2003